U0725611

依法治国大家谈

《新华文摘》杂志社◉编

人民出版社

策划编辑：李春生　喻　阳
特约编辑：王青林
责任编辑：郑海燕　陈　登　张　燕　辛春来
封面设计：林芝玉
责任校对：吕　飞

图书在版编目(CIP)数据

依法治国大家谈/《新华文摘》杂志社 编. -北京：人民出版社，2015.3
ISBN 978-7-01-014592-1

Ⅰ.①依…　Ⅱ.①新…　Ⅲ.①社会主义法制-建设-研究-中国　Ⅳ.①D920.0

中国版本图书馆 CIP 数据核字(2015)第 045708 号

依法治国大家谈

YIFA ZHIGUO DAJIA TAN

《新华文摘》杂志社　编

人民出版社 出版发行
(100706　北京市东城区隆福寺街 99 号)

北京瑞古冠中印刷厂印刷　新华书店经销

2015 年 3 月第 1 版　2015 年 3 月北京第 1 次印刷
开本：710 毫米×1000 毫米 1/16　印张：27.5
字数：407 千字　印数：0,001-5,000 册

ISBN 978-7-01-014592-1　定价：68.00 元

邮购地址 100706　北京市东城区隆福寺街 99 号
人民东方图书销售中心　电话 (010)65250042　65289539

版权所有・侵权必究
凡购买本社图书，如有印制质量问题，我社负责调换。
服务电话：(010)65250042

CONTENTS 目 录

中国特色社会主义法治道路与国家治理的现代化

打造法治化的国家治理体系 …… 周　平 // 3
国家治理的现代化与法治化 …… 王宗礼 // 15
推进国家治理体系和治理能力现代化的法治途径 …… 文　宏 // 27
全面推进依法治国的时代意义 …… 李　林 // 38
论全面推进依法治国的若干重点问题 …… 应松年 // 47
依法治国理论的新拓展 …… 何勤华 // 60
依法治国:深化改革的新起点 …… 周瑞金 // 66

中国特色社会主义法治体系

形成高效的法治实施体系 …… 周　强 // 73
形成严密法治监督体系　保证宪法法律有效实施 …… 曹建明 // 79
怎样建设中国特色社会主义法治体系 …… 江必新 // 85

完善以宪法为核心的中国特色社会主义法律体系，加强宪法实施

中国特色社会主义法律体系及其重大意义 …… 信春鹰 // 99

党依法执政首先要坚持依宪执政 …… 周叶中 // 111

中国共产党依宪执政论析 …… 韩大元 // 116

启动宪法监督:健全宪法监督机构的路径选择 …… 周　伟 // 125

民法典的时代特征和编纂步骤 …… 王利明 // 131

中国反腐败刑事法治的若干重大现实问题研究 …… 赵秉志 // 148

构建法治引领和规范改革的新常态 …… 陈　甦 // 184

深入推进依法行政，加快建设法治政府

坚守法治原则　推进简政放权 …… 夏　勇 // 197

法治政府建设:挑战与任务 …… 马怀德 // 203

法治政府的建设与保障机制 …… 于　安 // 213

法治政府的能力建构与优化策略 …… 陈　文　汪永成 // 218

我国行政体制改革法治化研究 …… 石佑启 // 229

实现行政决策程序的法治化 …… 王周户 // 246

保证公正司法，提高司法公信力

依法治国背景下司法改革的理论基点和路径选择 …… 贺小荣 // 253

坚持公正司法 提高司法公信力 …………………………………… 慕 平 // 270
审判中心与证据裁判 ………………………………………………… 张保生 // 275
证据裁判原则若干问题之探讨 ……………………………………… 陈光中 // 279
论审判权运行机制改革 ……………………………………………… 王文华 // 290
检察官办案责任制改革的三个问题 ………………………………… 谢鹏程 // 306
优化司法职权配置 完善司法行政制度 …………………………… 郝赤勇 // 322
依法治国背景下的人民陪审制度改革 ……………………………… 胡夏冰 // 329

增强全民法治观念，推进法治社会建设

认真学习贯彻党的十八届四中全会精神 切实履行司法行政机关全面推进
依法治国职责 ……………………………………………………… 吴爱英 // 343
全民守法与法治社会建设 …………………………………………… 莫纪宏 // 351
始终沿着中国特色社会主义法治道路 建设我国完备的
律师服务体系 ……………………………………………………… 赵大程 // 358
发挥司法行政职能作用 夯实法治社会建设基础…………………… 赵光君 // 366
中华法律文化精神中的六个重要传统 ……………………………… 武树臣 // 371

大力加强法治工作队伍建设

大力加强法治工作队伍建设 ………………………………………… 张文显 // 381
对构建具有中国特色的法律职业共同体的思考……………………… 徐显明 // 387
创新法治人才培养机制 全面推进依法治国………………………… 黄 进 // 395

加强律师队伍建设　为依法治国作贡献 …………………………… 桑　云 // 401
中国法学教育改革与行业需求 ……………………………………… 季卫东 // 405

加强和改进党对全面推进依法治国的领导

宪法、党章及相互关系………………………………………………… 曲青山 // 415
党的领导是中国特色社会主义法治最根本的保证…………………… 袁曙宏 // 421
坚持党的领导，推进和完善司法体制改革 ………………………… 陈建华 // 427

中国特色社会主义法治道路与国家治理的现代化

打造法治化的国家治理体系

周　平[*]

党的十八届三中全会将推进国家治理体系现代化确定为全面深化改革总目标的核心内容，党的十八届四中全会又作出了全面推进依法治国若干重大问题的决定，这进一步凸显了依法治国与国家治理体系现代化之间的内在联系。一方面，作为国家治理总体构架的国家治理体系，涉及国家治理体系的每一个方面，它的现代化必然要求全面推进依法治国，从而将依法治国纳入国家治理体系的总体框架中。另一方面，依法治国的全面推进、建设法治国家和依法执政、依宪执政的要求，又突出了法治在国家治理中的地位，要求将法治推展到国家治理的每一个方面，用法治来规范国家治理体系。在这样的背景下，打造法治化的国家治理体系，实现国家治理体系的法治化，就成为推进国家治理体系现代化的重要内容。国家治理即治理国家，依凭的是国家权力。从结构功能的角度来看，国家治理体系是由国家权力的配置、国家权力的运行、国家权力的监督和国家权力的支持等系统构成的。因此，打造法治化的国家治理，实现国家治理体系的法治化，也具体地体现到这些方面。

一、科学配置国家权力，构建法治化的治理组织体系

国家治理本质上就是运用国家权力来治理国家。因此，国家权力构成了国家治理组织体系的基础，国家治理组织体系体现着国家权力的配置。推进国家治理体系现代化，最根本的就是要构建一个配置合理的国家权力体系，

---

* 周平，云南大学公共管理学院教授。

以保证国家权力既是有限的又是有效的，且结构合理、运行灵活。国家权力的配置，是通过行使国家权力的各个机关组成的组织体系实现的。因此，如何配置国家权力，尤其是明确执政党领导机关、立法机关、行政机关、司法机关的权力，以及它们之间的相互关系，就成为国家治理组织体系建设的根本性问题。

国家权力配置是国家权力内部的制度设计，它关系到一个国家的权力运行结构与政府机构设置，关系到一个国家中央与地方之间的权力分配，关系到国家权力运行的效率，关系社会发展与民众权利。正是由于国家权力配置具有突出的重要性，加之权力本身所具有的扩张性等特点，因此，如何对国家权力进行有效配置成为古今中外不同国家关注的焦点。相对于传统社会专制集权型的国家权力配置来说，现代民主社会国家权力配置的主要特点就是法治化，也就是从人民主权和权力制约的角度，将国家权力配置的原则、方式以宪法和法律的形式确定下来，形成国家权力配置的法治结构和法治规范。① 依法治国的首要问题，便是通过法治的方式配置国家权力。国家治理体系现代化，首先要推进国家权力配置的法治化，形成科学的权力架构和清晰的权力边界。

在国家治理体系现代化进程中实现国家治理组织体系的法治化，就是要用宪法、法律、执政党法规等形式，明确地规范各个机关拥有和行使的权力，以及各个机关之间的关系，从而实现依宪执政，依法配权，依法用权，保证国家权力配置的规范化和制度化。现代法治国家要求一切权力都要有法律基础和依据，一切权力都体现为法律权力，都应当由国家的宪法和法律规定其运行的范围，否则，权力就失去了合法性。所以，一个现代化的国家治理体系，本质上应该是一个国家权力边界清晰、权力配置合理的科学治理体系，是一个“严格按照依法治国原则运行的规则治理体系”②。

新中国成立以后，国家权力配置中长期存在着以党代政、党政不分，中

---

① 施雪华：《当代中国国家权力配置变迁的特点与趋势》，《中国特色社会主义研究》2004 年第 1 期。

② 竹立家：《着力推进国家治理现代化》，《中国党政干部论坛》2013 年第 12 期。

央与地方权力关系混乱，立法机关、司法机关权力被虚置等问题。改革开放以来，国家权力配置的法治化、科学化和民主化水平不断提升。然而，实践中的国家权力配置还存在诸多问题，例如党政权力配置不清，行政权力向立法权、司法权的扩张，中央与地方权责关系不对称等问题，导致了国家权力异化和公共权力流失，妨害了法治的权威和尊严，并对社会的公平正义构成了挑战。

当代中国的国家权力配置主要包括党政权力配置，横向层面的立法权、行政权和司法权的配置，纵向层面的中央与地方之间的权力配置。构建法治化的国家治理组织体系，就是用宪法和法律明确规定各级各类权力主体应有的权力范围，形成既相互制约和监督，又相互配合和支持的权力结构和行为规范，从而为权力的法治化运行设定基轨。

第一，执政党要依法执政。中国共产党是中国特色社会主义事业的领导核心，是推进依法治国和国家治理现代化的主体。打造法治化的国家治理体系，执政党首先必须坚持依法执政，依法执政是依法治国的基础。中国共产党作为执政党，党的一切执政活动都必须在宪法和法律范围内进行，这是党依法执政的前提。正确处理党和国家政权机关的关系，完善党政之间权力配置则是党依法执政的关键。依法规定党在国家机关中的领导和执政地位，科学界定执政党与国家政权的职能、职权和职责，依法规定党掌握、控制和运用国家权力的手段、途径、程序和方法，确保党能够依法进入国家政权机关，在国家政权体系内依法运作，并对国家政权机关进行依法监督。只有这样，才能从法律上保证党对国家政权机关的领导和执政，才能保证国家政权机关能够依法独立行使职权。

第二，国家机关要依法配权。国家政权体系既是国家治理的主体，又是国家治理的客体和载体。依法治国是一切国家政权机关都必须遵循的基本原则。而国家政权体系内部权力的科学配置则是国家政权运行法治化的基本前提。立法权、行政权和司法权都是国家意志的体现，彼此之间在实际运行中存在着一定的交叉和纠缠。因此，必须对立法机关、行政机关和司法机关的权力配置作进一步优化，并在此基础上进一步理顺中央与地方的权力关系。

要在通过法律明确人民代表大会权力机关地位的基础上，切实落实人大的立法权、选举权和监督权，强化人民代表大会作为国家权力机关的地位；同时，通过立法进一步明确行政机关的权限，建立权力清单制度，简政放权，优化政府职能，建立职能法定、权责一致的法治政府，让行政权的行使既能适应民主法治的要求，又能有效推动社会主义市场经济健康发展。要深化司法机关改革，充分发挥司法机关的作用，增强司法权对行政权的制约。最后，还要实现中央与地方权限划分的法治化，形成权力清晰、职责清楚、规范有序、上下协调的中央与地方权力关系格局。

第三，领导干部要依法用权。现代政治是控权政治，依法治国的核心也是限制权力。因此，依法用权就成为现代国家治理的基本方式。法治化的国家权力配置体系不仅要形成合理的权力结构，而且要建立权力运用的行为规范，确保不同的国家权力之间形成清晰的权力边界，确保国家机关及其工作人员按照法定权限和程序行使权力。国家权力归根到底是由国家机关中的人特别是官员来行使的，作为权力主体的领导干部自觉做到依法用权也就成为国家权力依法行使的关键。正如美国法学家博登海默所言“在法统治的地方，权力的自由行使受到了规则的阻碍，这些规则使掌权者受到一定行为方式的约束”①。在切实增强领导干部法治观念，提高依法用权、依法行政意识的同时，更要从法律上完善领导干部权力的配置和制约机制，不同领导职位之间的权力要形成相互制衡，领导干部用权行为要受到严格的制度规范和责任约束，用权行为要受到权力体系内部和外部的全面监督，真正做到“不要去行使依法不该由自己行使的权力”。

二、用法治规范权力运行，把权力关进制度的笼子

国家治理的关键，在于充分运用国家权力去解决各种现实问题。国家权

① ［美］E. 博登海默：《法理学——法哲学及其方法》，邓正来、姬敬武译，华夏出版社 1987 年版，第 344 页。

力是由不同的机关分别行使的，各个机关行使权力的方式、过程以及相互间的关系，形成一个国家权力的运行体系。国家权力运行体系是关于国家权力运作和行使的一套具体程序和基本制度安排。回应及时、反应灵活、行为规范、注重实效的国家权力运行体系，是国家治理得以有效实现的保证。科学配置国家权力，构建合理的国家治理组织体系，目的就在于科学合理地运用国家权力去解决经济社会中凸显出来的各种问题。

国家权力运行机制是否完善、科学和有效，直接关系到国家权力行使的实际效果。世界各国政治发展的经验反复证明，权力的正常运行有赖于权力的法治化。法治化程度越高，权力的正常运行就越有保障；反之，权力那寻求自我扩张的天性就越容易导致国家管理上的混乱和无序。[①] 因此，只有国家权力运行实现法治化，才能保障国家治理运行系统发挥有效协调各方的作用。学者俞可平认为，国家治理现代化的首要衡量标准就是国家公共权力运行的制度化和规范化。[②]

国家权力运行的法治化，就是用宪法、法律、法规明确规定各种权力的运行方式，使权力在法治的轨道上运行，把权力关进制度的笼子，实现依法用权、依法治理，使各个行使国家权力并负有治理责任的机关或组织，既不能不作为，也不能乱作为；既不能无为、缺位，也不能错位、越位。这其中，尤其是拥有行政权力的政府（狭义政府），要依法用权，依法行政，建立法治政府。用法律来规范和控制国家权力的运行，目的就在于使权力运行遵循法定的步骤和方式，以保证权力运行的合法性和有效性。在法治国家中，民主政治本身就是一种程序政治，需要有权力运行过程、程序的合法性来作为保障。所以，依法治国作为一种治国理政的基本方略要求国家权力运行法治化，国家权力作用的有效发挥也必须以法治化的运行方式作为保障。

从权力运行体系来看，立法权、行政权、司法权是国家权力结构的基本组成部分，也是国家权力运行系统相辅相成的主要环节。构建法治化的国家

① 王英津：《论我国权力法治化运行的逻辑建构》，《中国人民大学学报》2000 年第 3 期。

② 俞可平：《衡量国家治理体系现代化的基本标准》，《北京日报》2013 年 12 月 9 日。

治理运行体系，就是以科学立法、依法行政、公正司法为重点，推进立法权、行政权和司法权的依法运行，形成科学有效的协调机制，并以此为基础促进国家治理能力现代化。

第一，要推进科学立法，确保全面深化改革有法可依。法律是治国之重器，良法是善治之前提。立法是实现国家治理体系和治理能力现代化的重要手段，对国家治理具有引领、推动和保障作用。立法权作为一种创制性的国家权力，能够为行政权和司法权提供合法性依据，是国家权力运行体系法治化的前提和基础。因此，推动立法权运行法治化，最重要的就是运用法治思维和法治方式来加强和改进立法，规范和保障全面深化改革，从法律制度上规范行政权、司法权运行，促进国家治理现代化。在当前全面深化改革的过程中，国家治理的各方面都面临着一些新问题、出现了一些新探索。推进科学立法，就必须坚持民主立法、依法立法，突出立法的针对性、及时性和系统性，完善立法工作机制和程序，把国家治理中的一些重大问题和重要实践，进一步法治化、规范化，切实做到“凡属重大改革要于法有据、要按法律程序进行”。

第二，深入推进依法行政，加快建设法治政府。行政权是国家权力的重要组成部分。伴随着政府职能的扩张，行政权力成为对社会和公众影响最广泛、最直接、最经常的国家权力。在当前社会结构深刻变动、利益格局深刻调整时期，掌握行政的行政机关要实现有效的治理，就必须依靠法律和制度，在宪法和法律框架内施政，坚持依法治理，提高依法治理水平。因此，深入推进依法行政，加快建设法治政府是依法治国的首要任务，也是国家治理现代化的政治要求。坚持行政机关依法决策、依法履职、严格执法的核心，就是实现政府职能的规范化、法律化，打造责任政府、服务政府、有限政府、阳光政府，着力解决过去全能政府、无限政府的权力不受制约问题。其次，要健全科学决策机制，建立重大决策终身责任追究制度和责任倒查制度，促进政府决策权的公开化、规范化、科学化。再次，要持续深化行政执法体制改革，从源头上建立权责明确、行为规范、监督有效、保障有力的行政执法体制，保证行政执法权在宪法和法律范围内规范有效运行。最后，强化对行政权力的制约和监督，提高行政权力运行效率、降低运行成本，促进行政权、立法权、司法权之间的权力平衡。

第三，保证司法公正，提高司法的公信力。公平正义既是中国特色社会主义的内在价值，也是国家治理体系现代化的基本价值取向。司法权是限制公共权力和私人权利不当行使的权力，公正司法是维护社会公平正义的最后一道防线。强化司法权威是发挥司法权力作用的根本保障，司法公正则是司法权威的源泉。因此，推进司法权力运行法治化最重要的就是确保审判机关、检察机关依法独立公正行使司法权力，重点就是深化司法体制改革，优化司法职权配置，破除制约公正司法的体制机制障碍，健全司法权力分工负责、互相配合、互相制约的机制。同时，用严格的程序规范司法行为，保障公民司法权益，推动司法公开和阳光司法，健全畅通有序的公众司法诉求表达渠道，强化对司法权力的法律监督和社会监督，努力让人民群众在每一个司法案件中感受到司法权力的公平正义。

三、依法对权力进行监督，构建完善的权力监督体系

要使国家权力科学合理运行，就需要监督。孟德斯鸠那个著名的“一切有权力的人都容易滥用权力，这是万古不易的一条经验。有权力的人们使用权力一直到遇有界限的地方才休止”[①] 的论断，已经被无数的实例所证实，并得到了广泛的认同。没有制约、缺乏监督的权力，就会导致权力滥用。绝对的权力，必然导致腐败。因此，构建现代国家治理体系，必须建立科学合理和有效的监督机制和监督体系。

国家治理监督体系，是现代政治架构中行使监督权的组织机构，以及这些组织机构具体监督国家权力的程序和过程。从主体上看，它涉及执政党内的监督、人大的法律监督、政协的民主监督、人民群众的社会监督，以及舆论监督、审计监督等。从内容上看，包括对执政党的监督，对立法过程的监

① ［法］孟德斯鸠：《论法的精神》（上册），张雁深译，商务印书馆 1961 年版，第 154 页。

督，对执法过程的监督，对司法过程的监督。

国家治理监督体系的法治化，就是要用严格的程序和制度规范权力监督，使监督既不缺位又不越位；充分运用监督权，进行有效而严格的监督，又不滥用监督权，不以监督权妨碍有效治理。一方面，要以严格的制度和程序，确保监督权的制度化、常态化，防止监督权的缺位。要实现国家治理体系的现代化，就必须构建起完备的国家治理监督体系，通过严格的程序、规范和制度来确保国家政治组织机构的权力运行均受到有效的监督和制约，确保有权力运行的地方就有监督。另一方面，要以严格的制度和程序，确保监督权的程序化、规范化，防止监督权的错位、越位或不当作为。为了进行有效且程序化的监督，就必须明确监督的权利和义务，确保权责一致，建立健全对滥用或不当使用监督权的惩处机制，保障监督权沿着法治、规范的道路运行，从而使担负一定监督权的政治组织机构、社会组织和社会民众，按照既定的法律、制度、规章和程序行使监督权，确保监督权的程序化、规范化。

在我国现行的国家治理体系中，对执掌和行使国家权力的各个主体的监督，不仅形成了完整的体系，而且正在逐步健全。但从依法治国和国家治理体系现代化来看，权力监督体系的法治化仍然面临着艰巨的任务。

第一，要逐步实现对执政党监督的法治化。在我国的政治体系中，中国共产党执掌着全部的国家政权，是治国的领导力量和核心。党要实现民主执政、科学执政，以及依法执政、依宪执政，就离不开必要的监督。在新中国成立后的很长一段时期内，受革命化思维的延续性和惯性的影响，对党领导和执掌国家政权的监督并未受到重视。改革开放以来，随着全面改革和现代化的快速发展，在中国共产党由革命党向执政党转型的过程中，对执政党的监督逐渐为党内外所重视和关注。在推进国家治理体系现代化的进程中，为更好顺应时代发展变化和要求，更好回应人民期待，必须推进执政党监督体系的法治化。一方面，要用党内法规将执政党内部的监督明确化，使党内监督有章可循，党员能够通过通畅的渠道监督党的组织和干部，充分发挥党的纪律检查委员会在执政党自我监督和自我约束中的特殊作用。另一方面，要完善党外监督制度。党外监督既是党内监督的延续和发展，又是对执政党监督的重要方面。因此，既要积极构建执政党自觉接受社会监督的体制机制，又必须将这样的监督用法治的方式加以规范，使其能依法推进，规范运行。

第二，要实现立法过程监督的法治化。对立法过程的监督，根本目的在于提高立法质量，为实现现代化的国家治理体系提供可靠依据和保障。立法监督的法治化，就是要通过建立健全法治化的体制机制来监督立法过程。首先，确立立法工作合宪审查制度。在我国，宪法作为国家根本大法，是党和人民意志的集中体现。国家的每一项立法工作，都要体现宪法精神，不能与之相抵触。其次，健全立法意见征询机制。加强人大对立法工作的组织协调，健全立法的起草、论证等过程向下级人大或人大代表征询的机制。同时，完善公众参与立法机制。重大法规应向社会广泛征求意见，尤其对部门间存在较大争议的重大立法事项，必须引入第三方评估，防止部门利益和地方保护主义法律化，广泛凝聚社会共识。最后，健全立法协商机制。有效发挥政协委员、民主党派、无党派人士、社会组织等在立法协商中的作用，尤其应发挥专家学者在立法工作中的作用。

第三，要实现执法过程监督的法治化。在现代政治体系中，国家政权机关的执法过程都是由作为行政机关的政府来承担的。加强对执法过程的监督，根本目的在于保障政府依法行政，促进政府治理现代化。构建法治化的执法过程监督体系，一是要确立政府决策合法化审查机制。针对政府重大决策进行合法化审查，推进政府法律顾问制度建设。二是要加强人大对政府财政预算的监督和审查，加强人大对政府行政行为和行政过程的监督，完善权力机构监督行政机构的制度机制。三是要建立政府权力清单制度，消除权力设租寻租空间。最后，健全社会监督机制。要创造条件让人民批评政府、监督政府，同时充分发挥新闻舆论的监督作用，让权力在阳光下运行。

第四，要实现司法过程监督的法治化。在现代政治生活中，以检察机关和审判机关为主体的司法机关对维护社会公平正义和监督制约立法权、行政权具有重要作用。强化对司法权力运行的监督，根本目的在于保证司法公正，提高司法公信力，为现代化的国家治理提供有力的司法保障。实现法治化的司法过程监督，需要构建一套完善的体制机制配套举措，具体包括完善党对司法机构的领导，落实执政党对司法活动的监督，切实健全内部监督制约机制，杜绝违法干预司法活动的要求，建立办案质量终身负责制和错案责任倒查问责制；拓展人民群众参与司法的渠道，扩大司法民主，完善人民陪审员制度和人民监督员制度；建立生效法律文书统一上网和公开查询制度，自觉接受社会各界的监督和质询。

四、实现支持体系法定化，依法为国家治理提供保障

在国家治理体系中，组织体系、运行体系和监督体系的建立和运作，离不开一系列条件的支持。这些支持性条件结合在一起，便构成了一个完整的支持体系。在国家治理体系中，这样的支持系统不仅是不可或缺的，健全和完善的支持体系也是实现国家治理体系现代化的必要条件。

今天的国家治理，不仅面临的问题和矛盾越来越复杂，而且在民主化已经成为浪潮的背景下，国家治理的科学化、公开化、规范化和参与性的程度也越来越高。在这样的条件下，国家治理的支持系统的地位和重要性也越来越突出，涉及的范围也呈现不断扩大的趋势，规范化的程度也在不断提高。就当前的国家治理而言，有一些方面的支持作用越来越显突出：一是财政支持。“财政是政府活动的基础，决定着各级政府实现法定职权的能力和水平。”① 税收构成了现代政府财政的主要来源，政府的财政状况和财政制度，制约着其为社会提供有效的公共产品与公共服务分配的能力。二是智力支持。在国家治理面临的新情况、新问题层出不穷的今天，国家治理中的智力支持愈显重要。其中，直接服务于政府决策的智库或智囊团的地位和意义显得十分突出。三是民智支持。随着国家治理的公开化和民主化的要求和实现程度的不断提高，民众参与国家治理的程度也在不断提高。与此相适应，民智也越来越成为国家治理的支持性因素。四是文化支持。民族的传统文化和当前的社会文化中，蕴涵着丰富的治国资源，开发和利用这些资源，成为国家治

① 林尚立：《国内政府间关系》，浙江人民出版社 1998 年版，第 8 页。

理现代化必须面对的重要问题。

国家治理体系中支持体系的法治化，就是要用法治的方式去建设国家治理的支持体系，保障国家治理支持体系依法有效地进行。换言之，构建法治化的国家治理支持体系，最根本的就是将国家治理中的各种支持机制、支持方式，用法律加以规范，进而实现国家治理支持体系的制度化、规范化、程序化。

第一，国家治理支持体系必须依法建立。现代国家治理活动面临着日益复杂多变的国际国内形势，这形成了构建国家治理支持体系的时代必然性。然而，国家治理支持体系的建构必须有系统、全面、深入的谋划，短期的、碎片化的、随意而为的支持体系，显然不能有效适应现代化的国家治理需求。并且，在现代民主政治条件下，法律已成为最重要的社会规范形式，法律的权威、地位越来越为人们所重视。这就要求，所有社会活动、社会规则的制定，必须在国家宪法和法律的基础上进行。同时，现代国家治理本质上要求依法治理，因而，作为国家治理的支持体系也必须依法建立。从这个意义上说，构建法治化的国家治理支持体系，要求必须依宪、依法、依规来建立，对整个国家治理支持体系的建立、运行、监督、评价等过程，都要做到有法可依、有规可循，形成完善的国家治理支持体系的法律规范，进而确保这种支持体系的制度化、规范化。

第二，国家治理支持体系必须依法运行。确立法治化的国家治理支持体系后，依照宪法、法律和其他规范来运行这些支持体系，促进支持体系的程序化、规范化，使其沿着法治的轨道运行，是确保这种支持体系有效的基础和保障。“制度再好，不能‘落地’就会‘悬空’，不能‘运转’就会‘停滞’。”① 国家治理支持体系是基于各种机制、要素基础上的综合系统，各部分支持系统都有其独特地位和作用，并且相互之间还存在一定的交互作用。因此，要确保各种支持机制有效运行并形成支持合力，就必须按照必要的规

① 徐勇、吕楠：《热话题与冷思考——关于国家治理体系和治理能力现代化的对话》，《中国人民大学复印报刊资料·中国政治》2014 年第 5 期。

范和程序来运行。在此基础之上，整个支持体系的组织系统、管理系统、协调系统和评估系统，都要按照法定的职能和程序来运行。例如，在现代国家治理中发挥重要作用的民间智库，其本质上属于社会组织。它的注册登记、活动开展、成果运用等都必须依照国家的相关法律法规来进行，而不能利用自身在相关研究上的优势，从事危害国家利益和蛊惑公众的活动。同时，畅通智库研究成果向决策咨询、社会效益转化的制度，积极引导智库的研究工作和研究方向。

第三，确保国家政权机构必须依法获得这些支持。在现代法治国家，国家获取社会的这些支持通常必须依照法律法规来进行，必须要有合法的获取依据、渠道、方法和程序。在获取支持方面，要做到有法可依，并把是否获取这些支持，作为决策是否合法化的重要依据。在获取的方法上，要减少行政性、命令性手段的使用，更多运用法律手段；在获取程序方面，要强化民主、公开、透明和参与，如建立健全听证制度、民主协商制度等；在获取监督方面，要保证公民的监督权，有畅通的监督渠道。最终通过这些途径，为国家政权机构科学、合理、有效地行使权力，严格依法获得这些支持提供保证。例如，在涉及获取财政等方面支持的重大决策上，必须首先由国家有关机构广泛征求社会各方面意见，在此基础上形成科学的方案，并通过人大的审议表决上升为国家意志，最后由国家机构负责执行。

国家治理的现代化与法治化

王宗礼*

继中国共产党十八届三中全会提出“推进国家治理体系和治理能力现代化”的时代命题之后，党的十八届四中全会又提出了“建设中国特色社会主义法治体系、建设社会主义法治国家”① 的全面推进依法治国总目标。无论是从历史性的角度还是从理论逻辑上，都可以将后者看成是前者的具体展开和进一步深化。国家治理体系和治理能力现代化内在地包含着依法治国，包含着国家治理法治化，而依法治国和国家治理法治化则是国家治理现代化的延伸和具体展开，是国家治理现代化的重要标志，两者是相辅相成、相互促进的关系。

一、国家治理现代化：中国社会主义现代化的必然逻辑

要理解“国家治理现代化”这一概念，首先要理解“国家治理”的含义。对于“国家治理”的内涵，学术界有不同的理解。有的学者从西方“治理”概念的本来含义出发解释国家治理的含义，强调了“治理”与“统治”“管理”的区别，认为“国家治理”实质上就是政治国家和市民社会、政府组织和非政府组织、公共机构和私人机构为了达到共同目的而进行的自愿或强制的合作，其特点是治理主体的多元化，权力运行的多向度。很明显，这是一种“社会中心主义”的理论视角；也有学者从中国历史上“治国理政”

---

* 王宗礼，西北师范大学马克思主义学院教授。

① 《中共中央关于全面推进依法治国若干重大问题的决定》，《人民日报》2014 年 10 月 29 日。

的思想与实践传统出发理解国家治理，主要强调了国家治理概念的“本土性”意蕴，从而认为国家治理实质上就是统治阶级所进行的管理国家和处理政务的活动。这种理解又明显地带有“国家中心主义”的理论色彩。很显然，这两种理解都有一定的局限性与片面性，没有抓住党的十八届三中全会关于国家治理现代化思想的实质。第一种理解存在的突出问题是用西方学者的治理理论简单化地裁剪中国的治理实践，忽视了中国的历史传统和基本国情，似有“食洋不化”之嫌，在实践中则会产生削弱党的领导和我国基本政治制度的严重后果；第二种理解则无视改革开放以来中国社会出现的社会结构深刻变化、利益关系深刻调整、思想文化日趋多样的社会现实，拒绝汲取治理理论的有益思想资源，试图继续用传统的“统治”“管理”等理念来理解治理现代化，从而大大地稀释“国家治理”这一概念包含的丰富内涵和时代意蕴。

实际上，我们党提出的“国家治理”这一概念，既不同于西方治理理论的“治理”概念，也与中国传统意义上的“治国理政”有原则区别。这一概念既遵循了马克思主义国家理论，又汲取了中国传统的治国理政思想，同时也借鉴了西方公共管理理论中的治理理论，反映了时代的进步和我国社会的深刻变化。正如有学者所说“它遵循的是马克思主义的国家理论逻辑，即国家的职能是由政治统治和政治管理职能有机组成。社会主义国家的国家治理，本质上既是政治统治之‘治’和政治管理之‘理’的有机结合”①，“也是政治管理之‘治’与‘理’的有机结合”①。很显然，与前两种对“国家治理”概念的理解相比，这种理解更加符合中央提出“国家治理”概念的原意，但却没能反映全球治理理论和实践的进展。因此，我们认为，“国家治理”这一概念，也借鉴了西方治理理论中“治理”的含义。它一方面明确了国家在治理过程中的主体地位，体现了国家作为政治统治机器的政治统治职能；另一方面又体现了国家的公共管理职能，还体现了政治国家与社会的合作治理。因此，国家治理实际上是以党和国家为核心的治理主体，协同其他社会组织

① 王浦劬：《国家治理、政府治理和社会治理的基本含义及其相互关系辨析》，《社会学评论》2014 年第 3 期。

和公民对社会公共事务所进行的管理和合作治理的有机结合。

现代化是指人类社会由传统社会向现代社会的转变过程。按照这一逻辑，国家治理现代化也应当是由传统国家治理模式向现代国家治理模式的转变过程。人类社会的现代化进程是一个包含政治、经济、社会、文化等各方面现代化的一个整体进程，国家治理现代化是人类社会现代化的重要组成部分。著名人类学家马林诺夫斯基曾经将人类文化分为三个层面，即器物层面、制度层面和精神层面。按照这一思路来理解人类社会的现代化过程，现代化可被视为这三个层面既前后相继又相互渗透的过程。一般来说，在现代化过程中，物质层面的文化先于和快于非物质层面的文化，而在非物质层面的文化中，制度层面的文化又先于和快于精神层面的文化。[①] 梁启超也曾经认为中国近代的现代化过程是一个先器物、再制度而后文化的过程。事实上，落后国家的现代化过程大体上也是沿着这一顺序展开的。从这一视角来观察中国的现代化过程，我们可以发现，从近代以来的中国的现代化，首先是从器物层面展开的，经过一百多年的努力，特别是改革开放三十多年来的快速发展，我国器物层面的现代化已经取得了长足的发展，接下来，在继续推动器物层面现代化的同时，我国需要把制度层面的现代化提到重要的议事日程上来。提出国家治理体系和治理能力现代化正是回应了这一时代要求。习近平总书记指出“国家治理体系是在党领导下管理国家的制度体系，包括经济、政治、文化、社会、生态文明和党的建设等各领域体制机制、法律法规安排，也就是一整套紧密相连、相互协调的国家制度。国家治理能力则是运用国家制度管理社会各方面事物的能力，包括改革发展稳定、内政外交国防、治党治国治军等各个方面”[②]。可见，国家治理体系和治理能力的现代化，实质上是国家各项制度体系及其制度执行能力的现代化。国内有学者将国家治理体系与治理能力的现代化视为继工业、农业、国防和科学技术“四个现代化”之后的“第五个现代化”，也是从这个意义上来说的。实际上“四个现代化”主

---

① 威廉·奥格本：《社会变迁：关于文化和先天的本质》，浙江人民出版社 1989 年版，第 106—107 页。

② 习近平：《切实把思想统一到党的十八届三中全会精神上来》，《求是》2014 年第 1 期。

要是器物层面的现代化，可以看成是“一个现代化”，而国家治理体系和治理能力的现代化才是制度层面的现代化。

随着经济全球化的推进和我国改革开放的不断深化，我国的经济体制、社会结构、价值观念等方面发生了复杂而深刻的变化，社会利益关系错综复杂，各种社会矛盾相互缠绕，思想文化日趋多样，传统安全和非传统安全相互交织，推进改革发展稳定、维护社会秩序和安全、促进社会公平和和谐等方面的任务十分繁重，现行的国家治理模式已经越来越不适应经济社会发展的要求了。许多学者已经研究了我国现行国家治理模式遭遇到的困境，试图用诸如“运动式治理”“碎片化治理”“动员式治理”“反应式理政”等概念来说明我国原有治理模式的特点和困境。这些研究都说明，我国原有的国家治理模式已经越来越难以适应变化了的现实，亟须推进国家治理体系和治理能力的现代化。

二、国家治理法治化：国家治理现代化的基础

一般认为，国家治理现代化主要表现为国家治理的民主化、法治化、科学化、文明化等方面[①]。其中，国家治理的法治化，既是国家治理现代化的重要标志，又是国家治理现代化的基础和前提。国家治理法治化，就是把国家治理纳入宪法和法律的轨道，就是用宪法和法律约束国家治理主体及其治理行为，使国家治理主体及其治理行为有法可依、有法必依、执法必严、违法必究。

首先，国家治理法治化可以为国家治理现代化提供价值基础。法治是“良法之治”，它不仅是依法治理的一套制度体系，而且是一种治国理念、一种价值体系。“法治的理念和价值是多方面的，其主要的理念和价值有三：其一，保障国民的权利、自由，保障人权；其二，控制公权力，把公权力（包括国家公权力和社会公权力，甚至包括国际公权力）关进制度的笼子里；其

① 何增科：《怎样理解国家治理及其现代化》，《时事报告》2014 年第 1 期。

三，维护公平正义。”[①] 法治的这些核心价值也是现代国家治理应当追求的价值目标。尊重和保障人权是法治的精髓所在，也是现代国家治理与传统国家治理的原则界限。从一定意义上说，国家治理的现代化进程实际上就是人权或公民权不断得到确认和保护的过程。而对人权和或公民权造成侵害的最大可能性来自于政府公权力，因此，法治总是以限制政府公权力为基本指向的，对公权力的限制，是现代国家治理制度体系的一个重要特征和核心价值。而无论是对人权和公民权的保护，还是对公权力的限制，其实质要义都是维护社会公平正义。社会公平正义，是现代社会制度的首要价值，以权利公平、机会公平、规则公平、司法公平为主要内容的公平正义原则是对传统社会特权现象和社会不平等的彻底否定，是现代法治和现代国家治理的重要价值。国家治理现代化必须把法治的这些核心价值贯彻到国家制度体系建构以及运用制度体系治国理政的全部实践活动中。

其次，国家治理法治化可以为国家治理现代化提供合法性、权威性基础。任何国家治理都必须首先解决合法性和权威性问题。这里的合法性主要指治理客体对治理主体拥有的治理权力正当性的信念，而权威性则是指基于某种正当性信念而形成的治理客体对治理主体的自觉服从。按照马克斯·韦伯的分析，传统政治统治的合法性和权威性建立在人们对于某种古老传统及信条神圣性的信仰基础上，而法理型统治的合法性和权威性则是建立在对立法产生的法律以及根据法定程序产生的领导人有发布命令的权力的信仰基础上，奇里斯马型统治的合法性和权威性则来源于被统治者对于统治者超凡人格魅力和天启英明的信仰。国家治理与传统意义上的国家统治和国家管理活动不同，从一定意义上来说，传统国家统治和管理活动是以暴力和强制力为后盾的，而现代国家治理则更需要被治理者的同意，需要被治理者的认同和支持，也就是说，它必须建立在一定的合法性和权威性基础之上。很显然，现代国家治理的合法性、权威性，既不能来源于某种古老的信条，更不能来源于治理者的超凡魅力，只能来源于宪法和法律。因此，国家治理法治化，能够为

① 姜明安：《改革、法治与国家治理现代化》，《中共中央党校学报》2014 年第 4 期。

国家治理现代化提供合法性和权威性基础。

再次，国家治理法治化可以为国家治理现代化提供制度基础。现代国家治理与传统国家治理的一个重要区别，就是现代国家治理须奠基于牢固的法律制度基础之上，宪法和法律为现代国家治理提供了制度基础。宪法是治理国家的总章程，它规定了国家的基本政治制度、基本经济制度、基本社会制度等社会的基础性制度，明确了国家与公民之间的相互关系、国家机关的设置以及国家机关之间的相互关系、国家权力的运行原则等现代国家治理的基本规范。国家的各项法律在宪法的基础上将国家的基本制度具体化为政治、经济、文化、社会、生态文明、党的建设等各领域的具体制度。我国的国家治理现代化，就是在一定的基本经济政治制度的框架之内，依靠这些基本经济政治制度实施的治理现代化。中国共产党在领导社会主义革命、建设、改革的过程中，已经形成了许多适合中国国情、已经被实践证明具有有效性的基本经济政治制度，如以公有制为基础的多种所有制形式共同发展的基本经济制度、共产党领导的多党合作和政治协商制度、人民代表大会制度、民族区域自治制度、基层社会自治制度以及中国特色社会主义法律体系等，只有把这些基本经济政治制度纳入法制化的轨道，通过宪法和法律的形式使之定型化，才能为国家治理现代化提供基本制度框架。随着我国全面改革的不断深化，各方面的体制机制不断变化、各种新的制度和规范不断形成，也需要不断地把改革的成果通过法律的形式定型化。

最后，国家治理法治化是国家治理能力现代化的基本保障。国家治理能力现代化是国家治理现代化的重要内容。国家治理能力是指一定的治理主体运用国家制度体系治理国家和社会事务的能力，它不仅包含一定治理主体自身的基本素质及其执行能力，而且也包括国家治理的方式和手段。而国家治理能力现代化则是指一定的治理主体运用民主、科学、法治、文明等方式有效治理国家和社会事务所表现出来的过程和状态。习近平总书记指出，“必须适应国家现代化总进程，提高党科学执政、民主执政、依法执政水平，提高国家机构履职能力，提高人民群众依法管理国家事务、经济社会文化事务、自身事务的能力，实现党、国家、社会各项事务治理制度化、规范化、程序化，不断提高运用中国特色社会主义制度有效治理国家的能力”[①]。可见，国家治理能力，不仅是指执政党和各个国家机关的履职能力，而且也指社会组织甚至公民个人管理社会和自身事务的能力。在当前我国社会进入矛盾凸显期、多发期，改革开放进入深水区、攻坚期的阶段，推进改革发展稳定、管理内政外交国防以及经济社会文化事务、化解各种社会矛盾和冲突、维护社会秩序和社会公平正义，单靠过去习惯了的治理方式和手段已经难以奏效，必须要运用现代治理方式和治理手段提高治理的针对性、有效性和合法性。而学会和善于运用法治思维、法治方式治理国家，实现国家治理的法治化，无疑是实现国家治理能力现代化的可靠保障。

三、国家治理法治化的实践路径

国家治理法治化是国家治理现代化的必由之路。[②] 从党的十八届四中全会的基本精神看，我们党选择了通过全面推进依法治国、建设社会主义法治国家来推进国家治理现代化的实践路径。可以说，国家治理法治化是国家治理现代化的突破口和主攻方向。党的十八届四中全会通过的《中共中央关于全面推进依法治国若干重大问题的决定》，为推进国家治理法治化提供了基本路径。

（一）中国共产党的领导是国家治理法治化的根本保障

有一种观点认为，党的领导和法治是不相容的，认为要推进国家治理法治化，就要弱化甚至取消党的领导。这种观点是根本站不住脚的。法治从本质上说是限制政府权力的过程，掌握一定权力的力量，通常是不会自觉地对其自身权力进行限制的。世界各国的法治化历程清楚地表明，任何已经成功地实现了法治的国家，都是在一定政治力量的强有力的领导之下实现的，没有一个领导力量长期持续的推动，法治状态不会自动实现。在中国这样一个

① 习近平：《完善和发展中国特色社会主义制度　推进国家治理体系和治理能力现代化》，《人民日报》2014 年 2 月 18 日。

② 张文显：《法治与国家治理现代化》，《中国法学》2014 年第 4 期。

人口众多、国情复杂，又具有长期专制传统的国家实行法治，更是一场广泛而深刻的革命，需要经过长期艰苦的努力。如果没有中国共产党的集中统一领导，势必成为一盘散沙，也就根本谈不上什么法治。中国共产党是中国特色社会主义事业的坚强领导核心，也是推进中国国家治理法治化的根本保障。党领导人民制定宪法和法律，也领导人民实施宪法和法律，党的领导并不是超越宪法和法律另搞一套，而是通过把党的意志通过法定程序转变为国家意志而实施领导，党必须在宪法和法律的范围内活动。党的领导和依法治国在根本目标、基本价值和实施路径上是统一的。

要加强党对国家治理法治化的领导，就必须改进党的领导方式、执政方式。新中国成立以后，中国共产党由过去长期从事革命的党变成了执政党，党对如何执政还缺乏必要的思想理论准备和现成的经验，加之受两千多年专制传统和苏联模式的影响，党在执政过程中仅仅是把法律看成是治国的工具，出现了忽视甚至破坏法制的人治现象。党的十一届三中全会以来，我们党汲取历史的经验教训，提出了加强社会主义法制建设的主张，党的十五大以来我们党又实现了法治理念上由“法制”向“法治”的重要变革，提出了依法治国，建设社会主义法治国家的目标，我国的法治建设取得了历史性的成就，中国特色社会主义法律体系已经基本建立。但由于受多种因素的制约，我们党在执政方式上还没有完全实现由人治向法治的转变。在一定时期、一定地区人治色彩还比较严重。因此，改进党的领导方式、执政方式，是推进国家治理法治化的迫切需要。改进党的领导方式、执政方式，最主要的就是在党的各级领导干部中牢固树立现代法治理念，树立依宪治国、依法执政的理念，建立健全“把权力关在制度的笼子里”的制度机制，完善党的主张通过法定程序成为国家意志的规范和程序，严格法律监督和违法责任追究机制，确保党领导人民制定宪法和法律、实施宪法和法律与党在宪法和法律的范围内活动的统一性。

（二）必须坚持走中国特色社会主义国家治理法治化道路

国家治理法治化是人类治国方式发展的必然要求，也是人类政治文明的重要标志。但不同的国家由于具有不同的历史文化传统、不同的国情、不同的经济社会发展状况，这就决定了不同国家走向法治化的具体道路、具体标准具有多样性。因此，我国的国家治理法治化绝不能简单地模仿西方发达国家已经走过的道路。我国是共产党领导的社会主义国家，正处在社会主义初级阶段，经济社会发展还比较落后，仍然是世界上最大的发展中国家，这些都是我国的基本国情。从历史上看，我国又是一个具有两千多年专制传统历史的国家，人治思想和传统根深蒂固，以儒家思想为主干，儒、释、道等多元文化相互补充、相互渗透所形成的深厚传统文化，深深植根于中华民族的血脉和基因中，其中蕴涵的如“礼治”“德治”“刑治”等治国理政思想，既为国家治理法治化提供了历史借鉴，也成为我们实现法治的沉重包袱，影响着我们法治化的道路选择。这种特殊的国情和历史文化传统，决定了我们必须走中国特色社会主义法治道路。

走中国特色社会主义法治化道路，必须坚持党的领导、人民当家作主和依法治国的有机统一。党的领导是中国特色社会主义法治的根本保障，人民当家作主既是我国的国体，也是我国的政体，体现了我国国体和政体的内在统一，它构成了我国国家治理的基本制度基础，依法治国是党领导人民治理国家的基本治国方略，这三者具有内在的统一性。坚持走中国特色社会主义法治化道路必须坚持人民主体地位，还必须坚持法律面前人人平等的法治原则，坚持依法治国与以德治国相结合，坚持从中国的实际出发。只有这样，我们才能走出一条中国特色的国家治理法治化道路。

（三）必须坚持依宪治国、依宪执政

国家治理能否实现法治化，最关键的是看宪法和法律能否得到实施。对我国现阶段而言，国家治理是否法治化，并不在于国家制定了多少部法律法规，而是要看宪法和法律是不是得到了遵循。宪法是国家的根本大法，是党和人民意志的根本体现，具有最高的法律效力。它不仅是一套有形的规则体系，而且也是维护公平正义的一套信仰和价值体系。“坚持依法治国首先要坚持依宪治国，坚持依法执政首先要坚持依宪执政”①。国家治理的法治化，其

① 《中共中央关于全面推进依法治国若干重大问题的决定》，《人民日报》2014年10月29日。

核心要义是用宪法来约束公共权力，保障人权和公民权利。以这一核心要义为中心，宪法规定了国家机关的设置原则及其权力边界，规定了民主政治的基本框架，规定了公民的基本权利及其保障，是治国理政的总章程。因此，推进国家治理法治化，首先必须树立和维护宪法的尊严，保证宪法的实施。一切国家机关和武装力量、各政党和人民团体、各企事业组织以及人民群众都必须以宪法为根本活动准则，一切违反宪法的行为都必须得到追究和纠正。如果宪法不能得到有效实施，依法治国就是一句空话。坚持依宪治国、依宪执政，必须健全宪法实施和监督制度，党要带头实施宪法，一切国家机关、武装力量、各政党和人民团体以及全体公民都要维护宪法尊严、严格按宪法办事，一切违反宪法的行为都必须得到追究和纠正。要完善全国人大及其常委会的宪法监督制度，加强对规范性文件的合宪性审查，确保宪法得到切实的遵循。

（四）必须坚持依法行政，加快建设法治政府，做到严格执法

“法律的生命力在于实施，法律的权威也在于实施。”[①] 国家行政机关是国家权力机关和立法机关的执行机关，是最主要的实施法律的机关，在国家治理法治化中发挥着关键作用。国家行政机关的这一特殊地位，也决定了它拥有较为广泛的权力，掌握着丰富的资源，与人民群众关系最为密切。因此，国家行政机关能不能依法行使职权，直接关系到国家治理法治化的水平。必须通过行政体制改革，进一步转变政府职能，完善行政组织和行政程序法律制度，推进机构、职能、权限、程序、责任法定化，牢固树立“法定责任必须为，法无授权不得为”的理念，坚决惩处失职、渎职、滥用职权等行为。要建立健全依法决策机制，形成科学决策、民主决策、依法决策的体制机制，制定重大决策的合法性审查制度，确保行政决策的科学化、民主化、合法化；要深化行政执法体制改革，加强对行政权力的监督制约，坚持严格规范文明执法，全面推进政务公开。只有这样，才能建立起职能科学、权责法定、执法严明、公开公正、廉洁高效、守法诚信的法治政府，从而确保严格执法。

---

① 《中共中央关于全面推进依法治国若干重大问题的决定》，《人民日报》2014 年 10 月 29 日。

（五）必须改革和完善司法体制和司法权力运行机制，保证司法公正，提高司法公信力

公正是法治的精髓，司法是维护社会公正的最后一道防线。有一种观点认为，只有司法独立，才能发挥司法在维护社会公平正义中的作用，主张在我国搞司法独立。必须明确，司法独立是资本主义“三权分立”政治制度的必然要求，搞司法独立其实质就是搞“三权分立”。我国是社会主义国家，人民代表大会制度是我国的根本政治制度，这一根本政治制度已经载入我国宪法，受宪法保护。国家治理法治化必须遵守和实施宪法，司法独立的主张本身就是违反宪法的。虽然我国不搞司法独立，但并不意味着司法机关的职能活动不应该具有独立性。从法治的内在精神来看，司法机关独立行使职权是救济执法不公、保证司法公正的重要前提。因此，必须从制度上确保司法机关依法独立行使职权，要建立领导干部干预司法活动、插手具体案件处理的记录、通报和责任追究制度，优化司法权力配置，最高人民法院设立巡回法庭，探索建立跨行政区划的人民法院和人民检察院。从制度上防止领导干部插手和干预司法活动。要推进严格司法，保障人民群众参与司法，加强人权司法保障，加强对司法活动的监督，保证司法公正，提高司法公信力。

（六）必须培育和建设社会主义法治文化，营造良好的法治生态

法治既是一种治国理政的制度体系，同时也是一种法律至上的精神文化，是一种价值观、一种信仰。“没有信仰的法律会退化成为僵死的教条。没有法律的信仰却将蜕变成为狂信。”① 只有在全体公民中形成对法律权威的认同和信仰，形成人人遵守法律、人人监督法律实施、人人捍卫法律权威的社会氛围，国家治理的法治化才能真正实现。因此，一方面要积极推进依法治国的实践进程，严格依法办事，公正司法，使全体公民在依法治国的实践进程中感受和体认法治的权威和尊严，树立对法律权威的信仰和尊重；另一方面要不断改进和加强法治宣传教育，特别是加强和改进对领导干部的法治宣传教育，坚持把领导干部带头学法、模范守法作为树立法治意识的关键。要大力

① 伯尔曼：《法律与宗教》，梁治平译，生活·读书·新知三联书店1991年版，第64页。

改进和加强普法宣传教育活动，开展群众性法治文化活动，在全体公民中营造违法可耻、守法光荣的社会氛围。要推进多层次多领域的依法治理，建设完备的法律服务体系，健全依法维权和化解纠纷机制，增强全社会厉行法治的积极性和主动性，形成良好的法治生态，从而为法治中国建设提供坚实的社会文化基础。

推进国家治理体系和治理能力现代化的法治途径

文　宏*

党的十八届三中全会审议并通过的《中共中央关于全面深化改革若干重大问题的决定》提出，全面深化改革的总目标是完善和发展中国特色社会主义制度，推进国家治理体系和治理能力现代化。这是中国共产党首次将治理体系与治理能力的现代化上升为“总目标”的高度，也是继工业、农业、国防、科技“四个现代化”之后，明确提出的又一个概念与制度层面的现代化要求，为下一步全面深化改革指明了方向。

推进国家治理体系和治理能力现代化，涉及政治体制、经济体制、文化体制、社会体制、生态文明体制和党的建设等各领域体制、机制、法律法规安排，治理能力现代化涉及治理主体、治理理念、治理内容和治理方式等内容，其中的任何一个方面都离不开法治的轨道。正如学界普遍认为，法治，是国家治理体系和治理能力现代化的基本内涵①；国家治理体系和治理能力法治化是国家治理体系和治理能力现代化的必要条件和重要特征②；建设法治中国是推动国家治理体系和治理能力现代化的重要举措③。特别是 2014 年 10 月，党的十八届四中全会围绕依法治国问题进行了一系列重要部署，审议并通过了《中共中央关于全面推进依法治国若干重大问题的决定》，明确指出

---

* 文宏，兰州大学管理学院副教授。

① 辛向阳：《推进国家治理体系和治理能力现代化的三个基本问题》，《理论探讨》2014 年第 2 期。

② 莫纪宏：《国家治理体系和治理能力现代化与法治化》，《法学杂志》2014 年第 4 期。

③ 马一德：《法治助推国家治理体系和治理能力现代化》，《党建》2014 年第 6 期。

“全面建成小康社会、实现中华民族伟大复兴的中国梦，全面深化改革、完善和发展中国特色社会主义制度，提高党的执政能力和执政水平，必须全面推进依法治国”。

基于此，本文将围绕着社会主义法治建设和国家治理体系与治理能力现代化建设的关系这一基本问题，探寻法治的内涵及功能与国家治理体系建设之间的契合点，重点探讨法治途径在推动国家治理体系与治理能力现代化方面的重要作用。

一、法治内涵回溯与功能概述

“法治”一词，在我国最早可以追溯到先秦时期的“以法为本”思想。几乎同一时期，古希腊也出现了“法律应当优于一人之治”[①] 的论断。二者虽有相似之处，但我国的法治概念形成于“法治”（法家）与“礼治”（儒家）的对立，而西方法治概念的兴起则是“法治”与“哲人治国”激烈争论的结果。源头上的差异导致法治概念在我国常与“德治”对立，偏重于对个人行为的规诫；在西方则与“人治”概念相对立，偏重于对个人权利的保护以及对专制权力的预防。现如今“关于法治的学术话语、政治话语、宣传话语多半是在名词层面取得一致，而远未达到概念层面的共识，法治及其相关概念（人治、德治等）已成为法学中最繁复、混乱的概念群之一”[②]。

综合国内外学者的观点，笔者认为法治应该包含以下几个方面的含义以及作用：第一，法治是一种与人治根本对立的社会管理方式。即法治是依照法律来管理国家，以宪法和法律来支配权力，以保护公民权利为宗旨；而人治则反映了当权者个人的利益，二者的根本区别是法律高于个人意志还是个人意志凌驾于法律之上。第二，法治是一种带有工具主义色彩的有效的社会治理手段，即通过宪法和法律，规范社会成员的行为，惩戒违法犯罪，并最

① ［古希腊］亚里士多德：《政治学》，吴寿彭译，商务印书馆 1965 年版，第 167 页。
② 刘杨：《法治的概念策略》，《法学研究》2012 年第 6 期。

终将法治思想内化为社会主体接受法治文化，提高法治观念，完善法律人格的辩证过程[①]。第三，作为一种综合性概念，法治是对民主、公平的价值诉求。其中，保障公民的基本人权，是法治正义的体现[②]；对政府权力的有效约束，是实现法治的必要条件。

作为一种社会治理方式与理念，法治的功能主要有两点：第一，普遍适用的规范功能。正如奥斯汀认为“每一项法律，都是一项命令”[③]，法治的规范作用，就是通过具体法律规定每一个社会成员应该做、允许做和不允许做的事情。这一规范功能必须平等地适用于所有相关的当事人，即“法治一旦被写入制定法，国内所有的人和机构，无论是公共机构还是私立机构，都应该接受法律的约束，并且享受其规制利益”[④]。第二，对社会行为的引导功能，具体体现为：其一，通过构建一整套完备的公检法系统，对违法犯罪行为进行惩戒，从而维护法律的权威，同时对社会行为进行逆向约束；其二，一个成熟的法治社会应该秉持“法无禁止皆可为”的基本准则，即通过不断扩充“良法”，将产生社会危害性的行为尽可能予以限制，以保证社会成员在法律没有限制的领域享有充分的行动自由。法治在社会治理方面的规范、惩戒、引导、教育功能的发挥可以避免社会行为的随意性，同时防止专制权力的权力滥用，并通过不断的法律宣传，整顿社会风气。正如有学者所言，一个理想的法治国家应该实现四重目标：自尊自主的人文生活、理性规范的社会合作、亲和可敬的司法正义、有效节制的政府权力[⑤]。

二、法治在国家治理体系和治理能力建设中的地位和作用

习近平总书记在全面深化改革领导小组第二次会议上强调，凡属重大改革都要于法有据；在整个改革过程中，都要高度重视运用法治思维和法治方

---

① 范进学、张明皓：《法治社会化概念及其功能》，《学习与探索》2000 年第 3 期。
② 潘佳铭：《法治概念的性质探析》，《西南师范大学学报（人文社会科学版）》2005 年第 1 期。
③ 凯尔森：《法与国家的一般理论》，沈宗灵译，中国大百科全书出版社 1996 年版。
④ 汤姆、宾汉姆：《法治》，毛国权译，中国政法大学出版社 2012 年版。
⑤ 周天玮：《法治理想国》，商务印书馆 1999 年版，第 89 页。

式，发挥法治的引领和推动作用，加强对相关立法工作的协调，确保在法治轨道上推进改革[①]。这要求我们在全面深化改革的过程中，必须发挥法治的先导与推动作用。

中国共产党以“依法治国”为执政基本方略，法治贯穿于国家治理体系的各个层面。首先，法治是国家治理体系的本质属性之一。政府不能在国家治理体系中形成单一权威，法治使宪法和法律成为公共治理的最高权威[②]，国家治理体系中的各个主体如政府、企事业单位、人民团体乃至公民个人在法律面前处于平等地位，在法律框架下进行合作共治。其次，法治理顺了国家治理体系的内在关系。国家治理体系不仅囊括公共权力部门，还接纳了企业、人民团体等第二、第三部门组织，更主张个人积极参与公共事务。如何明晰各个主体及其相互之间的权利与义务，离不开法律界定和司法监督。最后，法治是国家治理体系的运行逻辑。治理与传统管理的区别在于主张多元主体在协商基础上共同管理社会事务[③]，但并不是没有固定的行为规范和准则，协商和博弈都要在法律所规定的范围内以一定程序进行。总之，法治是构建国家治理体系的重要原则，法律制度是国家治理体系的重要组成部分，法治程度决定了国家治理能力现代化的程度，其作用主要体现在以下四个方面：

第一，法治对国家权力进行了分配与制约。构建国家治理体系使得社会管理模式由单一主体向多元主体转变，那么必须对国家权力进行重新界定和划分。首先，法治通过宪法对国家机关的权力进行了规定，尤其是对行政权进行了约束，避免了政府侵犯其他社会组织的权力界限。其次，法治赋予人民参与公共事务的权利，政府之外的各种组织和个人才能在权利基础上形成治理能力，真正参与到合作治理过程之中，形成与政府地位平等的政治力量。最后，法治通过权力制衡形成了治理框架，各个主体都能在协商过程中提出自身诉求，而协商结局也非单一主体可以主导，提升了公共决策的民主性和

---

① 杨小军、陈建科：《发挥法治对改革的引领和推动作用》，《前线》2014 年第 6 期。

② 俞可平：《沿着民主法治的道路，推进国家治理体系的现代化》，新华网 2013 年 12 月 1 日，http：//news. xinhuanet. com/politics/2013 －12/01/c_ 125788564. htm。

③ 唐皇凤：《中国国家治理体系现代化的路径选择》，《福建论坛（人文社会科学版）》2014 年第 2 期。

科学性。

第二，法治对多元主体进行了整合。国家治理体系是一个复杂的社会系统，只有当内部子系统有机合成为一个整体，各自在优势领域发挥其治理能力，国家治理能力才能实现最大化。因此，推进国家治理体系和治理能力现代化，就必须转变“公民—国家”关系，实现政府—社会—市场等多元主体的有效整合，而这一目标，必须依赖于法治的规范及约束①。法治对治理体系的整合恰恰源自于它承认价值多样化和价值共识②，法治承认多元主体在治理体系中的平等地位和利益冲突，并且为解决这些矛盾提供了技术支持。法治为治理体系中的各个主体规定了权利和相一致的义务，使其在整体系统内承担不同职责，通过协商合作将优势资源整合起来；另一方面，法治为解决利益冲突提供了公正、公平、公开的正义程序以及实体化的司法机构，多元主体之间的不同利益诉求被充分显现出来，并且在制度范围内得到解决，这一过程的实质是公共价值的不断凝练直至达成合意。

第三，法治为公共治理提供了必要条件。首先，法治是市场经济健康发展的重要保障，法治减少了商业活动的不确定性，并且提高了商业主体对于自身行为的可预测性，有利于诚信原则和公平原则的实现；其次，法治保障了公民基本政治权利，并且为民众参与政治提供了制度化渠道，是民主政治的重要基石；最后，法治理念本身就是一种协商思想，鼓励不同利益主体公开进行博弈和讨论，而不是通过压制手段和非制度化途径解决分歧。法治从经济、政治和文化三个方面为国家治理体系和治理能力的现代化提供了土壤。

第四，法治有助于实现社会主义民主。有别于西方的民主，我国的民主是无产阶级和广大人民享有的民主。民主的实现是有条件的“一般来说，民主需要的法治条件是规则、程序和较为安定的社会环境等三个方面”③。其中，规则是法治为有序民主参与提供的前提；程序是以法律形式确定下来的政治

① 彭中礼：《推进国家治理体系和治理能力现代化的法理阐释》，《中共中央党校学报》2014 年第 1 期。

② 莫纪宏：《论“国家治理体系和治理能力现代化”的“法治精神”》，《新疆师范大学学报（哲学社会科学版）》2014 年第 3 期。

③ 袁付平：《法治，人治与民主》，《山东大学学报（哲学社会科学版）》2003 年第 1 期。

参与以及民主权利实现的具体形式的机制；而较为安定的社会环境则是民主实现的重要保障。

三、国家治理体系和治理能力现代化对法治建设的要求

我国在建设中国特色社会主义法治道路上取得了长足发展，但是，国家治理体系与治理能力现代化对法治建设提出了新的要求，我国在法制建设、司法实践和法律文化等方面依然任重而道远。

第一，法治建设要将维护宪法权威放在首位。宪法是我国的根本大法，是治国安邦的总章程。中国特色社会主义政治发展道路的核心思想、主体内容、基本要求，都在宪法中得到确认和体现。因此，依法治国首先是依宪治国，依法执政关键是依宪执政。首先，宪法规定，社会主义制度是我国的根本制度。推进国家治理体系与治理能力现代化，并不是要在根本上改变我国的政治制度，而是要在坚持党的领导、人民当家做主、依法治国有机统一的前提下，充分发挥党在国家治理体系中的动员和组织作用。其次，宪法作为根本大法，包括行政法在内的任何部门法不得与之相抵触。然而在现阶段，我国法律制度中却存在不少与宪法不符之处，在司法实践中宪法权威也常常受到侵犯，国家治理体系与治理能力现代化要求将宪法作为各主体行为的最高权威加以遵守。

第二，法治建设要提升法律制度的科学性和精准性。“法律是治国之重器，良法是善治之前提。”① 国家治理体系与政府主导的“管理”模式不同，旨在通过政府放权和分权来弥补其在处理公共事务上的不足，那么，进入公共领域中的其他主体如企业、人民团体甚至公民个人在享有权利的同时，也应该承担相应的义务。然而，由于国家治理体系是一个囊括众多社会力量的复杂系统，每个治理主体都由其所处的不同地位，承担着不同领域的任务，所受到的约束和监督也不尽相同。假如没有一套符合实际情况并且科学可靠

① 《中国共产党第十八届中央委员会第四次全体会议公报》，人民出版社 2014 年版，第 7 页。

的法律制度，公共领域很可能出现“碎片化”，无法形成有效的公共治理机制。另外，越是复杂多变的社会系统，越要求规范的精确性。现阶段，我国法律虽然已经形成了一套完整的部门法体系，却也存在立法过程粗糙、法律规则模糊的情况，导致在某些领域中治理主体缺乏明确统一的行为逻辑，甚至出现“无法可依”的状况，协商过程很可能呈现非理性态势，行为后果的不确定性也将打击弱势群体参政的积极性，最终很可能回到由单一权威主导的“统治”和“管理”模式。

第三，法治建设要更加注重司法中立性。司法监督是确保国家治理体系中协商机制正常运转的重要手段，是程序正义的重要原则。在国家治理体系中，政府是和其他多元主体平等的参与者，有其自身强大的利益诉求，因此无法公正地行使裁判权，所以司法机关尤其应该注意对行政权的中立。然而，司法机关的中立性在实践中往往受到意识形态、政府力量等因素的干预，法治的权威性受到质疑，法律也无法完全施行，治理主体的平等地位和协商过程也会受到影响。为推进国家治理能力现代化，必须坚守司法中立性。

第四，法治建设要培育现代法律文化。传统法律文化对我国依然保持着深远影响，人民群众还对政府存在畏惧心理，普遍存在“官本位”思想和“青天意识”。近年来，民众在处理纠纷时往往不信任法律手段，而偏向于迎合潜规则或者以道德、舆论手段，甚至制造群体性事件来谋取利益。国家治理体系和治理能力现代化需要一个良好的法律文化氛围，要求作为治理主体的组织和个人能在程序性、制度化框架下开展博弈。这不仅要求向全社会普及基本法律知识，形成一种法治生活习惯，培育民众的“公民意识”和“法律意识”；也要在国家机关内部进一步树立“法治思维”，保证一切国家机关及其工作人员能够运用法治思维和法治方式解决重大和复杂的社会问题。[①] 进而在全社会树立协商主义的政治理念，允许各社会主体以一种追求自由解放、规则理性的态度参与公共事务管理。

---

① 叶佳星：《法治的社会功能》，《法律科学》2004 年第 5 期。

四、推进国家治理体系和治理能力现代化的法治途径

2013年2月23日，在中共中央政治局就全面推进依法治国进行的第四次集体学习中，习近平总书记提出要坚持法治国家、法治政府、法治社会一体建设，为推进国家治理体系和治理能力现代化提供了法治途径。法治国家、法治政府、法治社会三个概念在同一时空使用时，法治国家指整个国家公权力的法治化；法治政府主要指国家行政权行使的法治化；法治社会则主要指政党和其他社会共同体行使社会公权力的法治化。[①] 法治国家从本质上将公共权力从"人治"中解脱出来，使民众成为国家政治生活的主人，树立了国家治理体系所依赖的民主原则；法治政府对国家行政权进行了明晰和制约，推动了政府由单一权威向多元主体中的一元转变，是构建国家体制体系的重要路径；建设法治社会将政府之外的其他治理主体纳入到法治框架中，为国家治理体系与治理能力现代化培育了社会土壤。可见，法治国家、法治政府、法治社会三者相辅相成，将国家治理体系全盘法治化，从而提升治理能力现代化。

通过加强法治国家建设来推动国家治理体系和治理能力现代化主要从四方面入手：其一，全面推进依法治国的重大任务，必须"完善以宪法为核心的中国特色社会主义法律体系"[②]。通过不断完善和扩充国家法律制度，力图将大部分政治行为纳入法律调整范围[③]，这样即可将国家治理体系的运转囊括于其中，使得处理公共事务的活动有相对固定的规则和程序可循，将提升国家治理体系的制度化、理性化和常态化。其二，正确划分国家机构之间的权力界限，处理好政府、人民代表大会、政治协商会议、人民法院和人民检察院之间的关系：人民代表大会作为最高权力机关在国家治理体系中起重要作用，应确保其发挥民意表达机构的作用，并且对政府形成实质性的监督，保

---

① 姜明安：《论法治国家、法治政府、法治社会建设的相互关系》，《法学杂志》2013年第6期。

② 《中国共产党第十八届中央委员会第四次全体会议公报》，人民出版社2014年版，第7页。

③ 孙笑侠：《法治国家及其政治构造》，《法学研究》1998年第1期。

证其作为立法机关的独立性不受任何组织与个人的干涉；通过确立政治协商会议的宪法地位，增强其团结各民主党、无党派人士和人民团体的组织能力，拓展社会主义民主的范围，有助于实现公共决策的民主性和科学性；通过深化司法体制改革，确保人民法院和人民检察院独立行使审判权和检察权，对国家治理体系的各参与主体进行有效的司法监督，确保公共治理的合法性。其三，通过加强法治国家建设可以实现程序正义，为公共问题的协商解决提供技术平台，而无须通过制度外的途径如群体性事件来解决利益纠纷，而是在法律的框架下通过谈判或者诉讼来化解矛盾。同时，通过保护公民的选举权、被选举权以及言论、出版、集会、结社、游行、示威等政治权利，可以确保民意的充分表达，并在公权力的行使中得到体现。其四，建设法治国家应该巩固党在公共事务中的领导地位。国家治理体系和治理能力的现代化不能一味地分权和放权，更不应该忽视党所掌握的巨大社会资源和组织动员能力，应该建立以中国共产党为中心的民意整合机制。

加强法治政府建设主要靠转变政府管理模式推进国家治理体系和治理能力现代化。其一，建设法治政府从实质上对行政权进行了制约，有助于厘清政府与其他治理主体的权限边界。在法治政府中，政府在宪法与行政法严格规定的范围内行使职权，市场和社会能够处理的事务交由市场和社会本身解决，保证市场资源配置中的基础性作用。这样也能促进政府职能的转变，促使政府致力于产出优质的公共产品与公共服务。其二，建设法治政府将不断规范政府的决策过程，有助于鼓励公众参与公共决策。国家治理体系的核心在于公众共同参与公共事务的处理，而政府在决策过程中的主导地位制约了公众参政的积极性，建设法治政府在决策程序方面进行立法和司法监督，以法律形式明确公民参与公共事务的范围、途径和方式，[①] 例如以行政法形式完善听证制度，强制确保公众充分参与到决策过程之中。另外，信息公开制度相关法律法规的建立也可提升政府透明度，便利其他治理主体开展监督，同时也便利了以政府事务为中心的多元互动，提升了治理过程的效率。其三，

① 姜明安：《公众参与与行政法治》，《中国法学》2004 年第 2 期。

建设法治政府有助于在行政权内部进行分立和整合。政府部门要实现对权力结构的合理安排，理顺部门职责关系，避免职责交叉而相互推卸责任；以法律形式规定中央与地方之间的权责关系，力图做到在中央的统一领导下充分发挥地方主动性，地方政府不仅要对上级政府负责，更要对当地民众负责；严格绩效管理、突出责任落实，同时明确权力行使的监督主体，加强对执法活动的监督。在探索政府内部与外部跨领域、跨部门的协作治理机制的过程中，朝着"无缝隙政府"的方向不断迈进。其四，建设法治政府使政府责任法定化，确保政府积极承担在国家治理体系中的任务，而其他治理主体则可以通过法律途径对政府行为进行追责。这样可以提高政府处理公共事务的效率，增加执行机关对民意的回应性，提升政府本身的治理能力。第五，建立法治政府的最终目的应当是建立有限政府，即在全面深化改革的进程中逐步减少政府对经济、社会领域微观事务的干预，尊重市场调节和社会发展的客观规律，既要激发社会活力，又要让市场在资源配置中起决定性作用；鼓励社会组织发展，力求在多元、集体、互动的治理模式中，解决庞杂、专业的社会问题。

加强法治社会建设要以建立市民社会为核心，不断夯实国家治理体系和治理能力现代化的基础。其一，法治社会建设是全社会意义上的法治化，其实现路径是社会组织乃至个人自觉以法律作为自身行为准则，并在法律准绳下实现社会自治，这与公共治理的精髓相契合，具有法律自治能力的众多主体参与到国家治理体系中，将整体提升国家治理体系的合法性和有效性。其二，法治社会建设在全社会范围内形成遵纪守法的良好风气，并且提升了民众的"公民意识"与"法律意识"，促使民众积极争取自身合法权益，踊跃投身于公共事务的处理，为推进国家治理体系和治理能力现代化形成良好氛围。其三，公共治理与市民社会的形成密不可分。在法治社会建设中，公民以法律形式集合而成各种社会团体，承担相应的权利和义务，并形成标准化的组织形式。公民通过这些组织来集合、提炼和表达公共意见，使得个人力量聚集成为组织力量，提升了社会层面的治理能力，有助于在国家治理体系中形成"政府—市场—社会"三者权力的制衡。

综上所述，笔者认为，法治作为一种与人治相对立的社会管理手段，可以实现对社会行为的规范与引导。在全面深化改革的过程中，法治建设对于推动国家治理体系与治理能力现代化具有重要的引导、规范、保障作用。审视我国法治建设现状，不难发现当前的法治实践在法律体系、司法公正、法律文化等方面还存在着诸多不足。这些不足与缺口进而为我们开启了完善治理体系、强化治理能力的三种法治途径：法治国家路径、法治政府路径、法治社会路径。

全面推进依法治国的时代意义

李　林*

党的十八届四中全会通过的《中共中央关于全面推进依法治国若干重大问题的决定》(以下简称《决定》)，第一次以执政党最高政治文件和最权威政治决策的形式，对在历史新起点上带领全国人民全面推进依法治国、加快建设法治中国，作出了具有里程碑意义的战略部署，对全面推进科学立法、严格执法、公正司法、全民守法，加强中国特色社会主义法治体系建设，作出了前所未有的顶层设计和整体规划。《决定》的颁布实施，标志着中国共产党作为现代政党的领导执政理念、治国理政韬略和执政治理方式，跃升到了依法治国和依规治党、依宪执政和依法执政的历史新高度，意味着当代中国的“五位一体”建设和全面深化改革进入一个理性化、法治化和规范化的新阶段，意味着当代中国国家治理体系和治理能力现代化，迈出了制度更加成熟、体系更加完备、执行更加有力的坚实一步，标志着中国特色社会主义法治建设和依法治国迎来了全面高速发展和系统协调推进的又一个春天。

法治兴则国家兴，法治强则国家强。1840 年以来，中国人民为争取国家独立、民族解放和自由平等进行了前仆后继的英勇奋斗，为创建自由民主共和的强盛国家进行了不懈努力。1949 年中华人民共和国的成立，为中国发展人民民主、建设新法制、实现依法治国，创造了前所未有的政治、经济、社会和文化条件。1978 年中国实行改革开放，提出为了把中国建设成为现代化强国，必须发展社会主义民主，健全社会主义法制，使民主制度化、法律化，

---

* 李林，中国社会科学院法学研究所所长、中国法学会副会长，本文摘自《法学研究》2014 年第 6 期。

必须坚持"有法可依、有法必依、执法必严、违法必究"的法制建设基本方针，开创了新时期社会主义民主法制建设的新局面，开始了从"人治"向"法制"的根本转变。1992 年中国在创建社会主义市场经济体制的同时，明确了市场经济在一定意义上是法治经济的原则，把建立社会主义市场经济法律体系作为法治建设的重要目标提了出来，为推动法治发展注入了市场经济的内在动力。

此后，党的十五大把依法治国确立为党领导人民管理国家和社会事务、管理经济和文化事业的基本治国方略，把建设社会主义法治国家明确规定为治国理政的发展目标，实现了从"法制"向"法治"的历史性转变，标志着中国特色社会主义法治建设进入依法治国的新阶段。党的十六大明确提出发展中国特色社会主义民主政治，必须坚持党的领导、人民当家作主、依法治国有机统一，为推进依法治国、建设法治国家指明了正确的发展道路和前进方向。党的十七大全面贯彻落实依法治国基本方略，如期形成了中国特色社会主义法律体系，依法行政和司法改革不断推进，法治国家建设取得显著成绩。党的十八大和十八届三中全会以来，执政党高举中国特色社会主义民主法治旗帜，在全面深化改革、推进国家治理体系和治理能力现代化的进程中，更加重视依法治国作为党领导人民治理国家和社会的基本方略的战略地位，更加重视充分发挥法治作为治国理政、全面建成小康社会和实现中华民族伟大复兴中国梦的基本方式的重要作用，更加重视运用法治思维和法治方式引领改革、促进发展、维护秩序、遏制腐败、实现社会公平正义的基本功能，中国的法治进入了全面推进依法治国、加快建设法治中国的历史新起点。

全面推进依法治国是建设中国特色社会主义现代化国家的必然要求。我国宪法规定，要发展社会主义民主，健全社会主义法制，逐步实现工业、农业、国防和科学技术的现代化，把我国建设成为富强、民主、文明的社会主义国家。建设中国特色社会主义现代化强国，是全面建成小康社会、实现中华民族伟大复兴中国梦的奋斗目标，也是全面推进依法治国、实现国家治理现代化的题中应有之义。改革开放初期，基于"没有民主，就没有社会主义，就没有社会主义的现代化"的科学认识，基于对"以阶级斗争为纲"和"文化大革命”造成惨痛教训的全面反思，基于解放思想、拨乱反正、改革开放和社会主义现代化建设的现实需要，我们必须发展人民民主，健全国家法制，实现民主的法制化。今天，基于“没有法治，就没有国家治理现代化，就没有全面建成小康社会、实现中华民族伟大复兴中国梦”的新思维，基于依法治国“事关我们党执政兴国、事关人民幸福安康、事关党和国家长治久安”的新认识，基于“全面建成小康社会进入决定性阶段，改革进入攻坚期和深水区，国际形势复杂多变，我们党面对的改革发展稳定任务之重前所未有，矛盾风险挑战之多前所未有”的新判断，基于依法治国在党和国家工作全局中的地位更加突出、作用更加重大的新理念，我们必须把全面推进依法治国提到落实党和国家整体发展战略总抓手的新高度来把握，把弘扬法治精神、培育法治文化纳入树立社会主义核心价值观的大范畴中来展开，把维护宪法法律权威、保障宪法法律实施置放于维护国家治理权威、夯实党的执政基础、保障人民基本权利、实现社会公平正义的大格局中来落实，把建设法治体系、发挥法治功能的基本要求贯彻到引领深化改革、促进全面发展、构建有序社会、保证长治久安的具体实践中来实现。

全面推进依法治国是发展人民民主的必然要求。在人民主权原则下，人民始终是依法治国的主体，而不是被惩治、惩罚或整治的客体。依法治国在任何时候都不是也不允许蜕变成“依法治民”。依法治国的要义是，通过反腐治权、依法治官和监督制约公权力，通过尊重保障人权和基本自由，实现人民民主。因此，发展人民民主，保障人民作为国家和社会主体的政治地位和主权权利，必然是依法治国的出发点和落脚点。发展人民民主对依法治国的新期待，不仅表现在公民享有选举权与被选举权，依法享有管理权、知情权、参政议政权、监督权等政治民主和政治权利方面，更表现在社会民主与社会权利，如自我管理、社会保障、医疗养老、住房就业、教育卫生、公共服务等，经济民主与经济权利，如参与经济决策和管理、获得财产或企业股份、参加工会、男女平等、同工同酬、带薪休假、适当生活水准权、安全生产等方面。广大人民群众不仅需要抽象模糊遥远的民主政治权利、民主政治参与，更需要具体实在、可参与、被尊重、平等公正的民主政治权利；不仅需要玻璃天花板上可望而不可即的民主政治权利，更需要兑现实在实惠实用的人身财产权利、经济社会权利、环境生态食品安全权利等具体权益。对于经历过三十多年改革开放洗礼的广大人民群众而言，全面推进依法治国能够带来哪些权益和实惠，比空谈宪法和法律上的“当家作主”和“主权在民”更重要。依法治国是守法官员的圭臬和腐败官员的天敌，是人民的福音和保护神。从这个意义上讲，全面推进依法治国，归根结底就是要通过国家意志和国家强制力的法治方式，给亿万人民群众带来更多的安全、秩序、尊严、权利和幸福，使中国人民不会止步于获得政治解放，而要努力奋斗，进一步获得经济解放和社会解放，最终获得人的彻底解放。

全面推进依法治国是实现国家治理现代化的必然要求。国家治理，就是人民通过全国人民代表大会和地方各级人民代表大会，执掌国家政权、行使国家权力、管理国家事务的制度安排和活动过程；是在执政党的领导下，全国各族人民、一切国家机关和武装力量、各政党和各社会团体、各企业事业组织等社会主体，依照宪法、法律和其他规范、制度和程序，共同参与国家的政治生活、经济生活和社会生活，共同管理国家和社会事务、管理经济和文化事业，共同推动政治、经济、社会、文化和生态文明建设全面发展的制度安排和活动过程；是执政党坚持依宪执政和依法执政，总揽全局，协调各方，支持各个国家机关依法独立履行职权，领导并支持各种社会主体对国家和社会实施系统治理、依法治理、综合治理、源头治理的治国理政。依法治国与国家治理是相互作用、相辅相成、殊途同归的关系。依法治国是推进国家治理现代化的重要内容和主要途径。推进国家治理现代化，就是要推进和实现国家治理体系和治理能力的法治化、民主化、科学化和信息化，核心是推进国家治理的法治化。一方面，要推进国家治理制度体系的法治化。法治国家治理制度体系中的绝大多数制度、体制和机制，已通过立法程序规定在国家法律体系中，表现为法律规范和法律制度。因此，发展和完善国家法律体系，构建完备科学的法律制度体系，实质上就是推进国家治理制度体系的法律化、规范化和定型化，形成系统完备、科学规范、运行有效的国家制度体系。另一方面，要推进国家治理能力的法治化。法治国家治理能力主要是

依法管理和治理的能力，包括依照宪法和法律、运用国家法律制度管理国家和社会事务、管理经济和文化事业的能力，科学立法、严格执法、公正司法和全民守法的能力，运用法治思维和法治方式深化改革、推动发展、化解矛盾、维护稳定的能力。推进国家治理能力的法治化，归根结底是要增强治理国家的权力（权利）能力和行为能力，强化宪法和法律的实施力、遵守力，提高国家制度体系的运行力、执行力。应当高度重视和充分发挥依法治国基本方略和法治基本方式在推进国家治理现代化中的重要作用。全面依法治国不仅是国家治理现代化的主要内容，而且是推进国家治理现代化的重要途径和基本方式，对实现国家治理现代化具有引领、规范、促进和保障等重要作用。

全面推进依法治国是深化市场经济体制改革的必然要求。党的十八届三中全会指出，经济体制改革是全面深化改革的重点，核心问题是处理好政府和市场的关系，使市场在资源配置中起决定性作用，同时更好发挥政府的作用；要以促进社会公平正义、增进人民福祉为出发点和落脚点，全面深化改革。市场经济本质上是法治经济，因为市场主体需要法律确认，市场行为需要法律规范，财产权利需要法律保护，市场秩序需要法律维系，市场运行需要法律宏观调控，市场纠纷需要司法裁断。中外历史发展规律表明，没有任何一个国家可以在法治长期缺乏的情况下，实现市场经济的有效运行和可持续发展。市场经济强调市场机制在资源配置中的决定性作用，通过社会分工、公平竞争和自由等价交换，实现市场资源的有效合理配置。因此，要充分发挥市场功能，必须规范政府行为，将权力关进法律和制度的“笼子”里，防止政府对经济活动的不当干预、过分干预，依法保证市场主体自主决策、分散决策；必须保护财产权利与人身自由，保证市场主体平等地位，实现公平竞争；必须贯彻诚实信用原则，降低交易成本；必须严格执法、公正司法，有效解决争议，维护市场秩序。要使市场在资源配置中起决定性作用，进一步推动经济发展，必须全面推进依法治国，完善法治体系，形成良好法治环境，实现权利平等、机会平等、规则平等和法律面前人人平等。要通过民主科学立法，实现初始环节资源配置的分配正义；通过严格执法和公正司法，实现法律的执行正义和矫正正义功能。司法作为社会的“稳定器”，可以为市场经济改革提供一种缓和机制。一般而言，立法机关和行政机关是站在多数人立场上行事的，而司法机关则要站在少数人立场上行事。在这层意义上，司法机关可以对立法权、行政权加以制衡和纠正，审判也可以成为弱势群体、少数人乃至公民个人推动社会进步和制度变迁的渠道。如果司法不公，人们就会感到求告无门，会在不信任中产生绝望情绪，产生不稳定因素。

全面推进依法治国是实现公平正义的必然要求。公平正义是当代中国社会的普遍价值追求，但却见仁见智，没有共识性的最大公约数。在这种社会背景下，我们应当通过法律和法治来表达和实现公平正义：一要充分发挥法治的功能，重构我国社会公平正义的基本评判体系。法律是体现为国家意志的普遍行为规范，是社会利益和社会资源的分配器。应当更加重视发挥法治的社会价值评判向导和社会行为圭臬的基本功能，把公众对于公平正义的诉求纳入法治轨道。通过科学立法，把抽象合理的公平正义诉求转化为具体明确的法定权利或权益。通过严格执法和公正司法，保障公众的合法权益。公众通过法治方式，依法维护和实现自己表现为法定权利或权益的公平正义。在充分发扬民主、全面了解公众各种利益诉求的基础上，归纳、开列“应然权利”清单，把公众关于公平正义的利益诉求系统化、明晰化。根据国家和社会资源情况，区分轻重缓急，通过民主立法程序将清单中“应然权利”尽快转化为法定权利，把公众对于公平正义的利益诉求引导到权利和法治轨道上。二要通过公平公正的实体法，合理规定公民的权利与义务、合理分配各种资源和利益、科学配置各类权力与责任，实现实体内容上的分配正义。三要通过民主科学的程序法，制定能够充分反映民意并为大多数人接受的程序规则，从程序法上配置资源、平衡利益、协调矛盾、缓解冲突、规范行为，实现程序规则上的公平正义。四要在发生矛盾纠纷等利益冲突问题时，通过包括司法程序在内的各种法治程序、法治机制来解决，实现法治的实体与程序公正，至少是法治程序的公正。法治社会追求权利公正、机会公正、规则公正、过程公正、程序公正，只要全面推进依法治国，切实保证宪法和法律有效实施，做到良法善治和保障人权，就一定能够实现权利、机会、规则、过程和程序的全面公平正义。

全面推进依法治国是加快法治中国建设的必然要求。法治中国，就是把法治普遍原则与走中国特色社会主义法治发展道路相结合，切实维护宪法和法律权威，有效规范和制约权力，充分尊重和保障人权，依法维护社会公平正义，努力建设富强民主文明和谐的现代化法治国家。建设法治中国，是中国人民对自由平等、人权法治、公平正义、安全秩序、尊严幸福等法治价值的崇高追求，是坚持理论自信、道路自信、制度自信，完善和发展中国特色社会主义制度，推进国家治理现代化，实现国家工作法治化的实践过程，是人民依照宪法和法律管理国家、治理社会、配置资源、保障人权、驯化权力的良法善治。全面推进依法治国，就要深入贯彻落实党的十八届三中全会和四中全会精神，在中国共产党领导下，坚持中国特色社会主义制度，贯彻中国特色社会主义法治理论，形成完备的法律规范体系、高效的法治实施体系、严密的法治监督体系、有力的法治保障体系，形成完善的党内法规体系，坚持依法治国、依法执政、依法行政共同推进，坚持法治国家、法治政府、法治社会一体建设，实现科学立法、严格执法、公正司法、全民守法，促进国家治理体系和治理能力现代化。全面推进依法治国，必须不断深化法制改革，加强中国特色社会主义法治体系建设，推进依宪治国，切实尊重和维护宪法权威；推进民主科学立法，不断完善中国特色法律体系；推进依法行政，加快建成法治政府；推进公正司法，建设独立公正高效权威的司法制度；推进全民守法，加快建设法治社会；推进依法治军，保证党对军队绝对领导；努力推进地方法治建设，夯实依法治国的实践基础；推进法治国际合作，完善国际法治新秩序；最根本的，是要全面推进依法执政，切实加强和改善党对依法治国事业的领导和保障。

全面推进依法治国是实现反腐治权的必然要求。权力腐败是社会主义法治的死敌，是全面推进依法治国的短板，是建成社会主义法治国家的最大障碍。反腐败是一场关系执政党、共和国和中华民族生死存亡的斗争，这绝不是危言耸听。应当如何解决我国高发、频发和重发的腐败问题，除了应当认真落实党中央有关反腐倡廉的战略部署和各项工作安排，还应当更加重视全面推进依法治国，把权力放进法律制度的“笼子”里，完善权力制约和监督机制，充分运用法治思维和法治方式推进反腐治权，切实从体制、机制和法治上遏制并解决权力腐败问题。我国在应对和解决权力腐败问题方面，提出了三个阶段：不敢腐，不能腐，不想腐。与这三个阶段相对应的行动举措，大致可以采取三种路向，即政治思维、法治思维和德治思维。总体而言，三种路向相互交织、相辅相成、相互作用、各有侧重。从政治思维来看，应对腐败问题的基本思路是反腐倡廉，综合治理，怎么管用怎么干。历史上多采取"运动反腐""革命反腐""斗争反腐"等激进政治方式，当前主要是采用"高压反腐""党风反腐""强权反腐"等举措，通过政治生态的高压态势、严惩整肃、"苍蝇""老虎"一起打等行之有效的威慑惩治方法，达致"不敢腐"的目标。从法治思维来看，应对腐败问题的核心理念是依法治国、法律至上、反腐治权、刚性强制，其反对腐败的侧重点和落脚点是法治教育、制度规范、法律制裁，寄希望于法律和制度的严密性、权威性、规范性、强制性和他律性，达致"不能腐"的目标。从德治思维来看，应对腐败问题的中心思想是以德治国、道德教化、廉洁自律、软性约束，其反腐败的侧重点和落脚点是教育、感化、训诫、教化，寄希望于公权力者自身的觉悟、觉醒和自律，达致"不想腐"的目标。

在应对和解决腐败问题上，法治思维并不排斥政治思维和德治思维，法治思维是政治思维、德治思维的法律化、制度化表现形式，法治方式是和平建设时期政治方式、德治方式的综合运用。事实上，法治思维必须高度重视、依赖并结合政治思维和德治思维，充分发挥政治优势与德治功能，这样才能在反腐败斗争中真正做到标本兼治。在政治思维和德治思维下提出的"反腐倡廉"，所突显的目标是"倡廉"；而在法治思维下提出的"反腐治权"，所突显的目标则是"治权"。腐败现象千变万化，腐败行为林林总总，但归根结底是公权力的腐败。权力不受制约必然产生腐败，绝对的权力产生绝对的腐败，所以各法治国家要依法分权和治权。公权力腐败的表现形式五花八门，公权力腐败的原因不尽相同，但归根结底是权力寻租，是掌握和行使公权力的各类主体的腐败，而这些主体基本上都是政府官员和公职人员，所以各法治国家不仅要依法治权，而且要依法治官、从严治吏。在我国，依法治权、依法治官是全面推进依法治国、依法执政和依法行政的必然要求，是法治思维下反腐治权的必然要求。反腐必须治权，治权必靠法治。

全面推进依法治国是中国和平崛起的必然要求。法治不仅是国家文明的标志，也是国家实力的内涵和保障。法治作为治国理政的基本方式，无论是属于大陆法系、英美法系、伊斯兰法系，还是属于社会主义法系、混合法系或者其他法律文化，都是人类政治文明理性发展的重要标志，是人类尊严自由人权的根本保障，是人类和平秩序安全的基本维系。追求法治，崇尚法治，通过法治实现长久的和平、安全、秩序、幸福、尊严、人权、自由、正义等崇高价值，实现对国家和社会的良法善治，是人类长期以来的共同理想和孜孜以求的奋斗目标。秉持法治的普遍价值和基本原则，立足各国的历史文化传统和现实国情条件，坚持民主，保障人权，选择法治，抛弃人治，反对专制，走民主法治的政治文明发展道路，是包括中国人民在内的大多数国家人民大众的基本共识，是包括中华文明在内的大多数人类文明的普遍实践。作为一个正在和平崛起并坚定不移走和平发展道路的世界大国，作为一个改革充满活力、经济蓬勃发展、经济总量位居世界第二位的有重要影响力的发展中大国，作为一个有着五千多年优秀文化传统和源远流长中华法系文化渊源的东方礼仪之邦，中国要以自己的硬实力、软实力和巧实力复兴中华民族，要超然屹立于世界强国之林，法治是实现中华民族伟大复兴中国梦不可或缺的必然选择。随着全球化的深入发展，各国间的相互依存已达到前所未有的广度和深度，彼此利益交织、兴衰相伴、安危与共。在这种背景下，任何一个国家的繁荣富强都离不开世界的整体和平与发展，而世界和平与发展又必须建立在各国普遍实行法治、共同恪守和推动国际法治的基础上。从全球法治系统的视角来看，国内法治和国际法治是相互依存、相互支持、相互促进、相辅相成的。作为一个和平崛起的负责任大国，中国在加强国内法治建设、全面推进依法治国的同时，必须使中国法治和法治文化面向国际和世界，积极参与国际事务，顺应国际法治发展趋势，支持有关国际组织和国家发挥积极作用，促进国际法治文化的沟通交流，推动国际法治实践的创新合作，建立和维护以国际法为基础的国际法治新秩序。

论全面推进依法治国的若干重点问题

应松年*

一、依宪治国是依法治国的统领

继习近平同志在首都各界纪念现行宪法公布施行30周年大会上的讲话之后，党的十八届四中全会审议通过的《中共中央关于全面推进依法治国若干重大问题的决定》（以下简称《决定》）再次明确“坚持依法治国首先要坚持依宪治国，坚持依法执政首先要坚持依宪执政”。因此，依宪治国是整个依法治国的统领。

宪法是国家的根本大法。依宪治国，意味着所有关于治国方面的决定、法律的制定都要以宪法为根据，不能违背宪法。宪法的规定有很多已经具体化为法律加以落实了，比如：人民代表大会制度是我国根本政治制度，一府两院都由它产生对它负责；社会主义市场经济应该怎么建设，公民有哪些基本权利等。但是，宪法规定的一般是原则，还有一部分需要进一步落到实处。比如说，宪法要求独立公正司法，而怎样使司法工作真正做到宪法要求的那样，还需要法律的细化和完善，因此，要进行司法体制改革。对于已经有了的法律，也要在实践当中思考怎样落实，目前在这些方面还存在一些差距。

在纪念现行宪法公布实施30周年的大会上，习近平同志指出“宪法的生命在于实施，宪法的权威也在于实施”，要“加强对宪法和法律实施情况的监督检查，健全监督机制和程序，坚决纠正违宪违法行为”。需要建立起一种违宪“审查”与“追究”机制。“审查”指对宪法以外的其他带有规范性的文

---

* 应松年，中国政法大学终身教授，本文摘自《人民论坛·学术前沿》2014年11月（下）。

件，包括法律、行政法规、地方性法规、司法解释，甚至包括具有约束力和强制力的各种文件，都要评价其是否合宪，不合宪的应启动纠正机制。“追究”是另一种机制，即在违宪事实发生的基础上，使违宪者承担政治的、法律的、道德的责任。

违宪审查机制，很多人以为是美国的东西。实际上，不仅仅美国有违宪审查，世界各国都有违宪审查机制。《中华人民共和国立法法》里有相关的规定，实践中也有这样的案例。纵观世界各国的违宪审查制度，主要有三种模式：一是设立专门的宪法法院行使违宪审查权，如德国；二是由普通法院通过司法程序来行使违宪审查权，也称为司法审查，典型代表是美国；三是在议会设立专门委员会来行使违宪审查权，如法国的宪法委员会。这些年来，世界各国的违宪审查制度也在不断变化、不断改革、不断进步。

《中华人民共和国立法法》第 90 条和第 91 条详细规定了违宪审查的程序。其中包括：全国人民代表大会专门委员会在审查中认为行政法规、地方性法规、自治条例和单行条例违宪违法，可以向制定机关提出书面审查意见；可以向委员长会议提出书面审查意见和予以撤销的议案。国务院、中央军事委员会、最高人民法院、最高人民检察院和各省、自治区、直辖市的人大常委会等五大单位，以及其他国家机关和社会团体、企业事业组织或公民个人，如果认为行政法规、地方性法规、自治条例和单行条例违宪违法，都可以向全国人大常委会书面提出审查的要求。但这其中有没有区别呢？有区别。五大单位提出的审查要求，经全国人大常委会工作机构审查后，必须要作出回答；而其他国家机关和社会团体、企业事业组织以及公民提出的审查要求，全国人大常委会工作机构审查后，在必要时给予回答。

《中华人民共和国立法法》颁布后，发生了“孙志刚事件”。“孙志刚事件”引发了三个博士提请全国人大常委会审查《城市流浪乞讨人员收容遣送办法》是否违宪。收容遣送涉及人身自由，有关人身自由的强制措施，属于法律绝对保留事项，只能由法律规定，由行政法规来规定显然是违宪违法的。当时国务院非常明智地组织召开讨论会，继而作出决定，废止了《城市流浪乞讨人员收容遣送办法》。这个行政法规虽然不是由人大常委会撤销的，但根源于这样一个违宪违法审查制度。

我国现有的违宪违法审查制度，有两个问题：一是违宪审查的案例有没有处理、怎样处理不公开；二是在程序上，其他国家机关和社会团体、企业事业组织以及公民提出的违宪违法审查要求，全国人大常委会工作机构审查后，在必要时给予回答，在不必要时，可以不回答。笔者认为，这两点需要改革。实际上，对所有主体提出的违宪审查要求，都应该有一个答复。行政法规、地方性法规公开施行，如果老百姓提出行政法规、地方性法规违宪违法，这就没什么可保密的，可以公开。答复程序也很简单，第一是收到程序，告诉申请人已经收到违宪审查请求；第二，审查后告知申请人处理结果，告诉申请人所申请的事项是否有问题，如果有问题交给哪些机构处理，要经过怎样的处理程序，审查结果在何时公开，等等。

违宪审查中还有一个问题，就是规章和其他规范性文件怎么审查，目前法律没有规定，但是在行政法规中有规定。希望我国在坚持人民代表大会根本政治制度的前提下，通过总结经验教训，逐步建立一个统一的违宪审查制度，把行政法规、地方性法规，规章、规范性文件的审查都包含进去。这样，宪法的实施才会向前迈进一大步。

二、依法行政是依法治国的关键

依法治国是一个完整的体系。在这个体系中，依法行政的提出是比较早的。1993 年，八届全国人大一次会议通过的《政府工作报告》指出“各级政府都要依法行政，严格依法办事。一切公职人员都带头学法懂法，做执法守法的模范”。从而第一次在政府正式文件中确定了依法行政原则。1999 年，国务院发布的《关于全面推进依法行政的决定》提出了全面推行依法行政的任务和要求，依法行政在全国各级政府中得到全面实行。2004 年，国务院印发了《全面推进依法行政实施纲要》，明确提出“全面推进依法行政，建设法治政府”的目标。此后，国务院又先后发布《关于加强市县政府依法行政的决定》和《关于加强法治政府建设的意见》，进一步明确了加强政府法治建设的

28项具体要求和27项工作立足点。党的十八大报告进一步明确提出要到2020年基本建成法治政府。

之所以依法行政能够位列整个依法治国的历史先导，大体上有两个方面的原因：一方面，在一个国家的组织结构中，政府总是处于核心地位，与百姓关系最为密切。政府的行为往往会直接地、主动地影响百姓的幸福。所以，政府是极为重要的国家机关。因此，公职人员树立法治思维、运用法治方式办事是依法治国的关键，建设法治政府也就成为建设法治国家的核心。另一方面，法治政府的建设实际上又与经济社会发展是一体的。我们国家从改革开放开始逐步发展社会主义市场经济，我们对于什么是市场经济以及怎样发展市场经济的认识也在逐步深化。市场经济是商品经济，市场经济要求实现商品、人才、技术等市场要素在市场中有序自由流通。为了破除政府对市场的不当干预，依法行政也就成为发展市场经济的必然要求。

应该说，经过这长达20年的努力，我们在建设法治政府方面积累了很多经验，也做了相当多的工作。党的十八届四中全会《决定》在总结经验的基础上，又有了一些新的提法。《决定》里面关于建设法治政府的论述，实际上为建设法治政府描绘了蓝图，为我们指明了努力的目标和方向。

党的十八届四中全会的《决定》首次明确了法治政府的本质就是实施法律，足见建成法治政府对于全面推进依法治国来说意义多么重大。本次四中全会明确法治政府建设的基本要求是“职能科学、权责法定、执法严明、公开公正、廉洁高效、守法诚信”，这个基本要求同2004年国务院《全面推进依法行政实施纲要》关于法治政府应具备的“合法行政、合理行政、程序正当、高效便民、诚实守信、权责统一”的要求在表述上虽然稍微有一点区别，但在基本精神上是一以贯之的，且提法更加准确、更加完善。为了加快建设法治政府，各级政府必须在党的领导下，努力做好六个方面的重要工作：一是依法全面履行政府职能，推进机构、职能、权限、程序、责任法定化；二是依法决策，把公众参与、专家论证、风险评估、合法性审查、集体讨论决定确定为重大行政决策法定程序；三是深化行政执法体制改革；四是坚持严格规范、公正文明执法，建立健全行政裁量基准制度，全面落实行政执法责任制；五是加强对行政权力的制约与监督；六是全面推进政务公开。这六个方面就是我们推进依法行政、加强法治政府建设的主要举措。

依法全面履行政府职能，推进机构、职能、权限、程序、责任法定化，建立权力清单制度。政府的机构、职能、权限都跟后面的权力清单相联系。关于权力清单制度，我们必须要了解权力清单从何而来？从权责法定的角度，应该是通过部门组织法和有关单行法明确规定部门的职责、权限。权力清单也就是把组织法和单行法里面授予的权力放在一起。笔者认为，权力清单不光要晒出来，还需要进行评价：这个职权应不应该交由政府来行使？能不能由市场或者社会组织自行行使？如果应该交由政府来行使，是否应该交由这个部门来行使？为了健全权力清单制度，首先应该完善我们国家的行政组织法体系。行政组织法包括国务院组织法、地方各级人民政府组织法、部门组织法。而我国的行政组织法体系尚不完善：在中央层面《中华人民共和国国务院组织法》亟待修改，部门组织法到目前为止也只有“三定”规定。中央编办从 1982 年起曾试图完善部门组织法体系，但是尚在努力。在地方层面《中华人民共和国地方各级人民代表大会和地方各级人民政府组织法》在立法体例上把从省政府到乡政府的整个地方政府体系放在一起来规定，线条太粗，其中涉及机构、职能和权限的问题都规定得太简单。在中央和地方关系层面，也缺乏一部中央和地方的关系法予以规范。因此，当前，完善我们国家的行政组织法体系是一项十分紧迫的任务。

此外，依法全面履行政府职能还需要解决“程序”的问题。无疑，实体是重要的，但是程序是实体的保障。首先，即使目标定得正确，但该目标要公正、合法、高效地实现，就必须有严格的程序。特别是涉及公民权利义务的行为，比如行政处罚，在决定给予处罚时，必须遵循处罚的法定程序：告知、说明理由、听取申辩，再作出决定。同时要告知对方有要求复议的权利，并告知复议的时间和地点。这就是正当程序。行政处罚进入执行阶段后，还必须坚持裁执分离和收支两条线。事实证明《中华人民共和国行政处罚法》规定的这一程序，使处罚的正确实施有了保障。不仅如此，要使实体的目标定得正确，也要依靠程序的保障。在行政权力的行使中，最常用、最重要的就是决策。为了保证重大决策不至于失误，就必须遵循重大决策的程序：公众参与、专家论证、风险评估、合法性审查和集体讨论决定。审视一下某些重大决策的失误或者失败，几乎都与不严格按照此程序决策，仅靠拍脑袋拍板有关。可见，能否严格按照决策程序作出决定，将直接影响行政机关的行政能力。对行政权力而言，实体目标可能因行政领域和地方领域的特性而多种多样，难以合一，因而很难制定一部行政法典，世界上也没有一部统一的行政实体法典。但权力的行使过程，行使权力的程序、原则和制度，却是可以统一的，可以制定为行政程序法典。正因为如此，世界上已经有很多国家制定了行政程序法典。一些周边国家和地区，像日本、韩国和我国的台湾、澳门都已先后制定了统一的行政程序法典。行政程序法是一国众多行政法律中的基本法，依法行政所依之法。行政程序法应该是最经常依循的、最重要的、不可或缺的法律之一。与实体法中经常规定公民应该履行各种义务不同，行政程序法是规定行政机关实施行政行为时必须遵循的程序。通过行政程序法的规定，遵守这些法定程序，成为行政机关的法定义务，同时，也就成为行政相对一方的法定权利。这就是我们常讲的程序法是约束行政权力、保护公民权利的重要法律。目前，我国还没有一部统一的《中华人民共和国行政程序法》。行政程序分散于具体的单行法律之中。不过，到目前为止，已经有湖南省、山东省以及广东的汕头市、陕西的西安市等十几个省市制定和实施了统一的行政程序规定。在此期间，学者们对国外、境外的行政程序法也做了大量的调查研究，草拟了国内行政程序法试拟稿，至今已达二十余稿。应该说，我国制定行政程序法的条件已经成熟。在当前加快建设法治政府的进程中，行政程序法作为基本法，应该列为当前的立法重点。《决定》强调要完善行政程序法律制度，当前也应该着手加快统一行政程序法的立法工作。

健全依法决策机制。《决定》把公众参与、专家论证、风险评估、合法性审查、集体讨论决定确定为重大行政决策法定程序，这对于抑制当前行政决策领域“拍脑袋决策”“一支笔决策”大有意义。在作出公共决策或制定规范时，必须请公众通过不同方式参加讨论和提供意见，对不采纳的必须予以回应，这被称为参与权，以体现我国是人民当家作主的国家。同样，在行政执法时，也要请利害关系人直接对话，陈述意见或举行听证会，以有利于查清事实，沟通双方，使执法更加正确、更易于接受，也更有利于化解矛盾。参与和公开相连，没有公开也就无从参与，参与了也不知所云；反之，仅有公开而没有参与机制，公民仍很难对公开的事项发表意见，促其听取。这都需要制度来保证。除此之外，在国务院《关于加强法治政府建设的意见》中还提倡建立决策的成本效益评估机制。在作决策之前，就要考虑好决策的经济效益和成本问题，避免造成决策浪费。如果重大决策事项是在全国推行，那更要详细地计算需要投入多少成本，会产生什么效益，可能有哪些风险和不利后果等。《决定》还要求建立重大行政决策终身责任追究制度和责任倒查机制。这样，严厉的追责制度能够倒逼行政决策制度科学、程序正当、过程公开和责任明确。

深化行政执法体制改革。行政执法体制是一个很复杂的体制，各个部门、各个行业都不完全一样，比如有垂直领导的，有双重领导的，还有指导的。因此，如何具体深化行政执法体制改革，还有许多迫切需要研究的问题。《决定》就这一问题指明了一个大致的方向，那就是要合理配置执法力量、深入推进综合执法、严格执法准入、加强执法协调。这些都需要通过立法来解决，通过法律来加以规范。需要指出的是，不管是党的十八届三中全会的《决定》还是四中全会的《决定》，都明确指出要深化城管执法体制改革。城市管理领域曾经是我国多头执法的重灾区。“十几顶大盖帽，管不好一顶破草帽”的现象曾经相当严重。《中华人民共和国行政处罚法》第16条规定了相对集中行政处罚权制度，这是在暂时难以对有关法律法规进行全面修订，而机构改革又处于渐进式推进的情况下，及时解决行政管理领域现实问题的重要举措。通过近20年的发展，城市管理相对集中行政处罚权的地方实验已经初步形成新的集约化的行政执法机制，探索了管理权、审批权、处罚权、监督权“四权分离”，为改革现行行政管理模式积累了经验，一定程度上缓解了城市管理领域中多头执法、重复处罚、执法扰民等问题，提高了行政执法的质量和水平。虽然当前城市管理领域还面临体制不顺、法制缺失以及职能混乱等问题，但坚持相对集中执法权力的思路不应该改变。一方面，地方事权的依法行使

需要由地方针对自身实际情况分别制定法律规范。但目前各地城管“各自为政”的现象比较突出，维护法制统一的任务相当艰巨。需要逐步完善城市综合管理法律法规体系。在中央层面最好能由全国人大常委会立法，但考虑到目前由全国人大常委会制定法律尚有困难，由国务院先行通过有关进一步深化相对集中行政执法权改革的决定或制定行政法规来统一全国城管制度是一个更加务实的选择。中央层面高位阶的法律规范应加强对城市管理体制的共性部分作出规定。要明确城市管理机关的职责范围、执法手段、执法程序、组织保障、经费保障等内容；要建立城管执法部门与其他职能部门之间相应的协调配合机制，确定相应的协调形式、协调程序和法律责任；要在总结各地城管先进经验的基础上，将值得推广的先进经验固化为制度。还应授权地方人大和政府继续制定有利于当地城市综合管理的地方法规和规章。另一方面，中央和省级有关部门也必须在法制框架内，依法开展对地方相对集中行政执法权的监督、协调和指导工作。

坚持严格规范、公正文明执法。严格规范执法，就是要按照法律规定去严格执法。严格执法并不是要像以前那样，遇到违法行为一律刚性处理，处罚没收；现在有了很大变化，虽然违法了，但先要告诉你为什么违法了，劝你改正，指导你应该怎样做，耐心教育，实在不听，再进行处罚。这样的执法，不但严格规范，而且是文明理性的。在党的十八届四中全会的《决定》中，专门规定了行政裁量权基准制度。实际上，裁量权问题是行政法的一个重要问题。行政机关具有裁量权是正常的，因为法律的规定不管有多详细，都不可能把实际生活中所发生的一切情况都概括进去。因此，法律的规定总是比较原则的。当碰到一个具体的案件以后怎么处理，这就需要行政机关运用一定的裁量权。这个裁量权要依据当时发生的事实情况、情节严重程度、社会危害程度、主观上是否有过错等多方面因素进行考量。比较轻的情况，罚得就比较轻；情况比较严重的，罚得也就比较重。这就是学者们经常爱说的比例原则——处罚要符合比例，轻的处理轻，重的处理重；不能轻的处理重，重的处理轻。行政机关有这样一个裁量，必然要给它裁量权，不给是不可能的。但是，为了避免出现处理不合理、不合比例的情况，这就需要制定一个裁量基准。实际上，裁量基准经常是一种经验的积累，即根据经验，这个情况下这样来处理是比较公正的。裁量基准就是把以往根据实际情况、由经验累积起来的东西，划分成若干档次，制定成一个处罚的标准，使处罚大致上能够比较公平、公正。否则，同样的情况，这个罚得轻，那个罚得重，这就肯定会不公正。现在，我们开始从一个比较新的角度来对待裁量权了。比如在城市管理领域，关于随意摆摊设点该不该罚和怎么样处罚的问题，以前可能是看见了就直接罚款没收；现在第一次是教育，第二次是警告，到第三次才开始罚款或者没收。这跟以前一上来就处罚不一样了，这也是一种裁量。这个裁量机制是需要的，它能使我们的工作更加符合法治的要求，也更加符合情、理、法的结合，跟百姓之间的关系也能够更加融洽。

强化对行政权力的制约和监督。制约就是要做到行政行为的各个环节，如决策、执行、监督都要互相协调、互相制约。监督制度也是多方面的，有党内监督、人大监督、民主监督、行政监督、司法监督、审计监督、社会监督、舆论监督，我们需要完善有关制度，努力形成科学有效的监督体系，增强监督的合力和实效。强化对行政权力的监督和制约还涉及对当前防治腐败工作的认识问题。本届中央领导上任后即掀起了空前的反腐风暴。从某种程度上讲，反腐的确是法治的题中之义和必然要求。对于如何根治腐败，首先就需要强化对于行政权力的监督和制约。比如前几年某些行政部门的领导成为高危人群的现象和最近舆论热炒的“发改委价格司窝案”，都与我们权力制约监督机制不健全有关。具体来说，在权力行使的链条中，各个环节必须相互协调、相互制约，而绝不能“裁判员身兼运动员”“审批者身兼决策者”。因此，今后对于重大腐败案件，应深究其背后的制度成因，将惩治贪腐个人与查堵制度漏洞相结合，只有这样才能杜绝腐败分子“前腐后继”。

全面推进政务公开。只有处于公民看得见的情况下，公权力运行才有可能致力于保护公民权利和公共利益。公开是廉洁的保证，要“让人民监督权力，让权力在阳光下运行”。同时，正义要让人看得见，公开也是促进公正的基础。阳光是最好的防腐剂，路灯是最好的警察。《决定》明确了“以公开为常态，以不公开为例外”的原则，也就是说，所有的政务信息都应该公开，除非法律另有规定。在公开的内容上，要一体推进决策公开、管理公开、服务公开、结果公开。只要政务信息都切实公开了，政府的所作所为就被置于社会公众的广泛监督之下，腐败就没有了藏身之地，这对于当前的反腐败斗争来说，也是有重大意义的。与政府信息公开相对应的是人民的知情权。提供信息的义务主体是政府等公权力行使者。我国已经制定《中华人民共和国政府信息公开条例》，信息公开方面的诸多制度正在开始建立或运转。当然，还需要一个发展试错的时间。最重要的是《中华人民共和国政府信息公开条例》尚需及时升格为《中华人民共和国信息公开法》。

三、法治体系需要全方位建设

多年以来，执政党对于法治内涵的认识不断深化。党的十八大之后，一个特别之处就是我们强调依法治国、依法执政、依法行政要共同推进，法治国家、法治政府、法治社会要一体建设。

前面已经指出，依法行政可以说是依法治国的核心和关键，因此，在整个法治体系建设中，依法行政是走在前列的。当前，执政党又进一步认识到，法治政府是不可能单独建立起来的，而要与法治国家和法治社会建设同步。将国家、政府、社会三者一体建设，这个提法可视为对以往重大经验的总结与升华。就法治社会建设而言，虽然我们已经开展了 6 个五年普法工作，在法治社会建设方面取得了一定的成绩，社会公众的法律素养和权利意识有了很大的提高。但是我们还没有深刻体会到法治社会建设与法治政府建设的内在关联。实际上，两者之间是相互促进、相互制约的。一方面，法治政府水平提高了，法治社会水平也会提高。我们能够明显感觉到，随着近年来法治政府建设的推进，法制宣传的普及，公民的法律意识有了很大提升。但另一方面，现阶段公民法律意识的提升与法治社会的要求之间尚有一段距离，有少数人还在用不理智、不理性的手段来主张自己的权利，甚至于他们所主张的东西已经超过其应该受到法律保护的权利的范围。在此情况下，如何进一步提高公民的法律意识，促进其理性主张权利显得尤为重要。

值得注意的是，法治社会的建设，不是立多少法、出多少文件就能实现的，我们需要转变思路。过去，我们说社会综合管理，强调政府来管，现在则改为社会综合治理，明确政府要负责，社会要协同，公众要参与。比如正在制定的《北京市控制吸烟条例》在立法过程中就贯彻了这种公共治理的原则。它要求各个系统的经营者，比如餐饮系统的饭店经营者，要承担起公共场所控烟的义务，如果有人抽烟，服务员要前去告知、劝阻。如果不听，就报告卫生部门来处罚。如果饭店不负责任，不张贴禁烟广告标语，饭店里还放烟灰缸，允许别人抽烟，被查到的话，就要对饭店处罚。应该说，除了控烟以外，在规范养狗、规范烟花爆竹燃放等很多方面都需要贯彻这种公共治理的理念。既要有党的领导和政府的负责，又要有各个系统、各个单位的经营者和管理者承担起监督义务，以动员多方面的社会力量，共同建设法治社会。党的十八届四中全会《决定》中有一句十分精彩的表述“法律的权威源自人民的内心拥护和真诚信仰。人民权益要靠法律保障，法律权威要靠人民维护”。可以想象，通过公共治理取得效果以后，老百姓的法律意识也会有很大提高。

四、公正是司法改革的核心追求

党的十八届四中全会《决定》指出“公正是法治的生命线”。这句话说得十分到位。实际上，司法最最重要的就是公正。

司法体制改革必须符合公正的要求：若能促进公正，这个司法体制改革的方向就是对的；若不能促进公正，那就是有问题的。因此，公正是检验司法体制改革正确与否的试金石。

党的十八届三中全会以后，司法体制改革就已经启动了在各地的试点。党的十八届四中全会《决定》就司法体制改革作出了更为周密的部署。比如：强调如果有领导人员干预了司法，就予以记录、通报、进行责任追究，这实际上意在抑制权力的干预；还有设立巡回法庭，使法院的审判辖区和行政辖区能够适当分离，这也是避免地方干预司法的有效举措。再比如：要求案件承办人对于办案的质量要终身负责，这是对办案人员的一个非常具体的要求。

这些做法都是为了解决法院受到干扰而不能公正独立审判的问题，对于促进司法公正无疑是有帮助的。应该说，当前司法体制改革力度总体是比较大的。

不过，也必须清醒地认识到，现在存在的影响司法公正的因素是多方面的，既有外部因素也有内部因素。外部因素不仅包括权力的干预，还包括金钱的干预、人情的干预等。内部因素方面，司法工作本身有自己的一套规律，这个规律跟行政是不一样的。所以，司法体制改革首先意味着要去行政化，从而把外部对司法的干预以及司法内部自身存在的非司法化的问题都改掉，这样一来，司法就有希望了。党的十八届四中全会的《决定》里明确指出：司法不公对社会公正是致命的破坏。这句话说得很重，但是，说得很正确。因为法律是保护人权，保护公民权利的。国家想尽办法促进经济发展，促进国家富强，最终还是为了人民，整个落脚点还是以人为本，这是最重要的。对于百姓来讲，最终还是需要通过司法救济来实现公正。没有司法救济，就没有权利。如果司法都没有办法实现公正的权利救济，也就没有地方去实现公正了。

五、法治工作队伍建设是依法治国的组织保障

党的十届四中全会的《决定》首提“法治工作队伍”这个概念，指出“全面推进依法治国，必须大力提高法治工作队伍思想政治素质、业务工作能力、职业道德水准，着力建设一支忠于党、忠于国家、忠于人民、忠于法律的社会主义法治工作队伍，为加快建设社会主义法治国家提供强有力的组织和人才保障”，这是一个很大的亮点。

根据《决定》精神，我们的社会主义法治工作队伍应该包括立法队伍、行政执法队伍和司法队伍，这比西方国家的法律人共同体要宽泛很多。这也充分说明我们的社会主义法治体系是一个包括完备的法律规范体系、高效的法治实施体系、严密的法治监督体系、有力的法治保障体系和完善的党内法规体系在内的宏大体系。

法治工作队伍的建设需要满足几个条件：一是要加强法学教育，提升法

律人才的培养质量。二是所有开设法律学科的院校都要有计划、有规划地进行培训，为正在加速建设的法治国家输送迫切需要的法治人才。可以和有关部门进行讨论、规划，拓宽、加强培养培训的范围，提高质量，在建设法治国家中尽一份力量。三是要完善统一法律考试制度。首先要全面实现司法机关工作人员职业资格准入机制，从关口上严格要求，切实保障司法专业、公正。随着实践的发展，还要逐步实现立法机关工作人员乃至行政机关工作人员的资格准入，使所有从事法治工作的人员都以通过法律考试作为开始其法律职业生涯的前提。四是要形成统一的法律信仰。法治工作队伍，不管从事什么职业，都应该树立法治思维和坚持法治方式，坚持对照法律想问题，对照法律做事情。五是要以相同的伦理底线为公约。不能因为职业不同，分工不同，就降低作为法律人的职业底线。法治工作队伍作为懂法、守法的群体，要善于在各自的职业团体中率先实现自治、自律，从而主动投身于社会公共治理的伟大行动之中。

依法治国理论的新拓展

何勤华*

党的十八届四中全会通过的《中共中央关于全国推进依法治国若干重大问题的决定》（以下简称《决定》），提出了依法治国的总目标，规划了加强依法治国全面推进的六大任务，并在社会主义核心价值体系，党的领导与依法治国的关系，依宪治国与依宪执政，以及加强立法工作、提高立法质量，加强行政执法、建设法治政府，进一步深化司法制度改革、确保司法公正，加强法治体系建设、营造法治文化氛围，加强法治工作队伍建设、确保依法治国方略的顺利实施等各个方面作出阐述规定，予以周密规划和部署，从而大大拓展了我国依法治国的理论和实践，成为人类法治文明史上的一个重要里程碑。

一、党的十八届四中全会关于法治的内涵，有许多新的提法，这是对我国依法治国理论的新阐释、新拓展

第一，确立了全面推进依法治国的总目标：建设中国特色社会主义法治体系，建设社会主义法治国家。这就是，在中国共产党领导下，坚持中国特色社会主义制度，贯彻中国特色社会主义法治理论，形成完备的法律规范体系、高效的法治实施体系、严密的法治监督体系、有力的法治保障体系，形成完善的党内法规体系，坚持依法治国、依法执政、依法行政共同推进，坚持法治国家、法治政府、法治社会一体建设，实现科学立法、严格执法、公

* 何勤华，华东政法大学校长、教授，本文摘自《中国高校社会科学》2014 年第 6 期。

正司法、全民守法，促进国家治理体系和治理能力现代化。这是对之前中央相关文件和习近平总书记讲话中有关法治思想的总结和提炼，是一个完整的、科学的、统一的定义，内容清晰，简单明了，便于全国人民学习、理解、把握和践行。

第二，提出了“法治体系”概念。这是一个新的提法，与以往我们都说的“法律体系”不同。“ 法律体系”是指一国所有法律、法规的总和。2010年吴邦国同志宣布我国社会主义法律体系形成，就是在这个意义上说的。而《决定》提出的法治体系，是对法律体系的进一步深化，即法律体系是平面的，是数量上的、静止的，而法治体系是立体的，是强调质量的、动态的。法治体系是法治国家的前提和基础，将“建设中国特色社会主义法治体系”作为总目标，大大提升了依法治国、建设社会主义法治国家的层次和力度。

第三，强调了全面推进依法治国的基本前提：良法之治。其包含的内容非常丰富，主要有：（1）立法先行，发挥其引领、推动作用。（2）提高立法质量。一是确保三个标准：符合宪法精神、反映人民意志、得到人民拥护。二是增强法律的三个属性：及时性、针对性、有效性。三是立法过程中的立、改、废、释并举（这里的“释”即法律解释是第一次提出）。四是加强和完善党对立法工作的领导。五是发挥人大在立法中的主导作用。六是立法权限进一步得到明晰，即三个层次的立法权：中央与各省、直辖市、自治区的立法权，单列市的立法权，以及设区的市的立法权。七是立法的科学化和民主化，立法技术水平的提高。八是社会、公民参与立法。（3）加强重点领域，如弱势群体保护，涉及群众切身利益的住房、入学、高考、医保、消费者保护、食品安全、环境保护等立法。“依法保障公民权利，加快完善体现权利公平、机会公平、规则公平的法律制度，保障公民人身权、财产权、基本政治权利等各项权利不受侵犯，保障公民经济、文化、社会等各方面权利得到落实，实现公民权利保障法治化。”

第四，诠释了法治政府的内涵，进一步推进依法行政。关于法治政府的内涵《决定》阐述了六个方面：一是职能科学，二是权责法定，三是执法严明，四是公开公正，五是廉洁高效，六是守法诚信。为了规范政府行为，限制政府违法行为，《决定》提出了五条措施：（1）确定政府权力的边界，明确“权力清单”概念，强调“行政机关要坚持法定职责必须为、法无授权不可为，勇于负责、敢于担当，坚决纠正不作为、乱作为，坚决克服懒政、怠政，坚决惩处失职、渎职。行政机关不得法外设定权力，没有法律法规依据不得作出减损公民、法人和其他组织合法权益或者增加其义务的决定”。（2）健全依法决策机制。把公众参与、专家论证、风险评估、合法性审查、集体讨论决定确定为重大行政决策法定程序，确保决策制度科学、程序正当、过程公开、责任明确。建立行政机关内部重大决策合法性审查机制，未经合法性审查或经审查不合法的，不得提交讨论。（3）确定政府承担责任的审查机制：重大决策终身责任追究制度及责任倒查机制，对决策严重失误或者依法应该及时作出决策但久拖不决造成重大损失、恶劣影响的，严格追究行政首长、负有责任的其他领导人员和相关责任人员的法律责任。（4）强化对行政权力的制约和监督。加强党内监督、人大监督、民主监督、行政监督、司法监督、审计监督、社会监督、舆论监督制度建设，形成科学有效的权力运行制约和监督体系，增强监督合力和实效。尤其是要加强对政府内部权力的制约，包括对财政资金分配使用、国有资产监管、政府投资、政府采购、公共资源转让、公共工程建设等权力集中的部门和岗位实行分事行权、分岗设权、分级授权，定期轮岗，强化内部流程控制，防止权力滥用。（5）全面推行政务公开：决策公开、执行公开、管理公开、服务公开、结果公开。而且这种公开必须是刚性的，即“坚持以公开为常态、不公开为例外原则”。

第五，在推动司法制度改革方面提出了更加完善的新思路。一方面《决定》将确保司法公正提升至一个新的高度，指出“公正是法治的生命线。司法公正对社会公正具有重要引领作用，司法不公对社会公正具有致命破坏作用”。为了确保司法公正，必须完善司法机关独立行使职权的体制和机制，保证审判独立和检察独立的制度和程序的正常贯彻。为此《决定》作出了系统的规定和周密的部署：（1）《决定》强调了“完善确保依法独立公正行使审判权和检察权的制度。各级党政机关和领导干部要支持法院、检察院依法独立公正行使职权”。这是对各级党政机关及其领导干部的法律和纪律要求。

(2)《决定》指出了“建立领导干部干预司法活动、插手具体案件处理的记录、通报和责任追究制度。任何党政机关和领导干部都不得让司法机关做违反法定职责、有碍司法公正的事情，任何司法机关都不得执行党政机关和领导干部违法干预司法活动的要求”。这里的“记录、通报和责任追究”以及“两个任何”，是从体制和机制上杜绝党政机关和领导干部干预审判权和检察权独立行使的可能性。(3) 如果有党政机关和领导干部，既不服从上述第一个方面规定的法纪，又违反上述第二个方面所确立的制度，那么就要承担由此而产生的严重处罚后果，即“对干预司法机关办案的，给予党纪政纪处分；造成冤假错案或者其他严重后果的，依法追究刑事责任”。(4)《决定》最后规定了与西方法治发达国家所规定的司法独立的保障机制相类似的“法官终身制”的内容“建立健全司法人员履行法定职责保护机制。非因法定事由，非经法定程序，不得将法官、检察官调离、辞退或者作出免职、降级等处分”。应该说《决定》的这一规定，对保障审判权和检察权独立行使的意义极为巨大，其影响在日后的司法体制改革中会进一步显现。

另一方面《决定》提出了最高人民法院设立巡回法庭，探索设立跨行政区划的人民法院和人民检察院。此举对推动我国的司法体制改革、促进司法公正至少有五个方面的意义：一是克服地方的宗派主义和地方保护主义；二是使我们的司法机关更加亲民，解决基层疑难案件更加便捷、及时；三是更加有利于确保我国法治的统一和平等实施；四是可以解决地方党政领导干部干预司法的问题；五是可以提升案件审理的整体水平和质量。

此外《决定》还提出推进以审判为中心的诉讼制度改革，确保侦查、审查起诉的案件事实证据经得起法律的检验。全面贯彻证据裁判规则，严格依法收集、固定、保存、审查、运用证据，完善证人、鉴定人出庭制度，保证庭审在查明事实、认定证据、保护诉权、公正裁判中发挥决定性作用。与此同时，对司法权力加强监督和制约，确保司法公正，实行办案质量终身负责制和错案责任倒查问责制。

最后《决定》对保障人民群众参与司法也有许多新的提法，并对以往的一些实践经验作出了提炼。如在司法调解、司法听证、涉诉信访等司法活动中保障人民群众参与。完善人民陪审员制度，保障公民陪审权利，扩大参审范围，完善随机抽选方式，提高人民陪审制度公信度。逐步实行人民陪审员不再审理法律适用问题，只参与审理事实认定问题。又如构建开放、动态、透明、便民的阳光司法机制，推进审判公开、检务公开、警务公开、狱务公开，依法及时公开执法司法依据、程序、流程、结果和生效法律文书，杜绝暗箱操作。加强法律文书释法说理，建立生效法律文书统一上网和公开查询制度，等等。

二、党的十八届四中全会提出的依法治国理论，与西方资本主义法治相比，不仅在内容上有拓展、有超越，在体系上更加完善，而且更加适应中国当下的国情

西方社会的法治，起源于古代希腊社会雅典城邦国家的政治与法律实践，希腊著名思想家亚里士多德对此进行总结和提炼，归纳提出了著名的法治定理：一、城邦国家的运作必须严格按照法律的规定进行；二、城邦所遵守的法律必须是良好的法律。亚氏的法治定理此后成为西方法治传统的基石。

至中世纪，欧洲社会基本上为基督教思想一统的天下，教会思想家托马斯·阿奎那为了教会的利益，全面继承、吸收、阐释了亚里士多德的法治理论，并加以补充拓展。在《神学大全》一书中，阿奎那提出：第一，法律的目的就是追求绝大多数人的最大幸福，只有符合这样标准的法律才是良好的法律；第二，必须用法律来限制公权力的滥用，防止其对国民的侵害。

十七、十八世纪，资产阶级在争取自身权力和利益，开创资本主义社会的世界时，不仅追逐工人的剩余价值，全力投入科技创新和工业革命，诉诸武力夺取国家政权，也在法律领域鼓吹以法治、宪政为核心的资产阶级法学世界观，创建资本主义法律制度和法律体系。在此过程中，英国思想家洛克、法国思想家孟德斯鸠和卢梭以及美国联邦党人，对古代和中世纪的法治理论作出进一步补充、发展，提出了“法律是公意的体现”“法律面前人人平等”“司法独立”“三权分立”“主权在民”等。这些思想，丰富了亚里士多德和

阿奎那等人的理论，使西方法治思想得以近代化并进一步发扬光大。

但是，上述近代资产阶级的法治理论，在实施过程中也出现了一些新的问题，一是没有解决形式法治和实质法治的冲突与矛盾，甚至出现为了追求形式法治的传统而伤害到了实质法治（美国辛普森案件是一个突出的例子）；二是法治的理论与实践并不一致（美国绕过联合国的法律规定和法律程序，在世界各地运用武力也是突出的一例）；三是法治中的核心问题公民的主体地位和平等权利的保障也没有能够很好地解决，美国、法国等西方国家存在的根深蒂固的种族歧视就是这方面的例证。

党的十八届四中全会《决定》阐述的法治理论，在吸收、借鉴西方法治传统学说的基础上，进一步将法治理论往前推进。尤其是结合中国的实际情况，作出了更加现实的本土化改造。比如，提出了党的领导是社会主义法治最根本的保证，把党的领导贯彻到依法治国全过程和各方面。又如，提出了人民群众在法治中的主体地位，强调我们的立法、执法和司法的全过程都必须吸收人民群众参与。再如，在限制政府权力滥用方面，西方法治主要采用以权力制约权力的方式，提出了“三权分立”的模式，而在中国，我们根据自己的国情提出了“将权力关进制度的笼子里”的做法，为此十八届四中全会确定了许多界定和措施，如规定了法治政府的具体内涵，规定了政府权力清单制度，规定了公众参与、专家论证、风险评估、合法性审查、集体讨论决定确定的行政决策机制，规定了重大决策终身责任追究制度及责任倒查机制，规定了领导干部干预司法活动、插手具体案件处理的记录、通报和责任追究制度，等等。最后，还将形式法治和实质法治结合在一起，强调了“让公民在每一个案件中感受到公平正义”这一实质性法治原则，以避免资本主义过于关注形式法治而伤害到实质正义、实质法治的结果。

因此，党的十八届四中全会阐释的法治中国理论，不仅吸收、借鉴了西方法治中优秀的理论和实践成果，将人类的法治文明予以中国化、本土化，同时更把东方大国——中国的法律治理纳入自己的思考和实践范围，无论在深度上还是在难度上都超过了以往传统的法治，因而我们法治的成功，无疑会对人类法治文明的发展和丰富作出巨大的贡献。

依法治国：深化改革的新起点

周瑞金*

以“依法治国”为主题的党的十八届四中全会，提出了与以往显著不同的“法治模式”，为“推进国家治理体系和治理能力现代化”的第五个现代化奠定了基础。这种治理方式转型，顺应了社会的发展变化对治理提出的新要求。外媒评论说，习近平的依法治国必将强势载入中国共产党史册。党的十八届四中全会如此高规格地将“依法治国”上升为全员贯彻的国家意志，无疑是中国共产党由革命党向执政党转型、建构现代政治体制的显著进步和良好开端，是极具智慧的选择。

回顾历史，有人说我们经历过会议治国、政策治国的过程。新中国成立后，没有及时实现从革命党到执政党的自觉转变，至1966年的“文化大革命”，整个中国仅有“公安六条”等少数治安条例还在运行。

作为中国共产党第二代领导核心的邓小平意识到了法律的重要性，提出了“依法治国”这个方向，但是由于当时致力于以经济建设为中心，政治领域和法学领域关于治国方略的研究未能及时展开。从1979年到党的十五大，围绕着“人治”和“法治”，理论界展开了“法治论”“结合论”和“取消论”这三大派的激烈争论。

党的十八届四中全会使“依法治国”成为中国共产党执政理念的一个主旋律。会议不仅提出了“建设中国特色社会主义法治体系，建设社会主义法治国家”的总目标回击外界舆论的质疑，而且“党的领导”“依宪治国”“党内

---

* 周瑞金，《人民日报》原副总编辑、中国社会科学研究院研究生院博士生导师，本文摘自《同舟共进》2014年第12期。

法规”“于法有据”“司法公正”等关键词的提出，也使法治成为标杆，成为政党、政府、社会遵守的标尺。有人说，这是中国正式宣告要改变会议治国、政策治国模式，将“依法治国”这个口号从名词转为动词。所有人包括党员干部都要在法律的框架内行事，法无授权不可为，成为中国共产党治国理政的“底线思维”。这也是进一步落实党的十八届三中全会全面深化改革决定的新起点。

一、需要明晰的两个问题

第一，坚持党的领导与坚持法治是什么关系？也就是通俗所说的，党大还是法大？笔者认为，党大还是法大，并不是伪命题。这个问题说清楚，有助于建立共识。应该看到，在把“党的主张通过法定程序成为国家意志”也就是立法过程中，已经体现了党的绝对领导，这就是通俗所说的，党大于法；但在法律确立之后，法律就是包括执政党在内的全体社会成员的行为规范和准则，在实施法律的过程中，任何人都必须接受法律的约束，不存在例外情况，这就是通俗所说的法大于党。也就是说，坚持党的领导，主要体现在立法和修改法律的过程中，在具体实施和执行法律的时候，党的各级领导者不但不能干预，甚至还是法律法规的约束对象。正如习近平所言“党的政策成为法律后，实施法律就是贯彻党的意志，依法办事就是执行党的政策”①。

第二，依法治国，依什么法？主要就是依我们的根本大法——宪法。宪法的规定是权力所能到达的最远的边界，宪法是关住权力的最大的笼子。在纪念现行宪法公布施行30周年大会上，习近平强调“要坚持依法治国、依法执政、依法行政共同推进，坚持法治国家、法治政府、法治社会一体建设”。十八届四中全会的决定，以党的文件的形式再一次确认了这一点。

宪法的最高目标是实现社会公平正义。《宪法》序言庄严宣告“……各政党……都必须以宪法为根本活动准则”，总纲第五条规定“一切违反宪法和法律的行为，必须予以追究”。中共《党章》也规定“党必须在宪法和法律的

① 《坚持依法执政——学习贯彻党的十八届四中全会精神》，《人民日报》2014年12月15日。

范围内活动”。我国已经基本建成了现行的法律体系。这些法律就是“党的主张通过法定程序成为国家意志”的结果。严格遵守这些法律，就是党的绝对权威的体现，而违反这些法律，才是对党的绝对权威的冒犯和破坏。过去一段时间正是由于对这一点认识不足，才会出现不缺法制，缺法治；不缺法律，缺法律约束的现象。典型的就是这次党的十八届四中全会《中共中央关于全面推进依法治国若干重大问题的决定》（以下简称《决定》）里提到的部门利益和地方保护主义法律化。有人甚至说，这些条例不是在保护受害者，而是在制造受害者。因为这些条例，公民的很多基本权利受到侵犯。所以，要防止党对立法的领导变成个别人的领导；防止操纵立法机关，通过某些保护特权集团权益的法律法规，然后以此治理地方，也号称是“依法办事”“依法行政”，把法律变成分利集团掩盖其不法行为的工具，需要时就用，不要时就绕开。

如果法本身有严重错误，严格依法办事制造的灾难不会比不依法办事小，会出现“有法无天”的局面。这些法律要受约束，就要请宪法“出场”。依法治国，首先要“依宪废法”，清理革除那些违背宪法精神的法律法规。这不是不尊重法律，而是从根本上捍卫法律的尊严。

“法律的生命力在于实施，法律的权威也在于实施。”① 全面推进依法治国，关键在于提升法律的实施力和权威性“把权力关进制度的笼子里”。这就需要以法律制约权力，以法律规范权力，实现权力法定、程序法定、监督法定，加快推进法治建设进程。所以，党的十八届四中全会《决定》再次强调，任何组织和个人都必须尊重宪法法律权威，都必须在宪法法律范围内活动，“绝不允许任何人以任何借口任何形式以言代法、以权压法、徇私枉法”②。

二、应下决心建立违宪审查制度

宪法权威不应受到任何挑战。权威就是基于正当性而形成的约束力和认

① 《中共中央关于全面推进依法治国若干重大问题的决定》，人民出版社 2014 年版，第 15 页。
② 《中共中央关于全面推进依法治国若干重大问题的决定》，人民出版社 2014 年版，第 6—7 页。

同感。无论从宪法条款、党章规定，还是古今中外的政治经验看，宪法的最高权威都是毋庸置疑的。法治国家的核心价值就是宪法至上。党的章程也规定，党必须在宪法和法律范围内活动。宪法的执行力是依法治国的根本标志。可是这么多年来，从未有对违宪行为的法律追究。除了党政领导干部思想上忽视宪法权威外，还因为我们没有建立违宪审查和追究制度与机构。

首先，应该先认真地审视一番现今的宪法。有人预言，紧贴着党的十八届四中全会的《决定》，中国可能很快推出现行宪法的修正案。我看很有这个必要。现行宪法作为一种规范和价值体系，为国家生活提供一个规范框架，这个框架有很大的弹性和空间。成文宪法的文本空间、价值空间和解释空间非常大。即使施行了200多年的美国宪法，有27条修正案，也能够确保社会生活的基本秩序，美国的法学界也并不认为其宪法文本已经穷尽了所有空间。

其次，是否违宪，应该有个裁判。党领导人民制定宪法，在宪法制定以后，党应在宪法的框架内活动。所以，党不适合做这个裁判。对此，学界曾经提出多种方案，诸如让最高法院来承担违宪审查的职能；在全国人大或人大常委会之下建立一个宪法委员会；由全国政协来承担违宪审查；等等。如果这个职能在最高法院，那前提是，最高法院要有很强的独立性；如果在人大，那人大本身是立法机构，有既做运动员又做裁判员之嫌；如果在政协，恐怕也难当其任。到底谁来做这个裁判，可以说，关系到依法治国的成败。总之，宪法不能成为一纸空文，不能只是宪法日的宣传口号，要真正在国家政治生活中使之得到贯彻落实。这个事情，应该引起全社会的关注。

三、改革“过河”需有法律护航

改革的前一个阶段，也就是有人所说的“政策治国”阶段，大家形象地称为“摸着石头过河”。在初始阶段，水还没那么深的时候，摸着石头过河确实起到了作用，在一定时期内调动了社会各利益主体的积极性、创造性，改善了庞大的集中体制，增加了它的灵活性和适应性，提高了整体效率。但是，随着社会利益和观念的多元化，“政策治国”遇到越来越多的约束和挑战，不仅影响到政策目标的实现，而且导致体制运行绩效滑坡。有专家指出，“特殊政策、优惠政策再搞下去，确实是效果越来越差，互相抢投资，到最后什么效益都没有”。一些政策的负面后果已经开始出现，典型的如购房政策的反复调整，引起市场恐慌乃至“离婚潮”；某些土地政策的执行，造成农民土地被强制性剥夺，产生“无地农民”现象以及大量信访事件。几乎每一项政策在执行的过程中都会产生一些意想不到的后果，这充分说明“政策治国”已经不适用于今天的现状。

随着改革的深入，一方面水越来越深，是不是摸得到石头已经成为问题；另一方面，因为害怕深水，出现了孙立平教授所说的“只摸石头不过河”的现象，一些官员只热衷于做改革的表面文章，不推进甚至阻挠改革的进一步深入。

在法律体系初步建成的今天，改革也要有法可依。改革需要有宪法界限，需要受到宪法目标的限制。在摸着石头过河的阶段，有时甚至出现了宪法法律体系和党的政策体系都得服从于改革话语体系的情形。正常情况下，一个国家只能有一套规范体系，那就是宪法法律体系。如果不是这样，人们就会无所适从。所以，习总书记特别提出“重大改革都要于法有据”，就是针对改革中某些政策大于法律的现象，由此造成改革突破法律界限，甚至以改革名义破坏法律的危险。在改革和法律的关系上，必须毫不动摇地坚持法律的基本立场，党的领导、党的生活、党的权威都必须符合宪法法律的要求。

改革要顺利通过深水区，需要航标和浮具，这个航标和浮具，就是法律，最根本的，就是宪法。有鉴于此，改革的第一个任务，由推进具体政策改进落实实施，变成了法律的修改和建立。我们过的是什么河，该怎么过河，都应有法理和程序作为法律依据。法律一旦成型，就具有相对的确定性，在一个时期内可以规范改革者的行为。这样就可以避免出现因领导人不同，政治主张不同，造成改革政策多变而带来的不确定性。用邓小平的话说，就是“不因领导人的改变而改变，不因领导人的看法和注意力的改变而改变”。另一方面，有法可依，法有授权，对改革者也是一种有效的保护。

中国特色社会主义法治体系

形成高效的法治实施体系

周　强*

党的十八届四中全会通过的《中共中央关于全面推进依法治国若干重大问题的决定》（以下简称《决定》），通篇贯穿了党的十八大、十八届三中全会提出的全面推进依法治国和全面深化改革的精神，充分体现了习近平总书记系列重要讲话精神，具有里程碑意义。《决定》针对我国法治建设长期存在的突出问题，提出了180多项重大改革举措，力度之大、措施之多，令人鼓舞。《决定》首次提出全面推进依法治国的总目标，并在总目标中首次提出建设中国特色社会主义法治体系，对中国特色社会主义法治体系的内涵作了全面深刻阐述，即在党的领导下，形成完备的法律规范体系、高效的法治实施体系、严密的法治监督体系、有力的法治保障体系和完善的党内法规体系。《决定》提出的建设中国特色社会主义法治体系，是建设社会主义法治国家的骨干工程和重要抓手，具有十分重大的理论、制度和实践意义。各级人民法院要深入学习贯彻这次全会精神，结合工作实际，推动形成高效的法治实施体系。

一、形成高效的法治实施体系，是建设中国特色社会主义法治体系的重点难点

建设中国特色社会主义法治体系，是一个从立法到执法司法再到守法、从理论到制度机制再到实践的伟大系统工程，需要付出长期艰苦努力。建设

---

* 周强，最高人民法院党组书记、院长，首席大法官，本文摘自《求是》2014年第22期。

高效的法治实施体系，无疑是其中的重点难点。古往今来，把制定的法律付诸实施始终是法制建设的最大难点。习近平总书记多次引用古人“世不患无法，而患无必行之法”和“天下之事，不难于立法，而难于法之必行”的名言，并强调指出“如果有了法律而不实施，束之高阁，或者实施不力、做表面文章，那制定再多法律也无济于事”。改革开放以来，我们党领导人民建设社会主义法治国家，形成了中国特色社会主义法律体系。但把这个法律体系以及新制定的法律实施到位，永远没有完成时，法治建设永远在路上。从实践来看，人民群众对法治建设意见最大的地方，就是有法不依和执法不严，就是法律实施问题。我们要在党中央的坚强领导下，紧紧抓住法治实施这个重点难点，加强法治实施能力建设，不断完善法治实施制度机制，着力构建以法律规范实施为核心，以党内法规实施、人民团体和社会组织规范实施、道德伦理规范实施以及乡规民约等社会生活规范实施构成的法治实施体系。

二、形成高效的法治实施体系，需要全体公民和组织共同努力形成合力

《决定》强调，要坚持人民主体地位。人民群众是法治实施的主体和力量源泉，必须坚持法治实施为了人民、依靠人民、造福人民、保护人民，以保障人民根本权益为出发点和落脚点。法治实施体系包括执法、司法和守法等诸多环节。必须在党中央的坚强领导下，广泛动员全体人民和全部社会组织的力量，共同建设法治实施体系，并使之高效运行。首先，要充分发挥各级党组织在建设法治实施体系中的领导核心作用。党在率先垂范建设好党内法规实施体系的同时，坚持依法执政和在宪法法律范围内活动，发挥好保证执法、支持司法和带头守法的重要作用。其次，行政机关要承担起法律实施的重要职责任务。大部分法律法规要靠行政机关通过行政执法实施，各级行政机关要切实履行法律实施职责，坚持依法行政，在推进法治政府建设的进程中大力加强行政执法工作。要全面落实行政执法责任制，严格确定不同部门及机构、岗位执法人员执法责任和责任追究机制，坚决排除对执法活动的非

法干预，防止和克服地方和部门保护主义。要抓紧推进行政执法体系建设，以科学高效的行政执法体系促进法治实施体系建设。再次，要充分发挥司法的职能作用。司法机关既要严格司法，把属于自己实施的法律实施到位，又要充分发挥司法对法律实施的支持和保障作用。要坚决落实党的十八届四中全会提出的健全行政执法和刑事司法衔接机制的要求，确保行政执法体系与刑事司法体系无缝对接、形成合力。最后，要在党员带头守法、领导干部带头守法的基础上，着力培育公民和社会组织自觉守法的意识和责任感，充分调动全社会自觉守法的积极性主动性，严惩各类违法犯罪行为，营造全社会共同守法的良好氛围，夯实建设法治实施体系的社会根基。

三、形成高效的法治实施体系，必须深化执法司法体制改革

法治实施体系建设涉及制度、体制、机制建设，法治实施活动要依法进行，法治实施体系要依法构建。必须坚持以创新为动力，以改革为突破口，以只争朝夕、敢于担当的精神，把党的十八届三中全会和四中全会提出的有关法治实施的改革举措一一尽快落实到位，治理法治实施的疲软现象，打破法治实施的樊篱羁绊，铲除法治实施的痼弊顽疾。就行政执法而言，要尽快落实减少层次、整合队伍、提高效率的原则要求，合理配置执法力量，科学使用有限的执法资源；要推进综合执法，大幅减少市县两级政府执法队伍种类，在重点领域内推行综合执法，有条件的要推行跨部门综合执法，着力解决执法乱和执法散的问题；要完善市县两级政府行政执法管理，加强统一领导和协调，有效解决“九龙治水”等多头执法问题；要理顺行政强制执行体制和城管执法体制，加强城市管理综合执法机构建设，提高执法和服务水平及现代城市管理水平；要严格实行行政执法人员持证上岗和资格管理制度，不断提高执法人员能力素质，建设高素质的执法队伍；等等。

就司法而言，要优化司法职权配置，完善司法管理体制和司法权力运行机制，建设公正高效权威的司法制度和确保法律有效实施的司法体系。要以

完善诉讼程序和执行程序为落脚点，以解决立案难、诉讼难和执行难为着力点，推动党的十八届三中全会和四中全会提出的各项司法改革举措贯彻落实。要改革完善确保人民法院、人民检察院依法独立行使职权的制度机制，坚决排除领导干部、行政机关、公民个人或社会组织对司法活动的干扰和干预，切实树立司法权威；要推进以审判为中心的诉讼制度改革，加强人民法院、人民检察院和公安机关在刑事诉讼中的相互配合和相互制约，切实解决一些案件配合有余、制约不足影响司法公正甚至造成冤假错案的问题；要充分发挥审判程序特别是庭审的最后把关作用，确保侦查、审查起诉的案件事实证据经得起法律的检验，保证庭审在查明事实、认定证据、保护诉权、公正裁判中发挥决定性作用；最高法院要尽快设立巡回法庭，审理跨行政区域重大行政和民商事案件，就地化解矛盾纠纷，方便当事人诉讼，提高诉讼效率，减轻最高法院本部的压力，维护首都地区社会治安和谐稳定；要及时设立跨行政区划的人民法院和人民检察院，办理跨地区案件，防止地方保护主义对相关案件的干扰；要完善行政诉讼体制机制，合理调整行政诉讼案件管辖制度，有效解决行政诉讼程序在一些地区、一些案件中存在的空转现象；要健全行政机关负责人依法出庭应诉制度，行政机关支持法院受理行政案件、尊重并执行法院生效裁判的制度，切实解决行政诉讼立案难、审理难、执行难等突出问题；要以制定强制执行法为契机，大力推进执行体制机制改革，完善拒不执行判决、裁定罪的司法程序和定罪量刑标准，加大对拒不执行判决、裁定行为的刑事制裁力度，将人民法院在执行实践中创造的统一强制执行体制、统一执行案件管辖、统一执行案件管理及建立失信被执行人信用记录、限制被执行人高消费等配套、威慑机制上升为法律，适时探索推动执行权与审判权相分离的体制改革试点。

四、形成高效的法治实施体系，必须坚持以公开透明为特色，以信息化为支撑

我们建立的法治实施体系，必须以快速发展的网络信息技术为支撑、为

平台，以不断满足人民群众和社会各界对法治实施的需求、参与和监督为依归。要按照《决定》要求，构建开放、动态、透明、便民的阳光法治实施机制，大力推进行政执法公开、审判公开、检务公开、警务公开、狱务公开和其他法治实施活动的公开，依法及时公开法治实施的依据、程序、流程、结果和理由。要以信息化为依托，向信息化要效率，打造法治实施公开平台，实现法治实施信息系统内畅通、系统间共享。要着力打造法治实施流程平台，让法治实施活动全过程公开透明，保障人民群众对法治实施的知情权、有效行使监督权，保障法治实施活动公开公正运行，杜绝暗箱操作；要着力打造法治实施过程中各类生效法律文书统一上网和公开查询平台，展示法治实施结果和理由，实现法治实施信息全社会共享，充分发挥其宣传法治、教育公民法人和其他组织以及引领社会风尚的重要作用；要着力打造法治实施强制执行平台，对于违反法治规范受到相应处理，但拒不执行执法机关处罚决定或者司法机关生效裁决，或者拒不执行有关社会组织（如行业协会、工会等人民团体）作出处理决定的行为，要探索统筹纳入强制执行平台范畴，该曝光的要曝光，该强制执行的要强制执行。以法治实施体系内的各种机制共同发力，形成强大的社会合力，实现良好的法治实施效果。

五、形成高效的法治实施体系，必须坚持严格执法公正司法

形成高效的法治实施体系，是为了法治实施更快捷，避免正义迟到，更好地维护社会公平正义。一要牢固树立高效与公正相统一的法治实施理念。高效必须以公正为前提、为基础，没有公正就不可能有高效，错误裁判和执行造成的损失和影响会更大。公正必须以高效为支撑，迟到的正义会使正义大打折扣，同样影响法治实施的权威和公信。二要健全严格执法公正司法的制度机制。建立行政自由裁量权基准制度，规范司法自由裁量权统一行使，把每一项司法权力都关进制度的笼子里，做到有权必有责，用权受监督，违法必追究，坚决纠正有法不依、司法不严、违法不究行为，保证执法、司法

机关依法行使职权，公正处理每一起案件。三要完善司法解释制度和案例指导制度。要紧紧围绕让人民群众在每一个司法案件中感受到公平正义的要求，适应建设公正高效权威的社会主义司法制度的需要，加大司法解释和案例指导工作力度，适时发布高质量的司法解释和指导性案例，统一执法办案的尺度，为严格执法公正司法提供明确细致统一的依据。四要建立健全执法司法办案责任制。贯彻落实《决定》提出的办案质量终身负责制和错案责任倒查问责制等工作机制。司法人员对案件质量终身负责，就是终身对法律负责，对历史负责和对人民负责。必须针对各类司法人员职责和各类案件的具体情况，建立科学合理、切实可行的案件质量终身负责制度，将“让审理者裁判、由裁判者负责”这一要求落实到执法办案的具体工作之中。五要建立健全错案责任倒查问责制。建立错案倒查制度，确保错案发生以后，倒查程序立即启动，保障错案的责任人和错案发生的原因及时查明。建立错案问责制度。对错案的性质、危害后果、社会影响以及责任人的责任承担等，进行客观公正评估，为错案追究提供依据。对于社会广泛关注的错案，要向社会公开有关信息，及时回应社会关切，确保谁办案谁负责，谁违法谁担责全面落实。

形成严密法治监督体系
保证宪法法律有效实施

曹建明*

党的十八届四中全会通过的《中共中央关于全面推进依法治国若干重大问题的决定》（以下简称《决定》），把建设中国特色社会主义法治体系、建设社会主义法治国家作为全面推进依法治国的总目标，其中明确提出形成“严密的法治监督体系”，并部署了新形势下加强法治监督、确保法律实施的重大任务。这是中国特色社会主义法治理论的最新成果，对于加强法治监督、建设中国特色社会主义法治体系具有十分重要的意义。

一、法治监督体系建设事关法治建设全局

法治监督就是对法律实施进行的监督。作为法治建设的一个重要环节，法治监督在建设中国特色社会主义法治体系、建设社会主义法治国家中具有十分重要的地位和作用。

严密的法治监督体系是中国特色社会主义法治体系的重要组成部分。《决定》清晰阐明了中国特色社会主义法治体系的总体框架和基本内容，即形成完备的法律规范体系、高效的法治实施体系、严密的法治监督体系、有力的法治保障体系、完善的党内法规体系。在这五大体系中，严密的法治监督体系不仅是不可或缺的重要组成部分，而且对于其他几大体系建设具有重要的

---

* 曹建明，最高人民检察院党组书记、检察长，首席大检察官，本文摘自《求是》2014 年第 24 期。

推动和保障作用。法治监督体系既是中国特色社会主义法治体系的重要内容和内在目标，又是建成中国特色社会主义法治体系的根本保障和必然要求。

严密的法治监督体系是宪法法律有效实施的重要保障。法律的生命力在于实施，法律的权威也在于实施。维护国家法制统一、尊严、权威，必须切实保证宪法法律有效实施，绝不允许任何人以任何借口任何形式以言代法、以权压法、徇私枉法。当前，有法不依、执法不严、违法不究现象比较严重，执法司法不规范、不严格、不透明、不文明现象较为突出。只有加强和改进宪法法律实施工作，通过执法、司法、守法和法律监督等各个方面的共同努力，才能确保宪法法律得到切实贯彻和执行。法治监督就是对宪法和法律实施的全过程进行监督，确保书面上的法条真正变成社会规范和人们的行为规范。

严密的法治监督体系是加强对权力运行制约和监督的必然要求。依法规范权力、加强对权力运行的制约和监督，是全面推进依法治国的重要内容。我们党始终把对权力的制约和监督作为党和国家建设的重大问题来抓。党的十五大以来，历次党的全国代表大会都对健全权力结构和运行机制、加强对权力的制约和监督作出部署。党的十八届三中全会强调要强化权力运行制约和监督体系，这次全会又突出强调“必须以规范和约束公权力为重点，加大监督力度，做到有权必有责、用权受监督、违法必追究，坚决纠正有法不依、执法不严、违法不究行为”。法治监督的核心，就是制约和监督权力，防止权力腐败和蜕变，特别是对执法权、司法权的制约和监督尤为重要。执法权、司法权作为国家权力的重要组成部分，承担着判断是非曲直、解决矛盾纠纷、制裁违法犯罪、调节利益关系等重要职责，一旦被滥用，就会对公民合法权益和依法治国方略实施带来严重损害，因此更需要加强制约和监督。

二、新形势下法治监督体系的构建和完善

形成严密的法治监督体系，是一项涉及面很广的系统工程，需要在法治中国建设的伟大实践中不断探索。《决定》在立法、执法、司法三个部分，分

别提出了强化法治监督的要求，抓住了法治监督体系建设的关键环节和重点内容。

要健全宪法实施和监督制度。宪法是党和人民意志的集中体现，是通过科学民主程序形成的根本法。维护宪法尊严、保证宪法实施，追究和纠正一切违反宪法的行为，是法治监督最根本的任务。《决定》明确提出，要“健全宪法实施和监督制度”，“一切违反宪法的行为都必须予以追究和纠正”，要求“完善全国人大及其常委会宪法监督制度，健全宪法解释程序机制。加强备案审查制度和能力建设，把所有规范性文件纳入备案审查范围，依法撤销和纠正违宪违法的规范性文件，禁止地方制发带有立法性质的文件”。这些重大部署，为推进宪法实施和监督制度化指明了方向。

要强化对行政权力的制约和监督。行政权力具有管理事务领域宽、自由裁量权大等特点，法治监督的重点之一就是规范和约束行政权力。《决定》突出强调，要“加强党内监督、人大监督、民主监督、行政监督、司法监督、审计监督、社会监督、舆论监督制度建设，努力形成科学有效的权力运行制约和监督体系”。这一重要论述，确定了对行政权力制约和监督的制度框架，有利于增强监督合力和实效，形成配置科学、职责明确、协调有力、运行顺畅的行政权力制约和监督体系。加强对政府内部权力的制约，是强化对行政权力制约的重点。要对权力集中的部门和岗位实行分事行权、分岗设权、分级授权，定期轮岗，强化内部流程控制，防止权力滥用。完善政府内部层级监督和专门监督，改进上级机关对下级机关的监督，建立常态化监督制度。完善纠错问责机制，坚决纠正不作为、乱作为，坚决惩处失职、渎职。完善审计制度，保障依法独立行使审计监督权。健全行政执法和刑事司法衔接机制，完善案件移送标准和程序，建立行政执法机关、公安机关、检察机关、审判机关信息共享、案情通报、案件移送制度，坚决克服有案不移、有案难移、以罚代刑现象，实现行政处罚和刑事处罚无缝对接。完善对涉及公民人身、财产权益的行政强制措施。实行司法监督制度，及时纠正违法行政强制措施，切实维护公民合法权益。

要加强对司法活动的监督。司法公正对社会公正具有重要引领作用。要进一步健全司法机关内部监督制约机制，明确司法机关内部各层级权限，明确各类司法人员工作职责、工作流程、工作标准，建立司法机关内部人员过问案件的记录制度和责任追究制度。完善检察机关行使监督权的法律制度，加强对刑事诉讼、民事诉讼、行政诉讼的法律监督。重视和规范舆论监督，及时回应社会关切。依法规范司法人员与当事人、律师、特殊关系人、中介组织的接触、交往行为。对因违法违纪被开除公职的司法人员、吊销执业证书的律师和公证员，终身禁止从事法律职业，构成犯罪的依法追究刑事责任。大力加强司法作风建设，坚决破除各种潜规则，绝不允许法外开恩，绝不允许办关系案、人情案、金钱案。坚决反对和克服特权思想、衙门作风、霸道作风，坚决反对和惩治粗暴执法、野蛮执法行为。对司法领域的腐败零容忍，坚决清除害群之马。

三、加强检察监督，推动法治监督体系建设

检察机关的法律监督是有宪法和法律明确授权的国家司法权，具有法定性和专门性，在法治监督体系中具有不可替代的地位和作用。党的十八大以来，党中央对检察机关法律监督工作高度重视。习近平总书记明确指出，要加强检察监督。《决定》把检察监督纳入法治监督体系，并作为司法监督的重要组成部分，明确了新形势下检察监督制度建设的重大任务，对检察机关履行监督职责、保证法律实施提出了更高要求。

进一步完善对司法活动的法律监督制度，确保人民群众在每一个案件中都感受到公平正义。对司法活动的监督是法律赋予检察机关的专门职责，也是中国特色社会主义检察制度的重要内容和鲜明特色。当前，立法中的不完善客观上影响和制约了人民检察院司法监督职能的发挥，亟须加以修改完善。按照《决定》的要求，要完善人民检察院对司法活动进行监督的职权及其行使程序的规定，进一步明确监督的范围，完善监督手段和措施。比如，完善人民检察院对限制人身自由的司法措施和侦查手段进行监督的法律制度；探索建立重大、疑难案件侦查机关听取检察机关意见和建议的制度；完善检察

机关对查封、扣押、冻结、处理涉案财物的措施进行监督的法律制度；完善对民事执行活动监督的范围、方式和程序；完善行政诉讼法律监督的范围、程序和措施；明确检察建议的效力，增强检察监督的刚性；等等。检察机关要认真履行宪法和法律赋予的职责，不断加大监督力度、提高监督水平，坚决监督纠正执法不严、司法不公的突出问题，严惩司法腐败，切实维护司法公正。

加强对行政违法行为的监督，探索建立检察机关提起公益诉讼制度。司法权对行政权进行制约是法治的重要特征。目前，检察机关对行政违法行为的监督，主要是依法查办行政机关工作人员涉嫌贪污贿赂、渎职侵权等职务犯罪案件，范围相对较窄。实践中，行政违法行为构成刑事犯罪的是少数，更多的是乱作为、不作为。如果对这类违法行为置之不理、任其发展，就不可能根本扭转一些地方和部门的行政乱象，还可能使一些苗头性问题演变为刑事犯罪。检察机关要按照《决定》要求，对于行政机关违法行使职权或者不行使职权的行为，应该通过督促起诉、检察建议等方式督促其纠正。同时，要探索对一些行政机关违法行使职权或者不作为造成对国家和社会公共利益侵害或者有侵害危险的案件，由检察机关提起公益诉讼，促进依法行政、严格执法，加强对公共利益的保护。

进一步完善惩治贪污贿赂犯罪法律制度，依法严格查办职务犯罪。查办职务犯罪是确保法律实施的重要手段，也是检察机关法律监督的基本职能。《决定》强调要“完善惩治贪污贿赂犯罪法律制度，把贿赂犯罪对象由财物扩大为财物和其他财产性利益”，并对提高查办和预防职务犯罪法治化水平提出了要求。检察机关要坚持凡腐必反、有贪必肃、有案必办，始终保持惩治腐败高压态势，促进国家工作人员依法行政、廉洁从政。加强职务犯罪线索管理，健全受理、分流、查办、信息反馈制度，明确纪检监察、刑事司法办案标准和程序衔接，依法严格查办职务犯罪案件。加强反腐败国际合作，加大境外追赃追逃、遣返引渡力度。

加强对检察权运行的制约和监督，确保检察机关自身严格公正司法。监督者更要接受监督。检察机关作为国家法律监督机关，要始终坚持把自身监

督放到与法律监督同等重要的位置来抓。要进一步完善内部监督制约机制，完善主任检察官办案责任制，落实谁办案谁负责，实行办案质量终身负责制和错案责任倒查问责制。进一步完善人民监督员制度，改革选任和管理方式，拓展监督案件范围，重点监督检察机关查办职务犯罪的立案、羁押、扣押冻结财物、起诉等环节的执法活动。认真落实《检察人员八小时外行为禁令》《最高人民检察院关于规范检察人员与律师交往行为的暂行规定》，坚决惩治司法掮客行为，防止利益输送。持续整治司法不正之风，以零容忍态度坚决扫除检察机关自身腐败现象。

形成严密的法治监督体系，是新时期中国特色社会主义法治建设的重大战略任务，事关全面推进依法治国全局。我们要按照党的十八届四中全会的决策部署，以加强对权力的制约和监督为核心，以保障宪法法律正确统一实施为目标，努力形成严密的法治监督体系，为建设中国特色社会主义法治体系、建设社会主义法治国家作出更大贡献！

怎样建设中国特色社会主义法治体系

——认真学习党的十八届四中全会《决定》

江必新*

党的十八届四中全会《中共中央关于全面推进依法治国若干重大问题的决定》（以下简称《决定》）提出，全面推进依法治国，总目标是建设中国特色社会主义法治体系，建设社会主义法治国家。建设中国特色社会主义法治体系这一崭新表述，是贯穿《决定》全篇的一条主线，为新时期的法治中国建设规定了性质、指明了方向、明确了任务，具有纲举目张的作用；这一崭新表述是中国共产党对执政规律认识的深化，是马克思主义法律观中国化的最新成果，是中国共产党人对法治国家理论和马克思主义国家与法的学说的重大贡献；建设中国特色社会主义法治体系是中国特色社会主义法治的核心要求，是全面建成小康社会、全面深化改革、全面推进依法治国的重要举措，是当前和今后一个时期中国法治建设的总抓手。贯彻和落实这一要求，对于推动中国特色社会主义法治实践，繁荣中国特色社会主义法治理论，全面推进依法治国进程，促进国家治理体系和治理能力现代化，具有十分重要的意义。

一、准确把握中国特色社会主义法治体系的含义

中国特色社会主义法治体系，指的是立足中国国情和实际，适应全面深

---

* 江必新，中共十八届中央纪律委员会委员、常委，最高人民法院党组副书记、副院长、审判委员会委员，二级大法官，本文摘自《光明日报》2014年11月1日。

化改革和推进国家治理现代化需要，集中体现中国人民意志和社会主义属性的法治诸要素、结构、功能、过程内在协调统一的有机综合体。之所以要以体系化的方法全面推进依法治国，是因为中国特色社会主义法治本身就是一个要素众多、结构复杂、功能综合、规模庞大的系统工程，各系统要素相互联系、相互作用、相互促进，当其协调一致时可以发挥最大功能，但当某一环节或系统出现了毛病，就会影响整体的正常运行和功能的发挥。为此，必须对中国特色社会主义法治的体系特征有一个客观、准确的认识。

（一）中国特色社会主义法治体系是法治诸要素、结构、功能、过程内在协调统一的有机综合体

法治体系是国家治理体系的重要组成部分，同时法治体系本身也是一个系统：第一，中国特色社会主义法治体系由众多要素组成，这些要素从其存在形态入手可将其从总体上分为硬件要素和软件要素两大类。第二，中国特色社会主义法治体系并不等同于法治诸要素相加之和，它必须对法治诸要素进行组织、搭配和安排，实现法治结构的科学设置，并决定中国特色社会主义法治体系的功能。第三，中国特色社会主义法治体系不仅要求相互间具有有机联系的组成部分结合起来，而且要成为一个能完成特定功能的总体。第四，与法律体系不同，法治体系不是一个静止的存在，而是一个动态的过程，包括法律的制定、实施、监督、实现、发挥作用、反馈等阶段性过程的接续。

（二）中国特色社会主义法治体系是中国特色社会主义制度体系的规范表达

法治具有相对的独立性，同时也具有鲜明的政治性；法治不仅要以相应的政策、组织和权力构架作为基础，而且其实现程度又受制于政治文明的发展程度；法治不仅为政治建设提供权力运行的规则和依据，而且是政治的规范化表达。因此，要把“中国特色社会主义制度”和“法治体系”作为一个整体看待。法治体系是中国特色社会主义制度在法治领域的表达方式，中国特色社会主义是法治体系的本质属性。因此，建设中国特色社会主义法治体系，必须做到“七个坚持”：坚持中国共产党领导；坚持人民主体地位；坚持中国特色社会主义制度；坚持中国特色社会主义法治理论；坚持法律面前人

人平等；坚持依法治国和以德治国相结合；坚持从中国实际出发。

（三）中国特色社会主义法治体系是社会主义法治国家的自觉建构

全面推进依法治国，总目标是建设中国特色社会主义法治体系，建设社会主义法治国家。前后两句话是一个整体，不能断章取义理解。那么“两个建设”之间是一个什么关系呢？这个关系可以概括为：中国特色社会主义法治体系是社会主义法治国家的自觉建构。特色形成于解决问题的实践，中国特色社会主义法治体系既是法治的一般理论与中国法治实践特殊问题的结合，更是对社会主义法治国家的自觉建构。这种自觉建构，避免将资本主义与法治捆绑在一起进入西方范式陷阱，是在立足中国国情创建本土化法治发展道路的实践，是针对需求回应问题面向未来的法治探索。

二、充分认识建设中国特色社会主义法治体系的意义

法治，其“义”在于通过法律治理国家；其“要”在于使权力和权利得到合理配置；其“功”在于比其他治理方式更多地供给人民福祉、经济繁荣和国家稳定。法治体系是对法治的要素、结构、功能、过程在总体上的一个统合，它根植于一国法治实践之中，反映法治现实，对法治实践起着指导和推动作用。中国特色社会主义法治体系，反映和指引着中国特色社会主义法治的性质、功能、目标方向、价值取向和实现途径。建设中国特色社会主义法治体系的意义主要体现在以下几个方面：

（一）建设中国特色社会主义法治体系是在法治领域为推进国家治理现代化增添总体效应的重要举措

习近平总书记强调，今天，摆在我们面前的一项重大历史任务，就是推动中国特色社会主义制度更加成熟更加定型，为党和国家事业发展、为人民幸福安康、为社会和谐稳定、为国家长治久安提供一整套更完备、更稳定、更管用的制度体系。这项工程极为宏大，必须是全面的系统的改革和改进，是各领域改革和改进的联动和集成，在国家治理体系和治理能力现代化上形成总体效应、取得总体效果。中国特色社会主义法治尽管自成体系，但并不

是一个封闭的、孤立的体系，而是一个开放的、动态的体系，是国家治理体系的重要组成部分。建设中国特色社会主义法治体系，全面推进依法治国，并不是最终的目的，其目的是要在中国法治建设领域通过改革和完善实现国家治理方面的总体效应和总体效果。建设中国特色社会主义法治体系、建设社会主义法治国家是实现国家治理体系和治理能力现代化的必然要求，也是全面深化改革的必然要求，有利于在法治轨道上推进国家治理体系和治理能力现代化，有利于在全面深化改革总体框架内全面推进依法治国各项工作，有利于在法治轨道上不断深化改革。

（二）建设中国特色社会主义法治体系是在新的历史起点上全面推进依法治国、建设社会主义法治国家的骨干工程

依法治国是我们党在总结长期的治国理政经验教训基础上提出的治国基本方略，是社会主义法治的核心内容。全面推进依法治国，是根据中国社会的发展阶段和形势任务提出来的重要部署。自改革开放以来，尤其是自 1997 年党的十五大把“依法治国，建设社会主义法治国家”确立为治国基本方略以来，党和国家大力加强法治建设，有力地保障了我国社会的持续稳定，为发展中国特色社会主义事业创造了长期稳定和谐的社会环境。然而，新的形势和任务对中国法治建设提出了更高的要求，建设中国特色社会主义法治体系是在新的历史起点上全面推进依法治国的骨干工程。

（三）建设中国特色社会主义法治体系是在法律体系形成后实现法治建设重心战略转移的必然要求

在我国，以宪法为统帅，以宪法相关法、民法商法等多个法律部门的法律为主干，由法律、行政法规、地方性法规等多个层次的法律规范构成的中国特色社会主义法律体系已经形成。法律体系形成之后，中国法治建设的重心应当从立法向建设法治体系转移。中国特色社会主义法律体系是中国特色社会主义法治体系的逻辑起点和初级阶段，中国特色社会主义法治体系是中国特色社会主义法律体系的高级阶段和发展方向。中国特色社会主义法律体系的形成，总体上解决了有法可依的问题，在这种情况下，有法必依、执法必严、违法必究的问题就显得更为突出、更加紧迫，这也是广大人民群众普

遍关注、各方面反映强烈的问题。党的十八届四中全会提出，建设中国特色社会主义法治体系，要求中国的法治建设不仅要有一个法律体系，而且要实现国家各项工作都要依法进行，社会领域各个方面都要遵法守法，实际上就是对人民群众普遍关注的法律实施问题的回应。

（四）建设中国特色社会主义法治体系是以体系化视野掌舵法治建设降低成本减少风险的有效途径

法治是一种整体的社会现象与社会状态，但也有微观和中观层面的空间和状态。以体系化的视野掌舵法治建设，有助于理解法治的全局性，防止将法治理解为一个自洽的封闭系统；有助于把握法治建设的整体性，防止法治建设畸形发展；有助于在全面推进依法治国过程中确保法治的全面性，防止将法治建设片面化；有助于认清法治的过程性和长期性，防止将法治建设简单化为一场运动。因为运动方式虽有利于法治的快速推进，但也存在着将法治建设运动化，而难以恒久坚持的问题。

三、全面把握建设中国特色社会主义法治体系的内容

中国特色社会主义法治体系包括完备的法律规范体系、高效的法治实施体系、严密的法治监督体系、有力的法治保障体系、完备的党内法规体系五个子系统。

（一）完备的法律规范体系

建设中国特色社会主义法治体系，全面推进依法治国，需要充分的规范供给为全社会依法办事提供基本遵循。一方面，要加快完善法律、行政法规、地方性法规体系；另一方面，也要完善包括市民公约、乡规民约、行业规章、团体章程在内的社会规范体系。恪守原有单一的法律渊源已无法满足法治实践的需求，有必要适当扩大法律渊源，甚至可以有限制地将司法判例、交易习惯、法律原则、国际惯例作为裁判根据，以弥补法律供给的不足，同时还应当建立对法律扩大或限缩解释的规则，通过法律适用过程填补法律的积极或消极的漏洞。为了保证法律规范的质量和提升立法科学化的水平，应当进

一步改善立法机关组成人员的结构，提高立法程序正当化水平，构建立法成本效益评估前置制度，建立辩论机制，优化协商制度，提升立法技术，规范立法形式，确定法律规范的实质与形式标准，设立法律规范的事前或事后的审查过滤机制，构建实施效果评估机制，完善法律修改、废止和解释制度等等。尤其要着力提高立法过程的实质民主化水平，要畅通民意表达机制以及民意与立法的对接机制，设定立法机关组成人员联系选民的义务，规范立法机关成员与“院外”利益集团的关系，完善立法听取意见（包括听证等多种形式）、整合吸纳意见等制度，建立权力机关内部的制约协调机制，建立立法成员和立法机关接受选民和公众监督的制度，等等。

（二）高效的法治实施体系

法治实施是一个系统工程。首先，要认真研究如何使法律规范本身具有可实施性，不具有实施可能性的法律规范无疑会加大实施成本，甚至即使执法司法人员费尽心机也难以实现。因此，要特别注意法律规范的可操作性、实施资源的配套性、法律规范本身的可接受性以及法律规范自我实现的动力与能力。其次，要研究法律实施所必需的体制以及法律设施，国家必须为法律实施提供强有力的体制、设施与物质保障。再次，要认真研究法律实施所需要的执法和司法人员的素质与能力，要为法律实施所需要的素质和能力的培训与养成提供必要的条件和机制。又次，要研究法律实施的环境因素，并为法律实施创造必要的执法和司法环境。最后，要研究如何克服法律实施的阻碍和阻力，有针对性地进行程序设计、制度预防和机制阻隔，针对我国现阶段的国情，有必要把排除“人情”“关系”“金钱”“权力”对法律实施的干扰作为重点整治内容。

（三）严密的法治监督体系

对公共权力的监督和制约，是任何法治形态的基本要义；公共权力具有二重性，唯有法律能使其扬长避短和趋利避害；破坏法治的最大危险在一般情况下都来自公共权力；只有约束好公共权力，国民的权利和自由才可能安全实现。有效监督和制约公共权力，要在以下几个方面狠下功夫：要科学配置权力，使决策权、执行权、监督权相互制约又相互协调；要规范权力的运行，为权力的运行设定明确的范围、条件、程序和界限；要防止权力的滥用，为权力的行使设定正当目的及合理基准与要求；要严格对权力的监督，有效规范党内、人大、民主、行政、司法、审计、社会、舆论诸项监督，并充分发挥各种监督的独特作用，使违法或不正当行使权力的行为得以及时有效纠正；要健全权益恢复机制，使受公共权力侵害的私益得到及时赔偿或补偿。

（四）有力的法治保障体系

依法治国是一项十分庞大和复杂的综合性系统工程。要在较短时间内实现党的十八届四中全会提出的全面推进依法治国的战略目标，任务艰巨而繁重，如果缺少配套的保证体系作为支撑，恐难以持久。普遍建立法律顾问制度。完善规范性文件、重大决策合法性审查机制。建立科学的法治建设指标体系和考核标准。健全法规、规章、规范性文件备案审查制度。健全社会普法教育机制，增强全民法治观念。逐步增加有地方立法权的较大的市数量。深化行政执法体制改革。完善行政执法程序，规范执法自由裁量权，加强对行政执法的监督，全面落实行政执法责任制和执法经费由财政保障制度，做到严格规范公正文明执法。完善行政执法与刑事司法衔接机制。确保依法独立公正行使审判权检察权。改革司法管理体制，推动省以下地方法院、检察院人财物统一管理，探索建立与行政区划适当分离的司法管辖制度，保证国家法律统一正确实施。建立符合职业特点的司法人员管理制度，健全法官、检察官、人民警察统一招录、有序交流、逐级遴选机制，完善司法人员分类管理制度，健全法官、检察官、人民警察职业保障制度。健全司法权力运行机制。优化司法职权配置，健全司法权力分工负责、互相配合、互相制约机制，加强和规范对司法活动的法律监督和社会监督。健全国家司法救助制度，完善法律援助制度。完善律师执业权利保障机制和违法违规执业惩戒制度，加强职业道德建设，发挥律师在依法维护公民和法人合法权益方面的重要作用。

（五）完善的党内法规体系

党内法规既是管党治党的重要依据，也是中国特色社会主义法治体系的重要组成部分。由于缺少整体规划，缺乏顶层设计，党内法规存在“碎片化”

现象。要在对现有党内法规进行全面清理的基础上，抓紧制定和修订一批重要党内法规，加大党内法规备案审查和解释力度，完善党内法规制定体制机制，形成配套完备的党内法规制度体系，使党内生活更加规范化、程序化，使党内民主制度体系更加完善，使权力运行受到更加有效的制约和监督，使党执政的制度基础更加巩固，为到建党 100 周年时全面建成内容科学、程序严密、配套完备、运行有效的党内法规制度体系打下坚实基础。

四、牢牢把握建设中国特色社会主义法治体系的要求

建设中国特色社会主义法治体系，需要注意以下要求：

（一）五个子系统环环相扣

完备的法律规范体系、高效的法治实施体系、严密的法治监督体系、有力的法治保障体系、完善的党内法规体系五个子系统应当相互衔接、相互联系、相互作用。建设法律规范体系要求恪守以民为本、立法为民理念，贯彻社会主义核心价值观，使每一项立法都符合宪法精神、反映人民意志、得到人民拥护，实现立法和改革决策相衔接，做到重大改革于法有据、立法主动适应改革和经济社会发展需要。建设法治实施体系要求执法、司法和全社会在法治轨道上开展工作，做到严格执法、公正司法、全民守法。建设法治监督体系要求健全宪法实施和监督制度，强化对行政权力的制约和监督，加强对司法活动的监督，完善检察机关行使监督权的法律制度，完善人民监督员制度。建设法治保障体系要求加强党的领导，完善职业保障体系，加强法律服务队伍建设，创新法治人才培养机制。建设党内法规体系要求健全党内法规体制、强化党内法规与法律、政策的关联，为管党治党提供法制保障。

（二）依法治国、依法执政、依法行政共同推进

依法治国是党领导人民治国理政的基本方式，要依照宪法和法律规定，通过各种途径和形式实现人民群众在党的领导下管理国家事务，管理经济文化事业，管理社会事务，保证国家各项工作都依法进行，逐步实现社会主义民主的制度化、法律化。依法执政是依法治国的关键，要坚持党领导人民制

定法律、实施法律并在宪法法律范围内活动的原则，健全党领导依法治国的制度和工作机制，促进党的政策和国家法律互联互动。依法行政是依法治国的重点，要创新执法体制，完善执法程序，推进综合执法，严格执法责任，建立权责统一、权威高效的依法行政体制，加快建设职能科学、权责法定、执法严明、公开公正、廉洁高效、守法诚信的法治政府，切实做到合法行政、合理行政、高效便民、权责统一、政务公开。

（三）法治国家、法治政府、法治社会一体建设

法治国家、法治政府和法治社会是全面推进依法治国的“一体双翼”。法治国家是长远目标和根本目标，建设法治国家，核心要求实现国家生活的全面法治化；法治政府是重点任务和攻坚内容，建设法治政府，核心要求是规范和制约公共权力；法治社会是组成部分和薄弱环节，建设法治社会，核心是推进多层次多领域依法治理，实现全体国民自觉守法、护法。法治国家、法治政府、法治社会一体建设，要求三者相互补充、相互促进、相辅相成。

（四）科学立法、严格执法、公正司法、全民守法相辅相成

党的十八大以来，党中央审时度势，提出了“科学立法、严格执法、公正司法、全民守法”的新十六字方针，确立了新时期法治中国建设的基本内容。科学立法要求完善立法规划，突出立法重点，坚持立改废释并举，提高立法科学化、民主化水平，提高法律的针对性、及时性、系统性、有效性，完善立法工作机制和程序，扩大公众有序参与，充分听取各方面意见，使法律准确反映经济社会发展要求，更好协调利益关系，发挥立法的引领和推动作用。严格执法，要求加强宪法和法律实施，维护社会主义法制的统一、尊严、权威，形成人们不愿违法、不能违法、不敢违法的法治环境，做到有法必依、执法必严、违法必究。公正司法，要求要努力让人民群众在每一个司法案件中都感受到公平正义，所有司法机关都要紧紧围绕这个目标来改进工作，重点解决影响司法公正和制约司法能力的深层次问题。全民守法，要求任何组织或者个人都必须在宪法和法律范围内活动，任何公民、社会组织和国家机关都要以宪法和法律为行为准则，依照宪法和法律行使权利或权力、履行义务或职责。

（五）与推进国家治理体系与治理能力现代化同脉共振

全面推进依法治国既是实现国家治理现代化目标的基本要求，又是推进国家治理现代化的重要组成部分。法律的强制性、普遍性、稳定性、公开性、协调性等价值属性满足了国家治理对权威性和有效性的要求。法治在治理现代化过程中具有极为重要的意义。民主、科学、文明、法治是国家治理现代化的基本要求，民主、科学、文明都离不开法治的保障。治理现代化需要通过法治手段进一步具体地对应到治理体系的各个领域和每个方面，需要进一步量化为具体的指标体系，包括国权配置定型化、公权行使制度化、权益保护实效化、治理行为规范化、社会关系规则化、治理方式文明化六个方面。在实现治理法治化的过程中，治理主体需要高度重视法治本身的现代化问题，高度重视法律规范的可实施性，高度重视全社会法治信仰的塑造，高度重视治理事务对法治的坚守，高度重视司法公信力的培养。

五、建设中国特色社会主义法治体系需要注意的几个问题

总目标起着定海神针的作用。建设中国特色社会主义法治体系是一项全新的任务，在实践中需要注意以下几个方面的问题：

（一）坚持党的领导是建设中国特色社会主义法治体系的根本保证

在当代政党政治的条件下，政党领导国家和政府是世界各国的普遍现象。坚持中国共产党的领导，是全面推进依法治国，建设中国特色社会主义法治体系，建设社会主义法治国家的根本保证。党的领导与社会主义法治是一致的，社会主义法治必须坚持党的领导，党的领导必须依靠社会主义法治。只有在党的领导下依法治国、厉行法治，人民当家做主才能充分实现，国家和社会生活法治化才能有序推进。在建设社会主义法治国家过程中坚持党的领导，就是要坚持党领导立法、保证执法、支持司法、带头守法，把依法治国基本方略同依法执政基本方式统一起来，把党统揽全局、协调各方同人大、政府、政协、审判机关、检察机关依法依章程履行职能、开展工作统一起来，把党领导人民制定和实施宪法法律同党坚持在宪法法律范围内活动统一起来。

（二）坚持中国特色社会主义法治发展道路是建设中国特色社会主义法治体系的核心要求

我国的国情和社会主义制度决定了我们必须坚持中国特色社会主义法治发展道路，而不是其他发展道路。中国要回答的不是西方国家的问题，而是必须回答中国的问题。中国的法治必须基于中国的法治实践，必须凝聚中国社会的高度共识，在我国建立起植根并超越传统中华文明、符合中华民族和中国人民根本利益的法治，而不是简单地移植一种符合西方资本主义法治观念或者模式的法治。走中国特色社会主义法治道路，必须坚持中国特色社会主义的国家制度，立足我国的经济制度、经济社会发展现状，积极借鉴和吸收古今中外各种优秀法律文化成果。

（三）坚持体现人民共同意志和根本利益是建设中国特色社会主义法治体系的根本目的

中国特色社会主义法治体系反映着最广大人民群众的共同意志和根本利益。建设中国特色社会主义法治体系的根本目的，就是要实现好、维护好、发展好最广大人民的利益。社会主义法治与全体人民的福祉息息相关。人民是法治的主体，是法治建设的重要参与者和推动力。因此，在建设中国特色社会主义法治体系过程中，要充分发挥人民群众的主体地位，坚持以人为本，始终把实现好、维护好、发展好最广大人民的根本利益作为出发点和落脚点。要正确把握最广大人民根本利益、现阶段群众共同利益、不同群体特殊利益的关系，正确反映和统筹兼顾不同方面群众的利益，着力解决人民最关心最直接最现实的利益问题。正确处理权力与权利、权力与责任的关系，既赋予行政机关、审判机关、检察机关必要的权力，又注意对权力的行使加以规范、制约和监督，切实维护公民、法人和其他组织的合法权益。

（四）坚持立足国情和科学借鉴是建设中国特色社会主义法治体系的必然要求

中国特色社会主义法治体系的根本立足点是社会主义初级阶段的基本国情。法治在总体上属于上层建筑，是由经济基础所决定并为经济基础服务的。

在建设中国特色社会主义法治体系过程中，要始终坚持从我国国情和实际出发，把改革开放和社会主义现代化建设的伟大实践作为基础，紧紧围绕经济建设这个中心任务，紧紧围绕全面建成小康社会的奋斗目标，紧紧围绕全面深化改革这个主旋律建设中国特色社会主义法治体系。要正确把握改革发展稳定的关系，妥善处理法治体系稳定性与实践变动性的关系，妥善处理法治体系前瞻性与可行性的关系，确保法治体系建设进程与全面深化改革和推进国家治理现代化建设进程相适应。建设中国特色社会主义法治体系，需要借鉴和吸收国外的有益经验。西方的法治经历数百年的历史发展，有些国家已经具有相对完整的体系，并对本国文明发挥着重要作用。尽管社会主义法治与资本主义法治有着本质区别，但其中有些做法也能为社会主义法治提供有益的借鉴。但是借鉴不意味着照搬，更不意味着“全面西化”。

（五）坚持遵循法治建设规律是建设中国特色社会主义法治体系的成败关键

法治建设有其规律。建设中国特色社会主义法治体系是一项具有重要性和紧迫性的任务，正因为如此，必须高度重视对法治规律的把握，把法治作为历史现象、社会现象、文化现象来研究，深刻认识法治的社会本质、历史本质和文化本质。要遵循国家治理规律，理性把握法治的作用和功能，将法治作为国家治理的基本方式，提高领导干部运用法治思维和法治方式的能力。要遵循法治发展规律，做到政府推进与社会演进相结合、顶层设计与基层创造相结合、自上而下与自下而上两条路径相结合。要遵循法治的运行规律，合理配置法治主体的结构，努力提高法治结构的功能，积极推进法治功能的强化和转化。

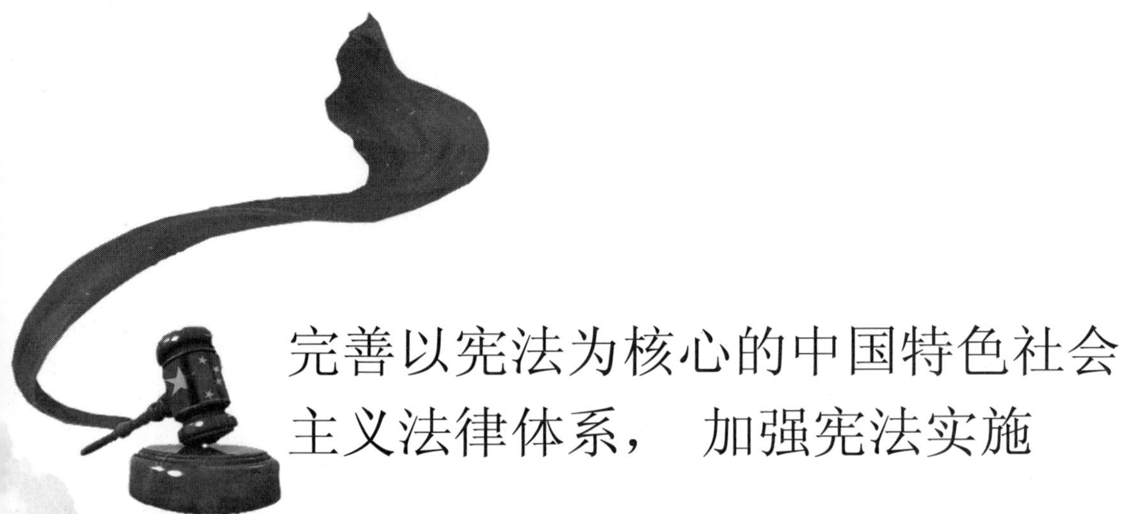

完善以宪法为核心的中国特色社会主义法律体系，加强宪法实施

中国特色社会主义法律体系及其重大意义

信春鹰*

党的十八届四中全会通过的《中共中央关于全面推进依法治国若干重大问题的决定》（以下简称《决定》），提出了中国特色社会主义法治体系的概念，其中包括完备的法治规范体系、严密的法治监督体系、有力的法治保障体系等。在法治体系的整个链条中，严密的法治规范体系是建设社会主义法治国家的前提和基础。《决定》第二部分围绕完善以宪法为核心的中国特色社会主义法律体系，加强宪法实施，提出了一系列目标和任务。不断完善中国特色社会主义法律体系，为国家经济建设、政治建设、文化建设、社会建设以及生态文明建设提供规则指引，引领和规范改革发展，这是在新的历史起点上促进国家治理体系和治理能力现代化的重要路径。

中国特色社会主义法律体系的形成，由具有强大合法性的执政党动员并推动，作为国家发展的政治目标，既与现代化进程相伴，本身又是中国现代化进程的一个重要方面。适应现代化过程需求的规则引领，避免了很多发展中国家现代化建设过程中可能发生的各种政治动乱和社会危机，保障了中国现代化建设顺利进入全面建成小康社会阶段。用短短三十几年的时间完成了发达国家在现代化建设过程中几百年才完成的法治积累，创造了一种不同于西方的全新法治模式，是全面推进依法治国的制度基础。

一、中国实践赋予法律体系以新的涵义

在传统意义上，法律体系是指一个国家所有的法律依照调整对象和调整

---

* 信春鹰，全国人大法工委副主任，本文摘自《法学研究》2014年第6期。

方法的不同而对现行法律作出的分类。这种分类经常用于比较法研究和法典编撰。法理学研究中，法律体系属于边缘领域，并不是学者热衷的问题。其主要原因，一是研究法律体系，只是对现行法律的分类进行研究，不涉及法律的内容及其价值评价；二是对现行法律的分类并没有严格确定的标准，不同学者对法律的调整对象和调整方法会有不同的看法，因而产生不同的分类结果。

中国特色社会主义法律体系形成的实践，赋予法律体系概念以新的涵义。党的十五大报告从党和国家事业发展和法制建设的角度，明确提出到 2010 年形成中国特色社会主义法律体系。党的十六大报告再次强调，要适应社会主义市场经济发展，社会全面进步和加入世贸组织的新形势，加强立法工作，提高立法质量，到 2010 年形成中国特色社会主义法律体系。党的十七大报告一方面总结“中国特色社会主义法律体系基本形成，依法治国基本方略切实贯彻”；另一方面提出任务，“依法治国是社会主义民主政治的基本要求，要坚持科学立法、民主立法，完善中国特色社会主义法律体系”。党的十八大报告强调，要继续完善中国特色社会主义法律体系。从上可见，当代中国语境下的法律体系，已经不是学理概念的法律体系，它成为中国社会政治发展的目标，被赋予了丰富的社会政治意义。第一，法律体系被看作制度的载体。一个国家法律体系的状况，反映着这个国家政治、经济和社会制度的发展和完善程度状况。法律体系完备的国家，都是制度比较成熟的国家。因而，法律体系的完备程度是现代国家的一项重要制度指标。第二，法律体系被看作社会政治价值观的载体。法律反映社会政治价值观，是指法律通过发挥自身功能可以保护和促进国家的政治目标和社会理想。法律体系的性质和内容由国家制度的性质和社会需求所决定，从制度上、法律上确保国家的政治价值取向和发展方向。法律是社会公平与正义的结构化体现，也体现着社会公平与正义的制度化安排。第三，法律体系被赋予保障法律规范和谐统一的功能。法律体系是由法律规范构成的，一个法律规范可能分别表现在不同的法律条文或者不同层级的法律条文之中。法律体系的内部结构要求保证法的原则、目的与价值的一致性，以及法律规范的一致性。第四，法律体系被看作法律平衡发展的指标。通过不同国家法律体系的比较，以及对本国法律体系中不同法律部门的比较，可以发现制度建设的“短板”。从各个法律部门发展的不平衡看制度和现实的不平衡，可以有针对性地加强立法，适应社会全面进步的需求。可见，中国特色社会主义法律体系本质上是一个政治发展目标，它的提出是与依法治国基本方略联系在一起的，其部门法划分不仅仅是对法律的分类，也是制度建设和完善的指南。

中国特色社会主义法律体系的形成还有一个更为深远的意义，那就是它圆了近代以来中国人民建设一个法律制度完备的强大国家的百年梦想。中国是人类历史上最早有成文法的国家，公元前21世纪的夏朝曾经制定“禹刑”，据考证有三千条之多，而且以法典形式表现。此后历朝，法律传统未曾中断，经过几千年的发展，到盛唐时代达到鼎盛，以唐律为代表，形成了律、令、格、式齐全的中华法系。在漫长的历史发展中，中华法系曾经影响了东南亚许多国家的法律制度，曾经是古代世界法律文明的巅峰。从鸦片战争开始，西方列强用坚船利炮打开了中国的大门，不仅侵略和掠夺中国人民的财富，而且向中国输出他们的法律制度和法律文化。西方15—16世纪出现并发展起来的资本主义制度和与之相适应的资产阶级法治，伴随着西方列强的经济侵略，成为工业社会政治文明的“标准”。外国侵略者进入中国，与政治压迫和经济侵略相伴的是法律上的渗透。在西方列强的压力之下，清朝末年法律改革的一个重要任务，就是摒弃中国自己的法律制度和传统，翻译西方国家的法律并搬过来作为中国的法律。历史证明，国运衰败的一个重要方面就是法制式微。没有强大的国家，就没有法律的立足之地。中国历史上的先进分子也曾经努力从西方的制度中寻找出路，他们不断提出改良、维新、变法的主张，希望通过法律改革让国家富强。民主革命的先行者孙中山先生把移植西方模式的宪法和法律作为“建国方略”，希望通过法律改造传统的社会秩序，建立西方模式的民主主义共和国。毛泽东在谈到这段历史时写道：“自从1840年鸦片战争失败那时起，先进的中国人，经过千辛万苦，向西方国家寻找真理。……只要是西方的新道理，什么书也看”，学了西方文化的人们“在很长的时期内产生了一种信心，认为这些可以救中国”，“中国人向西方学得很不少，但是行不通，理想总是不能实现”。在外敌侵略、内战迭起、军阀混战的年代，通过法律救国只能是一个梦想。

从历史发展的逻辑看，形成中国特色社会主义法律体系，是国家政治、经济、社会等各方面发展的一个必然结果。第一，它集中体现了我国社会主义民主政治发展的成就。衡量一个现代化社会有多重指标体系，民主无疑是重要的一项，而法治是民主的制度化表达。我国的立法，从提案到形成议案，到确定为立法项目，进入立法程序，每一步都贯穿着人民民主。特别是十届全国人大以来，每一部法律草案都向社会公开征求意见，促进了公民对立法的有序参与，形成了立法和社会的良性互动，成为我国民主立法的新形式。中国特色社会主义法律体系，集中了全党和全国人民的智慧，体现了社会主义民主政治的价值取向和基本要求。第二，它体现了中国共产党依法执政的成就。1997 年，党的十五大明确提出“依法治国，建设社会主义法治国家”，并要求到 2010 年形成中国特色社会主义法律体系。这个法律体系，从制度上、法律上解决了国家发展中带有根本性、全局性、稳定性和长期性的问题，为国家的发展和长治久安提供了法律保障，也从另一个方面体现了国家政权的凝聚力和领导力，特别是执政党依法执政的能力。第三，它体现了和谐社会建设的成就。在建设社会主义和谐社会的六大要素中，民主法治、公平正义居于重要地位。社会和谐，最重要的是合理调整社会权力关系和利益关系。我国立法所追求的是，要坚持权力与责任、权利与义务、公权力与私权利、私权利与私权利之间的和谐，为社会提供公平正义的制度和规则，建立并不断完善维护社会和谐的体制机制。

二、通过建构法律体系形成社会法律秩序

法律是治国的科学。法律体系是社会法律关系的表现形式，有着自身特殊的规律。由于中国独特的法律发展道路，法律体系成为法律制度建构的“时间表”和“路线图”，这在世界法律发展史上也是独特的。1997 年提出到 2010 年形成中国特色社会主义法律体系，本来就是要解决有法可依的问题。因此，立法机关每个五年立法规划和每一年的立法计划，都把对规则需求的

轻重缓急作为制订规划和计划的现实基础。

一部法律发展史，也是人们不断探讨法律科学，探讨法律制度与社会秩序之间逻辑关系的历史。古罗马时代就开始把法律分为私法和公法。罗马法有一条重要的原则，即“公法规范不得由个人之间的协议而变更”，而在私法领域“当事人的协议就是法律”。随着商品经济的发展和民族国家的形成，区分公法和私法的观念得到进一步的强化。私法对应横向的社会关系，公法对应纵向的社会关系。横向的关系，即平等法律主体之间的关系；纵向的关系，就是政府、管理者和公民、法人或者其他社会组织之间的关系。不同的法律规范调整不同的社会关系，以实现社会统治所需要的法律秩序。到了现代，公法和私法划分的标准在不同理论和学派之间达成了基本共识，即公法调整国家机关之间的权力和责任关系、国家与公民之间的权利和义务关系，私法调整公民、法人或者其他组织之间的权利和义务关系。自由资本主义晚期，为了调和尖锐的社会矛盾，有些西方国家开始制定社会法，通过国家干预解决市场失灵和贫富差距问题。社会法的调整对象和方法既不同于公法也不同于私法，它通过政府对市场的有限干预和对社会财富的二次分配，保护社会弱势群体的利益，维护社会实质公平。

我国社会主义法律体系的七大部门，按照公法、私法和社会法的划分，宪法、宪法相关法、行政法、刑法是公法，民商法是私法，经济法是公法和私法的结合，社会法既是一个独立的部门，也是一个大的类别。不同的法律部门对应社会不同领域的法律秩序，有自己独特的理念和原则。在形成中国特色社会主义法律体系的过程中，全国人大及其常委会坚持党的领导、人民当家作主和依法治国的有机统一，运用法的原理，把握法律体系自身发展的规律，为法律体系的不断完善奠定了科学基础。

宪法是法律体系的统帅和核心。我国宪法确立了中国共产党的领导地位，规定了国家政治制度、基本经济制度、公民的基本权利和义务等国家政治结构的基本问题，确保国家的社会主义性质和人民主权。宪法还体现着我国社会主义国家的政治价值观，如人民民主、社会主义法治、人权保障等。在我国的法律体系中，不管是调整经济、政治、文化、社会哪一方面社会关系的法律，都要以宪法为依据，都必须符合宪法的原则和精神。宪法规范既有倡导性也有规范性。关于国家权力的来源及其产生的方式，人民行使权力的机关，国家机关的相互关系及其工作原则，中央和地方的关系，各民族之间的关系，中央和特别行政区的关系，公民的基本权利和义务等，这些既是宪法原则，具有明确的规范性，又是立法必须遵循的政治原则。

宪法相关法调整国家政治关系。像选举法、代表法、立法法、国家机构组织法、监督法、民族区域自治法、特别行政区基本法、反分裂国家法以及保障公民政治权利的立法，把宪法关于国家政治结构的规定具体化。这一类法律在任何国家的法律体系中都居于重要地位，因为它集中体现国家的政治制度。有的国家称之为“宪法性法律”，有的国家称之为“国家机构法”，也有的国家称之为“国家法”。我国的宪法相关法包括国家机关的产生、组织、职权和基本工作制度方面的法律，民族区域自治制度、特别行政区制度、基层群众自治制度方面的法律，维护国家主权、领土完整和国家安全方面的法律和保障公民政治权利方面的法律，用“宪法相关法”能够更准确表达所包含法律的内容。宪法相关法的制定和完善，必须准确反映我国政治制度的本质。例如，选举法的修改进一步落实了宪法关于国家一切权力属于人民的规定，代表法的修改完善了人民代表代表人民的意志和利益的规定。

民商法调整平等主体之间的财产关系和人身关系。民法调整一般的民事关系，商法适用民法的一般精神，但具体的商事法律确定商事活动的行为规范。从法制史的角度看，民法是最早出现的法律部门，是随着商品交换的产生而产生的。民法的基本理念：一是主体平等，包括主体人格平等、在民事活动中地位平等。二是意思自治。法律承认并保护民事行为主体依自己的意志从事民事活动的自由，公权力非依法律规定不得介入。三是公平。法律支持民事活动的主体秉承公平观念从事民事活动，以维护当事人的权利和利益平衡。四是诚实信用和权利不得滥用。民事活动的主体进行民事活动必须诚实、善意，权利的行使不得侵犯社会或者其他人的权益。五是维护公序良俗。民事活动的主体应当遵守社会的善良风俗和公共秩序。商法除了遵循民法的一些基本原则之外，还有自己独特的原则，调整商事行为的法律制度设计要保障交易自由、便捷、安全、公平。

1986 年我国制定了民法通则。当时正处在改革开放的初期，民法通则在当时社会认识很不统一的环境下坚持法律的科学性，明确规定了民事法律的基本原则。这部法律从制度上把社会民事活动从国家行政活动中区分出来，以法律形式承认并保障平等主体之间的民事行为，改变了计划经济体制下由政府包揽经济生活中的生产、交换、分配的局面，是计划经济向市场经济转型所依据的重要法律。1999 年制定的合同法，明确规定合同是平等主体的自然人、法人、其他组织之间设立、变更、终止民事权利义务关系的协议，重申了平等、公平、诚实信用、契约自由等原则，对于促进市场经济的发展起了重要的作用。合同法打破社会成员之间的身份限制，明确公民、法人或者其他组织以经济活动主体的身份参与经济活动，明确经济活动的主体在遵守法律原则的前提下公平竞争，极大地解放了生产力。2007 年通过的物权法，是我国民事立法中的又一个里程碑，它适应了我国全面进入小康社会的需要，平等保护国家财产、集体财产和公民的财产权、土地承包经营权、宅基地使用权等各种物权，有力地促进了人们创造财富的活力，促进了社会的稳定和繁荣。改革开放以来我国经济长期快速发展，成功的重要原因之一是民商法律的规范和促进。目前民商法部门中有 33 部法律，这些法律是我国社会主义市场经济的法律基础。

行政法调整政府管理和公民权利保护的关系，是调整纵向法律关系的法律。行政法在 19 世纪末 20 世纪初开始逐步成为一个独立的学科，与传统政府职能的扩大有关系。行政法基本理论主要有三种：一种称为“控权论”，又称“红灯理论”，认为行政法的主要目的是控制行政权。一种称为“管理论”，又称“绿灯理论”，主张行政法的目的是赋予行政机关管理的权力以实现政府目标，给政府行为放行。第三种称为“平衡论”，主张通过行政立法，既赋予行政机关管理权，又赋予社会和公民对政府行为的约束机制，从而实现行政权与公民权利的平衡。我国行政立法在实践上更多地体现既保障行政机关依法行使职权，又保障公民、法人或者其他社会组织的权利的双重目标。

现代国家都面临一个理论上的矛盾，即各国宪法都规定人民主权，而现实中行政管理相对人恰恰是政治主权者“人民”。怎么处理这个关系是政治学和法学的一道难题，行政法的法理就是要回答行政权行使的合法性问题，是这道难题的解。人民通过由选举产生的代议机关把自己的意志上升为法律，行政机关依法对社会进行管理，这就是我国《宪法》第2条所规定的“人民依照法律规定，通过各种途径和形式，管理国家事务，管理经济和文化事业，管理社会事务”。

我国行政法包括一般行政法和部门行政法。行政处罚、行政监察、行政复议、行政许可等法律属于一般行政法，这些法律确定的规则，所有行政机关都必须遵守。部门行政法是行政管理某一方面的法律，如食品安全法、义务教育法等等。我国行政立法遵循的基本原则，一是行政权力必须由法律设定，不得自己给自己授权；二是行政权的行使必须依法；三是行政机关及其工作人员违法必须承担法律责任。目前我国法律体系中行政法部门有78部法律，这些法律从不同角度明确规定了政府与市场、政府与企业、政府与社会之间的关系，明确规定了政府的职责权限和管理方式，确保政府全面履行职能；通过系统地规范和约束行政权力，保障和监督政府正确行使职权；通过确立市场主体的法律地位，建立市场运行规则和监管体系，激发市场的活力和竞争力，促进经济的发展和繁荣。改革开放以来，我国行政管理体制改革和行政职能的转变，随着行政立法的发展而不断取得突破。例如，行政处罚法规范了政府的处罚行为，赋予公民对于行政处罚的听证、复议和诉讼的权利。行政许可法规范了政府的许可事项和行为，明确规定在可以设定行政许可的事项中，公民、法人或者其他组织能够自主决定的、市场竞争机制能够有效调节的、行业组织或者中介机构能够自律管理的、行政机关采用事后监督等其他行政管理方式能够解决的，都可以不设行政许可等，为法治政府建设提供了法治保障。

经济法是国家对经济活动进行管理、调控的法律规范。经济法的理念，一是国家适度干预，二是维护社会公平。所谓国家适度干预，是指经济法对市场经济的干预是在尊重市场经济主体自主权的前提下，为了克服市场经济的盲目性和局限性而进行的适度干预。干预行为必须合法，程序必须完备，经济活动主体必须享有法律明确规定的救济权。维护社会公平，是指实体权利和资源配置必须公正，政府对经济活动的干预必须有法可依，政府调控权和经济主体之间的权利必须平衡，排除政府行为的任意性和选择性。经济法所确立的反不正当竞争、反垄断、市场监管、消费者权益保护等原则和规则，目的都是要纠正市场经济的弊端。经济法规范为经济的健康发展提供了良好的法律环境。市场经济是“看不见的手”，经济法就是“看得见的手”，是政府调控经济的重要手段。

社会法是调整劳动关系、社会保障和社会福利关系以及弱势群体保护的法律规范。社会法作为一个独立的法律部门，表现为对民法“意思自治”原则的修正，所以学术界将之称为公法和私法之外的“第三领域”。私法鼓励市场竞争，忽略人们之间经济条件、个人能力、资源占有、社会地位的差异，而社会法体现国家积极参与社会分配，通过政府的有限介入维护社会实质公平，通过国家积极履行责任达成社会公正，进而促进社会和谐。社会法理念和私法与公法都有不同。私法的前提假设是人们的平等人格，社会法关注平等人格背后人们在能力、条件、资源占有等方面的不平等。私法追求分配公平，即每个人根据自己的能力和财富在市场经济中获得相应的份额，社会法追求救济正义，通过法律确定的分配结构，保障社会弱势群体的权利，实现实质平等。私法排除公权力的介入，社会法以国家作为第三人身份干预经济生活，监督经济活动中占有优势的一方履行社会义务。例如，在市场经济条件下，由于劳动关系双方事实上的不平等，劳动者的权利无法通过契约自由得到保障，因此必须由国家确定劳动基准和劳动合同的法定限度，保护劳动者权利。社会法与公法的不同，主要表现在公法是强制性规范，社会法是强制性规范与任意性规范的结合，如劳动合同法确定了劳动基准，在法定基准的前提下当事人享有选择的自由。公法强调权利义务对称，社会法规范可能表现为当事人权利义务的不对称，如公民享受社会保障的权利可能与其义务脱离，称为“倾斜保护”。

刑法是有关犯罪与刑罚的法律规范。在所有的法律规范中，刑法规范最严厉。刑法的基本理念包括两个方面，一是通过惩罚犯罪恢复社会正义，二是规范国家刑罚权。犯罪本质上是一种反社会行为，国家运用刑罚手段惩罚犯罪，是履行国家基本职能。而刑罚是最严厉的惩罚手段，运用刑罚惩治犯罪，不仅将犯罪人置于国家暴力的镇压之下，也会波及其家庭和亲属，因此必须审慎。刑法传统的“谦抑性”理论就是基于这种考虑。所谓“谦抑”，即是指国家在规定犯罪行为及相应的刑事惩罚措施时要“谦和、抑制”，以“必要”为原则。改革开放以来，我国始终坚持“宽严相济”的刑事政策。宽严相济，即对犯罪有宽有严，宽严之间有一定的平衡，互相衔接，以避免宽严皆误。我国刑法1979年制定，1997年修改。1998年制定了一个决定，并根据需要相继通过了8个修正案，规定了四百余种犯罪行为，已经法典化。我国刑法确立的主要原则有：罪刑法定原则，法无明文规定不为罪；罪刑相适应原则，对犯罪行为和刑罚的设定要以犯罪人的主观动机、社会危害性大小为基本依据；正当程序原则，刑事程序涉及当事人的生命、自由，必须严格。

诉讼与非诉讼程序法，规范诉讼活动与非诉讼活动，通过程序规范保障当事人的实体权利。一般认为，程序法的发展是现代法治的标志之一，因为它赋予公民保护自己权益的资格和能力。程序法立法的基本理念：一是程序中双方当事人的地位平等，程序制度要公正。二是程序公开，程序运行的依据、当事人双方的权利义务、程序运行的过程和结果必须公开。三是程序效率，程序的设置、运行、结果的执行，应该以最小社会成本为出发点。我国1979年制定了刑事诉讼法，1991年制定了民事诉讼法，1989年制定了行政诉讼法。这三大诉讼法构成了我国诉讼制度的有机整体。非诉讼程序法，包括1994年制定的仲裁法、2007年制定的劳动争议调解仲裁法、2009年制定的农村土地承包经营纠纷调解仲裁法、2010年制定的人民调解法等等。这些法律，秉持了程序法的基本理念，为保证实体法规定的权利义务的最终实现提供了程序保障。

三、不断完善法律体系，推进国家治理现代化

在世界上最大的发展中国家形成法律体系，为复杂的社会生活提供完备的规则，这本身就是一件具有深刻意义的事件。历史和现实都证明，法治兴则国家兴，法治衰则国家乱。重视法治，国泰民安；法治松弛，国乱民怨。为了在改革发展新的历史起点上更好统筹社会力量、平衡社会利益、调节社会关系、规范社会行为，使社会在深刻变革中既生机勃勃又井然有序，实现

经济发展、政治清明、文化昌盛、社会公正、生态良好，这个法律体系必须不断完善。

良法是善治之前提。不断完善法律体系，要求我们必须制定良法。不是什么法都能治国，不是什么法都能治好国。“良法”的标准，既有规范层面的要求，也有价值层面的要求。

在规范层面，科学立法是制定良法的根本途径。首先，立法必须符合社会发展规律。生产关系必须符合生产力发展的要求，上层建筑必须适应经济基础又反作用于经济基础，这些基本规律是涉及具体法律制度所必须思考的大背景。在立法涉及的诸因素中，顺应历史潮流是立法的基本趋势。其次，立法必须符合法律所要调整的社会关系的本质和内在规律。要厘清不同法律规范的边界，不能用调整行政法律关系的方法调整民事法律关系，公共权力的职能和责任必须清楚界定，法律确定的公共领域和私人领域界限必须清晰。再次，立法必须符合法律自身发展的规律。法律必须规范明确，具有针对性、系统性和可行性。要有明确的立法理念和目标，对于法律的制定或者修改要解决什么问题，所涉及的主体之间权利和义务安排如何平衡，法律规范之间的衔接和协调，法律功能的可操作性，以及法律实施的社会和经济成本等，必须充分考虑。

在价值层面，保证良法的途径是民主立法。我国的立法机关秉持立法为民理念，通过各种途径和方式广泛听取公众意见，形成了丰富的民主立法实践，如立法座谈会、听证会、论证会、向社会公开法律草案征求意见，法律案通过前评估和法律案实施一段时间后的评估等，都是民主立法的重要形式。在社会利益群体多元的情况下，不同的社会群体，权利和利益诉求不同，向立法机关表达诉求的机会亦不同。这就要求立法机关深入社会调查研究，搞清楚法律关系将涉及哪些主体，不同主体受法律规范影响的程度，权利义务应该如何配置；要尽量听取基层群众的意见，特别是社会弱势群体的意见；要随着社会的全面进步，进一步完善保障公民权利的立法，从制度上保障公民人身权、财产权、基本政治权利等各项权利不受侵犯，保障公民经济、文化、社会等各方面权利得到落实，实现公民权利保障法治化。

中国特色社会主义法律体系，体现了国家制度建设的成就，国家民主政治

的成就，社会全面进步的成就。从比较法的角度看，中国特色社会主义法律体系的形成，不仅适应了中国改革发展和社会全面进步的制度需求，其独特的发展路径也开创了世界法律发展史上的崭新篇章。这个法律体系的不断完善，必将进一步保障公民权利，保护社会主义市场经济健康发展，保障社会主义民主的制度化，推动经济发展、政治清明、文化昌盛、社会公正、生态良好目标的实现。

党依法执政首先要坚持依宪执政

周叶中*

党的十八届四中全会公报明确指出，“坚持依法治国首先要坚持依宪治国，坚持依法执政首先要坚持依宪执政”。所谓依宪执政，是指执政党要按照宪法和法律确定的政权运作方式来管理国家、提供公共服务，全面贯彻落实宪法规定的公民基本权利，实现宪法的基本价值，运用宪法及其基本理论解决执政过程中的各类问题。在新时期坚持依宪执政，既是我们党遵循政治现代化普遍规律的必然选择，也是确保我们党长期稳固执政、顺利完成执政使命的必由之路。

一、依宪执政是党探寻执政规律的逻辑结果

现代政治首先是宪法政治，宪法是现代政治的基石。宪法政治强调政治行为必须以宪法为依据实现其制度化、规范化和程序化。因此，宪法既是政治行为的基本规范，也是对政治行为进行评判的主要标尺。同时，现代政治也是政党政治，政党执政是当代各国政治统治、政治管理最为普遍的形式。所谓执政就是指一个政党或者政党联盟进入国家政权机关，并以国家政权的名义从事对国家公共事务、社会事务的管理活动。宪法政治和政党政治相结合，就要求政党以合乎宪法规定的方式参与国家政治生活，对执政党而言，就是依宪执政。

中国共产党是中国特色社会主义事业的领导核心，同时也是领导人民掌握全国政权并长期执政的党，但领导与执政既有联系又有区别。领导从广义

* 周叶中，武汉大学副校长，本文摘自《理论与改革》2014 年第 6 期。

上是指政治活动，是从政治角度、政治层面来讲的；执政则是针对国家政权而言的，主要发生在国家政权领域，更多地表现为法治活动。在我国现有制度条件下，党的领导是执政的政治前提。但我们党在执政过程中，不是以党组织的名义号令社会成员，而是以国家和公共管理者的角色，通过制定和执行宪法、法律，来从事管理国家事务、社会事务、经济和文化事业的活动。在过去相当长的一段历史时期，党基本是靠政策执政。随着我们党对共产党执政规律、社会主义建设规律和人类社会发展规律认识的不断深化，明确提出要科学执政、民主执政、依法执政。科学执政强调尊重规律，尊重规律要求用制度的形式来表现；民主执政强调党要坚持为人民执政、靠人民执政、支持和保障人民当家做主，这也需要用制度的形式来确认和保障。正如邓小平同志强调，制度问题“更带有根本性、全局性、稳定性和长期性”。因此，科学执政、民主执政集中表现为依法执政。由于宪法是国家的根本大法，在一国法律体系中居于最高地位，具有最高法律效力，因而依法执政首先就是依宪执政；宪法蕴含着民主、人权、法治等价值，而民主是执政的基础，人权是执政的目的，法治是执政的保障，因而依法执政必须是依宪执政；宪法是授予、规范、制约和调整国家权力的根本法，政党执政主要是通过政权组织和运行来实现对国家权力的行使，其必然要求依宪执政。因此，依法执政尤其是依宪执政的提出，标志着共产党人对作为三大规律中最具关键性的执政规律具有了新的认识。

二、依宪执政遵循了人类社会政治文明的发展规律

人类社会发展的基本趋向就是由“没有法律的生活状态进入有法律的文明社会状态”。政治现代化的过程，就是政治理念、政治制度、政治行为和政治目的不断走向文明、皈依法治的发展过程。法治文明是现代政治文明的重要内容和核心内涵，宪法和法律是表征文明程度的标志。社会主义是人类社会文明发展的必由阶段，而社会主义本身就是文明的标志，其目的和价值与人权、民主、法治等宪法价值高度契合。既然宪法是现代政治文明的表征，中国特色社会主义政治文明建设的基本内容，就是贯彻落实中国特色社会主

义宪法。我国社会主义宪法确定了我国的社会主义性质和国家政权的归属，确立了相应的国家经济、政治、文化和社会制度，为中国特色社会主义建设提供了正当性基础和法律保障。现行宪法不仅明确规定了我国人民民主专政的国家性质，规定了人民代表大会制度、共产党领导的多党合作和政治协商制度、民族区域自治制度以及基层群众性自治制度等基本政治制度，而且明确了执政党的活动范围和活动原则，优化了国家权力结构等内容，从而在总体上实现了国家权力秩序的宪法化。现行宪法不仅与时俱进地充实了我国社会主义现代化建设的指导思想，还规定了国家发展社会主义经济、文化、社会事业等大量内容，从而全面推进了社会主义各方面的建设。

现行宪法还广泛规定了公民的基本权利和义务，并注重公民基本权利和义务的广泛性、平等性、现实性与一致性，因而既是国家的政治规范，也是公民的生活规范，与公民生活息息相关，维护、体现和发展了人民群众的根本利益。因此，我们党要建设中国特色社会主义，要实现中国特色社会主义政治文明，就必须依宪执政，将我国现行宪法从文本落实到现实生活，加强宪法实施，使我国现行宪法不仅是社会全体成员的美好愿景，而且是每个公民都能享受的文明成果。

三、依宪执政是新中国宪法六十多年发展的经验总结

我国宪法由党领导人民制定，将党的路线、方针、政策和主张上升为国家意志，并通过宪法的最高法律效力，要求各政党、国家机关、人民团体和全体公民一体遵循。中国共产党的性质、宗旨、基本路线和基本方针政策也因此和宪法规定高度一致。同时，宪法制定后又非一成不变，而是根据社会发展与时俱进。党坚持依宪执政，一方面，是全面贯彻实施宪法、坚持党的性质、宗旨和基本路线的必然要求；另一方面，也是我国宪法不断发展和完善的经验总结。新中国成立六十多年来，先后颁布了一部《中国人民政治协商会议共同纲领》和四部宪法，现行的 1982 年宪法也先后历经四次修改，我国宪法已经在国家政治生活中起着至关重要的作用，成为国家和人民生活中

不可或缺的重要法律文件。新中国宪法发展六十多年的历程形成了许多宝贵的经验，比如坚持中国特色社会主义理论体系的指导思想，坚持立足国情、形成宪法的中国特色，坚持循序渐进、确保宪法发展与国家经济社会发展相适应等。其中很重要的一点，就是坚持党的领导，使我们党成为宪法发展的主要力量。现行宪法规定的提请修宪主体是全国人大常委会和五分之一以上的全国人大代表，但现行宪法的四次修改实践，都是由中共中央向全国人大常委会提出修宪建议，经全国人大常委会接受后，交由全国人大审议。党没有直接向全国人大提出修宪建议，这也是我们党严格依宪执政的具体体现。通过主导修宪，中国共产党可以将党的创新理论成果和重大方针、政策及时体现到宪法中。此外，我们党还通过带头学习宪法、遵守宪法、维护宪法权威，来推动宪法的发展。我们党作为执政党，无疑是坚持依宪执政，推动我国宪法良性发展，推动宪法实施最重要的力量。

现行宪法是党领导人民建设中国特色社会主义的国家根本法。坚持依宪执政，加强宪法实施，是党领导人民建设中国特色社会主义的重要途径，也是我们党长期稳固执政、实现执政使命的根本保障。这就要求：

首先，坚持依宪执政要坚持党的领导、人民当家做主和依法治国的有机统一。坚持党的领导，是我国宪治健康发展的重要政治保证；坚持党的领导，不可脱离人民当家做主而存在。依宪执政，要求必须遵循宪法确定的人民当家做主原则；坚持党的领导，也必须纳入宪法和法律的框架。执政党依据宪法和法律执政，乃是依法治国的最重要环节。

其次，坚持依宪执政要坚持和完善人民代表大会制度。人民代表大会制度是我国的根本政治制度，是我国社会主义民主政治的根本制度载体，是中国共产党治国理政的根本途径。党依宪执政就是要通过人民代表大会制度执政，将坚持党的领导、人民当家做主和依法治国这三个社会主义民主政治的基本要素，有机统一到人民代表大会制度这一根本政治制度中。

再次，坚持依宪执政要倡导宪法思维、增强宪法观念、树立宪法信仰、培养宪法修养、提高宪法能力。倡导宪法思维，要求执政党坚持运用宪法思维执政；增强宪法观念，就是要充分认识宪法的重要性，全面了解我国宪法的基本内容，以中国特色社会主义宪法为“晶核”，凝聚社会共识，最大限度地团结一切可以团结的力量；树立宪法信仰，就是要形成尊重宪法权威、保障宪法实施的优良氛围；培养宪法修养，使宪法内化为执政党独特的人格和气质，使尊重宪法、维护宪法成为执政党的自觉行为和党的先进性的重要标志；此外，还要努力提高宪法能力，主要包括提高宪法适用能力、提高立法能力、提高依法行政的能力、提高司法能力、提高调控能力五个方面。

最后，坚持依宪执政还要进一步树立和维护宪法的权威。宪法的特征进一步明确了坚持依宪执政要进一步树立和维护宪法的权威。只有共产党带头维护宪法权威，带头规范自己的执政行为并切实纠正损害宪法权威的不当行为，才能保证国家法律体系的完整性，才能引导和督促一切国家机关忠实执行宪法法律，才能真正实现依宪执政。

中国共产党依宪执政论析

韩大元*

中国共产党在九十多年的革命和建设实践中，一直追求正义、民主、自由、人权与法治的理想，逐步形成了依宪治国、依宪执政的理论体系与制度体系，开启了中国特色社会主义法治的伟大实践。党的十八届四中全会提出建设社会主义法治体系与社会主义法治国家的总目标，并明确提出"坚持依法治国首先要坚持依宪治国，坚持依法执政首先要坚持依宪执政"。"依宪执政"作为执政理念，终于正式写进党的全会文件之中，成为执政党治国理政的基本方式。这是执政党依法执政理念的升华与发展，为全面的宪法治理提供思想基础。本文重点探讨中国共产党依宪执政理念形成的背景、内涵以及如何实现依宪执政的问题。

一、从依法执政到依宪执政的转型

新中国成立后法治的发展大体分为前后两个三十年。第一个三十年主要是依政策执政。新中国成立后，中国共产党对依法治理国家还缺乏深刻认识，党的执政依据主要是各种政策。加之国家法律体系尚未建立，国家治理主要依靠政策。虽然 1954 年宪法的颁布实施，为党的执政方式的转变提供了基本的法律基础，但在实际生活中却出现了治理规则的"二元化"，即政策和法律同时治理国家生活，政策治理实际上发挥着主导作用。大体自 1957 年后的一个时期，法律虚无主义、法律无用论更是大行其道。可以说，前三十年的国

* 韩大元，中国人民大学法学院院长，本文摘自《中共中央党校学报》2014 年第 6 期。

家治理中，除短暂的几年外，法律治理，特别是宪法治理无法成为社会治理的基本形式，宪法缺位的社会结构与文化形态阻碍着中国社会治理，无法合理解决国家、社会与公民之间出现的紧张关系。

“文化大革命”之后，痛定思痛，执政党在反思“文化大革命”教训的基础上，提出一系列加强社会主义法制的思想和措施，其核心是发展社会主义民主政治，由过去主要依据政策执政转向依法执政。1978 年 12 月 13 日在中央工作会议上，邓小平首次完整地提出了“有法可依，有法必依，执法必严，违法必究”的十六字方针，并提出要将民主制度化、法律化。1982 年《中华人民共和国宪法》第 5 条明确规定“一切国家机关和武装力量、各政党和各社会团体、各企业事业组织都必须遵守宪法和法律。任何组织或者个人都不得有超越宪法和法律的特权”。而这一规定在此前三部宪法中是没有的，它标志着治国方略开始出现重大转变，宪法与法律开始受到重视，中国共产党的宪法观逐步从政策调整转向法律调整，并从法律调整开始转向宪法治理。

执政党依宪执政理念形成于党的十五大。党的十五大明确提出“依法治国，建设社会主义法治国家”的治国方略，随后这一治国方略又被写入宪法。进入 21 世纪，随着经济全球化的发展与改革的深入，中国共产党作为执政党本身面临着一系列新情况、新挑战，同时其执政能力也面临着新要求，即如何适应时代的变化和顺应人民的要求，加强执政能力建设，不断提高中国共产党的执政水平。2002 年召开的党的十六大把发展作为党执政兴国的第一要务，从改革和完善党的领导方式和执政方式、建设社会主义政治文明的目的出发，明确提出了坚持依法执政的要求。2004 年，党的十六届四中全会通过了《中共中央关于加强党的执政能力建设的决定》，提出“依法执政是新的历史条件下党执政的一个基本方式”，并且明确对党的执政能力进行了科学界定。为此，党的十七大报告指出“要坚持党总揽全局、协调各方的领导核心作用，提高党科学执政、民主执政、依法执政水平，保证党领导人民有效治理国家”。党的十八大报告进一步指出全面实施依法治国方略的治国目标，强调法治在国家治理和社会治理中的作用，把法治确定为“治国理政的基本形式”。

在依法治国的总体背景下，党的依宪执政思想开始体系化。2002 年，胡锦涛在现行宪法颁布实施20周年大会上提出“实行依法治国的基本方略，首先要全面贯彻实施宪法。这是建设社会主义政治文明的一项根本任务，也是建设社会主义法治国家的一项基础性工作”。2004年9月在首都各界纪念全国人民代表大会成立50周年大会上胡锦涛进一步指出“依法治国首先要依宪治国，依法执政首先要依宪执政”。这是执政党执政理念与执政方略的进一步发展，标志着执政党自觉地将依法执政提升到依宪执政，明确依照宪法治理国家的思路与途径。

2012年12月4日，习近平在纪念现行宪法颁布施行30周年大会上的讲话中高屋建瓴地指出“宪法的生命在于实施，宪法的权威也在于实施”，并将宪法实施上升到了与国家前途、人民命运息息相关的高度。习近平强调“依法治国，首先是依宪治国；依法执政，关键是依宪执政”，并要求“必须依据宪法治国理政”，以“履行好执政兴国的重大职责”。2014年在全国人民代表大会成立60周年的纪念大会讲话中，习近平再次指出“宪法是国家的根本法，坚持依法治国首先要坚持依宪治国，坚持依法执政首先要坚持依宪执政”。

可见，党的十八届四中全会关于依宪执政理念的提出经过了长期的探索过程，是执政党治国理论的重大发展，凝聚着中国共产党人为建设社会主义法治国家所作出的巨大努力与深刻经验。

二、依宪执政的理念与意义

依宪执政是指执政党依据宪法精神、原则与规范治国理政，按照宪法的逻辑思考和解决各种社会问题，其核心是树立宪法权威，依据宪法治国理政。依宪执政的提出，既是中国法治建设不断深入发展、宪法问题日益凸显的结果，也是历史性的新形势下执政党客观认识执政规律、转变执政方式与提高执政能力的必然选择。换言之，依宪执政既是社会发展的客观要求，也是作为执政党的中国共产党对于执政方式的深刻思考。

首先，依宪执政由政党本身作为社会政治组织的性质所决定。现代国家，虽然不是每个人都能够影响政治，但每个人都摆脱不了政治的影响。政党作为政治组织，不仅履行着利益表达与聚合功能，同时成为政府和公众连接与沟通的桥梁。有了政党，必然形成不同类型的政党政治。由于宪法是规范国家权力的根本法，同时也是包括结社自由在内的公民基本权利的保障，因而宪法与政党有着十分密切的关系。虽然各国政党制度的性质与形态不同，但政党地位、运行机制以及具体组织形式受宪法规范的约束，依宪执政成为执政党活动的基础。随着政党在法治发展中作用的加强，人们对政党与宪法关系给予更多的关注。

其次，从社会主义国家执政党的历史教训看，20 世纪 90 年代初苏联解体和东欧剧变的根本原因之一是，这些国家的执政党没有严格依法执政，特别是没有尊重宪法权威，没有通过制度建设有效地实施宪法，由此导致执政行为失去宪法基础。在不尊重宪法的执政模式下，国家机关成了政党实施政策的工具，在面对各种复杂社会问题时一些党组织突破宪法界限，追求法外的特殊利益，因而日益形成尖锐的社会矛盾。矛盾的长期积累最终使苏共丧失了继续执政的正当性基础。

再次，从中国社会治理经验看，随着改革的深入发展，社会生活中宪法问题日益突出。宪法是法治之基石。社会不同领域改革愈加深入，宪法问题成为一个绕不开的问题。尽管法律体系日益完善，但是法律的正当性、合宪性问题却日益突出。如果不解决重大的宪法问题，法治建设前期所进行的大量立法工作可能面临前功尽弃的危险。执政党在依法执政基础之上提出依宪执政的主张，正是因为其清醒地认识到了法治与宪法的内在关系。

最后，从依法治国与依宪执政的关系看，在依法治国已经写入宪法成为治国的基本方略之后，执政党的执政方式必须随之转变。无论如何理解依法治国，如果没有执政党的依宪执政，任何意义上的法治都可能不复存在。在“依法治国，建立社会主义法治国家”这一治国方略的实施中，执政党依宪执政具有特别的意义。“党在宪法和法律范围内活动”已成为具有普遍意义的宪法观念。党领导人民制定法律，又领导人民遵守和实施法律，被视为社会主义民主与法制建设的必由之路，这无疑是执政党依法执政和推进民主政治的

具体体现。“党在宪法和法律范围内活动”意味着执政党依照宪法和法律在国家政权中居于主导地位，并通过国家政权将自己的治国主张依照法定程序上升为国家法律，将其贯彻于国家事务管理的活动。同时，无论是党对国家的领导，还是党对国家政权的执掌，其活动都是在国家政权体制内进行的，他们既不能置身于宪法与法律之外，也不能凌驾于宪法与法律之上，而只能在宪法与法律的范围之内活动。因为“如果党组织可以在法律框架之外活动，那么，即使再强调依法治国，我们至多可以有法制，但不会有法治”。依宪执政，既是党的领导的题中应有之义，也是依法治国的必要前提。

三、依宪执政的基本要求

（一）党的领导地位由宪法确立

执政党的“合法性”（legitimacy）首先不是法学意义上的符合法律规范或法律原则，而是政治上有效统治的必要基础，是人们的一种自愿认同、服从和拥护，其内涵既包括政治统治能否以及怎样以社会大多数人所认可的方式运行，也包括政治统治有效性的范围、基础与来源。从法学的视角来看，政党执政地位的合法性就是指其执政是否有宪法或者法律依据，只要一个政党的地位由宪法确立，其执政就具有合法性。

从某种意义上说，宪法是各种政治力量在折衷与妥协中为寻求共识而产生的规则。宪法所组织、分配的国家权力，实际上是对社会共同认可的利益的确认。执政党执掌国家权力，并通过国家权力的运用干预和影响国家生活，制定体现自己所代表阶级、阶层或集团利益的政策，但这一切都必须在宪法的框架内运作，不能违反宪法规范、突破宪法的界限。否则，超越宪法、追求宪法之外的特权就是对社会共同原则和利益的侵犯。在我国，社会共同体的利益就是广大人民最根本的利益。人民通过制定宪法，已经把这个最根本的利益体现在宪法规范之中。因此，遵守宪法、依宪执政，就是在维护中国最广大人民的根本利益。

中国宪法确立了中国共产党的领导地位。宪法序言规定了坚持四项基本原则。宪法修正案第 18 条全面完整地阐述了中国共产党的领导地位“中国新民主主义革命的胜利和社会主义事业的成就，都是中国共产党领导中国各族人民，在马克思列宁主义、毛泽东思想的指引下，坚持真理，修正错误，战胜许多艰难险阻而取得的……中国各族人民将继续在中国共产党的领导下……”。宪法修正案第 4 条对中国的政党制度作了明确规定“中国共产党领导的多党合作和政治协商制度将长期存在和发展”。

改革开放以来，党确定的许多重大方针政策都按照法定程序变成了国家意志，其中有的内容规定在宪法序言之中，有的写入宪法条文之中。如坚持马克思列宁主义、毛泽东思想、邓小平理论和“三个代表”重要思想的指引，以经济建设为中心、坚持四项基本原则、坚持改革开放的基本路线，坚持和完善中国共产党领导的多党合作和政治协商制度，社会主义初级阶段以公有制为主体、多种所有制经济共同发展的基本经济制度，依法治国、建设社会主义法治国家，推动物质文明、政治文明和精神文明协调发展，国家尊重和保障人权，等等，这些内容都通过修改宪法的方式写入了宪法之中。

（二）党的执政行为不得超越宪法和法律

执政行为的合宪性要求党对国家的领导必须遵循宪法与法律的规定，党的各项活动都必须在宪法与法律范围内进行。政党政治作为当代政治的普遍形态，在现代民主政治的前提下，一般意义上的执政都是一个政党通过合法途径进入国家的权力机关体系，并以该政党的代表为主具体行使国家权力，依法治理国家。

在新的历史条件下，党的领导方式和执政方式从原来革命阶段的社会动员转变为依照宪法对国家、社会进行治理，即依宪执政。因此，执政行为合宪性的具体要求主要表现为：加强党对立法工作的领导，善于使党的主张通过法定程序成为国家意志，从制度上、法律上保证党的路线方针政策的贯彻实施；全党特别是领导干部要牢固树立法治观念，坚持在宪法和法律范围内活动，带头维护宪法和法律的权威；督促、支持和保证国家机关依法行使职权，在法治轨道上推动各项工作的开展，保障公民和法人的合法权益；加强和改进党对政法工作的领导，保证司法机关依法独立公正地行使职权。

（三）党的执政理念符合宪法精神

执政理念是执政党围绕执政目标所确立的基本理论原则和行为准则。任何一个现代政党都必须有自己的指导思想和执政理念，这是执政党的执政宗旨和目标是否明确的前提条件。执政党的执政理念总是服务于其执政目标，这种执政理念同样应当与宪法精神相一致，将宪法精神贯彻于执政的各个环节。

由于国家性质不同，不同国家有不同的宪法制度。宪法形成与发展的逻辑基础是人的尊严与权利的保障，即人是宪法发展的基础。以人的尊严为基础构建应然和实然的宪法世界，宪法的正当性、合理性价值都建立在人的尊严基础之上，宪法的精神就是尊重和保障人的尊严与权利、限制公共权力。中国共产党的宪法观的核心是以人为本，将宪法与保障人的自由在这一最大共识下统一起来，不断丰富依宪执政的内涵。

四、完善依宪执政制度

进入21世纪以来，国际局势发生深刻变化，世界多极化和经济全球化的趋势继续在曲折中发展，科技进步日新月异，综合国力竞争日趋激烈，各种矛盾错综复杂。我国改革发展正处在关键时期，社会利益更加多元化，新情况新问题层出不穷。在机遇和挑战并存的国内外条件下，必须高扬和传承中国共产党人的宪法观，坚持依宪执政的理念，只有这样才能保证执政党在变幻莫测的历史进程中方向明确并走在时代前列，在建设中国特色社会主义的历史进程中始终成为坚强的领导核心。

要落实依宪执政，必须全面实施宪法，使宪法具有生命力。换句话说，得不到有效实施，宪法就没有生命力。因此，宪法理念的树立，必须从宪法实施着手，坚决维护宪法和法律权威，摈弃一切形式的“宪法虚无主义”影响。

首先，执政党要毫不动摇地坚持依宪治国理念，彻底摈弃治国理念上的“人治”观念。现实中有些党的机关和领导干部，口头上虽然也在喊“依法执政”“依法行政”，但在具体的政策制定和推动法治方面仍习惯于人治，以人治代替法治，或者以人治推动“法治”，沉迷于法外特权，这些都是严重缺乏依宪治国理念的表现。执政党应坚持宪法原则，从国家发展战略高度落实依宪执政的具体措施。

其次，高度重视宪法实施，完善宪法监督机制与程序，正确认识违宪审查制度的功能，采取有效措施纠正各种违宪现象。在一个长时期里，我国的执政方式以党的政策和决定为重要行为依据，没有充分认识到违宪审查制度对国家稳定、执政基础的合法性以及利益的合理协调等方面发挥的作用。有人把违宪审查功能与依宪执政对立起来，认为如果坚持违宪审查，则对党的执政地位构成挑战。目前，宪法实施效果不尽如人意，其原因是多方面的，其中重要原因之一是对违宪审查制度的功能仍存在着严重误解。对此，党的十八届四中全会提出完善宪法监督机制的具体措施，强调全面实施宪法的重要性，并通过设立国家宪法日和宪法宣誓制度，强化宪法权威，提高宪法意识，为依宪执政提供制度保障。

再次，切实贯彻“党在宪法和法律范围内活动”原则。实现“依法治国，建设社会主义法治国家”的目标，党既要“依宪执政”，又要“依法执政”，二者互为表里，都是党执政的基本方式。我们在实践中既要坚持两者的统一性，同时也要分析两者在性质、功能与表现形式上存在的区别，始终首先坚持依宪执政的基本理念与目标。执政党在执政活动中可以规定适用于党内的各种规范，以调整党内活动。包括党章在内的所有党内法规应遵循的原则之一是“遵守党必须在宪法和法律范围内活动的规定，不得与国家法律相抵触”。党章规定的“党必须在宪法和法律范围内活动”原则是作为党内最高法规的党章的基本原则，同时也是宪法最高法律效力在党内法规体系中的具体表现。换言之，与宪法和法律相抵触的任何党内法规都至少是不恰当的因而应当是无效的。而判断党内法规是否与宪法和法律相抵触的根本标准是宪法规范，即已形成的宪法规范是确定的、统一的尺度。法治国家建设要求无论中央还是地方各国家机关都依据宪法授予的职权履行自己的职责，凡宪法没有授予的，就不得行使。从过去的实践来看，作为执政党的中国共产党在执政活动中，在处理同各国家机关（包括地方各国家机关）之间的关系时，容易出现以党代政、损害宪法权威的现象，这需要在今后的理论与实践双重探索中切实予以解决。

在执政活动中，党通过制定大政方针，提出立法建议，推荐重要干部，进行思想宣传，发挥党组织和党员的作用，实施党对国家和社会的领导；通过科学的制度设计支持、保障各国家机关依法行使自己的职权。党在执政活动中，应养成宪法思维，善于按照宪法精神来观察、分析和解决社会问题，所制定的政策应能够符合最广大人民的利益要求。

当然，要真正从依照法律治理国家，转向依照宪法治理国家，进入依宪治国的阶段，需要从完善监督程序入手，设立专门的宪法监督机构。笔者认为在目前的情况下，成本最低、最具可行性的一个方案就是增设具有专门委员会性质的宪法监督委员会，并把法工委的法规审查备案室调整为宪法监督委员会下设的工作机构，明确其工作职责与程序。这是落实党的十八届四中全会有关宪法监督制度的有效举措之一。

最后，进一步提高党的领导干部的宪法意识，把宪法教育制度化。从国家领导人到普通干部都应尊重法律、尊重宪法，养成尊重规则的氛围。领导人在讲话中多引用宪法和法律的规定；对宪法和法律明确规定的制度，不宜做个性化的阐述，更不能做与法律规定不同的表述；在各种执政行为场合，不可以离开宪法和法律信口开河、随意乱说。领导干部要以身作则，让群众真正相信法律，逐渐减少信“访”不信“法”的现象。党的十八届四中全会进一步强调法治教育，特别是公务员宪法教育的重要性，提出“完善国家工作人员学法用法制度，把宪法法律列入党委（党组）中心组学习内容，列为党校、行政学院、干部学院、社会主义学院必修课”。要把宪法教育作为党员干部教育的重要内容，使各级领导干部和国家机关工作人员掌握宪法的基本知识，树立忠于宪法、遵守宪法、维护宪法的自觉意识。

总之，宪法作为国家根本法体现了国家共同体的价值观与共识。宪法没有权威必然“误国”。因此，今后我们需要继续凝聚社会共识，重建社会信任，普及宪法知识，充分认识依宪执政对国家治理现代化的重要意义，积极发挥宪法在建设社会主义法治国家进程中的作用。

启动宪法监督：健全宪法监督机构的路径选择

周　伟*

《中共中央关于全面推进依法治国若干重大问题的决定》提出要完善全国人大及其常委会宪法监督制度，并将其纳入全面推进依法治国的重要内容。笔者认为，维护宪法权威需要具体制度保障。宪法权威不是凭空塑造出来的，而是在纠正违宪中被认同的，在监督宪法实施的具体案例中形成的。

一、健全监督机构是启动宪法监督的根本措施

第一，监督宪法实施要有专门监督机构。早在1954年宪法中，就规定了全国人大、全国人大常委会的宪法实施监督职权，但因无具体的机构支持使其仅仅停留在字面的规定上。在1982年宪法修改中，增设宪法监督实施机构是宪法修改草案起草、征求意见、修宪会议讨论的重要内容，从而形成了全国人大和它的常委会共同监督宪法实施的体制。1982年《中华人民共和国宪法》第62条第2款不仅规定了全国人大监督宪法的实施的职权，而且第11款还明确了撤销或者改变全国人大常委会不适当的决定，即对常委会违宪行为的监督。第67条第1款规定了全国人大常委会的监督宪法实施的职权。对此，彭真在1982年《关于中华人民共和国宪法修改草案的报告》中指出“全国人大和它的常委会都有监督宪法实施的职权”。1982年宪法之所以增加全国人大常委会监督宪法实施的职权，目的是要保证在全国人大闭会期间，宪法

---

* 周伟，四川大学法学院教授，本文摘自《理论与改革》2014年第6期。

实施监督的经常化工作由国家最高权力机关的常设机关承担。

第二，设立监督机构应符合宪法体制。在五届全国人大五次会议主席团第二次会议上，彭真、胡绳曾就宪法修改草案没有采纳会议期间一些代表增设监督宪法实施委员会的建议的原因做了说明。指出宪法修改委员会反复考虑过宪法委员会、宪法法院、普通法院等国外宪法监督机构，考虑到在我国政治体制下，“很难设想再搞一个比人大常委会权力更大、威望更高的组织来管这件事”，最后采纳了提交会议讨论的修改方案。可见，全国人大和它的常委会监督宪法实施，体现了人民代表大会制度的特点。

二、宪法监督机构有效开展工作的必要条件

第一，要有专门具体机构协助行使职权。笔者认为，全国人大及其常委会只有设立专门具体的工作机构，才有可能开展监督宪法实施的工作。在1982年宪法修改的时期，我国还处于从依靠政策向逐步依靠法律的过渡阶段。除刑法、刑事诉讼法等极个别法律外，还没有行政、民事、经济、社会保障等方面的法律。但宪法修改机关已经预见到，随着国家法律体系的逐步完善，监督宪法实施体制的具体制度也是要发展的。在1982年12月3日即宪法修改草案通过的前一日的全国人大主席团会议上，彭真在强调由全国人大及其常委会“行使监督宪法实施的权力比较适宜”的同时，还特别指出“当然，随着情况的发展，是不是还可以搞一些具体的规定，那要等将来再说”。1982年以来，全国人大、全国人大常委会组成人员分别是3000人、175人左右，每年的会期分别是15—20日、40—60日。全国人大每年一次的会议议程包括：听取“一府两院”的工作报告、财政预决算报告、制定法律、人事任免等。全国人大常委会每年六次的会议议程，平均每天审议的法律议案、其他议案大体上是1—1.5天左右。全国人大及其常委会每次会议的人数多、时间短、议程多的实际情况，使得其无法安排违宪审查的议案。由于缺乏专门具体的工作机构，宪法监督工作长期以来都没有启动。

第二，要有法定程序、时间、人员等基本保障。有了负责监督宪法实施

的专门具体工作机构外，还必须明确规定工作职责、具体程序、工作时间等基础性保障。例如，违宪事实调查、违宪情况分析、违宪案件整理、违宪法律、违宪法规研究等准备性工作。全国人大及其常委会至今无法履行监督宪法实施职权，重要原因之一是既没有设立专门的工作机构，也没有规定完善的具体程序。

第三，要有监督宪法实施的专业能力。宪法监督过程是进行合宪性的宪法判断，而合宪性认定是非常专业的宪法工作。全国人大代表是按照工人、农民、党政领导干部、妇女、专业技术人员、少数民族、归侨、军人等界别产生的，除极少数专职的外，都是兼职的。全国人大常委会组成人员主要也是兼职的，多数来自或担任过中央部门、省、直辖市、自治区、军队等省部级党政领导，著名专家学者等法律专家比例极少。从开展宪法监督的专业角度看，需要在时间上全日制工作；资历上有丰富的政治、经济、社会、管理等经验；专业上有丰富的宪法解释理论、宪法解释技术、宪法推理方法；实践上有审理、讨论、处理过重特大案件的裁判等。

三、依照宪法规定完善宪法监督机构的建议

1982 年宪法实施以来，我国宪法学界提出设立宪法监督机构的建议包括：宪法法院；宪法委员会；全国人大宪法监督委员会，全国人大常委会宪法监督委员会，全国人大常委会负责法律、行政法规违宪监督为主，与最高人民法院负责具体案件违宪监督为辅的宪法监督机构等。有的设想、方案和建议虽有前瞻性、合理性，但并不是以宪法规定为基础，而是以修改宪法为前提的。因修改宪法涉及国家机构宪法框架的重新安排，需要未来政治体制改革深化的实践发展。

笔者认为，在现阶段，我国宪法监督的主要问题不是设立一个完美无缺的宪法监督机构，而是要首先激活宪法规定的宪法监督体制，然后在监督宪法的实践中，逐步完善宪法监督的具体制度、监督程序和监督环节。因此，启动宪法监督工作的基本思路是：必须以宪法赋予的宪法监督权限为依据，

以宪法规定的宪法监督体制为基础，以宪法确定的宪法监督权限为原则，以保证宪法全面有效实施为目的，而不应当在宪法规定之外通过宪法修改建立新的宪法监督体制。

健全我国宪法监督机构，可以考虑设立以下具体机构：第一，全国人大宪法委员会。《中华人民共和国宪法》第70条关于全国人民代表大会设立“其他需要设立的专门委员会”的规定，已经预留了全国人大设立宪法委员会的宪法框架。1983年，在六届全国人大会议上，王叔文等全国人大代表联名提出了设立全国人大宪法委员会的议案。1988年，六届全国人大常委会在总结任期五年工作的基础上，针对当时加强全国人大及其常委会宪法监督中存在的问题，提出“要从政治体制改革和建设社会主义民主政治的高度，进一步提高对人大监督工作的认识”。1993年，中共中央在向全国人大常委会提出的修宪建议说明中，针对有关方面提出的关于在宪法中增加监督宪法实施机构的建议提出：“根据第七十条的规定，全国人大可以设立专门委员会性质的宪法监督委员会，宪法可以不再规定”。笔者认为，设立全国人大宪法委员会，既可以有效解决全国人大在闭会期间无工作机构的问题，也符合宪法的具体规定。全国人大宪法委员会的性质是全国人大的工作机构，由全国人大代表、全国人大常委会组成人员组成，实行任期制；受全国人大及其常委会的领导，有研究、审议和拟订有关宪法修改、监督宪法实施议案的职权，还可以向全国人大及其常委会提出监督宪法实施的议案。宪法委员会审议监督宪法实施议案和有关报告，涉及专门性问题的时候，可以邀请有关方面的代表和专家列席会议，发表意见。

第二，全国人大常委会宪法工作委员会。全国人大常委会各项职权的行使，都是通过设立各工作机构来实现的。各工作机构是全国人大常委会的“手”和“脚”，也是全国人大常委会履行宪法职权必要的组织保障。全国人大常委会设立工作机构是以适应其行使各项职权的实际需要而逐步增加的。例如，1979年，设立法制工作委员会；1998年，设立预算工作委员会；1997年、1999年，分别设立香港基本法委员会、澳门基本法委员会。监督宪法实施是《中华人民共和国宪法》第67条规定的全国人大常委会的第一项职权，也是其21

项职权中的首要职权。全国人大常委会的立法、财政预算等职权行使都成立有关工作机构予以保障，监督宪法实施也必须有具体工作机构予以协助。实际上，除2011年法制工作委员会成立法规备案审查室，负责审查地方性法规是否违法违宪的工作外，全国人大常委会至今仍然没有工作机构，协助其对法律、行政法规和其他违宪行为进行核实、研究、分析等。笔者认为，全国人大常委会至今没有行使监督宪法实施的职权，与其没有设立具体负责监督宪法实施的工作机构有着必然的联系，因此，设立全国人大常委会宪法工作委员会是宪法监督的首要之义。

全国人大常委会宪法工作委员会的性质是全国人大常委会的工作机构，主要负责人由全国人大常委会组成人员兼任，工作人员无任期的限制。与全国人大宪法委员会相比，常委会宪法工作委员会并无研究、审议和拟订有关宪法修改、监督宪法实施议案的职权，但受委员长会议委托，可以拟订有关宪法修改、监督宪法实施议案的草案；对提请全国人大和全国人大常委会审议的有关宪法修改、监督宪法实施的草案进行调查研究，征求意见，提供有关资料，提出修改建议等。

第三，宪法委员会（与全国人大常委会并列，共同对全国人大负责的国家机构）。设立全国人大宪法委员会、全国人大常委会宪法工作委员会是启动宪法监督程序的当前选择，不排除条件成熟时设立与全国人大常委会并列国家机构的宪法委员会的可能。已故的著名宪法学家许崇德教授参加了1982年宪法修改起草工作。据其关于起草宪法监督机构工作的回忆，1982年，宪法修改委员会秘书处起草的5次宪法讨论稿，共设计了4个宪法监督机构的方案。第一方案是宪法委员会专门负责处理违宪问题，与全国人大常委会并列，对全国人民代表大会负责并报告工作，该方案得到多数认可。该方案最后没有被修宪委员会采纳，显然与当时社会处于改革开放的起步阶段、计划管理、文件治国、政策高于法律、法制极不健全等因素有着密切的联系。随着全国人大及其常委会监督宪法工作的有序推进、稳妥实施，宪法监督也必然会出现一些新情况、新问题和新需要。届时，根据建设社会主义法治国家的需要和实际条件，可以考虑1981年宪法修改委员会秘书处关于成立宪法委员会的方案，性质上与全国人大常委会并列，对全国人大负责并报告工作。

第四，宪法委员会（国家机构）。据许崇德教授的回忆，在1982年宪法修改委员会秘书处起草的前述方案讨论后的讨论稿中，还出现新的宪法委员会方案，即将“全国人民代表大会宪法委员会”，排在“全国人民代表大会”“全国人民代表大会常务委员会”之后“国家主席”和“国务院”之前，是与全国人大、全国人大常委会、国务院、最高人民法院、最高人民检察院、中央军事委员会并列的国家机构。当时我国的国情下对该方案没有达成共识是完全可以理解的，也在情理之中。但由此可以看到1982年宪法修改中高度重视宪法监督机构，并提出了具有相当前瞻性、预见性的设想。随着依宪治国对加强宪法监督的新需要，尤其是未来全国人大及其常委会开展宪法监督的实践加强、案例积累、程序发展，也有可能进一步从体制上完善我国宪法监督机构，并重新考虑1982年宪法修改中提出的设立该宪法委员会为国家机构的需要。

民法典的时代特征和编纂步骤

王利明*

民法典是“社会生活的百科全书”，是市场经济的基本法、市民生活的基本行为准则，更是法官裁判民商事案件的基本依据。党的十八届四中全会通过了《中共中央关于全面推进依法治国若干重大问题的决定》，其中在“加强重点领域立法”中指出“加强市场法律制度建设，编纂民法典”。这是建设社会主义法治体系和法治中国的重要步骤，也为我国未来民事立法工作指明了方向和道路，必将有力推进我国法律体系的进一步完善。

以下是笔者关于民法典的时代特征和具体编纂步骤的几点不成熟的思考。

一、我国民法典必须反映 21 世纪的时代特征

我国民法的体系化需要制定民法典，这不仅是出于立法形式上的考虑，更重要的是，法典化是实现私法系统化的一个完美方法[①]。自清末变法以来，我国立法基本上采纳了大陆法系的立法框架，大陆法系又称为民法法系，其以民法典的编纂为重要标志。民法典是社会经济生活在法律上的反映，更是一国生活方式的总结和体现。民法典既是法治现代化水平的标志，也是法律文化高度发达的体现。法典的体系性、逻辑自洽性和价值一致性等特点，都是单行法所不可比拟的。民法典的颁行是民事法律体系基本形成的标志，也可以为法官适用法律提供极大的便利。从我国的实际情况来看，通过制定民

---

* 王利明，中国人民大学副校长，本文摘自《清华法学》2014 年第 6 期。

① Karsten Schmidt，Die Zukunft der kodificationsidee，Rechtsrechung，Wissenschaft und Gestzgebung vor den Ge setzswerken des geltenden Rechts，1985，S. 39.

法典来实现民法体系化，既有确保民法规范逻辑自洽、科学合理的系统化效用，又能充分满足法官依法公正裁判民事案件的迫切需要。基于上述因素，中国民法体系化必须走法典化道路。但需要特别强调的是，我国的民法典还必须反映21世纪的时代特征，彰显21世纪的时代精神，适应21世纪政治、经济、社会、文化、环境等各方面发展的需要。

我国民法典须适应改革开放和市场经济发展的需要，积极有效地回应我国社会主义市场经济建设过程中突出的现实问题，满足我国社会主义市场经济建设和运行的法治需求。在公有制基础上实行市场经济，是人类历史上前所未有的伟大实践，而我国的改革开放，又为民法提出了大量需要解决的新课题。我国民法典必须立足于我国的基本国情，对我国所面临的现实问题作出回应。正如20世纪40年代庞德在《哈佛法律评论》上所发表的论文中所指出的，虽然中国和世界在大量问题上分享着相似的生活经验，但在其他方面也大量存在着不同的文化传统、生活模式和现实问题①。在这些方面，我们更需要立足于我国经济建设和法制建设的实践经验，自我探索，不断创新，构建适应我国特殊国情的规则和制度体系。市场经济的发展和改革的不断深化给民事立法提出了诸多新的挑战。例如，互联网金融迅速发展，据统计，2014年我国的网络购物市场交易规模为6287.6亿元，居全球首位，我国互联网金融规模已近10万亿元，规模已居于全球之冠。其中涉及金融消费者、网购消费者的权益保护、交易平台和支付平台的法律地位等，都需要民法典在深入研究的基础上予以规范。

我国民法典应当彰显时代精神。21世纪是走向权利的世纪，是弘扬人格尊严和价值的世纪。进入21世纪以来，人权运动在世界范围内蓬勃发展，尊重与保护人权已经成为国际社会的共识，并成为当代法律关注的重点，对人的尊重和保护被提高到前所未有的高度。因此，我国民法典也应当充分反映这样的时代精神，充分体现人文关怀。孟德斯鸠说过“在民法的慈母般的眼

---

① Roscoe Pound, “Comparative Law and History as Bases for chinese Law”, 61 *Harv. L. Rev.*, pp. 749－762, 1948.

里，每一个个人就是整个的国家”[①]。日本学者田中耕太郎也曾指出“私法的基本概念是人（Person）”[②]。彰显人文关怀精神是社会主义本质特征的体现，也是促进个人全面发展的需要。由于科学技术的迅速发展特别是生物技术的发展，人体组织和器官的移植甚至克隆都成为可能，代孕等技术也得以出现，这些都威胁着人的主体地位和人的尊严，人体组织、器官可能成为物法或者债法的调整对象。在这样的背景下，民法有必要对这些新的挑战作出有效应对。这就要将人的尊严作为民法的一项基本原则，任何损害尊严的行为在民法上都是无效的。除此之外，民法典也要贯彻私法自治理念，将安全、自由、平等等基本价值贯彻在法典的内容之中。民法通过“私法自治给个人提供一种受法律保护的自由，使个人获得自主决定的可能性。这是私法自治的优越性所在”[③]。

我国民法典应当反映21世纪的时代特征。如果说1804年《法国民法典》是19世纪风车水磨时代的民法典的代表，1900年《德国民法典》是20世纪工业社会的民法典的代表，我国的民法典则应当成为21世纪民法典的代表之作。那么，我国民法典如何反映21世纪的特点？

——民法典必须反映互联网时代的特点。随着计算机和互联网技术的发展，人类社会进入一个信息爆炸的时代。互联网深刻地改变了人类社会的生活方式，给人类的交往和信息获取、传播带来了方便，高度发达的网络使得人与人之间的距离越来越小，我们的生活也与互联网密不可分。截至2014年6月，我国网民规模已达6.32亿，手机网络用户有5亿，互联网普及率为46.9%。随着互联网应用的普及，网络技术正深刻地影响和改变着人们的生活方式、经济的发展模式乃至社会的运行规律，在这一过程中，传统民法规则注定会面临来自诸多方面的机遇和挑战。首先，网络技术的发展创造出多项前所未有的权利类型，网络环境下的人格利益具有扩展性、集合性、保护方式的特殊性等特点，网络虚拟财产权、个人信息权、信息财产权等亟须在

① ［法］孟德斯鸠：《论法的精神》（下册），张雁深译，商务印书馆1997年版，第190页。
② ［日］星野英一：《私法中的人》，王闯译，中国法制出版社2004年版，第20页。
③ ［德］迪特尔·梅迪库斯：《德国民法总论》，邵建东译，法律出版社2004年版，第143页。

民法中得到确认和保护。其次，电子商务的快速发展使得电子合同的适用范围日益广泛，电子政务的普及也逐渐改变一些登记和注册制度的样态，推动了民法公示方法的变化。再次，在网络环境中，侵权损害具有易发性特点，网络无边界性以及受众的无限性，使得侵权言论一旦发表就可以瞬间实现全球范围的传播。由于在网络环境下，信息的传播具有快速性和广泛性，损害一旦发生，就难以恢复原状，故预防损害的发生和扩散变得尤为重要。因此，应当更多地适用停止侵害等责任方式，并应当对网络环境下的人格权保护作出特殊规定。

——民法典必须反映信息社会和大数据时代的特点。随着数字化以及数据库的发展，信息的搜集、加工、处理变得更加容易，信息的市场价值也愈发受到重视，对于信息财产权和隐私权的保护需求也日益增强。个人信息作为个人享有的基本人权也日益受到法律的高度重视。信息沟通成本的降低深刻改变了人与人之间的交往方式，这也直接改变了某些传统交易行为的方式，如金融领域无纸化证券大量产生、无纸化交易日益频繁。数字化技术和网络技术的发展如同一把“双刃剑”，在促进新型知识产权不断产生的同时，也使得对知识产权的侵犯变得更为容易，并为网络服务提供者滥用技术优势侵害公民私权留下了制度缝隙。法律如何在日新月异的技术发展环境下实现对私权主体的周延保护，已成为现代民法所面临的一个重要议题。

——民法典必须反映高科技时代和知识经济时代的特点。在现代社会，对个人权利的尊重和保护成为人类社会文明发展的必然趋势。现代网络通信技术、计算机技术、生物工程技术等高科技的迅猛发展给人类带来了巨大的福祉，但同时也改变了传统生产和生活的形式，增加了民事主体权利受侵害的风险。例如，许多高科技的发明对个人隐私权的保护带来巨大威胁，因而有学者认为隐私权变成了“零隐权”（Zero Privacy）。[①] 又如，生物技术的发展、试管婴儿的出现改变了传统上对生命的理解，人工器官制造技术、干细

① A. M. Choel Froomkin, “Cyberspace and Privacy: A New legal Paradigm? The Death of Privacy?” 52 *Stan. L. Rev.*, p. 1461, 2000.

胞研究、克隆技术和组织工程学的发展为人类最终解决器官来源问题铺平了道路；与此同时，上述科学技术也对生命、身体、健康等人格权提出新的挑战。基于此，在未来民法典的编纂过程中，是否有必要适应知识经济时代的要求，在民法典中确立一个超越传统物权法和知识产权法的财产法总则，值得探讨。科学的发展和技术的创新都提出了强化知识产权保护的需要，因此，对侵害有体财产权和无形财产权，是采用统一的归责原则还是不同归责原则，以及是否适用统一的赔偿规则等，都需要在民法典中予以回应。

——民法典必须反映经济全球化的趋势。经济贸易的一体化，使资源实现了全球范围内的配置。哈佛大学法学院邓肯·肯尼迪教授曾经指出，每一次经济和政治上的全球化运动都伴随着法律的全球化变革。[①] 例如，合同法作为商业交易规则，本土法色彩越来越淡，国际共性越来越浓；又如，跨境交易、支付规则等商事规则也出现了全球一体化的发展趋势。经济全球化要求减少因交易规则的不统一而形成的交易障碍，降低交易费用，因此，近几十年来，两大法系有关合同法的规则正逐渐融合，合同法的国际化也成为法律发展的重要趋势。与此同时，随着经济交往的发展，有关保险、票据、代理等方面的规则也日益国际化。此外，全球化还促进了法律渊源的多样化。在全球化过程中，被称为“软法”的具有示范性效力的规则开始出现。这些规范往往以交易习惯的形式出现，然后逐渐成为全球性的规则。还有一些交易习惯和国际惯例受到了高度的重视，这些都需要我们在制定民法典时充分考虑民法渊源的开放性问题。在我国民法典的制定过程中，有必要在纯粹的交易规则方面尽可能与国际接轨，从而使我们尽可能从全球化中获得利益。

——民法典必须反映资源环境逐渐恶化的社会的特点。21 世纪是一个面临严重生态危机的时代，生态环境被严重破坏，人类生存与发展的环境不断受到严峻挑战。全球变暖、酸雨、水资源危机、海洋污染等已经对人类的生存构成直接的威胁，并引起了全世界的广泛关注。如何有效地利用资源并防

---

① Duncan Kennedy, “Three Globalizations of Law and legal Thought 1850 - 2000”, in David Trubek and Alvaro Suntos, eds., *The New Law and Economic Development*, Cambridge University Press, 2006, p. 19.

止生态环境的破坏，已成为直接调整、规范物的归属和利用的民法典的重要使命。另一方面，资源的有限性也与人类不断增长的需求和市场的发展形成尖锐的冲突和矛盾。由于人口增长，发展速度加快，现代社会的资源和环境对于发展的承受能力已临近极限。由于资源利用中冲突的加剧，民法典必须承担起引导资源合理和有效利用的功能“以使互不相侵而保障物资之安全利用”①。在世界范围内，传统的所有权绝对主义观念也在保护生态环境的大背景下出现松动，并在相当程度上融入了“预防原则”和“可持续发展原则”的要求。② 而在我国资源严重紧缺、生态严重恶化的情况下，我们更应当重视资源的有效利用。③ 为此，有必要结合保护生态环境的具体需要，对财产权的客体、权能、属性、用益物权、相邻关系以及征收等制度进行重新审视，强化物尽其用的义务，在保护民事主体财产权利的同时，也要结合我国实际情况，为不动产的权利人设置必要的维护环境、保护生态的义务。

——民法典必须反映风险社会的特点。现代社会是风险社会，风险无处不在、事故频发。在这样的背景下，人身和财产损害的救济问题日益成为当今社会关注的焦点。在风险社会，首先应考虑的是促进民法从加害人保护向受害人保护倾斜。民法需要通过多种责任承担方式，使受害人从中选择最有利的形式维护其权利。侵权责任有必要与社会保险、社会救济相衔接，形成对受害人进行救济的综合补偿机制。传统侵权法所遭遇的重要挑战之一，就是难以应对大规模侵权事件，尤其是对大规模环境侵权、公共卫生侵权等事件的预防收效甚微。由此，当代侵权法越来越强调对损害发生的预防功能。④ 凸显预防功能是现代侵权法与传统侵权法的重要区别之一。民法在发挥事后救济功能的同时，也应通过停止侵害、排除妨害等制度发挥事前预防功能，

---

① 史尚宽：《物权法论》，中国政法大学出版社2000年版，第1页。

② 石佳友：《物权法中环境保护之考量》，《法学》2008年第3期。

③ 2006年6月5日，国务院新闻办公室发表了《中国的环境保护（1996—2005）》白皮书。白皮书指出，由于中国人均资源相对不足，地区差异较大，生态环境脆弱，生态环境变化的趋势仍未得到有效遏制。

④ Hans Tonas, *The Imperative of Responsibility: Insearch of Ethics for the Technological Age*, University of Chicago Press, 1984, p. 57.

防止损害的发生，避免损害的扩大。[①]

二、编纂民法典的具体步骤

在《中华人民共和国民法通则》《中华人民共和国合同法》《中华人民共和国物权法》《中华人民共和国侵权责任法》（以下分别简称《民法通则》《合同法》《物权法》《侵权责任法》）等一系列基本民事法律已经出台的情况下，民法典编纂的具体步骤可以根据既有的单行民事法律完备程度，分以下四步走：第一步，起草民法典的总则；第二步，起草人格权编；第三步，起草债法总则编；第四步，体系整合，即按照科学合理的民法典体系，对各编汇总而成的民法典草案进行修改完善。

（一）尽快制定民法总则

尽管我国具有支架性的民事法律已经制定出来，但因缺乏具有统率性和广泛适用性的总则，我国民法体系性程度不是太高，极大影响了民事立法的科学化和适用上的合理性。因此，加快民法典的制定步伐，首先应当尽快制定民法总则，并重点解决以下问题：

第一，完善民事权利体系。《民法通则》单设一章（第五章）对民事权利进行保护，这种经验在今天来看仍然是值得肯定的，未来民法典也应当保留这种立法技术。但民事权利本身是个发展的体系，《民法通则》中关于民事权利体系的列举性规定仍有完善的必要，例如，其中未规定物权概念，也未构建物权体系，现在看来显然不合时宜。尤其应当看到，随着社会经济的发展，出现了一些新型的民事权利，如个人信息权、公开权、成员权等权利，它们是否应规定在民法总则中，需要认真探讨。早在20世纪90年代，我国学者谢怀栻教授就提出社员权应该独立，不仅因为公司法中的股权（股东权）已非财产权所能包容，还因为民法逐渐由个人法向团体法方向发展。同时，

① 石佳友：《论侵权责任法的预防职能——兼评我国〈侵权责任法（草案）〉（二次审议稿）》，《中州学刊》2009年第4期。

他认为，有一些不具独立性质的权利（如选择权、解除权）、部分期待权（如继承开始前的继承权），虽然在某些方面与一些独立的、实定的权利不同，但仍应当将其归入整个民事权利体系之中。[①] 笔者认为，这些观点至今仍然具有非常重要的指导意义，在民事法律体系形成之后的民事立法活动中，也应当得到继续贯彻和实现。此外，还有一些新型的利益，例如，胎儿的权益、网络虚拟财产权、商业秘密、死者人格利益、特许权等，也需要在法律中作出规定。

第二，完善法人制度。《民法通则》对法人的分类以所有制为出发点，如将企业法人分为全民所有制企业、集体所有制企业等，并基于一些现实因素而采用了企业、机关、事业单位和社会团体的法人分类方法，这显然不符合社会发展的需要。从比较法上看，法人制度也发生了一些变化，一方面，随着市场经济的发展，各类新型的市场主体大量产生。以美国为例，其商事组织形式除了常见的合伙、有限合伙、有限公司（LLC），还包括商事信托（Business Trust）、公共公司（Public or Government Corporation）、社区公司（Municipal Corporation）、慈善公司（Charitable and other Nonprofit Corporation）、一人公司（One - Person Corporation）、家庭公司（Family Corporation）、职业公司（Professional Corporation）等多种形式。[②] 另一方面，非企业法人发展十分迅速（如 NGO、公益基金）。我国民法典按照民商合一的原则，规定民事主体制度，有关商事主体的具体规则由商事特别法规定。民法典有必要借鉴国外成熟的经验，采用社团法人和财团法人的分类方法，以便于解决和落实基金会法人、仲裁委员会、宗教团体、寺庙等主体地位。此外，还须规定法人的概念、性质、条件、类别、能力、设立、法定代表人、机关、终止、责任等制度。

第三，完善合伙制度。《民法通则》虽然规定了个人合伙和法人合伙，但并没有承认合伙企业属于公民和法人之外的第三类主体，也没有规定合伙企业的一般规则和条件。笔者认为，尽管合伙企业对外承担无限责任，但它能设立账户、订立合同，并有独立财产，可以独立承担责任，因此，民法典应当

---

① 谢怀栻：《论民事权利体系》，《法学研究》1996 年第 2 期。

② Cox&Hazen, *On Corporations*, Second Edition, Wolters Kluwer, Volume 1, pp. 2ff.

承认合伙企业的独立主体地位，将其与一般的合同式的合伙区分开来。尤其是有限合伙已经具有一些公司的特点，其独立性日益增强，应当承认其主体地位。

第四，完善法律行为制度。我国《民法通则》第 54 条规定“民事法律行为是公民或者法人设立、变更、终止民事权利和民事义务的合法行为”。据学者考证，该定义来源于苏联学者阿加尔柯夫。阿加尔柯夫认为应当将法律行为界定为合法行为，因为法律一词本身就包括了正确、合法、公正的含义。[①]应当看到，强调法律行为的合法性有一定的道理，此种观点揭示了法律行为拘束力的部分来源，也突出了国家对法律行为的某种控制。但过分强调法律行为的合法性，不仅会人为地限制法律行为制度所调整的社会行为范围，而且将不适当地突出国家对民事主体行为自由的干预，从而限制私法自治。法律行为不仅仅产生私法上的效果，而且能够产生当事人所预期的法律效果。在某些情况下，违法行为也能够产生当事人预期的法律效果。例如，欺诈行为只要不侵害国家利益，受欺诈者愿意接受欺诈后果的，也可以产生当事人预期的法律效果。《民法通则》关于法律行为的规定未涉及意思表示制度，这是有缺陷的。在法律行为制度中，不仅要规定法律行为的概念、生效条件以及无效法律行为的类型、未生效的法律行为等，还应当规定意思表示的概念，意思表示的发出、到达、解释以及意思表示不真实等各种情形。[②]

第五，完善代理制度。《民法通则》只规定了直接代理，并未规定间接代理。但《合同法》适应市场交易的需要，在其第 402、403 条中规定了间接代理，并在其总则第 49 条规定了表见代理，但是，代理不限于合同领域，可以适用于整个法律行为，故间接代理、表见代理均应纳入民法典总则之中。由于现有的代理制度是以直接代理为基础而构建的，一旦将代理制度纳入总则，就需要重新构建代理制度，尤其是需要厘清直接代理制度与间接代理制度之间的关系。笔者认为，未来民法典中的代理制度应当规定直接代理，间接代理应当作为直接代理的特别形式加以规定。

---

① 龙卫球：《民法总论》，中国法制出版社 2001 年版，第 478 页。
② 梁慧星：《为中国民法典而斗争》，法律出版社 2002 年版，第 57 页。

第六，完善民事责任制度。对民事权利侵害的救济方式就是民事责任制度，责任是权利的必然引申。我国《民法通则》对民事责任作出了统一的规定，这种方式具有明显的中国特色，也为《侵权责任法》所继承和发展。因此，未来民法典应当坚持有关责任制度独立规定的结构，但是《民法通则》有关违约责任和侵权责任的具体规则已经被《合同法》《侵权责任法》所涵括，不宜再规定于民法典总则部分，该部分只宜规范可共同适用的民事责任制度，包括责任的竞合、聚合等制度。

第七，完善时效制度。《民法通则》中的普通时效期间为2年，学理和实务普遍认为时间太短，不利于保护债权人，且特殊时效的列举过少，更多地分散在各个单行法中不利于法官裁判，查找极其不便，有必要集中起来在民法典总则中加以系统规定。

（二）尽快制定人格权法

尽管人格权法是否应在民法典中独立成编存在争议，但笔者认为，应当制定一部人格权法，并在未来的民法典中独立成编。制定人格权法与《民法通则》的立法体例一脉相承。人格权是人权的重要组成部分，保护人格权的根本目的是要维护个人的人格尊严。与财产权关注人的“所有”不同，人格权关注的是人的“存在”。[①] 虽然宪法上确定了人格尊严，并将其作为基本权利，但是仍然有必要通过民法人格权法予以落实，并使之成为整个人格权法的核心价值。这不仅符合现代民法的发展趋势，而且有利于保障民事主体的人格权益、强化对公民的人权保护、完善民法的固有体系、弘扬民法的人文关怀精神。事实上，目前学界已经逐渐就人格权法独立成编达成共识。

除了进一步规定并完善《民法通则》所确认的生命健康权、名誉权、肖像权、姓名和名称权、婚姻自主权等人格权之外，还应当对民法通则的规定进行具体的补充。以姓名权为例，全国人大正在制定有关姓名权的立法解释。在人格权法中，还要完善具体人格权制度。除此之外，还应当重点规定隐私

① Adrian Popovici, “Personality Rights—A Civil Law Concept”, *Loyola Law Review*, 2004, vol. 50, pp. 356 – 367.

权和个人信息权。

——隐私权。隐私权是公民享有的私生活安宁与私人信息依法受到保护，不被他人非法侵扰、知悉、搜集、利用和公开等的人格权。[①] 简单地说，隐私权就是指个人对其私生活安宁、私生活秘密等享有的权利。隐私权在现代社会中日益凸显其重要性，尤其是随着高科技的发展，对公民隐私的保护显得极为迫切。为此，两大法系都已经将隐私权作为基本的民事权利加以规定，甚至上升为一种宪法上的权利加以保护。我国《民法通则》虽然在法律上第一次建立了人身权制度，但并没有规定隐私权，这是立法的一大缺陷。《侵权责任法》第2条虽然提到了隐私权，但法律迄今为止并没有对隐私权的内涵作出界定，从而极大地影响了对隐私权的保护。我国未来人格权法在规定隐私权时，应当适应隐私权的发展趋势。近一百多年来，隐私权的内涵和外延不断扩张，隐私权的内涵由最初的独处权扩展到个人私人秘密的保护；个人私人秘密的保护范围也在不断扩展，由最初的个人私人生活中的秘密扩展到个人的家庭中的隐私、空间隐私、基因隐私、身体隐私、通讯隐私等多个方面。不仅仅在私人支配的领域存在隐私，甚至在公共场所、工作地点、办公场所都存在私人的隐私。与此同时，隐私权的范围也从私生活秘密扩展到了私人生活的自决。过去我们仅讲通讯隐私，通常是指不得私拆他人信件，现在则扩展到不得侵入他人的手机短信、电子邮箱等。因此，未来我国人格权法中要重点确认私人生活安宁权、个人生活秘密权、家庭生活隐私权、个人通讯秘密权、私人空间隐私权等权利，同时对相对人所应当负有的义务，以及隐私权行使和保护的规则作出全面的规定。隐私不仅是指消极地保护自己的权利不受侵害的权利，它还包括了权利人自主决定自己的隐私，对隐私进行积极利用的权能，其内涵较为宽泛，而且随着社会的发展，其内涵和适用范围也将不断扩大。

——个人信息权。个人信息（personal data）是指与特定个人相关联的反映个体特征的具有可识别性的符号系统，它包括个人出生、身份、工作、家

① 张新宝：《隐私权的法律保护》，群众出版社1997年版，第21页。

庭、财产、健康等各方面信息的资料。在信息社会和大数据时代，个人信息已成为个人重要的权利，并且是个人享有的一项人权。个人信息虽然具有财产属性和人格属性双重性，但其本质上仍然属于人格权。个人信息可以成为一项人格权的原因在于：一方面，通常个人信息与某个特定主体相关联，可以直接或间接地识别本人，其与民事主体的人格密切相关。[①] 另一方面，个人信息具有一定程度的私密性。很多个人信息资料都是人们不愿对外公布的私人信息，是个人不愿他人介入的私人空间，不论其是否具有经济价值，都体现了一种人格利益。[②] 网络信息技术的进步，也使得公民个人信息的安全正面临着前所未有的挑战。网络环境下个人的所有行为都会被收集为个人信息，所有的个人信息碎片都可能会被通过网络数字化的处理形成个人信息的“人格拼图”。[③] 各种商业机构乃至政府部门都纷纷展开针对公民个人信息所实施的收集、存储、分析和传播行为，如果法律不能对此种行为进行及时有效的规制，则很可能由此引发一系列不良后果。因此，强化对个人信息的保护，也是现代民法发展的趋势之一。

人格权法中有必要确认对其信息享有的知情权（个人有权知晓其信息被搜集、储存、利用、传送等情况）、同意权（任何个人和机构对他人信息的搜集、储存以及利用等，除了公共利益的需要，都必须征得权利人的同意）、访问权（权利主体有权访问被他人所搜集、储存以及利用的个人信息）、利用权（信息主体有权决定使用自己的个人信息以及决定许可他人使用自己的个人信息的权利）、信息完整权（权利人有权保持其所被搜集、储存的信息是正确的、完整的，对不正确、不完整的信息其有权要求及时更新、删除）、安全维护权（权利人有权请求信息的控制者采取有效的安全措施，保障个人信息的安全与完整）。与此同时，有必要对网络服务提供者收集、使用网络用户个人信息的行为进行明确规制，并要求其对网络用户的个人信息安全承担必要的保护义务。

---

① 齐爱民主编：《个人资料保护法原理及其跨国流通法律问题研究》，武汉大学出版社 2004 年版，第 5 页。

② 张新宝：《信息技术的发展与隐私权保护》，《法制与社会发展》1996 年第 5 期。

③ 齐爱民：《拯救信息社会中的人格：个人信息保护法总论》，北京大学出版社 2009 年版，第 28—31 页。

此外，在人格权法中，还需要完善规定侵害人格权的法律责任。在侵害人格权的情形下，原则上应适用《侵权责任法》确定行为人的侵权责任，并应根据《侵权责任法》第 15 条所规定的责任形式承担相应的责任。因而，在人格权法中可设置引致条款，对构成侵权的，借助侵权责任法的相关规定。但人格权法应当详细规定精神损害赔偿责任。一方面，精神损害赔偿主要适用于侵害人格权的情形，因此，可以说是对侵害人格权的特殊救济方式，理应在人格权法中作出规定。另一方面，《侵权责任法》仅在第 22 条对精神损害赔偿作出规定，这也为人格权法中详细规定精神损害赔偿责任预留了空间。最高人民法院已于 2001 年出台《最高人民法院关于确定民事侵权精神损害赔偿责任若干问题的解释》，该解释已经较为系统、全面地对精神损害赔偿的适用范围、责任构成要件、责任方式、赔偿数额的确定等作出规定。我国未来民法典可以以此为基础，总结我国既有的司法实践经验，对侵害人格权的精神损害赔偿的侵权责任作出全面的规定。

（三）尽快制定债法总则

债法总则是债法的共通性规则的统称。“无论制定什么样的民法典，债法总则都是必要的。”[①] 德国学者 Reiner Schulze 认为，债法总分结构的优点首先在于，其有利于减少债法规则的重复性（rules repetition），增加民法典的体系性，便利债法规则的适用。[②] 民法法典化其实就是体系化，而体系化的标志之一，就是债法总则的设立。通过债法总则可以统辖合同、侵权行为、不当得利、无因管理等债的类型，并规定其共通性的规则，这有利于实现法律规则的简约化。债法总则的内容可以沟通债法和民事特别法的联系，也有利于沟通票据法、破产法、保险法等民事特别法与民法典的关系，并为这些民事特别法确立适用的一般准则。由于债法总则相对于各种债的具体规则而言，形成了一般和特别的关系，因而形成对各种债的规则的指导和补充作用，从而

① ［日］藤康宏：《设立债权总则的必要性与侵权法的发展》，丁相顺译，载张新宝主编：《侵权法评论》（2004 年第 1 辑），人民法院出版社 2004 年版，第 178 页。

② Reiner Schulze & Fryderyk Zoll, *The Law of Oboligations in Europe: A New Wave of Codifications*, *Sellier European Law Publishers*, 2013, p. 177.

使法律规则的适用变得更为周延和富有体系性。

在我国，1999 年《合同法》颁布以后，由于合同法体系已经形成，其内容涵盖了大部分传统民法中的债法总则的内容，因此，我国 2002 年的《民法典草案（第一稿）》在第三编和第八编中规定了“合同法”和“侵权责任法”，但并没有规定单独的“债法总则”。2009 年《侵权责任法》的颁行采纳了侵权法独立成编的观点，构建了完整的侵权责任法体系。在合同法和侵权责任法已经自成体系的情形下，如何构建我国债法体系，尤其是债法总则体系，也是我国民法典体系构建中的重大疑难问题，值得深入探讨。

毋庸讳言，2002 年的民法典草案取消债法总则，是不恰当的，未来民法典应该单独设立债法总则编。这不仅是因为我国具有设立债法总则的历史传统，更重要的是存在设立债法总则的现实需要。问题在于，我们需要什么样的债法总则？笔者认为，我们未来的民法典需要一部内容完整的债法总则，但不能因此而影响合同法总则和侵权责任法总则的相对独立性。我国债法体系应当符合我国的国情，满足我国的现实需要，总结我国自身的经验，彰显我国自身的特色。在我国合同法、侵权责任法已经自成体系的情况下，未来民法典不宜将分别调整合同法总则与侵权责任法总则的规则纳入债法总则中，而只应对各种债的关系的一般规则作出规定。因此，与传统大陆法系民法典债法总则相比，我国来来民法典的债法总则在内容上将更为抽象，其规则具有更强的普遍适用性。主要包括：债的定义、债的主体（包括多数人之债）、债的客体、债的内容、债的发生原因、债的分类、债的变更和移转、债的保全、债的消灭以及损害赔偿的一般规则。需要指出的是，债法总则的设立不应当影响合同法、侵权责任法体系的完整性。在我国未来民法典债编的制定过程中，并不是要抛弃我国合同法、侵权责任法既有的立法成果而重新制定债法总则。相反，应当在保持我国现有的合同法、侵权责任法立法框架和经验的基础上，使其融入我国未来的民法典之中，从而制定出我国的民法典。

在这样一种立法体例下，债法总则与合同法、侵权责任法是何种关系？笔者认为，一方面，合同法、侵权责任法在性质上是自成体系的，在体系上债法总则、合同法、侵权责任法是并存的。另一方面，由于债法总则的一般规定仍可适用于合同法、侵权责任法，从这个意义上说，即便合同法、侵权责任法已经相对独立，但其部分内容仍可成为债法分则的内容（例如，侵权损害赔偿之债的具体规则）。在这样一种体系结构下，合同法总则并不能替代债法总则，在设计债法总则的体系结构时，应当将属于合同法总则的内容回归合同法，将仅适用侵权法的内容回归侵权法。债法总则在功能上主要是对现有合同法、侵权法规则的适用起到一种指导、协调和补充作用。具体而言：一是指导作用，即债法总则的规则能够对合同法规则、侵权法规则的适用起到一种指导的作用，因为与合同法、侵权责任法的规则相比，债法总则的规则更为抽象，是关于债的关系的一般规定，应当对合同法、侵权责任法的规则适用具有一种指导作用。二是协调作用，其主要是指债法总则的规则能够协调合同法规则、侵权法规则的适用，使其准确适用于待决案件。合同法规则与侵权法规则可能存在一定的不协调之处，而债法总则是关于债的共通性规则，能够有效协调合同法规则与侵权法规则的冲突。三是补充作用，是指债法总则能够对合同法规则与侵权法规则起到一定的补充作用。由于债法总则的规则具有更强的抽象性，在合同法与侵权法没有明确规范的领域，则可以适用债法总则的一般规则。按照这样一种思路，凡是专门调整合同或者侵权的一般规定，应当分别规定在合同法总则和侵权法总则中，而债的共通性规则则应当规定在债法总则中。按照这样一种思路，未来民法典债法总则主要应当规定债的共通性规则，同时补充合同法总则和侵权责任法总则的不足，而不像传统大陆法系民法典债法总则那样，成为一个内容庞杂、包罗万象、对债的规则进行全面规范的债法总则。

（四）进行体系整合

在完成上述三项工作之后，还应当按照科学、合理的民法典体系的要求，以法律关系为中心，整合已经制定出来的现行民事单行法，并按照法典化的要求，对其进行必要的修改、补充和完善，在此基础上颁行一部系统、完整的民法典。在民法总则、人格权法、债法总则制定出来之后，民法典的基本内容已经确立，关键是要依据科学的民法典体系对既有的民事立法内容进行体系化整合，并最终形成民法典。

在构建我国民法典体系时，必须要确定其中的核心制度，即所谓“中心轴”。围绕着这条“中心轴”，民法典中的各项制度和规范将形成逻辑统一体。该“中心轴”究竟是什么，理论上存在不同的看法：一是意思表示说。此种观点认为，民法典应当以意思表示为自己的“中心轴”。例如，德国学者温德沙伊德认为，意思表示和意思自治贯穿于民法的各个领域和环节，整个民法典应当以意思表示和意思自治为核心加以构建。[①] 二是民事权利说。此种观点认为，民法就是权利法，因此民法典体系的构建应当以民事权利为中心而展开。此种学说来源于自然法学派的思想，我国也有学者认为，民法是以人为本位、以权利为中心、以责任为手段对社会关系进行调整的，这种关系的逻辑结构就是人—权利—责任的结构，而不是单纯的人—物对应的结构或总—分对应的结构，因此，民法典的结构应按照人—权利—责任这一结构来设计。[②] 三是法律关系说。此种观点认为，应当以法律关系为基础来构建民法典的体系，在这种编排方法中，法律关系被作为整理法律和展示法律的技术工具，而且成为体系构建的基本方法。[③] 萨维尼以法律关系为中心，从理论上构建了一个民法典的体系，该体系反映出的编排方法被后世学者称为“萨维尼编排法”。[④] 潘德克顿学派将整个法律关系的理论运用到法典里面去，构建了一个完整的潘德克顿体系结构（Pandektensystem）。采纳德国法系的国家大都接受了这一体系。[⑤]

笔者认为，我国民法典应当以法律关系为中心来构建，主要理由在于：一方面，法律关系是对社会生活现象的高度抽象和全面概括。“法书万卷，法典千条，头绪纷繁，莫可究诘，然一言以蔽之，其所研究和所规定者，不外法律关系而已。”[⑥] 法律关系是根据法律规范建立的一种社会关系，[⑦] 是对社

---

① 金可可：《论温德沙伊德的请求权概念》，《比较法研究》2005 年第 3 期。
② 麻昌华、覃有土：《论我国民法典的体系结构》，《法学》2004 年第 2 期。
③ ［葡］平托：《民法总则》，法律翻译办公室、澳门大学法学院译，1999 年版，第 5 页。
④ ［葡］平托：《民法总则》，法律翻译办公室、澳门大学法学院译，1999 年版，第 5 页。
⑤ ［葡］孟狄士：《法律研究概述》，黄显辉译，澳门基金会、澳门大学法学院 1998 年版，第 78 页。
⑥ 郑玉波：《民法总则》，（台湾）三民书局 2003 年版，第 63 页。
⑦ 张文显主编：《法理学》（第二版），高等教育出版社 2003 年版，第 131 页。

会生活关系的一种法律归纳和抽象，反映了社会关系的一些共同特征。另一方面，法律关系是对民法规范逻辑化和体系化的基础。法律关系编排方式被大多数学者认为是科学的编排方式，民法的诸制度都是围绕民事法律关系而展开的，法律关系包含主体、客体、内容三项要素，三项要素可以完整覆盖民法典的各项内容。还要看到，法律关系编排方法适应了民法发展的需要。民事关系纷繁复杂，但是把握住民事法律关系的脉络，就把握住了民事关系的核心。具体来说，以法律关系为中心来构建民法典，民法典应当首先设立总则，总则之中应当包括法律关系的基本要素，即主体、客体、法律行为、责任。民法典的分则以法律关系的内容（即民事权利）为中心展开，分则部分包括人格权法、亲属法、继承法、物权法、债权总则和合同法、侵权责任法。

三、结语

颁行一部面向 21 世纪的科学的民法典，是实行依法治国、完善社会主义法律体系的重要标志，也是我国法律文化达到一定水平的体现，更是我国法治现代化的重要标志。[①] 我们的祖先曾在历史上创造了包括中华法系在内的灿烂的中华文明，其内容是何等博大精深！其在人类法律文明史上始终闪烁着耀眼的光芒，并与西方两大法系分庭抗礼，交相辉映。今天，我国大陆地区民事立法和司法实践已为民法典的制定积累了丰富的实践经验，广大民法学者也做了大量的理论准备。制定和颁布一部先进的、体系完整的、符合我国国情的民法典，不仅能够真正从制度上保证市场经济的发展和完善，为市场经济健康有序的发展奠定坚实的基础，而且将为我国在 21 世纪的经济腾飞、文化昌明以及国家的长治久安提供坚强有力的保障。如果说 19 世纪初《法国民法典》和 20 世纪初《德国民法典》的问世是世界民法发展史上的重要成果，则 21 世纪初我国民法典的出台，必将在民法发展史上谱写光辉灿烂的篇章！

---

① 谢怀栻：《大陆法国家民法典研究》，中国法制出版社 2004 年版，第 3 页。

中国反腐败刑事法治的若干重大现实问题研究

赵秉志*

反腐败是当代世界各国、各地区普遍关注的重大政治、法治和社会问题。反腐败也为中国所高度关注。党的十八大以来，党和政府把反腐败工作提到了前所未有的高度予以重视和对待。

在法治中国的建设中，现阶段反腐败作为党和政府必须常抓不懈的极其重要的工作领域，需要法律的支持和制度的保障。而其中重要的一环，就是要不断改进和完善我国反腐败刑事法治，实现反腐败斗争与刑事法治建设的良性互动，从而将反腐败斗争引向深入，并保证反腐败斗争取得良好的法律效果、社会效果和政治效果。反腐败刑事法治是法治中国之现代法治事业的重要方面，事关国家反腐败的力度、相关法治的发展完善和公民的基本权益。深入研讨当下中国反腐败刑事法治的重大现实问题，既是我国法律学人尤其是刑事法学者的使命和应有的担当，也是积极致力于我国反腐败刑事法治发展完善，把反腐倡廉建设引向深入的重要举措。因此，研究中国反腐败刑事法治的重大现实问题，具有重要的理论价值和实践意义。

本文在概览国际社会反腐败潮流与趋势的基础上，立足于中国反腐败刑事法治发展的现状及其进步的需要，拟选择关涉当前我国反腐败刑事法治完善和进步的几个重要问题予以剖析，着力揭示其中所存在的问题，并就相关制度的改革完善略抒己见。

---

* 赵秉志，北京师范大学法学院院长，本文摘自《法学评论》2014 年第 3 期。

一、反腐败是当代国际社会的潮流与共识

腐败是依附于国家政权的寄生虫，是社会的毒瘤，亦是当前困扰全球各国经济发展和社会进步的重大现实问题。它严重破坏公共权力的运行秩序，侵害社会公平正义，损害国家和政府的威信与公信力，阻碍经济健康有序发展，对社会稳定构成现实的危害与威胁，历来为社会公众所深恶痛绝。对国家和政府而言，反腐败乃是提高行政效率、提升国家和政府形象以及争取民众支持的重要手段，也是维护其合法性的重要根基所在。因此，无论是外国还是中国，反腐败始终都是国家和政府工作的重要方面。

（一）当代域外反腐败概览

环视域外，反腐败是当代世界各国所普遍担负的一项重大任务，也是国际社会面临的共同课题，因而无论是发达国家还是发展中国家，无不重视反腐败工作。从20世纪60年代新加坡的“反贪风暴”到90年代意大利的“清廉运动”，再到20世纪末保加利亚的“清洁的手”以及韩国的“实名制”，在强劲的反腐败风暴中，不乏国家的总统、总理、部长等国家领导人和政府要员因腐败而丢掉乌纱帽，甚至被绳之以法、定罪判刑；被革职查办的政府官员更是不计其数。及至20世纪90年代，全世界已形成围剿腐败之势，几乎每一个国家都将反腐败列为国策，甚至作为炫耀其开明、廉洁和现代化的标志。[①] 新世纪初以来，国际舞台上反腐倡廉运动更是风起云涌，各国纷纷推出各种举措，大力整肃公职人员的贪腐行为，努力铲除滋生腐败的温床。在瑞典，不管是政府高官还是普通公务员，都要按法律规定，将购买房屋等大宗家庭资产的情况“广而告之”；就是连聘请保姆、缴纳电视费等这样“花小钱”的事情，也必须接受监督；2006年该国刚担任贸易大臣不到一周的博雷柳丝，就因雇佣保姆不缴雇主税、连续几年滞纳电视费、出售股票未及时向

---

① 江西省社科院、省社科联课题组：《当前国际国内形势对反腐倡廉建设带来的影响》，《红旗文稿》2009年第12期。

金融监管部门报告、隐瞒住宅所有权等事情，先后被举报而被迫引咎辞职。[①]韩国于2002年就出台了《反腐败法》，2003年又公布了《公务员保持清廉行动纲领》，成立了直属总统的反腐败委员会，确立国家综合反腐败中心框架，大力开展肃贪反腐工作，取得了令世人瞩目的反腐败成果，如近20余年来该国历任总统大多因腐败沦为阶下囚或者自杀，韩国总统一家因腐败而受到惩处的屡见不鲜。[②] 再如，近年来掀起强劲反腐风暴的俄罗斯，早在2008年7月31日，时任总统梅德韦杰夫签署了《反腐败国家计划》，同年12月25日出台了《俄罗斯联邦反腐败法》，规定公务员及其配偶、子女必须提交收入与财产信息；2010年4月13日，梅德韦杰夫总统又签署了《反腐败国家战略》与《2010—2011年国家反腐败计划》的总统令，从国家发展前途的战略高度来对待反腐问题。为了表示反腐决心，在该国总统和总理的率领下，其政府的各位副总理、部长集体在俄罗斯政府网上公布个人与家庭财产情况，接受公众监督。[③] 在俄罗斯这一轮强劲反腐风暴中，包括时任俄罗斯国防部部长谢尔久科夫在内的多名高官因腐败问题纷纷落马，俄罗斯的反腐败取得了显著效果。

其实，除了一些国家在本国领域内开展反腐行动外，各国际和地区性组织也在向腐败开战，国际社会对于遏制和打击腐败普遍表现出高度重视，广泛开展反腐败的国际合作。毕竟，腐败是一个世界性的痼疾，单靠一国或一地区之力，断然难以疗治人类社会的这一顽疾，因而需要国际社会形成反腐败的合力方能奏效。从20世纪90年代开始，国际社会便开始寻求反腐败的国际合作途径和措施。一方面，通过缔结一系列公约以奠定反腐败国际合作的法制基础。如拉美国家于1996年3月通过了《美洲国家组织反腐败公约》；欧盟于1997年5月通过《欧洲委员会打击欧洲共同体官员和欧洲联盟成员国官员腐败公约》，其后又分别于1999年1月和11月进一步签署了《欧洲委员

① 刘克梅：《有感于“透明水晶官员”》，载《大河报》2006年11月20日。

② 颜颖颖：《韩国总统腐败怪圈》，《新京报》2009年4月26日。

③ 储信艳：《俄罗斯总统普京高调反腐　前防长等多名高官落马》，《新京报》2012年12月5日。

会反腐败刑法公约》《欧洲委员会反腐败民法公约》；非洲联盟于 2003 年 7 月通过《非洲联盟预防和打击腐败公约》；在 2001 年 11 月于东京举行的第二次亚太地区反腐败会议上，亚太地区部分国家制定了《亚太地区反腐败行动计划》。而在反腐败国际合作中扮演着重要角色的联合国，则于 2000 年 11 月第 55 届联合国大会通过《联合国打击跨国有组织犯罪公约》，对各缔约国政府在预防、调查和惩治公职人员腐败方面的措施、惩治腐败机构的设立及运作、腐败行为的定罪处罚等问题作了全面的规定；尤其是鉴于腐败犯罪的严峻形势与反腐败国际合作的迫切需要，第 58 届联合国大会又于 2003 年 10 月 31 日通过了《联合国反腐败公约》这一独立的、全面指导国际反腐败斗争的法律文件。《联合国反腐败公约》于 2005 年 12 月 14 日正式生效，除序言外，包括“总则”“预防措施”“定罪和执法”“国际合作”“资产的追回”“技术援助和信息交流”“实施机制”“最后条款”八章，确立了预防机制、刑事定罪和执法机制、国际合作机制、资产追回机制、技术援助和信息交流机制、履约监督机制六大反腐败机制，对于各国加强国内的反腐败行动、提高惩治和预防腐败犯罪的成效以及促进反腐败国际合作，都具有重要意义。

另一方面，各国各地区也在不断通过制定与完善相关法律以及积极的司法实践，来贯彻《联合国反腐败公约》等相关国际法律文件的要求，开展广泛的反腐败国际合作。例如《联合国反腐败公约》对防止利益冲突问题作出规定以来，许多国家就积极借鉴和吸收这一反腐败制度的人类文明成果，积极完善制度设计，建立健全了防止利益冲突制度，形成了以防止利益冲突原则为核心、更加重视事前预防的反腐败体系以及制度导向，从而大大减少了腐败现象的发生。再如，作为反腐败领域国际合作的重要机构与平台，2006 年 10 月 25 日，国际反贪局联合会正式成立。[①] 国际反贪局联合会是全球性的、独立的、非政治性的反腐败组织，其重要宗旨之一就是促进《联合国反腐败公约》的实施，并加强各国反贪腐机构在打击腐败犯罪方面的国际合作，

① 杨维汉、魏武：《国际反贪局联合会正式成立　贾春旺当选首任主席》，《检察日报》2006 年 10 月 26 日。

中国最高人民检察院在国际反贪局联合会中迄今一直承担了主要领导者的角色。迄今为止，国际反贪局联合会已召开了七届研讨年会，其在推动强化国际反腐败领域合作，促进各国各地区更加有效地惩治和预防腐败犯罪，建设廉洁、公正、和谐、稳定的国际社会诸方面，发挥了积极的作用。例如，2013 年 11 月 23—24 日，国际反贪局联合会第七次年会暨会员代表大会在巴拿马首都巴拿马城召开，来自 97 个国家和地区负责预防、调查、起诉腐败犯罪的机构和 8 个国际组织的 400 多名代表出席（笔者也应邀参加了此次盛会），这次会议以“法治与反腐败：挑战与机会”为主题进行了深入探讨，会议对以法治方式治理腐败形成广泛共识，并发表了《巴拿马宣言》，呼吁各国高度重视法治在反腐败中的重要性，加强反腐败法治信息交流，完善相关法治建设，全面提升惩治和预防腐败犯罪的能力，注重发挥社会和公众力量积极参与惩治和预防腐败的工作。[①]

（二）当今中国反腐败概览

回视国内，处于转型期的现阶段中国社会，腐败现象还较为严重，在一些领域和部门易发多发。总部位于柏林的非政府组织“透明国际”于 2012 年 12 月 5 日发布的一年一度的“全球腐败指数”（CPI）显示，在参与调查的 176 个国家（地区）中，中国从 2008 年的第 72 位下降了 8 位，2012 年排名第 80 位，[②] 可见我国的反腐败任务依然十分艰巨。面对这一现实，我们党和政府一贯高度重视反腐败工作，改革开放特别是进入新世纪以来，深入开展党风廉政建设和反腐败斗争，坚持标本兼治、综合治理、惩防并举、注重预防的方针，建立健全惩治和预防腐败体系，在严肃查处腐败案件的同时，更加注重治本，注重预防和制度建设，拓展从源头上防治腐败的工作领域，不断铲除滋生腐败犯罪的土壤，取得了有目共睹的明显成效，走出了一条适合

---

① 简闻之：《加强深化反腐败法制建设交流合作　共同推动国际反腐败事业纵深发展》，《检察日报》2013 年 11 月 24 日第 1 版；简闻之：《曹建明再次当选国际反贪局联合会主席》，《检察日报》2013 年 11 月 26 日第 1 版。

② 侯涛：《全球腐败指数报告发布　阿富汗朝鲜索马里倒数第一》，《环球时报》2012 年 12 月 6 日。

中国国情、具有中国特色的反腐倡廉道路。目前我国反腐败呈现出系统治理、整体推进的良好态势，通过深入开展党风廉政建设和反腐败斗争，有力惩处了一大批腐败分子，国家利益、公共利益和公民个人利益得到有效维护，改革发展稳定的局面不断巩固，在廉洁政治建设上迈出了坚实步伐。总的来说，近年来我国反腐败的成绩是显著的，人民群众对国家反腐败工作的满意度也是平稳上升的。“国家统计局的民意调查结果显示，2003 年至 2010 年，中国公众对反腐败和廉政建设成效的满意度平稳上升，从 51.9% 提高到 70.6%；公众认为消极腐败现象得到不同程度遏制的比例，从 68.1% 上升到 83.8%。国际社会也给予积极评价。”①

党的十八大以来，新一届中央领导集体高举反腐败大旗，更加科学有力地防治腐败，坚定不移把党风廉政建设和反腐败斗争引向深入，响亮地提出要“把权力关进制度的笼子里”，要求反腐败坚持“老虎”“苍蝇”一起打，有腐必反、有贪必肃，不断铲除腐败现象滋生蔓延的土壤，吹响了中国新一轮反腐败的号角。2013 年 8 月 27 日召开的中共中央政治局会议明确强调，全党要把思想和行动统一到中央对反腐败斗争的形势判断和要求部署上来，把坚决遏制腐败蔓延势头作为重要任务和工作目标，坚持“老虎”“苍蝇”一起打，严肃查处党员干部违纪违法案件，充分发挥震慑力。② 与此同时，会议还审议通过了《建立健全惩治和预防腐败体系 2013—2017 年工作规划》，力倡在坚决惩治腐败的同时更加科学有效地防治腐败。2013 年 11 月 12 日，党的十八届三中全会通过的《中共中央关于全面深化改革若干重大问题的决定》（以下简称《决定》），更是提出坚持用制度管权管事管人，让人民监督权力，让权力在阳光下运行，乃是把权力关进制度笼子的根本之策。必须构建决策科学、执行坚决、监督有力的权力运行体系，健全惩治和预防腐败体系，建设廉洁政治，努力实现干部清正、政府清廉、政治清明。要形成科学有效的权力制约和协调机制，加强反腐败体制机制创新和制度保障，健全改进作风

① 国务院新闻办公室：《中国的反腐败和廉政建设》，《人民日报》2010 年 12 月 30 日。
② 《中央政治局会议决定 11 月召开十八届三中全会》，《人民日报》2013 年 8 月 28 日。

常态化制度。可以说，党的十八届三中全会的《决定》从多个方面对健全我国反腐败领导体制和工作机制作出了科学部署，对新形势下的反腐倡廉建设提出了新要求。对于党的十八届三中全会的《决定》涉及的这一重大问题和重要举措，习近平总书记在介绍中央的考虑时表示，反腐败问题一直是党内外议论较多的问题，目前的问题，主要是反腐败机构职能分散、形不成合力，有些案件难以坚决查办，腐败案件频发却责任追究不够。习近平总书记强调，党的十八届三中全会的《决定》对加强反腐败体制机制创新和制度保障所作的重点部署，都是在总结实践经验、吸收各方面意见的基础上提出来的。[①] 可以预见，党的十八届三中全会《决定》中有关健全反腐败领导体制和工作机制的部署，必将在我国掀起新一轮强劲的反腐败浪潮，对新时期的反腐败工作将产生重大而深远的积极影响，我国反腐败和廉洁政治建设的前景必将是光明的。

当然，在看到反腐败斗争取得的成绩的同时，也必须清醒地认识到，我国的反腐败工作形势依然严峻。“由于我国正处于并将长期处于社会主义初级阶段，腐败现象滋生蔓延的土壤和条件在短期内难以消除，特别是一些领域的体制机制制度还不健全，当前的反腐败斗争呈现出有利条件与不利因素并存、成效明显与问题突出并存的总体态势”，[②] 惩治和预防腐败在我国将是一个长期的过程和艰巨的任务。

在反腐败斗争中，刑事法治的力量和作用举足轻重。通过刑事法治开展的反腐败斗争，具有特别的威慑力和特殊的严厉性，当然也是最后的手段。在刑事法治领域，经过多年来不断的修改完善，迄今我国的刑事法律已经基本上涵盖了腐败犯罪的各种类型，相关刑事处罚日益文明，刑事程序渐趋公正，我国反腐败刑事法治逐渐呈现出现代化、科学化和国际化的面貌与趋势。与此同时，我国在反腐败刑事法治领域也还存在一些不容忽视的问题，如反

① 习近平：《关于〈中共中央关于全面深化改革若干重大问题的决定〉的说明》，《人民日报》2013年11月17日。

② 姜洁：《中央纪委召开专家学者座谈会　贺国强强调当前反腐形势仍然严峻》，《人民日报》2007年12月15日。

腐败的刑事法治理念有待更新、反腐败的刑事法网不甚严密、腐败犯罪的定罪量刑标准设置不甚合理、反腐败的刑罚设置还不够科学等等，需要我们根据反腐败新形势、新任务的需要，予以认真研究、清醒认识并施以良策，以促使我国反腐败刑事法治事业不断发展进步，并对国际社会反腐败刑事法治的发展完善和反腐败的国际司法合作作出我们应有的贡献。

作为惩治和预防腐败体系中重要的一环，刑事法治是惩治腐败最为严厉的手段，需要积极但慎重、稳妥地适用。同时，刑事法治也应当根据我国反腐败新形势、新任务的需要，科学、合理地加以完善。反腐败刑事法治，从内涵上说，应涵括惩治腐败、注重预防、彰显公正、保障人权等内容；就外延而言，则主要包括反腐败刑事实体法治和反腐败刑事程序法治两个基本方面。反腐败刑事法治的重大现实问题，是反腐败刑事法治中最为关键和影响巨大乃至从整体上制约反腐败刑事法治发展进步的一些重大理论和实务问题，对其深入研究和正确解决往往是促成反腐败刑事法治乃至整个刑事法治发展进步的重要契机。

二、高官腐败犯罪问题

（一）高官腐败犯罪及其查处概况

在腐败犯罪中，高官[①]腐败犯罪占有一定的比重。高官腐败犯罪的状况在一定程度上反映了我国现阶段腐败犯罪的整体变化趋势和特点，具有特别的代表性和典型性。应当说，我国党和政府改革开放以来特别是近年来十分重视对高官腐败犯罪的惩治和防范，并采取了一系列有针对性的惩贪防腐措施，取得了有目共睹的成效。

① 本文所称的高官是指省部级副职以上的党和国家干部，以及相同级别的军队将领、国有企业负责人等。1979 年 11 月 13 日，中共中央、国务院联合颁布的《关于高级干部生活待遇的若干规定》明确规定："本规定适用于各省、自治区、直辖市党委书记、副书记，人大常委会主任、副主任，政府省长（主席、市长）、副省长（副主席、副市长），政协主席、副主席等高级干部。"由此可以看出，在中国，高级干部主要是指副省（部）级及以上领导干部。

新中国成立后的前30年，因为腐败而被查处的省部级高官几乎一个没有。[①] 但在20世纪80年代改革开放以后，查处省部级高官的帷幕则渐次拉开，其中尤为值得一提的是，1987年4月，江西省原省长倪献策因犯徇私舞弊罪被判处有期徒刑2年，成为第一个因腐败犯罪而被追究刑事责任的高官。2000年3月8日，江西省原副省长胡长清因犯受贿、行贿、巨额财产来源不明罪，经最高人民法院核准被执行死刑，成为改革开放以来第一个因为腐败犯罪而走上断头台的省部级领导干部。2000年9月14日，全国人大常委会原副委员长成克杰因犯受贿罪被北京市第一中级人民法院判处死刑，成为新中国成立之后被处决的官位最高的腐败分子。2003年4月23日，山东省政协原副主席潘广田因犯受贿罪被山东省济南市中级人民法院一审判处无期徒刑，成为全国第一个因腐败犯罪而被查处的省部级执政党外的高级干部。改革开放以来查处的属于党和国家领导人行列的腐败犯罪高官迄今已有四位，他们分别是：1995年被查处的中共中央政治局原委员、北京市委原书记陈希同；2000年被查处的全国人大常务委员会原副委员长成克杰；2006年被查处的中共中央政治局原委员、上海市委原书记陈良宇；2012年至2013年被查处的中共中央政治局原委员、重庆市委原书记薄熙来。可以说，新中国的发展史，同时也是一部波澜壮阔的反腐倡廉史。特别是近年来，我国党和政府深入开展党风廉政建设和反腐败斗争，整饬吏治，严肃法制，成就斐然，谱写了一曲曲反腐倡廉的壮丽篇章。如据中纪委向党的十七大的工作报告显示，仅在2002年12月到2007年6月这五年间，中纪委查办的腐败案件中，省部级领导干部就占了98人。[②] 其中，涉嫌腐败犯罪移送司法机关处理的也不在少数。另据最高人民检察院年度工作报告披露的数字，在1993—1997年，涉嫌腐败

---

① 1952年2月，毛泽东主席曾“挥泪斩马谡”，批准枪毙了革命战争年代屡立战功的大贪污犯原天津地委书记刘青山、天津地区行署专员张子善，因原天津地区隶属河北省，所以刘青山、张子善并不属于省部级干部，而只是厅局级干部。“刘青山、张子善特大贪污案”被称为新中国成立以来反腐肃贪第一案，老百姓说，这两个人头换来了中国官场上至少20多年的廉政。

② 参见贺国强：《坚持惩防并举　更加注重预防　深入推进党风廉政建设和反腐败斗争——中共中央纪律检查委员会向党的第十七次全国代表大会的工作报告》，2007年10月21日中国共产党第十七次全国代表大会通过。

犯罪被查处的省部级高官为7人；在1998—2002年，这一数字为19人；在2003—2007年，这一数字为35人；在2008—2012年五年间，也有30人（2008年4人、2009年8人、2010年6人、2011年7人、2012年5人）被立案侦查。[①] 2013年10月22日，最高人民检察院曹建明检察长向全国人大常委会所作的反贪污贿赂工作情况报告显示，2008年1月至2013年8月间，全国检察机关立案侦查的省部级以上国家工作人员已有32人。[②] 另据媒体报道的情况，本文初步统计，党的十八大以来的一年多时间（2012年11月至2014年3月初），因腐败相继落马的省部级高官已有22位（包括已被中纪委“双规”但尚未移送司法机关的省部级高官）。[③] 党的十八大以前，身居党和国家领导人高位的薄熙来也因严重腐败犯罪已开始被查处，最终于2013年9月22日被判处无期徒刑；[④] 党的十八大以前已开始被查处的原铁道部部长刘志军，则因被认定受贿达6460万余元，在其具备多种从宽情节的情况下，在2013年7月8日被依法判处死缓。[⑤] 毋庸讳言，当前我国高官腐败犯罪总体上仍呈现出上升趋势，高官腐败犯罪现象易发多发的状况仍未根本改变，一些官高位显的腐败犯罪分子，还在不断被深挖出来，反腐败斗争形势依然严峻，任务仍然艰巨。

高官腐败犯罪具有严重的社会危害性。由于高官位高权重，身处地方和部门权力金字塔的顶端，有的甚至是党和国家领导人，从政根基深厚，关系

---

① 参见最高人民检察院1994—2013年工作报告，载1994—2013年的《最高人民检察院公报》。

② 参见王治国：《曹建明向全国人大常委会作反贪污贿赂工作情况报告》，《检察日报》2013年10月23日。

③ 包括四川省委原副书记李春城，国家发改委原副主任刘铁男，安徽省人民政府原副省长倪发科，四川省文联原主席暨原副省长郭永祥，湖北省委原常委暨原政法委书记、省人大常委会原副主任吴永文，内蒙古自治区党委原常委暨原统战部部长王素毅，广西壮族自治区政协原副主席李达球，中石油原副总经理兼大庆油田原总经理王永春，国资委原主任蒋洁敏，江苏省南京市原市长季建业，贵州省委原常委暨遵义市委书记廖少华，湖北省政协原副主席陈柏槐，湖北省原副省长郭有明，国家信访局原副局长许杰，江西省人大常委会原副主任陈安众，湖南省政协原副主席童名谦，公安部原副部长李东生，四川省政协原主席李崇禧，政协第十二届全国委员会经济委员会原副主任杨刚，海南省原副省长冀文林，陕西省政协原副主席祝作利，山西省委原副书记、省人大常委会原副主任金道铭等人。

④ 参见《薄熙来案二审宣判　山东高院裁定维持一审无期徒刑判决》，《人民日报》2013年10月26日。

⑤ 参见徐隽《法治精神的彰显》，《人民日报》2013年7月9日。

网庞大，占有大量的体制内外资源，干扰办案的能量较强，因而其被揭露、发现和查处的几率相对较小。在权力高度集中且缺乏有效监督制约的背景下，他们的腐败犯罪行为给社会带来的危害更大，破坏力更强，不仅严重损害执政党和政府的声誉与威信，玷污执政党和政府在人民群众中的光辉形象，而且会直接削弱执政党的群众基础，危及政权的根基，影响社会稳定。有学者甚至认为“进入21世纪以来，省部级高官腐败这一社会极其丑恶的现象，已成为中国经济的致命问题和中国的头号问题[①]”。这一判断虽然未必妥当，但高官腐败犯罪危害严重而广泛，容易触动社会敏感的神经，更易为国内外所广泛关注，则是不争的事实。

（二）惩治高官腐败犯罪的法治意义

坚决遏制高官腐败犯罪滋生蔓延的态势，坚定不移地依法追究和惩处高官腐败犯罪分子，具有以下几方面的重要法治意义：

第一，彰显中央反腐败的决心和力度。一件件反腐大要案不断被揭露，一个个高官腐败犯罪分子纷纷落马，不仅极大地震慑了潜在的腐败犯罪分子，维护了党纪国法的严肃性，而且也有力地彰显了中央反对腐败的决心和力度。在中央纪委十八届二次全会上，习近平总书记深刻指出，反腐败要坚持“老虎”“苍蝇”一起打，既坚决查处领导干部违纪违法案件，又切实解决发生在群众身边的不正之风和腐败问题。[②] 习近平总书记上述提到的“老虎”，其实主要是指那些贪腐数额巨大，又往往位高权重，危害党和国家利益的腐败犯罪高官。检验反腐败决心、意志和力度的一个重要标尺，就是看打不打“老虎”，敢不敢动“老虎”。可喜的是，近年来，中央从事关党和国家生死存亡、关系改革开放事业成败的高度认识反腐败问题，以坚定的决心和非凡的勇气深入开展党风廉政建设和反腐败斗争，坚决惩处高官腐败犯罪分子，对这些有来头、有背景、有能量的“老虎”，敢于一打到底，绝不姑息迁就，正在用一个个惩治高官腐败犯罪的事实诠释“反腐败没有禁区”的现代刑事法治

① 欧伟贞：《我国高官腐败现象的法理分析》，《湖北成人教育学院学报》2011年第2期。

② 参见《习近平誓言科学有效反腐败　坚持“老虎”“苍蝇”一起打》，《人民日报·海外版》2013年1月23日。

精神。

第二，贯彻法律面前人人平等的法治原则。依法治国，是我们党和政府领导人民治理国家的基本方略，是国家长治久安的重要保证。坚决惩治高官腐败犯罪，破除腐败犯罪“刑不上大夫”的侥幸心理，既是落实从严治党治吏（官）的根本要求，也是维护我国社会主义法治的必然之举。不管是什么人，官有多大，位有多高，权有多重，只要他的行为危害了国家和人民的利益，触犯了国家的刑事法律，构成了犯罪，就毫无例外地要受到国家的依法审判和应有的惩罚；法律面前人人平等，制度约束没有例外，反腐败没有“豁免权”，绝不能允许有凌驾于党纪国法之上的“特殊党员和官员”。高官虽然位高权重，有的还位居党和国家领导人行列，既往也可能有显著业绩乃至突出贡献，但都没有超越法律的特权，任何人触犯法律都将依法受到严肃追究，绝不能允许其犯罪后逍遥法外。因而坚决惩治高官腐败犯罪，严肃查处贪腐“老虎”，有效地彰显了法律面前人人平等的现代法治原则和平等适用刑法的我国刑法之基本原则。

第三，顺应人民群众反腐的新要求和新期待。当前，人民群众对国家反腐倡廉工作总的来说是比较满意的，全国反腐倡廉民意调查结果也表明，人民群众对近年来开展的反腐倡廉工作给予积极评价。腐败问题“说到底是一个脱离群众、滥用权力、以权谋私，损害广大人民群众利益的问题。只要党内存在腐败现象，党和群众的关系就会遭到破坏和削弱”①。特别是对于高官腐败犯罪，其潜伏期长，危害大，影响广，如果不对其严肃查处和严厉惩治，而放任这些“老虎”肆无忌惮、有恃无恐地腐败，那么，就难以满足人民群众反腐败的正当要求和新的期待，党和政府就会丧失民心，这必然会影响党的执政地位和国家政权的权威。相反，如若在打腐败“苍蝇”的同时，对腐败“老虎”更严惩不贷，以反腐败的实际成效取信于民，那么，就可以大大增强人民群众对反腐败斗争的信心，消除人民群众关于反腐败是“只打苍蝇

---

① 江西省社会科学院课题组：《充分发挥人民群众在反腐倡廉建设中的作用》，《红旗文稿》2010年第16期。

不打老虎”“选择性反腐败”“柿子拣软的捏”的错觉和误解。

三、腐败犯罪的刑事推定问题

所谓腐败犯罪的刑事推定，是指在腐败犯罪案件的诉讼中，如果控方能够证明被控告人客观上实施了具体的腐败犯罪行为（如贿赂、徇私谋利等），除非被告人提供反证，否则就推定该行为具有腐败犯罪的性质或者行为人具备腐败犯罪主观方面要素（如明知、故意或者目的等）的诉讼证明方法。能否适用以及如何适用推定问题一直是困扰我国反腐败司法实践的难点问题，是否确立刑事推定规则，关乎腐败犯罪的认定和对腐败犯罪的惩治力度。

（一）查处腐败犯罪确立刑事推定的意义

在腐败犯罪案件中，确立刑事推定规则的理论与实践，意义主要有以下几个方面：

第一，有助于破解腐败犯罪证据收集的困境。由于腐败犯罪本身的特殊性，特别是腐败犯罪手段的隐蔽化、智能化、复杂化发展趋势，使得腐败犯罪证据的收集呈现出相当的困境。特别是随着我国加入《联合国反腐败公约》，惩治和预防腐败犯罪发展到了一个新的阶段。在缺乏足够证据确认事实的情况下，腐败犯罪立案难、查证难、定罪难的情况时有发生，针对犯罪手段、犯罪情况的新变化，如果仍然固守传统做法，采用保守的证据收集方法和侦查手段去惩治腐败犯罪，时常难以侦破案件和查实罪行。因此，在当前我国惩治腐败犯罪任务艰巨、腐败犯罪证据收集面临困境的形势下，立足于我国司法实际，在腐败犯罪案件证明中确立刑事推定规则尤为必要。

第二，有利于提高诉讼效率，节约司法资源。确立腐败犯罪的刑事推定规则，基于基础事实与推定事实之间存在的常态联系，通过对基础事实进行举证和证明，转移对推定事实举证和证明的困难，使一些无法通过直接证据加以证明的要素得以确认，无疑有利于更快地查清案件事实，减少司法资源投入，提高诉讼效率。

第三，契合当前严惩腐败犯罪之刑事政策的需要。严肃查处腐败案件，增强反腐力度，保持惩治腐败的高压态势，是深入开展反腐败斗争的客观要求。但应当看到“现在反腐败在法律、政策层面上都面临很多的难题，有些确实需要从刑事政策指导立法、司法的方面去解决”①。其中，腐败犯罪案件刑事推定规则的缺漏和不足，是一个亟须要解决的重要问题。确立腐败犯罪的刑事推定规则，适当降低控诉方证明腐败犯罪的难度，会增强惩治腐败犯罪的力度，有利于更好地惩治腐败犯罪，也契合了当前我国严厉惩治腐败犯罪之刑事政策的需要。

（二）我国刑法中关于腐败犯罪刑事推定的规定及其缺憾

其实，我国刑事立法中已有关于腐败犯罪刑事推定的规定。如《中华人民共和国刑法》（以下简称《刑法》）第 395 条规定的巨额财产来源不明罪，就是一种推定型罪名，实行举证责任倒置，国家工作人员的财产或者支出明显超过合法收入，差额巨大，本人不能说明其来源是合法的，差额部分的财产则推定为“非法所得”。此外，有关司法解释中也有关于腐败犯罪刑事推定方面的规定，如 1998 年 5 月 9 日最高人民法院颁布的《关于审理挪用公款案件具体应用法律若干问题的解释》第 6 条就规定“携带挪用的公款潜逃的，依照《刑法》第 382 条、第 383 条的规定定罪处罚”。而《刑法》第 382 条、第 383 条是关于贪污罪的规定。也就是说，在“携带挪用的公款潜逃”这一基础事实成立的情况下，可以推定行为人主观上具有非法占有公款的目的，进而以贪污罪论罪科刑。另外，就司法实践中腐败犯罪案件之刑事推定运用的实际情况看，司法机关在办理腐败犯罪案件的过程中，也时常自觉不自觉地运用了刑事推定，如对近亲属“共同受贿”故意的推定、腐败犯罪款物去向的推定、“以借为名”受贿的推定，等等。

应当说，上述我国刑事立法中关于腐败犯罪刑事推定的规则还是不完善的，存在一些缺憾：第一，推定的程序性规则匮乏。相比于腐败犯罪刑事推定的实体性规则已在一定程度上得以确立和适用，腐败犯罪刑事推定的程序性规则目前尚付诸阙如。而腐败犯罪刑事推定程序性规则又是腐败犯罪刑事

① 游伟：《反腐败与当前职务犯罪的刑事政策》，《华东刑事司法评论》2003 年第 1 期。

推定得以合理运用的重要保障。第二，推定适用范围狭窄。立法规定的能运用刑事推定的腐败犯罪案件有限，基本上限于巨额财产来源不明罪以及前述的转化型贪污罪，而对于其他渎职类或者贿赂类腐败犯罪则没有明确规定。第三，推定适用的对象有限。腐败犯罪刑事推定适用的对象，主要限于特定腐败犯罪“非法所得”的推定以及“非法占有目的”的推定，而对于其他故意、明知等腐败犯罪主观方面要素和某些特定案件事实是否可以推定则没有明确规定。

（三）我国惩治腐败犯罪刑事推定的立法完善

关于我国腐败犯罪刑事推定的立法完善，可考虑从以下几个方面着手：

第一，关于巨额财产来源不明罪法条中“非法所得”的推定。一是建议将《刑法》第 395 条第 1 款中的“可以责令说明来源”改为“应当责令说明来源”。作上述修改，不仅更符合刑法逻辑严格性的要求，充分体现立法的本意，而且也是有效保障行为人反驳权的客观需要。众所周知，立法用语之“可以”并非强制性的义务，是否“责令说明来源”由司法机关自由裁量，不责令说明来源情况下作出推定虽不违法，但对行为人却影响重大，即此种情况下剥夺了行为人对刑事推定的反驳权，不但难以保证推定的有效性和可靠性，而且也危及刑法的人权保障机能，同时亦与《刑法》第 395 条第 1 款的立法初衷不符。二是建议将“不能说明来源的”改为“本人拒不说明来源或者作虚假说明的”。“不能说明来源的”表述较为模糊，易生歧义，实践中情形也多种多样，有的是故意不说明来源，也有的是因客观原因无法说明来源，应当分清情况区别对待。对于因身体、精神疾病等客观原因而无法说明来源合法的，不宜认定为“不能说明来源的”情形。因而建议对立法作上述修改，这样既可以增强条文的可操作性，便于司法实践中准确把握，也可以更好地反映立法原意，限定刑罚的打击范围，从而有助于保障行为人的合法权益。

第二，关于腐败犯罪主观要素的推定。除了转化型贪污罪中非法占有的目的的推定（即将“携带挪用的公款潜逃”推定行为人具有非法占有目的）

之外，建议参照《联合国反腐败公约》第28条的规定，[①] 适度扩大推定和举证责任倒置的适用范围，将腐败犯罪中某些确实难以证明的主观构成要素，如以非法占有为目的、故意、明知等要素，可以根据实际情况实行刑事推定。

第三，关于贿赂行为的推定。主要涉及司法实践中行为性质的认定问题，而非贿赂数额问题。可参考和借鉴国外有关贿赂行为推定的立法规定，设立贿赂行为的推定规则。如可考虑在《中华人民共和国刑事诉讼法》（以下简称《刑事诉讼法》）中作如下规定："当国家工作人员被证明索取或者收受了与其公务有联系者的财物，而利用职务上的便利为其谋取利益，除非能提出有效的反证，否则该行为即应推定为受贿行为。"适用这一推定规则的首要条件，是要有确实、充分证据证明以下基础事实的存在：（1）国家工作人员索取或者收受了与其公务有联系者的财物；（2）国家工作人员利用职务上的便利为给付其财物者谋取利益。与此同时，该国家工作人员不能提出反证或者其反证不能成立。

四、腐败犯罪的异地审判问题

（一）腐败犯罪异地审判概况及其必要性

近年来，随着中央反腐败力度的不断加大，[②] 一些腐败分子接连落马，实践中腐败犯罪审判管辖也出现了一些新的情况，集中采取异地审判的案件也越来越多。如中央政治局原委员、重庆市委原书记薄熙来在山东受审，中央政治局原委员、上海市委原书记陈良宇在天津受审，贵州省政协原副主席黄瑶在四川受审，北京市原副市长刘志华在河北受审，广东省政协原主席陈绍基在重庆受审，深圳市原市长许宗衡在河南受审，等等。"法律虽然没有明文

① 《联合国反腐败公约》第28条的标题是"作为犯罪要素的明知、故意或者目的"，其法条内容为："根据本公约确立的犯罪所需要具备的明知、故意或者目的等要素，可以根据客观实际情况予以推定。"参见外交部条约法律司编译：《联合国反腐败公约及相关法律文件》，法律出版社2004年版，第18页。

② 如我国检察机关2008年至2012年查处的受贿、行贿犯罪人数比前5年分别上升了19.5%和60.4%。参见王治国：《曹建明向全国人大常委会作反贪污贿赂工作情况报告》，《检察日报》2013年10月23日。

规定什么情况下可以异地审判，但一般是省部级（或厅局级）干部犯罪才异地审判。”[①] 也就是说，我国司法实践中已大体形成了一般是中高级干部腐败犯罪案件才实行异地审判的惯例。其中，省部级以上高官腐败犯罪案件异地审判最为典型和最具代表性。据有关媒体报道，近年来“我国对 90% 以上的高官腐败案件实行了异地审判，形成了一道司法史上罕见的、非常独特的风景线”[②]。高官腐败犯罪案件异地审判肇始于 2001 年轰动全国的辽宁“慕马案”（因辽宁省原副省长慕绥新、沈阳市原常务副市长马向东涉案而得名）。此前的许多高官腐败犯罪案件，大都是在犯罪地、工作地或者居住地审判的。如全国人大常委会原副委员长成克杰受贿案，在北京市第一中级人民法院审理；江西省原省长倪献策徇私舞弊案，在江西省南昌市中级人民法院审理；中央政治局原委员、北京市委原书记陈希同贪污、玩忽职守案，在北京市高级人民法院审理；青海省原副省长韩福才受贿案，在青海省西宁市中级人民法院审理；中央原候补委员、浙江省委原常委暨宁波市委原书记许运鸿滥用职权案，在浙江省杭州市中级人民法院审理；湖北省原副省长孟庆平受贿案，在湖北省武汉市中级人民法院审理；等等。自辽宁“慕马案”后，省部级高官腐败犯罪案件基本上都实行了跨省异地审判。实践证明，这些年来对中高级官员尤其是高级官员腐败犯罪案件实行异地审判，取得了较好的法律效果和社会效果。

现阶段，我国对腐败犯罪案件尤其是高官腐败犯罪案件实行异地审判的必要性和意义，主要有两个方面：首先，主要是为了排除非法干扰，确保腐败犯罪案件追诉和审判的公正。因为腐败犯罪官员尤其是腐败犯罪高官在一个地方经营多年，他们为了确保既得的权势和谋取更大的利益，必然要利用其职权，在重要部门包括公安司法机关安插亲信和培植势力，编织盘根错节的关系网，结成利益共同体，一荣俱荣、一损俱损，构筑一道牢固的保护层。一旦东窗事发，其庞大的关系网便可能发挥作用，使得办案机关查办案件时，

---

① 宋伟：《高官异地审判制度初露端倪》，《政府法制》2007 年第 2 期（上）。

② 王继学：《高官异地审判：中国司法史上独特的风景线》，《民主与法制时报》2006 年 12 月 31 日。

时常会遇到意想不到的困难和阻碍。而对腐败犯罪案件实行异地审理，跳出了腐败犯罪官员的“势力范围”，有效地防止了地方保护和不当干预，较好地排除了地缘人际关系网的束缚，为保证追诉和审判活动不受关系干扰奠定了基础，能够最大限度地确保司法公正，使腐败犯罪官员受到应有法律制裁，从而切实维护法律的权威。其次，也是为了消除部分社会公众对于追诉和审判公正的担忧与误解，以进一步增强司法公信力和权威性。因为有些腐败犯罪官员可能曾经是当地司法机关的顶头上司，由被领导者查处领导者的案件，难免会让公众对追诉和审判的公正性产生质疑。而实行腐败犯罪案件尤其是高中级官员腐败犯罪案件的异地审判，则可以有效消除公众对于追诉和审判可能不公正的担忧，获得其对司法的认同和信任，从而理性地对待诉讼，合理地看待审判结果，更好地实现法律效果与社会效果的高度统一。

（二）腐败犯罪异地审判存在的问题

关于对腐败犯罪案件尤其是高中级官员腐败犯罪案件异地审判存在的问题，主要包括以下几方面：

第一，异地审判缺乏具体的评判标准。虽然对腐败犯罪案件实行异地审判具有法律依据，但由于《刑事诉讼法》第 26 条关于指定管辖的规定比较原则，导致在司法实践中指定异地审判的裁量权缺乏有效约束，如异地是否包括曾经工作地、出生地、籍贯地等，哪些情况、什么样的案件可以实行异地审判，指定异地审判的主体包括哪些层级的法院，被指定地是否特定化，可否进行二次指定，等等，均缺乏具体的标准，更没有一项完善的制度可供遵守执行。[①] 事实上，实践中的做法也并不一致。比如，安徽省原副省长王怀忠受贿、巨额财产来源不明案，安徽省原副省长何闽旭受贿案，安徽省政协原副主席王昭耀受贿、巨额财产来源不明案，均指定山东省有关法院异地审判，结果是王怀忠受贿 517 万余元，在 3 人中受贿数额最小，因其有恶劣情节而被判处死刑立即执行，而王昭耀、何闽旭分别受贿 704 万余元和 841 万余元，

① 在美国，进行异地审判时应考虑的因素，主要包括：（1）公正审判的可能性；（2）当事人以及证人等参加诉讼的便利性；（3）迅速审判的可行性等。参见［美］伟恩·R. 拉费弗等著：《刑事诉讼法》，卞建林等译，中国政法大学出版社 2003 年版，第 892 页。

都比王怀忠受贿数额大，却都被判处死缓，而恰巧王昭耀、何闽旭又都是山东人（王怀忠系安徽人），社会上对此议论纷纷，颇有微词。特别是对于何闽旭受贿案，最高人民法院偏偏将其交由何闽旭家乡所在的临沂市中级人民法院审理，难免有人质疑，这是纯属巧合呢，还是刻意安排?

第二，异地审判耗费较多的司法资源。对腐败犯罪实行异地审判是一个较为复杂的工程，不是一个简单的指定管辖问题，而要统筹兼顾多方面的因素。除了异地审判，还涉及异地侦查、异地取证、异地羁押和异地起诉等问题，这些无疑需要综合考虑。按照我国起诉对应审判管辖的规定，异地审判必定需要异地调查取证、异地羁押和异地起诉，而这些无疑需要耗费大量的司法成本。

第三，异地审判影响司法效率的提高。公正与效率是新世纪我国最高人民法院所强调的法院审判工作的两大主题，也是当代司法所追求的两大价值目标。司法效率追求的是通过充分、合理地运用司法资源，尽可能地缩短诉讼周期，简化诉讼程序，力求在法定期限内尽早结案，确保当事人的合法权益得到及时保障，社会公平正义得到及时有效的维护，以取得最大、最佳的法律效果和社会效果。西方有句著名的法谚——“迟到的正义等于非正义!”因此，我们的司法制度设计以及司法活动的开展，在尽力维护司法公正的同时，也应当注重提高司法效率。否则，司法效率的丧失、无尽的讼累，不仅会损害当事人的合法权益，难以实现司法公正，而且最终也会削弱司法的权威和公信力。对腐败犯罪尤其是中高级官员腐败犯罪案件进行异地审判，诚然可以更好地维护司法公正，增强司法公信力，但不容否认的事实是，异地审判程序相对较为复杂，涉及上级协调、指定管辖、跨地办案、异地取证等问题，往往耗时久远、周期较长，也会在一定程度上拖延办案时间、降低司法效率。这也是腐败犯罪异地审判实践中面临的一个不容忽视的问题。当然，尽管如此，腐败犯罪异地审判仍然不失为一种以相对牺牲司法效率换取司法公正的科学制度设计，是在当前我国司法环境不甚理想的情况下权衡利弊后作出的一种正确选择，是在坚持“公正优先、兼顾效率”原则的前提下追求司法公正的合理代价。

第四，异地审判与检察机关异地侦查、起诉的衔接协调问题。腐败犯罪异地审判的顺利进行，不仅仅是法院一家的事情，密切关联的就是离不开与检察机关的异地侦查、起诉的衔接协调。尽管上级法院可以指定下级法院将案件移送其他法院审判，但这只是对法院系统和审判环节有效，并不能直接影响到检察机关对腐败犯罪的侦查管辖和起诉管辖。但问题恰恰在于异地审判运转顺畅的关键是检察院、法院两家的有效衔接和协调，因为审判必须以起诉为前提，没有检察院的异地起诉，就没有法院的异地审判。但是，无论是《刑事诉讼法》还是《人民检察院刑事诉讼规则》，都没有规定检察院在案件侦查终结后可以改变案件的管辖权。[①] 加之《刑事诉讼法》及有关司法解释均未对指定管辖和指定侦查的具体情形、改变案件管辖权的具体程序等加以明确，因而导致改变管辖案件标准不一，法、检程序各异，造成法、检两家在腐败犯罪异地侦查、起诉和审判工作上的不协调。

（三）腐败犯罪异地审判的制度完善

那么，我们应当如何进一步完善我国对腐败犯罪的异地审判这一举措呢？建议从以下几个方面入手：

第一，实现对腐败犯罪案件异地审判的制度化和规范化。鉴于异地审判的法律依据较为原则和笼统，具体评判标准不明确，实践中的适用有一定的随意性，已难以适应腐败犯罪异地审判制度发展完善的需要，建议尽快实现对腐败犯罪案件异地审判的制度化和规范化：一是要明确异地审判中“异地”的含义。根据我国刑事案件审判地域管辖的相关规定，结合我国腐败犯罪异地审判的实际情况，从尽可能维护司法公正的角度考虑，笔者主张对异地审判中的“异地”作严格限定，应当是指排除犯罪地、工作地、被告人居住地、出生地、户籍所在地以及与被告人身份或者职务有密切关系地方以外的国内其他地方。二是要规定异地审判的条件和标准。即对腐败犯罪异地审判的原则、具体条件、适用范围、评判标准等都应进行必要的细化和具体化。包括哪些腐败犯罪案件应当进行异地审判，哪些腐败犯罪案件可以进行异地审判，

① 参见胡良智：《异地审判与管辖规定的冲突与完善》，《学习月刊》2008 年第 3 期（下）。

哪些情形下可以不进行异地审判，涉及共同腐败犯罪的情况下如何处理等，都应能找到相应的依据和标准，从而便于司法适用。三是要完善指定异地审判的程序。要明确异地审判程序的启动、操作、变更、中止和终结等具体程序，合理确定指定异地审判的主体层级，严格禁止二次指定，设置指定异地审判的异议和救济程序等，从而增强指定异地审判程序的透明度与可操作性。四是要健全异地审判的相关配套措施。重点是要加强对腐败犯罪案件异地审判的人、财、物的保障，并统筹协调好异地羁押、证人保护等工作，确保腐败犯罪案件异地审判的顺利进行。

第二，探索针对特定主体腐败犯罪案件实行集中管辖。其实，针对特殊主体而实行集中管辖的审判模式《刑事诉讼法》也是明确认可的。比如，基于现役军人的特殊身份，《刑事诉讼法》第 27 条以及最高人民法院《关于执行〈中华人民共和国刑事诉讼法〉若干问题的解释》第 20、21 条规定“现役军人（含军内在编职工）犯罪，应由军事法院管辖”，确立了针对军人的集中管辖制度。考虑到地方党政主要领导尤其是县处级[①]以上地方党政主要负责人位高权重，在其权力范围内影响力较大，因而建议对《刑事诉讼法》进行再修改时，进一步健全和完善我国的刑事审判管辖制度，增加对担任一定级别领导职务（具体应是担任地方党政县处级主要领导职务以上）的官员腐败犯罪案件实行集中管辖[②]的相关内容。考虑到我国目前的司法体制和实际情况，笔者的初步设想是：其一，对于党和国家领导人（包括已卸任的）腐败犯罪案件，因涉及中央层面的高级领导人，在国家政治生活和国家事务决策中具有特殊性，社会影响大，国内外广泛关注，可考虑由最高人民法院直接进行

---

① 在司法实践中，地方党政县处级（含）以上主要干部腐败犯罪案件即为要案。

② 《中共中央关于全面深化改革若干重大问题的决定》（2013 年 11 月 12 日中国共产党第十八届中央委员会第三次全体会议通过）在“九、推进法治中国建设”部分提到要“探索建立与行政区划适当分离的司法管辖制度”。这里的司法管辖显然包括司法机关的地域管辖和案件管辖，本文建议对特定主体腐败犯罪案件进行集中管辖，在一定意义上，也是对探索与行政区划适当分离的司法管辖制度的积极尝试。

管辖，[①] 或者由最高人民法院根据案件及被告人情况指定某一高级人民法院（或解放军军事法院）作一审管辖。其二，对于省部级官员（包括地方、中央部委、军队、国有企事业单位、人民团体中的省部级官员）腐败犯罪案件，一般情况下，可由首都北京市的中级法院[②]官辖（北京市的除外）；北京市的省部级官员腐败犯罪案件，可由天津、上海或者重庆这三个直辖市的中级法院管辖。当然，从长远来看，较为理想的做法是，确立大的审区对省部级官员腐败犯罪案件进行集中管辖。具体来说，建议将全国划分为东北、西北、华北、华东、华南、中南、西南七大审区。每个大的审区选择一个省（自治区）省府或直辖市的中级人民法院作为一审管辖，该省（直辖市、自治区）的高级法院作为二审管辖，该省（直辖市、自治区）的高官腐败案件则选择该大审区内另一省（直辖市、自治区）管辖。如中南地区的省部级官员腐败犯罪案件，可统一由武汉市中级法院一审管辖，湖北省高级法院二审管辖；而湖北省的省部级高官腐败犯罪的案件，则交由郑州市中级法院一审管辖、河南省高级法院二审管辖。其他六大审区的省部级高官腐败犯罪案件的管辖则均作类似的制度设计和安排。同时还可考虑，确立的集中管辖本审区内省部级官员腐败犯罪案件的中级人民法院，并不是一成不变的，可根据实际情况进行调整，如可与省区党委政府换届同步实行五年一轮换。例如，中南地区的省部级官员腐败犯罪案件，武汉市中级法院和湖北省高级法院集中管辖

① 如对于“林彪、江青反革命集团案”，因涉及特殊历史环境和条件下曾窃居党和国家重要领导职务的诸多被告人，1980 年 9 月 29 日第五届全国人民代表大会常务委员会第十六次会议通过了《关于成立最高人民检察院特别检察厅和最高人民法院特别法庭检察、审判林彪、江青反革命集团案主犯的决定》，专门成立最高人民法院特别法庭审理该案。

② 之所以建议将一般的省部级官员腐败犯罪案件（北京市的除外）统一归北京市的中级法院管辖，主要是考虑到：其一，近年来特别是党的十六大以来，对于省部级高官腐败案件的惩处已经形成了一个相对固定的模式，均由中纪委直接查办（执政党外干部除外），中纪委查处后再移送最高人民检察院。中纪委和“两高”等均在首都北京，高官腐败犯罪案件由北京市相关法院管辖，不仅方便办案，有助于提高办案效率和降低司法成本，而且还能有效地切断高官的关系网所施之干扰，确保审判公正。其二，腐败犯罪高官判刑后（判处死刑立即执行除外），其“最后归宿”基本上都是关押在秦城监狱，而秦城监狱坐落在北京市昌平区。可见，腐败犯罪高官刑罚的执行也实现了属人管辖，均由秦城监狱统一执行。其三，高官腐败犯罪案件影响大，社会关注度高，中央领导也很重视，统一集中在首都北京审理更为适宜。其四，近年来，北京市的中级法院审理了不少高官腐败犯罪案件，积累了丰富的实践经验。

五年以后，也可以根据情况调整为长沙市中级法院和湖南省高级法院管辖。其三，对于厅局级官员腐败犯罪案件，非省会城市的以及省直机关、企事业单位、人民团体的厅局级官员腐败犯罪案件统一由省会城市的中级人民法院管辖；省会城市的官员腐败犯罪案件，则可确定由本省省会城市以外的某一审理腐败犯罪经验丰富的市的中级人民法院管辖。其四，对于地方县处级主要官员的腐败犯罪案件，一般由地级市党委政府所在区的人民法院管辖；所在区的县处级干部，则可确定由本市辖区内的另一区县人民法院管辖（上述两种情形下，如属于可能判处无期徒刑、死刑的，则由该地级市的中级人民法院管辖）。

第三，完善腐败犯罪异地审判法院与检察院以及纪委与司法的衔接协调机制。为避免在腐败犯罪异地审判问题上上级人民法院指定审判管辖与上级人民检察院指定侦查管辖、起诉管辖工作方面的不协调，应当进一步理顺腐败犯罪异地审判与异地侦查、异地起诉之间的关系，建立法院与检察院之间关于腐败犯罪案件指定管辖的常态协调机制。与此同时，从我国腐败犯罪案件办理的实际情况出发，还要进一步完善纪委与司法机关在指定异地审判程序中的沟通和协调机制。一方面司法机关要积极支持、配合纪委在履行反腐败工作中的组织协调职责，尊重纪委对司法机关查处、审判腐败犯罪案件的合理关切，加强沟通协调，及时向纪委通报案件查处、审判的有关情况，自觉接受监督；另一方面，司法机关又应当依法独立行使检察权、审判权，不能丧失刑事司法的独立品格，决不能搞所谓的“联合办公”，成为纪委的附庸。

五、性贿赂应否犯罪化的问题

（一）关于性贿赂应否犯罪化的争论

所谓性贿赂，顾名思义就是权色交易，主要是指利用女色贿赂男性国家工作人员，以使其利用职务之便，为自己或他人牟取不正当利益的行为。近年来，随着国家反腐败力度的不断加大，一些腐败官员连续被曝光，隐藏在这些官员背后的“性贿赂”屡屡见诸报端，特别是前段引发舆论高度关注的重庆雷政富案和原铁道部部长刘志军案，由其案件衍生出的性贿赂是否应当入罪的问题，再次成为媒体和公共空间热议的焦点话题。对于性贿赂如何打击、能否犯罪化，社会上一直争议不断。其实，早在1997年刑法修订前夕，就有人建议把性贿赂犯罪化，但至今历次刑法修订和颁布的司法解释，一直未将“性贿赂”纳入“贿赂”的范围，性贿赂问题也始终未成为司法机关定罪量刑的依据，这在一定程度上引发了公众质疑，社会上呼吁立法制裁性贿赂的呼声此起彼伏。

性贿赂是否犯罪化，实际上涉及贿赂的范围问题。我国刑法有关规定是将贿赂表述为“财物”。对于贿赂的范围，刑法理论界也形成了“财物说”“财产性利益说”和“利益说”三种观点。目前，我国刑法学界较为通行的观点是“财产性利益说”，即贿赂应当是指具有价值的有体物、无体物和财产性利益，而性贿赂等非财产性利益不属于贿赂。这一观点，也被最高人民法院、最高人民检察院于2008年11月20日联合出台的《关于办理商业贿赂刑事案件适用法律若干问题的意见》所采纳。该《意见》第7条规定：“商业贿赂中的财物，既包括金钱和实物，也包括可以用金钱计算数额的财产性利益，如提供房屋装修、含有金额的会员卡、代币卡（券）、旅游费用等。具体数额以实际支付的资费为准。”

应当说，无论古今中外，性贿赂的现象都是存在的，① 权色交易在官场在所难免，也确实有一些国家对性贿赂进行刑法规制，并且不乏针对性贿赂进行定罪科刑的案例。如在我国古代，《左传·昭公十四年》中记载了邢侯因叔鱼收受雍子提供的美色贿赂而将二人定罪处死的案例；《唐律·职制篇》和《清律》中也有将官员娶当事人的妻妾女规定为犯罪并加重处罚的法条。② 在

① 如被我国民间传说誉为中国古代“四大美女”的西施、貂蝉、杨玉环、王昭君的故事，也多多少少都带有些“性贿赂”的影子。以居“四大美女”之首的西施为例，其就是越王勾践为了腐化吴王夫差献上的“美人计”，可以说是中国古代“性贿赂”成功的典型，西施以其“沉鱼落雁之容，闭月羞花之貌”使吴王夫差神魂颠倒、荒废朝政，最终导致其国破身亡。

② 参见张有义：《中国性贿赂调查：已成行贿犯罪普遍手段　立法引争议》，《法制早报》2006年10月22日。

国外，也有将性贿赂入罪的立法例。例如，日本《刑法》第197条规定“公务员或仲裁人关于职务上的事情，收受、要求或约定贿赂的是受贿罪”，其贿赂的范围在司法实践中定义十分广泛，包括“满足人们需求、欲望的一切利益”“艺妓的表演艺术”“男女亲密交往”[①] 等内容，从而将性贿赂纳入了刑事制裁范围。值得注意的是，虽然各国多有主张以刑法打击性贿赂的呼声，但多数国家和地区并未将性贿赂入罪，这也代表了国际社会的主流。多数国家之所以不将性贿赂犯罪化，主要是不希望以感性的道德谴责替代刑事制裁的理性法治。

（二）关于性贿赂应否犯罪化的基本主张

毋庸置疑，权色交易式的性贿赂确实具有较为严重的社会危害性。性贿赂直接侵犯公职人员职务的廉洁性和纯洁性，导致公权力滥用，损害政府威信和公共利益、极大地败坏社会风气，而且性贿赂比较隐蔽、难以查处，行贿与受贿都容易逃避罪责追究，其诱惑力和危害性有时超过一般的财物贿赂。近年来很多落马的腐败官员，大都存在权色交易的勾当，与多名女性发生或保持不正当性关系，有的甚至到了胆大包天、无法无天的地步，惹得天怒人怨，老百姓非常愤慨，要求予以打击。在我国生效的《联合国反腐败公约》第15条也规定：“各缔约国均应当采取必要的立法措施和其他措施，将下列故意实施的行为规定为犯罪：（一）直接或间接向公职人员许诺给予、提议给予或者实际给予该公职人员本人或者其他人员或实体不正当好处，以使该公职人员在执行公务时作为或者不作为；（二）公职人员为其本人或者其他人员或实体直接或间接索取或者收受不正当好处，以作为其在执行公务时作为或者不作为的条件。”[②] 可见，从贿赂的对象看《联合国反腐败公约》上述关于贿赂的规定是“不正当好处”，“不正当好处”的范围显然要大于“财物”，“不正当”是“好处”的修饰语，是出于贿赂行为而得出的评价。“好处”也就是某种利益，除了财物或财产性利益以外，它还可以指性交易这种非财产

---

① 参见李慧翔：《国外有无“性贿赂”，怎么治理?》，《新京报》2012年12月22日。

② 外交部条约法律司编译：《联合国反腐败公约及相关法律文件》，法律出版社2004年版，第14页。

性利益。不难发现，我国刑法对贿赂的规定，与《联合国反腐败公约》对贿赂范围的界定还是存在一定差距的，立法上应考虑妥善解决这个问题。如果我国对受贿罪等腐败犯罪采取更为严厉打击的刑事政策，就可以考虑将性贿赂作为贿赂对待。当然，我国刑法立法上最终是否将性贿赂犯罪化，除了需要考虑中国刑事政策的反应外，还有其他一些制约因素，需要我们认真予以理性思考和对待。如在中国的传统观念中“男女关系问题更多是道德问题，难以用一个统一的法律标尺来界定这种行为的性质”①；“权色交易”难以用财物衡量，给定罪量刑带来一定难题②；性贿赂存在取证困难，“交易”双方死不认账就难以证实③；等等。

笔者认为，结合现代刑法的科学性、合理性、可操作性要求暨性贿赂的复杂情况来考虑，我国刑法不宜将性贿赂犯罪化，但是对于可转化为金钱或者财物来衡量的性贿赂，则可以考虑纳入贿赂的范围，进行刑法规制。

首先，刑法规范应当具有明确性，这是性贿赂不宜犯罪化的主要原因。明确性原则是罪刑法定主义对刑事法治的基本要求，如果某一刑法规范不明确，内容模棱两可或者含混不清，不具有预测可能性，那就既不能有效制约刑罚权的行使，也会有损刑法的安定性。性贿赂并非法律用语，没有明晰的边界，尤其是不能确定其“量”，无法对其进行量化和计算。如果将性贿赂犯罪化，在具体的司法实践中，必然会遇到认定模糊、可操作性较弱和取证困难等问题，法律适用和司法认定都存在难以克服的技术障碍。刑法立法若对性贿赂进行规制，动机虽好，短期内也许会对性贿赂这种形式的权色交易腐败行为起到震慑作用，但其造成的问题却不容忽视，由于不具有明确性的刑法规范，难以遏制刑罚权行使的恣意，势必会损害刑法的人权保障机能，有违罪刑法定主义的基本精神。

其次，刑法应当具有谦抑性，也是性贿赂不宜犯罪化的重要原因。刑法

---

① 《性贿赂争议 17 年入罪难　专家：可定义为不正当好处》，《京华时报》2013 年 7 月 22 日。

② 参见马岳君：《“性贿赂”是否应该写入刑法？道德 VS 法律》，《法制日报》2008 年 9 月1 日。

③ 张有义：《中国性贿赂调查：已成行贿犯罪普遍手段　立法引争议》，《法制早报》2006 年 10 月 22 日。

作为惩治犯罪的手段，具有特别的威慑力和特殊的严厉性，是防卫社会的最后一道防线。这就从根本上决定了刑法不能过于广泛地介入社会生活，而只能慎重、限制地适用于必要的范围内，以保持应有的谦抑。对于能用道德、党纪、政纪或者民事行政法律来调整和约束的行为，就不能将某种行为在刑法中加以规定或者动用刑罚。在社会生活中，性贿赂往往与腐败分子“生活作风不好”“腐化堕落”“道德败坏”“性泛滥”等交织在一起，涉及伦理、道德、情感、隐私、纪律、法律等多个方面的因素，有的是自己直接去进行性贿赂，有的是被雇佣以性交易的形式行贿，有的是“包二奶”或“养情人”，有的是性贿赂后发展成为男女朋友甚至夫妻关系等等，所以，要搞清楚究竟哪些是性贿赂，哪些是男女关系问题等等，往往会非常困难。性贿赂是否犯罪化，该不该上升到刑法规制的高度，说到底也是一个涉及道德与法律的博弈问题。我国刑法没有把通奸或者“包二奶”等行为规定为犯罪，而是主张将法律与道德分开，将刑事问题与非刑事问题分开，这是我国刑事立法先进性与科学性的体现。而性贿赂一旦入罪，必然会面临道德与法律而且是最严厉的刑法的交织和碰撞问题。若能积极建立健全惩治和预防腐败体系，形成不敢腐的惩戒机制、不能腐的防范机制、不易腐的保障机制，通过党纪、政纪、道德或者一般的法律制裁就能约束或处罚这种行为，又何必要上升到刑法的高度予以最为严厉的制裁呢？这是一个需要深入思考和理性对待的问题。

再次，我国刑法将贿赂限于财物并规定了相应的数额标准，虽然与《联合国反腐败公约》的有关规定相比有一定差距，但标准相对较为明确，可操作性强，在司法实践中比较容易把握，总的来说是合理的。当然，对于可转化为金钱或者财物来衡量的性贿赂，我们建议在进一步研究的基础上考虑将其适当纳入贿赂的范围，进行刑法规制。因为这种形式的性贿赂，与一般的钱财贿赂或者财产性利益贿赂并无本质上的区别，而且不存在法律适用或者司法认定上的问题。如行贿人通过支付或者许诺一定数额的金钱或者财物给特定女性或者男性，以此作为代价，使其与国家公职人员进行性交易，那么，这种情况下进行的性贿赂，就是可以转化为用金钱或者财物来衡量的，应认定为贿赂。国家公职人员接受这一性贿赂进而利用职务便利，为行贿人谋取利益的，应以受贿罪论处。例如，在原铁道部部长刘志军案中，2003 年至 2009 年间，刘志军先后在豪华酒店、高消费娱乐场所与山西女商人丁书苗出资安排的多名女性嫖宿。[①] 丁书苗出资安排对刘志军进行的性贿赂，就是可以转化为用金钱来衡量的性贿赂，其出资额就可以考虑认定为贿赂的数额。

六、腐败犯罪人员的境外追逃问题

（一）相关基本情况

近年来，我国腐败分子外逃现象十分活跃。尽管因统计标准、统计口径不同等因素，外逃腐败分子的准确人数仍是待解之谜，但从以往披露情况[②]分析，显然不会是一个小数目，这从一个侧面说明我国腐败分子外逃情况的严重性。腐败分子外逃，不仅阻碍国家对其刑事追诉的进行，起到“反向激励”的作用，影响我国惩治腐败犯罪的成效，而且也降低我国司法威慑力，损害我国司法权威和法治尊严。因此，做好腐败分子境外追逃工作，尽快将其缉捕回国就十分必要。这是新形势下深入开展反腐败斗争的迫切需要，也有利于消除腐败分子妄图逃避法律制裁的幻想，更好地维护我国国家利益和法治尊严，增强人民群众对反腐败斗争的信心。此外，腐败分子的外逃对逃入国也会带来负面影响，其携带的巨额资金的涌入，往往会给逃入国的金融市场、房地产市场等带来虚假的繁荣，产生泡沫现象，给当地经济带来不稳定因素。[③] 由此而论，腐败分子逃入国配合逃出国的追逃工作，不仅是对逃出国的

---

① 参见《丁书苗曾数次出资安排多名女性供刘志军嫖宿》，《新京报》2013 年 9 月 8 日。

② 据《南方周末》2003 年 9 月刊登的一篇报道所引用商务部的《离岸金融中心成中国资本外逃中转站》报告显示，改革开放 30 余年来，有超过 4000 名中国外逃贪官在国外“自由主义”的天空下接受“荫护”，最保守有超过 500 亿美元的资金被他们卷走。中国社科院近年的一份调研报告则显示，从 20 世纪 90 年代中期以来，外逃党政干部、公安、司法干部和国家事业单位、国有企业高层管理人员，以及驻外中资机构外逃、失踪人员数目高达 16000—18000 人，携带款项达 8000 亿元人民币。参见李松：《外逃贪官人数仍是待解之谜　中央出台规定再紧篱笆》，《瞭望》2010 年 5 月 24 日。

③ 参见邵俊：《试论〈联合国反腐败公约〉框架下经济职务犯罪人引渡问题》，《当代经理人》2006 年第 4 期。

支持和履行其国际司法合作的义务，而且也是维护其本国经济秩序和法治的需要。

对于腐败分子外逃猖獗的现象，党和国家一贯高度重视，积极建立健全防范腐败分子外逃、境外缉捕的工作机制。中国政府至今也已签署和参加了包括《联合国反腐败公约》在内的多项双边、多边国际公约，先后与57个国家缔结111项各类司法协助类条约。[①] 最高人民检察院作为在《联合国反腐败公约》框架下开展国际司法协助的中国中央联络机关，也先后与外国司法检察机关签署了100多个双边合作协议或司法合作备忘录。[②] 2011年6月22日，时任中纪委副书记、新闻发言人吴玉良在新闻发布会上表示，中国政府高度重视腐败分子外逃的问题，大力开展境外的追逃和追赃工作，逐步建立防逃网络，特别是针对近年来出现的腐败分子利用外国投资移民政策获取身份、转移赃款等问题加强了防范工作。近几年已经通过引渡、遣返和司法协助、警务合作等国际执法合作的方式，将一批逃往国外的腐败分子缉拿归案。[③] 如近年来社会影响较大的云南省交通厅原副厅长胡星、中国银行广东开平支行原行长余振东等一批外逃腐败分子先后被缉捕归案。上述这些追逃成功的案例，充分展示了我国政府和司法机关惩治腐败的坚强决心，极大地震慑了企图潜逃的腐败分子，维护了我国法治的尊严。

（二）境外追逃存在的问题

从近年来境外追逃的实践看，我国境外追逃工作取得了不少成绩，但也存在一些问题，亟待研究解决。

第一，境外追逃困难。由于各国政治制度、文化传统、价值观念和法律体系上的差异，在我国反腐追逃的实践中，面临着条约前置主义、死刑不引渡、政治犯不引渡以及对我国刑事司法制度缺乏足够信任等问题，使得大量

---

① 参见徐日丹：《加强国际司法合作：编织跨国界反腐“天网”》，《检察日报》2012年10月22日。

② 参见郭洪平：《打击贪官外逃不放松境外追逃追赃》，《检察日报》2010年11月5日。

③ 参见《中纪委发言人：中国政府高度重视贪官外逃问题》，参见 http：//news. jschina. com. cn/system/2011/06/22/011067301. shtml，访问日期：2013年7月26日。

的引渡或者遣返请求等被外国拖延、搁置甚或拒绝，这已在相当程度上影响了我国境外追逃的效果。

第二，境外追逃成本高昂。高昂的追逃成本也成为制约我国境外追逃工作的一大瓶颈。相比于国内追逃，境外追逃因涉及公务往返、双方谈判、证人出庭、调查取证等众多程序，其追逃成本显然是不可同日而语的。

第三，境外追逃技术条件有待提高。长期以来，我国检察机关境外追逃之所以存在较大难度，境外追逃工作总体成效离党和人民群众的要求还存在一定差距，应当说与检察机关运用技术侦查手段有限和技术装备不足是存在密切关系的。

第四，境外追逃经验还不丰富。虽然我国与外国缔结了大量涉及引渡、刑事司法协助等事项的条约，但司法机关引用这些国际条约的几率却很低。其中，重要的原因是我国一些地方的办案机关对境外的情况、法律制度等了解不够，追逃主动性和积极性均不高，表现出一定的畏难情绪，这给我国境外追逃工作造成了很大障碍。须知，境外追逃在很多时候较量的是智慧、意志和经验。

（三）境外追逃工作的改善

为进一步改善和强化新形势下我国对腐败分子的境外追逃工作，建议要着力抓好以下几个方面的工作：

第一，加快与《联合国反腐败公约》有关要求的衔接，破解境外追逃的法律障碍。一是要灵活处理死刑不引渡问题。在目前我国不太可能废除贪污贿赂等腐败犯罪死刑的情况下，建议采取灵活处理的方式，适时在双边引渡条约或者司法个案合作中规定保证不判处被引渡人死刑或者作出不判处死刑的量刑承诺，从而以积极的姿态面对国际反腐追逃工作。二是要修改《中华人民共和国引渡法》等国内立法，使之与《联合国反腐败公约》在政治犯不引渡、双重犯罪原则、本国国民不引渡等问题上的规定和要求相衔接，从而为成功追捕外逃贪官，排除国际司法合作中的法律障碍创造条件。

第二，境外追逃与境外追赃双管齐下，发挥反腐追逃的整体合力。境外追逃和追赃都是开展国际反腐合作的重要组成部分，两者密切关联、相辅相成。一方面，既要高度重视境外追逃工作，加大合作力度，提高国际刑事司法合作水平，把缉捕潜逃境外腐败分子作为对外司法合作的重点工作，综合运用引渡、遣返、劝返等方式，增强打击跨国、跨区域腐败犯罪的实效；另一方面，要积极开展追缴和返还腐败资产的国际合作。通过追缴境外腐败犯罪资产，以此摧毁腐败分子在境外生存生活的物质基础，挤压其生存空间，截断腐败分子的退路，迫使腐败犯罪分子回国自首，或最终被强制遣送回国，以此实现追赃促追逃的效果。

第三，实行关口前移，进一步健全防范腐败分子外逃的工作机制。与追逃、追赃相比，预防腐败分子潜逃，积极健全防范腐败分子外逃的工作机制更是一项治本之策。要强化防逃意识，增强防逃工作的主动性和预见性，依法果断采取相应的防控措施，尽最大可能将腐败分子控制在境内。要统筹部署和推动腐败分子防逃工作，加强检察与纪检、公安、法院、海关、工商、审计和外交等部门的合作和信息沟通，完善相关制度，逐步建立起防逃网络。要完善官员配偶和子女移居海外、出国留学等的报告和备案制度，防止领导干部当“裸官”进而演变为“贪官”，坚决遏制腐败分子外逃现象的滋生蔓延。

第四，继续深化司法改革，树立司法公正形象。西方社会对我国的司法公正往往存在偏见和疑虑，因此每当我国提出引渡或遣返请求时，根据我国国内法，本已是证据确凿的重大案犯，但被请求国仍会就被请求人是否受到公正的司法待遇问题展开一系列的评估等等。评估结果直接影响被请求人能否顺利引渡或遣返回国。[①] 可见，树立国内司法公正形象对于能否成功引渡或遣返外逃腐败分子十分重要。而要树立司法公正形象，增强外国对我国刑事司法制度的信心和信任，就应当继续深化司法改革，严格规范司法行为，进一步优化司法权力配置，更好地尊重和保障人权，不断提高执法办案水平和司法公信力。

---

① 田晓萍：《我国引渡外逃经济罪犯的法律障碍和对策——以赖昌星遣返为视角》，《行政与法》2007年第5期。

第五，加强检察机关境外追逃的技术力量。腐败分子境外追逃要有较先进的技术条件和装备作保障。要深入实施科技强检战略，大力加强检察机关境外追逃的技术力量，推进追逃技术装备的现代化，重点加强移动定位设备、电信监控设备、视听技术装备等高科技装备建设，探索对数据存储介质检验、录音录像资料识别、数据恢复固定、心理测试等技术侦查手段的探索使用，把增强检察机关境外追逃的技术力量作为提高反腐追逃成效的重要途径。

七、腐败犯罪外移资产的追回问题

（一）腐败犯罪资产外移的危害及其追回的意义

近年来，腐败分子携款潜逃现象已成为腐败犯罪的一个突出特点，引起了世界各国的共同关注。腐败分子携款潜逃或者通过其他方式实施资金跨境转移，具有严重的危害性，表现在经济、政治、社会等多个方面，不仅增加了受害国打击腐败犯罪、追缴违法所得的难度和成本，助长腐败蔓延趋势，破坏经济发展，而且还会危害社会和谐稳定，严重影响国家的国际形象。正是因为腐败犯罪资产跨境转移形势严峻，对本国经济社会发展危害严重，深入开展反腐败国际合作，最大限度地追回海外腐败犯罪资产，成为各国、各地区反腐败执法机构的共同愿望和迫切要求。

腐败犯罪外移资产追回的意义，主要体现在以下几个方面：第一，有利于挽回国家巨额经济损失。跨境转移的腐败犯罪资产，若不能及时追回，必将给国家造成巨大经济损失，在一定程度上削弱国家的财政力量，严重影响经济发展。第二，有助于挤压腐败分子的生存空间。非法资产是腐败分子在境外生活的经济基础，通过最大限度地对腐败犯罪资产及收益进行有效的追回，摧毁腐败分子在境外生存生活的物质基础，可以有效地挤压其生存空间，迫使其自愿回国自首或最终被追捕回国。第三，有助于震慑潜在腐败分子。资产追回是国际合作打击腐败最重要的环节和手段，客观上有利于对潜在腐败分子起到预防和威慑的作用。对受到腐败犯罪诱惑的人来讲，腐败犯罪资产的追回可使其认识到搞腐败携款潜逃可能会暂时得到好处，但最终会化为乌有，促使其及早醒悟，消除实施腐败犯罪的意念。

（二）对我国腐败犯罪外移资产追回实践的分析

境外腐败犯罪资产的追回，关键在于没收程序的运用。2012 年 3 月 14 日十一届全国人大五次会议对《刑事诉讼法》进行了修订，在立法中增补规定了“犯罪嫌疑人、被告人逃匿、死亡案件违法所得的没收程序”。[①] 这是针对犯罪嫌疑人、被告人逃匿、死亡案件违法所得及其他涉案财产处理的规定，不以对犯罪嫌疑人、被告人定罪为前提，而是一种相对独立的对物的特别程序，主要解决的是如何及时追缴犯罪所得的问题。该特别程序的增设，实现了与《联合国反腐败公约》有关资产追回规定的衔接，是本次刑事诉讼法修正的一大突出亮点，其进步意义显著。在确立“违法所得没收程序”之前，我国刑事诉讼立法未专门针对腐败犯罪资产追回问题进行规定。我国检察机关对潜逃或死亡的腐败犯罪嫌疑人追赃的工作，在法律上存在一定障碍。在检察机关办理的腐败犯罪案件中，凡涉及犯罪嫌疑人失踪、潜逃的案件，基本上是采取长期查封、冻结或扣押措施，直到犯罪嫌疑人归案并交付审判。如果失踪、潜逃的犯罪嫌疑人无法归案，或者生死不明的，那么赃款赃物将一直处于无法处置的状态。[②] 在腐败分子因死亡、失踪或潜逃等不能到案的情况下，人民法院也不能对其腐败犯罪资产的处置问题进行判决。[③] 确立“违法所得没收程序”之后，检察机关可以更加有效地开展在逃腐败犯罪嫌疑人的资产追回工作。对于涉及境外追赃案件，检察机关取得了相关证据证明系腐败犯罪所得的，可以向人民法院提出没收违法所得的申请，人民法院可以据此作出刑事没收裁定，并通过刑事司法协助的渠道，请求相关国家承认与执行中国刑事没收裁决。当然，检察机关也可先行启动刑事司法协助程序，请求相关国家查封、冻结或扣押被腐败犯罪嫌疑人转移到境外的资产。在此基

---

① 参见 2012 年新修订的《刑事诉讼法》第五编第三章（第 280—283 条）。

② 参见《境外追赃令贪官无处可逃》，《济南日报》2012 年 6 月 28 日。

③ 最高人民法院：《关于建议设置刑事诉讼缺席判决程序问题的答复》，参见最高人民法院网 http：//www. court. gov. cn/gzhd/mygtxx/myfkzl/wpgz/201009/t20100907_ 9178. htm，访问日期：2010 年 9 月 7 日。

础上，再启动违法所得没收程序和刑事司法协助程序，从而追回境外腐败犯罪资产，实现境外追赃的最终目的。

在境外追赃实践中，我国通过建立健全涉案资产追回和返还等工作机制，根据国际公约以及双边司法协助条约和协定，[①] 综合运用直接追回资产、民事诉讼追回资产等手段，有效追回了大量涉案的腐败犯罪资产，取得了明显成效，充分展示了国家惩治腐败犯罪的坚强决心，有力地震慑了腐败犯罪分子。如2008—2012年五年间，全国检察机关加强反腐败国际司法合作，完善境内外追赃机制，会同有关部门追缴赃款赃物计553亿元。[②] 其中，境外追回的赃款赃物占有相当比例。[③] 再如，北京市检察机关近年来不断加大腐败犯罪境外追赃、追逃以及劝返工作力度，成功从境外追缴赃款5000余万元，就取得了显著效果。[④]

（三）我国腐败犯罪外移资产追回机制的完善

完善我国腐败犯罪外移资产追回机制，应着重考虑以下几点：

第一，确立以“违法所得的没收程序”为主体的多元资产追回机制。一方面，要以“违法所得的没收程序”这一特别程序为主体，进一步强化资产追回的履约能力，深化双边、多边务实合作，积极开展腐败犯罪资产的追回；另一方面，要大力探索和丰富资产追回国际合作方式和渠道，综合运用直接追回资产、民事诉讼追回资产、促使犯罪嫌疑人配合追缴资产等手段，最大限度地对腐败资产、犯罪收益进行有效的追缴和返还。

第二，组建一支境外追赃的跨部门的特别侦查队伍。鉴于境外追赃的知识性、专业性和国际性较强，追赃机关和工作人员不仅要熟悉本国的法律制度、追赃诉讼程序，还要了解和研究相关国家的法律制度、追赃的民事和刑事程序，并且熟练掌握刑事司法协助或国际合作的业务。相关工作涉及检察、

① 截至目前，我国已与50个国家签订双边刑事司法协助条约或协定，广泛开展国际合作打击腐败犯罪资产的跨境转移。参见赵阳：《国际合作打击犯罪资产跨境转移》，《检察日报》2013年11月9日。

② 参见《曹建明作最高人民检察院工作报告》，《人民日报》2013年3月22日。

③ 数据来源于中国法学会：《中国法治建设年度报告（2011）》，新华出版社2012年版。

④ 参见肖玮等：《北京近年从境外追赃5000余万元》，《检察日报》2012年6月28日。

审判、外交、公安、司法行政、财政、国资委等部门，因此建议在国家层面组建一支由检察、纪检监察、审计、公安、外交、财政、国资委等部门组成的跨部门的境外追赃特别侦查队伍。境外追赃特别侦查队伍的基本任务是：组织、指挥、指导针对我国公职人员在境外拥有违法所得，以及我国在境外投资的国有资产项目被挥霍或非法转移的案件进行侦查、调查，办理境外追赃调查取证、司法协助事务等，由其形成的侦查终结或调查结论，可转交相关职能部门，或由司法机关采取刑事诉讼追缴或国际合作追赃措施，或由行政机关依法采取其他措施予以处置，除依法返还被害人或单位外，一律上缴国库。

第三，进一步发挥检察机关在腐败犯罪境外追赃工作中的主要职能作用和主渠道作用。检察机关不仅是我国国内反腐败的重要力量，也是反腐败国际合作的重要力量。建议最高人民检察院进一步重视和主动承担腐败犯罪境外追赃的工作任务，切实履行好我国实施《联合国反腐败公约》中央机关的职能，在中纪委的指导和协调下，在公安、外交、司法行政等部门密切配合下，依照我国的法律、国际条约或公约，或国际合作互惠原则，积极认真地开展好腐败犯罪境外追赃工作。

第四，确立我国境外追缴腐败犯罪资产的分享机制。转移到境外的腐败犯罪资产的追回，离不开资产流入国的配合和支持。在腐败犯罪资产追回国际司法合作中，不必故意回避“资产分享”问题。作为一项追赃国际合作的激励措施，一些国家通过缔结条约的方式，相互间开展追赃国际合作，效果很好。因此，我国司法机关追缴境外腐败犯罪资产应采取务实的办法，坚持原则性和灵活性相结合的方针，确立境外追缴腐败犯罪资产的分享机制，合理运用“资产分享”制度来处理赃款赃物，从而最大限度地维护我国国家利益。不久前，我国与加拿大就签署了中国刑事司法史上第一个犯罪资产返还与分享的协定。[①] 当然，需要注意的是，确立分享机制的同时，要坚持国家主权原则、被害人权益和保护合法所有人财产所有权原则，坚持对遭受犯罪侵

① 赵阳：《国际合作打击犯罪资产跨境转移》，《检察日报》2013 年 11 月 9 日。

害的被害人明确的财产必须全面无条件返还、不得分享的原则，并要严格界定分享的条件和范围。

八、结语

时代的变迁、社会的进步和反腐的深入，已经成为中国反腐败刑事法治发展进步最内在的原动力。同时，也只有立足于我国反腐败的实际情况和发展完善需要，在对现行的反腐败刑事政策、刑事立法和刑事司法进行深刻反思的基础上，以现代刑事法治理念为指导，理性、稳妥地推进反腐败刑事法治的改革创新，才能实现中国反腐败刑事法治的现代化、科学化和国际化。

中国反腐败刑事法治建设是一项任重道远的事业，刑事法学者基于自己的事业使命感和社会责任感，无法回避这一课题，而应积极关注和参与研究，从而为我国反腐败刑事法治的改革完善注入正能量。我们坚信，随着社会、政治、经济、法治的整体提升，我国反腐败斗争将进入一个更加高效的时代，我国反腐败的刑事法治建设也必将能不断取得更大、更加令人瞩目的成就！

构建法治引领和规范改革的新常态

陈　甦*

在当代中国的社会实践与历史进程中，改革与法治是两大时代主题，全面深化改革与全面推进依法治国是正在进行的两大社会系统工程。改革如何进行，法治如何建设，不仅是在其各自领域需要持续性地提出与解决的理论与实践问题，也是在改革与法治之间必须联系性地提出与解决的理论与实践问题。改革与法治之间存在着本质上的系统关联和实践上的机制互动。

一、改革与法治之间具有内在的统一性

在社会的动态系统中，改革与法治固然有各自的结构体系与运作机制，然而，改革与法治能够在同一个社会系统中达致动态共处，必有其内在的关联与契合。实践中的改革与法治关系还存在诸多尚待解决的问题，其原因并不是改革与法治之间存在本质上的冲突，而是我们对改革与法治关系还缺乏足够深入的科学认识与充分恰当的经验总结。

改革与法治之间存在着相辅相成、机制互动的关系，二者互为目的与手段。在新时期新形势下，要达到全面深化改革的目标，必须通过推进法治的方式来实现；要达到全面推进依法治国的目标，也必须通过深化改革的路径来实现。《中共中央关于全面推进依法治国若干重大问题的决定》（以下简称《决定》）强调“法律是治国之重器，良法是善治之前提”。改革亦属治国，旨在善治，其与法治同为实现国家善治的重要机制。

---

* 陈甦，中国社科院法学研究所党委书记，本文摘自《法学研究》2014年第6期。

在改革与法治的实践中，存在着一个较为流行的关于二者关系的论证结构，即认为，改革就是要打破一切不符合“三个有利于”的体制机制，包括其中的法律制度，因此，改革可以不受过时的保守僵化的法律约束。所谓“改革就要突破法律”“改革要勇于闯红灯”等观点，就是改革与法治必有冲突这一论证结构的具体反映。深入解析这个论证结构，可以发现其中存在着严重的逻辑缺陷，它是用“好的改革”与“差的法治”作为结构要素建立的。能够打破不符合“三个有利于”的体制机制的改革，显然是“好的改革”；内含“过时的保守僵化的法律”的法治，显然是“差的法治”。尽管在我国改革与法治的实践过程中，确实在某些领域或方面曾有“好的改革”与“差的法治”并存的社会实态，并且这种社会实态在当前或今后仍会程度不同地随机展现，但是“好的改革”与“差的法治”并存正是良法善治所要消除的社会状态，不能作为改革与法治一般性关系的论证结构要素。

改革就是要打破一切不符合“三个有利于”的体制机制，这是建设宏大事业的目标界定与评价标准。就具体的改革政策措施而言，好的改革动机或目标未必与好的改革结果相一致，好的改革结果也未必与好的过程或手段相一致。在动机或目标都良好的前提下，改革与法治的过程、手段与效果都有好与差之分，以“好的改革”与“差的法治”来建构改革与法治的一般性关系，既不符合逻辑也不符合实际。法治并不以维持保守僵化的法律及其秩序为本质特征，法治不只是体制性的社会存在，更是活的机制性的社会存在。良好的具有现实活力的法治机制，内含使法治本身不断得以改进以维持其现实性的结构与动力，即法治本身就包含了如何突破过时法律束缚的机制功能。所谓“保守僵化的法律”，会因良好的法治机制运行而不断消除。因此“好的改革”与“好的法治”才是改革与法治应有关系的结构要素，才是理论上阐释改革与法治关系的应有前提，实践上建构改革与法治关系的应有目标。“全面深化改革”旨在建构“好的改革”，“全面推进依法治国”旨在建构“好的法治”，“全面深化改革”与“全面推进依法治国”构成新时期社会前进车之两轮、事业腾飞鸟之双翼，显然是基于改革与法治之间内在统一性的科学认识而形成的实践态势。“那些认为‘改革与法治两者是相互对立和排斥的’

‘要改革创新就不能讲法治’‘改革要上‘法律就要让’‘要发展就要突破法治’等错误观念和认识，都是有违法治思维和法治原则的。”①

基于改革与法治的内在统一性，就要用法治思维和法治方式推进改革。改革有改革思维与改革方式，法治思维与改革思维能否兼容，决定了法治方式与改革方式能否协调。只有法治思维与改革思维兼容，法治方式与改革方式协调，才能实现用法治思维法治方式推进改革。有观点认为，改革与法治有不同的思维路径，“改革思维的关键是变，是要改革现有的法律与秩序；……法治思维的关键是守，即固守现行的法律制度和秩序”②。这固然表述了改革思维与法治思维的某种差异性，但是，其一，改革的“变”并非改革思维的全面描述，法治的“守”也并非法治思维的全面描述；其二，在改革思维的“变”与法治思维的“守”之间，并不存在必然的对应关系。改革思维的关键固然是“变”，然而，改革思维中的变与秩序之间有复杂的认知及体现，既有旨在解构秩序之变亦有旨在建构秩序之变，既有偏好无序之变亦有偏好有序之变。如果把作为改革思维关键的“变”，仅仅局限于解构秩序之变、偏好无序之变，那么“改革开放永无止境”岂非导致永无秩序可言？法治思维的关键未必是“守”，因为既有保守之法治，亦有积极之法治。有生命力的法治，必须是能够适应现实需要的法治，旨在维持法治现实性与生命力的法治思维中，必然呈现出建构积极法治以适应现实社会的求变特性。因此，不能以保守特性来概括法治对秩序价值的追求，作为法治价值取向的秩序，既包含了稳定之秩序亦包含了变革之秩序。可见，在有序之改革与积极之法治之间，存在高度的思维兼容性，由此必然能够实现改革方式与法治方式的协调性。

二、用法治引领和规范改革是新时期现实需要

用法治引领和规范改革，已经成为新时期处理改革与法治关系的基本原

① 李林：《全面深化改革与法治的关系》，载刘作翔主编：《法治与改革》，方志出版社2014年版，第201页。

② 陈金钊：《如何理解法治与改革的关系》，《苏州大学学报》（法学版）2014年第2期。

则。《决定》中的诸多决策与要求，如“使我国社会在深刻变革中既生机勃勃又井然有序，……必须更好发挥法治的引领和规范作用”“实现立法和改革决策相衔接，做到重大改革于法有据、立法主动适应改革和经济社会发展需要”等，均是用法治引领和规范改革这一基本原则的体现。法治与改革之间具有内在的统一性，为用法治引领和规范改革这一基本原则的确立，提供了现实可能性。法治所具有的权威性、统筹性、公正性和秩序性，则是新时期改革应具有的目标属性和手段属性。必须用法治引领和规范改革，这既是改革与法治关系本质的社会反映，也是改革开放以来改革实践与法治实践的经验总结。

在改革与法治关系转化为实践的策略形态上，用法治引领和规范改革可以被简要概括为“先变法后改革”，从而与“先改革后变法”的主张相对应。究竟“先变法后改革”与“先改革后变法”孰优孰劣，应在改革与法治的有机联系下分析阐释。“先改革后变法”作为一种改革形态及其经验的观念概括，其中的“法”显然应是具有强制性的宪法或法律，否则“先改革后变法”的命题就毫无意义。能够赋予“先改革后变法”正当性的依据，就是所谓的“良性违法”（包括“良性违宪”）理论。“所谓良性违宪，就是指国家机关的一些举措虽然违背当时宪法的个别条文，但却有利于发展社会生产力、有利于维护国家和民族的根本利益，是有利于社会的行为。”[①] 对于“良性违法”，亦可以“法律”一词置换“良性违宪”定义中的“宪法”一词后做同样界定。“良性违法”的理论基础，是所谓的“实质法治可以否定形式法治”，即只要一个改革政策在实际效果上是良性的，即使违反法律的现行规定，仍然应获得法律上的肯定，对其违法性质应当给予宽容。在“违法”前冠以“良性”二字，这在法治知识体系中属于逻辑矛盾的语言表述，却是改革进程中一些事例的似乎颇有说服力的理论解释。例如，在与现行宪法法律不相符合的情况下，安徽小岗村率先实施土地承包责任制，温州先行允许私营经济发展，深圳先行实行土地使用权有偿转让等，它们不仅为后来的事实证明是

① 郝铁川：《论良性违宪》，《法学研究》1996 年第 4 期。

正确的，也为后来的宪法修改和法律制定所肯定。但深入分析表明，以“良性违法”来解释上述改革事例的正当性，完全是一种似是而非的论证，以类似“论据证明‘良性违宪’和‘良性违法’的合理、正当更是非常有害的”①，“良性违法”在本质上与法治格格不入。不彻底消解“良性违法”在理论上的解释力和在实践上的示范效应，用法治引领和规范改革的理念与原则就难以在实践中稳固确立。

无论对“良性违法”持何种态度，一般都承认“良性违法”是在我国法治极不完善的历史条件下，为力行改革而不得不采取的做法。既然“良性违法”具有不得不为的性质，对“良性违法”所赋予的合理性，就未必使其足以构成可传承或可仿效的经验。本文认为，通过“良性违法”来推进改革根本就不是经验，而是改革史和法治史上应汲取的深刻教训。（1）那些用以证明“良性违法”正当性的改革事例，不过是对改革经验的选择性记忆。从各种改革经验中选择出符合“良性违法”的典型事例，并不足以构成改革与法治关系的一般性论证。在改革的经验记忆中，还有很多突破法律的改革措施不具有“良性违法”性质，最终也得不到法律肯定。即使是那些表面上属于“良性违法”的改革事例，也是特殊历史条件下的政治处理而非法治处理的结果。因为当时法治机制极为简陋，改革仍需在计划经济体制的外壳下进行，认可那些“良性违法”的改革措施，在本质上是体制的容忍，而不是法治的容忍。（2）一项改革是否属于“良性违法”，在经验上是一种事后判断，即根据实践检验来确定该项改革效果是否符合“良性违法”的界定。“良性违法”忽略了改革过程的法治化，只能实行改革的结果控制，而不能实行改革的过程控制。改革过程的合法性控制与改革结果的“良性违法”控制，在逻辑上与实践上都是不能兼容的。（3）“良性违法”的最大问题就是徒有抽象的判断标准，但在实践中不能建构“良性违法”的判断机制，即无法确定应由哪个主体以及按照什么程序来判断一项改革措施是否属于“良性违法”。如果任何机构或个人都以改革措施属“良性违法”自诩而任意推行，改革秩序

① 姜明安：《发展、改革、创新与法治》，《中共中央党校学报》2011 年第 4 期。

与法治秩序将不复存在。虽然“良性违法”的持论者也主张对“良性违法”给予限制而不能放任自流，但在应然的法治体系中，并无“良性违法”判断机制得以建构的合理处所。如果真能建构“良性违法”的法定判断机制，这又落入逻辑自戕的陷阱，因为任何“良性违法”的法定判断机制都可以“良性违法”为由而再行违背。可见，所谓对“良性违法”应给予限制而不能放任自流的观点，看似论述平衡，却不过是“良性违法”避免遭到彻底否定的“防身马甲”。(4)“良性违法”的持论者也不是不要法律的权威与约束，也主张对“良性违法”的改革成果应及时予以立法肯定和法治保障。可见，改革可以“良性违法”与“先改革后变法”确属同构兼容。但这里仍然存在着逻辑自戕，因为对“良性违法”改革成果的立法肯定与法治保障，可随时再以“良性违法”的改革而突破。显然，基于“良性违法”理念，既不能建构改革中的法治秩序，也不能建构改革后的法治秩序。(5)“良性违法”作为一种改革理念与方法，极大消解了法治的凝聚共识、定分止争功能。在改革政策的设计、实施、评价过程中，“良性违法”的论证逻辑是从原理论述展开的，而从抽象原理到具体结论之间难以实现简明的一致性。法治的重要功能之一，就是剪断改革措施的论证链条，法律制度体系实质上是改革措施正当性论证的大前提。“良性违法”抛开既有的法治论证体系，要么导致改革正当性论证上的武断，要么导致改革进程中出现不必要的争论与拖延。

可见，对“良性违法”以及赖以实行的“先改革后变法”模式予以肯定是非常错误的。那些具有“良性违法”性质的改革事例被后来的法律认可，并不意味着这些改革事例具备应有的改革效益。如果历史上那些“良性违法”的改革措施，在当时能够依法推行，或许改革成本更低而改革效益更高，更能降低社会矛盾冲突的程度。所以“良性违法”可以作为改革与法治的历史教训来汲取，而非可以仿效示范的改革经验。

在新时期新形势下，必须在新的历史起点上全面深化改革，既包括改革任务、改革思路的深化，也包括改革方式和改革机制的深化。随着改革实践的深入和改革经验的积累，用法治引领和规范改革，是重构改革形态与改革秩序的必然选择。

第一，改革居于其中的体制机制环境发生了根本性的变化。在社会主义市场经济体制确立之前，改革是在愈来愈破碎的计划经济体制外壳内逐渐扩展的，计划经济体制与市场经济因素在事实上并存，在结构上严重冲突，与之相应的法律制度非常简陋，并存在严重的内部冲突。确立社会主义市场经济体制目标后，建构完善的市场经济体制成为改革的主要方向。市场经济在本质上是法治经济，与之相应的法律体系已经形成并正在不断完善。因此，当前的改革是在市场经济体制及与之相应的法治环境中进行，改革须在法治引领和规范下进行，既有市场经济体制和法治体系的基础，也是市场经济体制和法治体系有序运行的要求。

第二，改革任务的重点与难点发生了重大变化。当前改革进入攻坚期和深水区，经济体制改革是全面深化改革的重点，核心问题是处理好政府和市场的关系，用法治引领和规范改革成为必要之举。为了实现使市场在资源配置中起决定性作用和更好发挥政府作用，依法限定政府的权力及其行使方式，是处理好政府和市场关系的主要路径。[①] 限定政府权力和规范政府权力的行使方式，既不能完全依赖政府部门绅士般的权力自觉，也不能依靠市场主体反抗式的“良性违法”，只能依靠法治思维法治方式进行处理。

第三，改革的价值取向逐渐呈现多元一体的特征。随着对改革本质的认识不断加深，改革追求的价值由改革初期的偏重效率，进而均衡效率与公平，再到同时追求法治价值和秩序价值。其中的法治价值具有不应减损的特性，即不论改革如何进行，在通过改革追求效率价值和公平价值时，不能减损或放弃社会的法治价值。例如，社会对法治权威的认同程度主要不是逻辑推演的结果，而是法治实践经验长期积累的结果。法治权威一旦受损，长期经验积累形成的社会认同就会遭到破坏，而且只能再通过长期的经验积累才能恢复。所以，无论改革措施如何，包括改革法治体系中不适当的结构与功能，都绝不能以损害法治权威为代价。既要以改革突破不合理的体制机制，又要维护法治权威与社会秩序，除了依法引领和规范改革之外，别无他途可供

---

① 陈甦：《商法机制中政府与市场的功能定位》，《中国法学》2014 年第 5 期。

选择。

第四，改革自身的能力建设有了质变性质的提高。随着改革实践的经验不断积累和对改革规律的认识不断深化，新时期的改革更加注重系统性、整体性和协同性，因此必须通过法治机制，更好地统筹社会力量、平衡社会利益、调节社会关系、规范社会行为。口号倡导、典型示范在推进改革方面的作用依然存在，但作用效益已大幅度降低。通过制度化改进体制、通过机制化建构改革过程，将是今后改革的主要方式。加强改革的顶层设计，用法治引领和规范改革，将是改革自身能力建设不断提高的表现与要求。

第五，改革有序进行需要对改革的全程进行控制。在改革开放以来的很长时期，对于改革的控制更多地表现为目标控制和结果控制，而改革的过程控制尚未提升到应有的高度。只有加强改革的过程控制，才能确保改革有序进行。随着改革实践的不断深入，对于改革需要有序进行的认识与要求也在不断提高。例如，在党的十一届三中全会公报和党的十二届三中全会《中共中央关于经济体制改革的决定》中“有序”一词并未出现；在党的十四届三中全会《中共中央关于建立社会主义市场经济体制若干问题的决定》中“有序”一词出现了 2 次；在党的十六届三中全会《中共中央关于完善社会主义市场经济体制若干问题的决定》中“有序”一词出现了 6 次；而在党的十八届三中全会《中共中央关于全面深化改革若干重大问题的决定》中“有序”一词出现了 16 次。法治是最为有效的社会运行过程的秩序控制机制，要强化对改革的全程控制以实现有序改革，使我国社会在深刻变革中既生机勃勃又井然有序，必须依靠法治的引领和规范作用。

三、用法治引领和规范改革的机制建设

在改革与法治实践中构建两者之间应有的关系结构，应从改革的发生与运作机制的重构入手，在改革的观念创新、政策设计、组织实施以及评估调整等各个环节，有机地融入法治思维和法治方式，以形成能够更好地发挥法治引领和规范作用的改革新常态。

首先，要处理好改革观念层面突破法律和改革实施层面遵守法制之间的关系。改革应否受法律的约束，不是一个可以得出笼统结论的问题，而是应当将改革的观念形成与政策实施相区别后，再作出适当的分析。

其次，要处理好改革先行试点与法律普遍适用的关系。对于改革政策的实践效果尚无充分把握的时候，通过在特定领域或范围的改革试点，评估改革政策的可行性，是我国改革实践中形成的经验性做法。过去，改革试点的实践特征是“先行先试”，如果改革政策有突破现行法律的需要，可以在不变动现行法律的情况下，率先实行不符合现行法律的改革政策。可见，在改革试点领域或范围中不适用相关法律，实际上限缩了相关法律的适用范围。法律适用的普遍性是法治的基本原则，如果确有限缩法律普遍适用的改革实践需要，也必须通过法治方式实行。只有按照法定程序作出授权后，与现行法律不一致的改革政策方可先行先试。这种做法既可保障改革创新，又可维护法治秩序，从而实现改革与法治在实践上的统一性。

再次，要处理好改革过程与法治过程的关系。用法治引领和规范改革，就要在改革的全过程中加强法治思维和法治方式的运用，使改革过程与法治过程在实践中形成有机联系。“先改革后变法”、改革可以“良性违法”等观点所据以阐释的改革过程，可以简要划分为改革决策→改革实施→改革评价→法律确认四个环节；而“先变法后改革”“用法治引领和规范改革”等观点据以阐释的改革过程，应是改革决策→法治化处理→改革实施→改革评价四个环节。可见，是否坚持用法治引领和规范改革，关键不是改革要不要法治，而是法治在改革过程中所处的环节地位。用法治引领和规范改革，要求在改革决策形成后并不能直接实施，必须将决定实施的改革政策先进行法治化处理，然后再予以实施。所谓“法治化处理”，是指将改革政策进行合法性检验并与法治体系相协调的机制。改革政策的法治化处理机制主要包括：（1）改革政策的合法性审查机制，即检验具体的改革政策在内容上是否符合法律规定，在实施上是否符合法定程序。①（2）当改革政策虽与现行法律有抵触或冲突

---

① 姜明安：《改革、法治与国家治理现代化》，《中共中央党校学报》2014 年第 4 期。

但又必须推行，或者改革政策虽不抵触现行法律但应当依法推行才能达到改革目标时，必须启动立法程序进行相应法律的立改废释，以实现改革政策与法律制度的协调。（3）对于内容上符合法律的改革政策，应当预先建构法治化的实施措施，确保改革政策能够有序推行。（4）针对改革政策实施的各种可能结果，制定法律对策预案，提升用法治方式应对改革风险的能力，确保对改革全过程的有效控制。

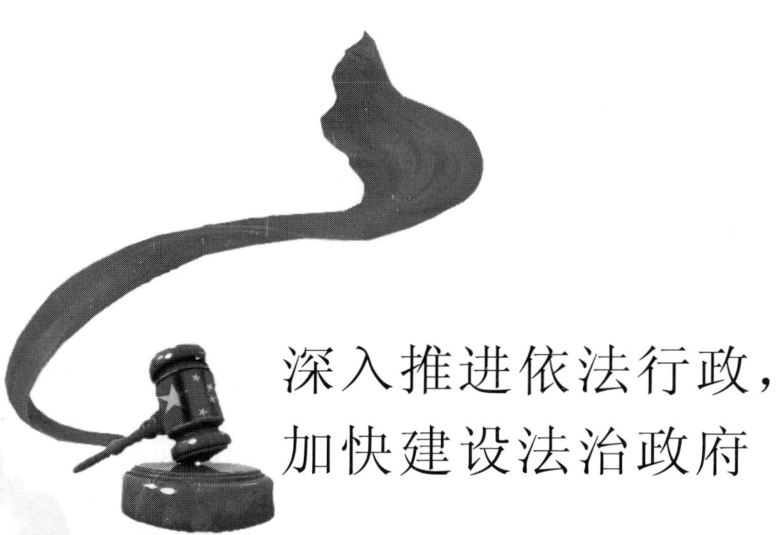

深入推进依法行政，加快建设法治政府

坚守法治原则　推进简政放权

夏　勇*

深入学习贯彻党的十八届四中全会关于全面推进依法治国的部署要求，必须紧密结合实际，在改革发展的各项工作中坚持好、运用好法治原则。法治原则是法治体系的重要支撑，只有把法治原则树立起来，贯彻下去，法治思维和法治方式才会有所遵循、有所坚守，并落到实处。简政放权是党的十八大和十八届二中、三中全会部署的重要改革，直接涉及法律关系的重大调整和权利义务、职权职责的重新配置，能否切实贯彻法治原则，事关改革事业成败，也事关法治建设大局。党的十八届二中全会强调，要发挥法治对转变政府职能的引领和规范作用，政府职能转变到哪一步，法治建设就要跟进到哪一步。一年多来，探索推进简政放权的过程，也是探索推进法治政府建设的过程，一些重要的法治原则值得认真研究，并在今后不断深化完善。

一、职权法定原则

法治首先要落在职权法定上，公权者该做什么、不该做什么，能做什么、不能做什么，皆于法有据，一准于法。行政审批是政府的法定职权，不论设定与取消、转移与下放、增加与减少，都涉及现有法律关系的调整变动，必须依法而为，即便政府主动削权，也不能自己说了算。

一要解决于法有据问题，做到先授权、后改革。2013 年 3 月，根据党的十八大和十八届二中全会精神，国务院提请第十二届全国人民代表大会第一

---

* 夏勇，国务院法制办公室副主任，本文摘自《求是》2014 年第 21 期。

次会议审议批准国务院机构改革和职能转变方案，得到了最高国家权力机关的授权。现在，有些部门和地方改革的积极性很高，需要注意的是，凡涉及法律关系变动、影响法律实施的先行先试，都应当在充分论证的基础上依照法定程序先取得不同形式的授权。

二要解决法律法规清理修改问题，做到先动法、后动权。这些年，随着立法增多，政府职权多数已经写在法上，动权必动法。国务院简政放权改革审慎采取了先动法、后动权的方式。比如，在研究决定取消下放审批项目时，同步研究清理修改有关法律法规。涉及修改法律的，提请全国人大常委会审议通过后，再公布取消和下放审批项目的决定；涉及修改行政法规的，经国务院常务会审议通过后公布；若行政法规设定的审批项目是以法律为依据的，还要等到有关法律修改完成后，再修改相关行政法规。

三要解决法外行权扩权问题，防范权力边减边增、明减暗增。2013 年 9 月 19 日发布《国务院关于严格控制新设行政许可的通知》，要求今后起草法律草案、行政法规草案一般不新设行政许可；确需新设的，必须严格遵守行政许可法的规定，严格设定标准，认真履行法定程序，加强合法性、必要性和合理性审查论证，从严控制。

二、放管结合原则

“管得过多过死”与“管得不够不力”，这两种经常听到、看似矛盾的说法，提醒我们认真思考治理规则和治理能力，而不能简单地拘泥于管多管少。现代治理区别于非现代治理，最重要的，是由社会物质文化条件和社会关系变化所决定的治理规则变了，公权者该干什么、不该干什么的规则变了。从法治角度看，就是法律关系变了，权利义务（职权职责）关系变了。我国现行体制是从长期实行的计划经济体制走过来的，公权者管了许多不该管、管不好的事，加之官僚主义、形式主义、腐败奢靡之风滋生蔓延，抑制了社会活力释放，束缚了社会生产力发展，这就决定了改变治理规则要从放权赋能起步，走向法治也要从放权赋能起步。

据有些地方统计，政府权力百分之七八十集中在行政审批和行政处罚，其中，审批又具有源头性。对老百姓来讲，有时办一件事，要盖几十个甚至上百个公章。这个严酷的现实，要求放权赋能应首先大幅减放行政审批权力。我们熟知的现代法治理论，往往从先定的权利、良好的立法出发，来推导法治的基本要求，设计法治的理想王国，但往往与现实存在差距。只有从实际出发，先解除法定的制度束缚，人们才能够享有实际权利，拥有自主自为、自负其责的实际空间，并逐渐养成对法律的现实依赖、坚定信仰和自觉遵从，“法无禁止皆可为”等法治要求才会具有实际意义。这是事情的一个方面。另一方面，我们的政府是人民的政府，必须积极主动地担当起为人民服务的责任，简政放权不是弱权卸权，放任不管，而是要转变职能，善治善管。公权者在减放一些权力、撤出一些领域的同时，必须坚持依法全面履行职能，做到“法定职责必须为”，才能有效克服权力滥用和越位、错位、缺位，最终跳出“一放就乱、一管就死”的怪圈，“法无授权不可为”等法治要求也才会具有实际意义。只有把放权赋能与加强监管有机结合起来，实现活力与秩序的统一，才能形成现实的、活生生的法治状态。

简政放权改革中提出的“放管结合”，是一条从中国实际出发、解决中国实际问题的重要原则。它要求，政府职能转变既要把该放的权力放开放到位，又要把该管的事务管住管好，放和管两个轮子都做圆，都要转起来。一方面，大幅取消和下放行政审批项目，最大限度减少对生产经营活动和产品物品的许可，缩小投资项目审批、核准、备案的范围，减少对各类机构和活动的认定，原则上取消不符合行政许可法的资质资格许可。凡是公民、法人或者其他组织能够自主决定的，市场竞争机制能够有效调节的，行业组织或者中介机构能够自律管理的，行政机关采用事后监督等其他行政管理方式能够解决的，一律不设行政许可。另一方面，努力健全监管制度，把着力点放到创造良好发展环境、提供优质公共服务、维护社会公平正义。政府管理要更多地从事前审批转到事中、事后监管，充分体现标准先定、规则公平、合理预期、自负其责、事后追惩的法治方式。对涉及国家安全、公共安全以及人身健康和生命财产安全等领域，仍然要加强全方位监管。对取消和下放审批项目的领域，要有针对性地设计后续监管措施，并强化原审批实施机关的监管职责。可以说，放管结合原则体现了充分发挥市场决定性作用与更好发挥政府作用的结合，体现了激发、释放活力与健全、维护秩序的结合，既是具有中国特色的改革语言，也是培育法治过程中应当秉持的一条重要原则。

三、法制统一原则

简政放权针对的是繁政苛政，目的是要革弊兴利，便民利民。政之繁苛庸散，在法律上主要表现为规则繁乱、机构繁复、程序烦琐，公权者职能交叉、权责脱钩，争权诿责“依法打架”，导致立法出现碎片化、部门利益化，执法出现重复化、选择化，最终遭罪的是老百姓。因此，简政放权改革要更加重视对现有法律制度的清理修订、整合提升，从更深的层次上、在改革的动态中充分体现和维护法制的统一。

首先，处理好“多”与“一”的关系。现代国家治理体系庞大，分工细密，规则繁多，但法律制度，无论中央与地方、部门与部门、地方与地方、内地与特区、党内与党外、成文与习惯、世俗与宗教，都必须在宪法基础上保持基本精神、基本规则的一致，这样才有法治可言。中国是一个大国，情况复杂，建设法治体系、维护法制统一的要求更高、任务更重，应当坚持一国一法、一法多制。具体到老百姓办事来讲，规则公平是权利公平、机会公平的前提，规则一致又是规则公平的前提。规则一致应当要求各级政府及其工作部门在减放权力的同时，制定明晰的权力清单和相应的权力运行规则，在此基础上，按照精简、统一、效能的原则，优化机构设置和职能配置，尽可能做到一件事情、一样规矩、一个窗口。比如，国务院按照登记机构、登记簿册、登记依据、登记信息“四统一”的要求，制定不动产登记条例，就是整合规则、稳定物权、便利千家万户的改革探索。

其次，处理好“变”与“守”的关系。改革是现有法律秩序内的“变法”，应当处理好规则的变动与稳定的关系，把改革措施的阶段性、单一性、灵活性与法律体系的整体性、协调性、稳定性有机统一起来。简政放权改革是分领域、分批次、有重点、有步骤推进的，当务之急，是统筹清理修订法律、法规、规章和规范性文件。一年多来，国务院已三次提请全国人大常委会修改相关法律22部、四次修改和废止相关行政法规66部，均采取一揽子方式，同时，一揽子又是分步骤、有取舍的。比如，为避免短时间内频繁修改同一部法律法规，能合并修改的，尽可能合并修改；可以分步修改的，另行安排修改。下一步，在继续做好涉及中央部门审批权力的法律、行政法规清理修订工作的同时，要加强对涉及由地方政府实施的行政审批项目的法律、行政法规的清理修订，加强对有关地方性法规、政府规章和规范性文件的清理修订，该修改的修改，该废止的废止。此外，还要妥善解决改革先行先试的法律问题。2013年8月30日全国人大常委会审议通过《关于授权国务院在中国（上海）自由贸易试验区暂时调整有关法律规定行政审批的决定》，是既解决改革试验的法律依据问题，又保证国家法律统一实施的有益探索。

四、发扬民主原则

“知屋漏者在宇下，知政失者在草野。”作为与百姓日常生活息息相关的改革举措，简政放权应当最广泛地动员和组织广大群众来参与、推进和评判，这也是把改革纳入法治轨道的一个重要途径和保证。现代法治体系由诸多程序构成，其中最重要的是民主程序。民主是法治的前提和基础，法治是民主的体现和保障。离开民主，法治就是无源之水。离开法治，民主就会乱象横生。只有把民主程序走好了、走实了，才能把民主与法治有机结合起来，发挥好民主对法治的支撑作用，发挥好法治对民主的保障作用，建设一个更加开放透明规范高效的现代政府。

根据民主原则，凡取消和下放审批项目，都要按法定程序，不省步骤、不缺环节，历经研究酝酿、专家评估、沟通协调、集思广益、达成共识的过程，特别是要广泛听取企业和群众的意见，广泛听取直接与企业和群众打交道的各地方基层单位的意见，避免自拉自唱。为方便群众监督和评议，行政机关既要公布行政审批项目清单，也要把审批的依据、流程和条件亮出来。

近期，第十二届全国人民代表大会常务委员会第十次会议专题听取并审议国务院关于深化行政审批制度改革加快政府职能转变工作情况的报告，还召开联组会议进行审议和询问，体现了人大对简政放权工作的监督。

法治的鲜明特点，在于规则明晰、预期稳定、权责一致、行为有序。当前，简政放权正在攻坚克难，改变积久成习的治理方式须久久为功。只有更多地注重依靠法治，充分发挥法治的引领和规范作用，才能真正从体制机制上转变职能，释放活力，确保改革举措合法有序，改革成效落地生根，使广大群众真正得到实惠，并在现实生活中树立和增强社会主义法治信念。

法治政府建设：挑战与任务

马怀德*

一、依法行政提出的背景及法治政府建设取得的重要成就

（一）依法行政提出的背景

我国提出依法行政的时间并不算长，最早可以追溯到国务院1999年发布的《关于全面推进依法行政的决定》，至今也不过15年。国务院在1999年发布依法行政的决定有一个非常重要的背景，就是1997年党的十五大报告提出了依法治国、建设社会主义法治国家的基本方略。1999年修改《中华人民共和国宪法》，把这个基本方略写入宪法之后，国务院很快就发布了这个依法行政的决定，督促政府系统推进、落实依法治国基本方略。这个决定当时还是比较抽象比较笼统的，原则上提出了依法行政的一些要求。到了2004年，国务院颁布了《全面推进依法行政实施纲要》，明确提出了依法行政的建设目标，就是用十年左右的时间，基本实现建设法治政府的目标；提出了依法行政的六个基本要求、依法行政的主要任务和保障措施。这是一个比较系统地阐述全面推进依法行政的文件，在此之后，国务院又专门制定了一个落实纲要的方案，各地各部门也随之出台了相应的依法行政的实施方案。由此观之，依法行政就是落实依法治国、建设社会主义法治国家基本方略的重要步骤。

法治是一种国家治理、社会管理、维护老百姓合法权益的方式。法治跟传统的人治的方式是相对应的。所以法治多一点，人治就少一点，如果人治

---

* 马怀德，中国政法大学副校长，本文摘自《国家行政学院学报》2014年第5期。

强化了，法治自然就会受影响。什么东西能把权力关进笼子里？只有法治。在中国建设法治国家的过程中，最重要的一个经验就是强调法治的权威尊严和统一。国务院在2004年颁布了依法行政实施纲要之后，在其后又多次地颁布了类似的政策纲领和文件。比如说2008年制定了《关于加强市县依法行政的决定》；2010年国务院又发布了《关于加强法治政府建设的意见》；党的十八大报告强调2020年全面建成小康社会，有一个重要的标志，就是法治政府基本建成，同时要推进依法行政，严格规范文明执法，通过科学立法、严格执法、公正司法、全民守法，实现国家各项工作的法治化。

（二）法治政府建设取得的成就

1. 法律意识的变化

一个国家搞法治，不在于法律数量的多少，关键是人的意识的变化。要看这个国家的公民特别是公务员的法律意识有没有增强，对法的尊崇、敬畏有没有增加。我们在推进依法行政、建设法治政府的过程中，依法行政的意识有所提高，能力有所提高，但与法治国家、法治政府的要求相比还有不小的距离。2004年，我去德国访问，和柏林市的一个区里管环境卫生教育的普通公务员交流。我惊奇地发现，在德国，即便是最基层的一般公务员，而且不是管法治的，都有非常明确的清晰的法治意识和概念。他跟我们交流什么呢？信赖利益保护、法律保留、法律优位、比例原则等等。这些在中国只有大学教授们或者专门搞法律的人才知道的概念、原则、理念，德国的普通公务员都非常清楚。如果中国的乡镇基层公务员都明白信赖利益保护、法律保留、法律优位、比例原则，中国的法治就有希望了，法治政府就基本建成了。所以说，意识是最重要的东西，而我们最欠缺的恰恰是意识的进步。我们的进步只是说在原有不懂法的基础上，现在开始懂法了，开始讲法治了，但是，离像德国这样水平的法治，还有一段距离。如果领导干部都有一种比较明确的职权法定的意识，按照法定的权限程序行使权力、履行职责的话，中国的法治就会迈出一大步。

2. 法治政府建设在重点领域、重点制度方面有所突破

一是在信息公开制度上有所突破。从2008年《中华人民共和国政府信息

公开条例》（以下简称《政府信息公开条例》）实施以来，申请信息公开的案件和政府主动公开信息的数字大幅攀升，为什么呢？因为《政府信息公开条例》是一个很特殊的法。其他的法律，除了《中华人民共和国消费者权益保护法》，都是约束老百姓的，给老百姓设定义务的，但是像《中华人民共和国消费者权益保护法》和《政府信息公开条例》，明确了老百姓的权利，调动起了老百姓参与的积极性。《政府信息公开条例》告诉老百姓说可以申请信息公开了，政府有义务公开某些信息了，那老百姓的热情就被调动起来了。所以在短短的几年内，申请信息公开的数量大幅增加，政府也因而感到前所未有的压力。这个领域的制度变革，对中国整个民主法治的影响的确非常大。不要看它只是一个行政法规，但它发挥了比法律更大的作用。

二是在问责制度上有所突破。问责是一个新概念，但跟我们传统上强调的责任制、错案追究制、执法责任制等内容是差不多的，只是表述不一样。问责最早始于2003年“非典”，从那以后问责的风暴一浪高过一浪，问责制度从过去的一种特殊情形下的极端措施，变成了一个常态。只要有突发事件，包括群体性事件、事故灾难、自然灾害、公共卫生事件，我们就会去调查，看谁有责任。党的十八大报告强调进一步建立决策问责制度和纠错制度，即决策错误造成了损失，要追究决策者的责任。党的十八届四中全会进一步明确了重大决策终身责任追究制度及责任倒查机制。问责制度从过去的风暴式、运动式的问责，到现在专门制定了相关的中央文件，有了很大的进步，但下一步还需要再进一步规范化，比如制定问责方面的法律。因为现在的《中华人民共和国公务员法》《行政机关公务员处分条例》规定的问责，还没有扩展到像责令公开道歉、停职检查、引咎辞职、责令辞职、免职这种程度，而且有些领域是不健全的。

三是行政审批制度改革取得新进展。上一届政府连续进行了6次行政审批事项的清理，将国务院部委的3600多项的行政审批事项，精简到了1100多项，清理掉了接近70%。地方上也清理了7万多个审批事项。本届政府又大力推进简政放权，清理行政审批事项，先后6次取消下放了632项行政审批事项，激发了市场主体的活力，有力促进了经济社会发展。从这个意义上说，我们削减的行政审批事项，下放管理权、转变管理方式的行政审批事项规模是很大的，而且还在继续清理。审批制度改革对于促进行政体制改革、转变政府职能，尤其是实现政企分开、政社分开、政市分开、政资分开，发挥了很好的作用。

四是在一些具体的制度上取得了突破，比如说执法责任制的建立、自由裁量权标准的细化，还有加强市县依法行政的决定。这些具体制度的出台，对于规范整个行政活动、约束行政自由裁量权、增强基层依法行政的能力和水平发挥了很好的作用。

二、当前法治政府建设面临的挑战

（一）社会矛盾急剧增多，对政府和社会治理提出了新挑战

我国正处于经济快速发展和社会转型期，社会矛盾急剧增多，矛盾的表达方式也趋向极端化、暴力化，尤其在征地拆迁、社会环境污染等事件中表现得十分明显。通过网络、微博、博客、手机短信等现代新兴媒体表达不满的无形化抗争逐渐增多，成为当前政府在推进法治政府建设过程中面临的一大难题。

与此相对应的是，我国社会矛盾的解决方式也有它的特点，就是社会矛盾一旦发生，在处理过程中过度依赖行政手段，忽略了法治手段。诸如信访不信法，信上不信下，信大不信小，信权不信法。结果现在很多非常尖锐复杂的社会问题和矛盾，一股脑地都推给了党委政府，而党委政府只能用行政化的方式来解决这些社会矛盾。

在某种意义上，这是一种人治的表现，老百姓把希望寄托在个别“青天”身上，往往都是领导批了这事就解决了，领导不批可能就没人解决。最后就变成了大家都按照领导的批示办事，而不是按照法律办事。所以党的十八大报告强调“提高领导干部运用法治思维和法治方式深化改革、推动发展、化

解矛盾、维护稳定能力”[①]，党的十八届四中全会明确提出“强化法律在维护群众权益、化解社会矛盾中的权威地位”[②]。这里强调的就是，我们不靠法治是不行的。过度地依赖人治、依赖行政方式最后的结果就是法治的倒退，就是损害国家法治的权威尊严和统一，也从根本上损害了老百姓的合法权益。因此，当前推进依法行政、建设法治政府，面临的第一大挑战就是如何去预防和减少化解这些社会矛盾。因为社会矛盾数量越来越多，问题越来越复杂，解决的难度越来越大，政府如果不能够积极应对，特别是不能从源头上化解减少这些矛盾，那么政府的职责就很难说是履行得好。

社会矛盾要靠法治渠道解决，政府在这个过程中要发挥什么作用呢？政府是要通过公平公正的政策、科学民主的决策、合理合法的行政措施和行政行为，从源头上减少社会矛盾的发生。如果政府能够严格地依法行政，就可以从源头上减少社会矛盾，从根本上化解进而消除社会矛盾。

（二）社会价值观多变多样多元，公民意识觉醒，维权意识增强，社会心理失衡问题，对推进法治政府建设提出了新挑战

在价值观多变多样多元的大背景下，有两个向度的变化。一个就是老百姓公民意识觉醒了，维权热情高涨，有表达的欲望、参与的热情、监督的想法，还有知情的权利。这对政府是一个挑战。老百姓已经不是那种逆来顺受的草民顺民，他们会思考质疑甚至对抗政府的决定。现在一些农民为了征地拆迁申请行政复议，往往不需要律师代理，他们对政策法律的熟悉程度有时会超过一般的公务人员。为什么？因为关系到他们自身的切身利益，这就是中国公民的一种新特点。当然也有问题，就是现在老百姓权利意识增强了，知情权、表达权、参与权、监督权的热情高涨，但是规则意识、义务观念、社会责任感并不是很强。

社会价值观多元多样多变之后，容易导致社会心理失衡。老百姓生活上富裕了，经济条件改善了，并不意味幸福感增强了。往往是在这个过程中，

---

① 胡锦涛：《坚定不移沿着中国特色社会主义道路前进　为全面建成小康社会而奋斗——在中国共产党第十八次全国代表大会上的报告》，人民出版社 2012 年版，第 28 页。

② 《中共中央关于全面推进依法治国若干重大问题的决定》，人民出版社 2014 年版，第 29 页。

容易产生对社会的不满，社会心理失衡。因为经济快速发展必然导致贫富分化，社会急剧转型必然导致很多人被边缘化，出现相对剥夺感。现在中国社会的相对剥夺感确实是在加剧，再加上一些特权存在，导致整个社会分化比较严重。这种分化往往会引发社会矛盾。

从某种意义上说，公民意识觉醒会推动中国的法治与社会进步。相对于那些暴力分子和严重干扰社会秩序的人，理性依法维权的公民无疑是好公民，我们应该保护他们的诉讼热情和维权热情，引导和鼓励他们，而不是打压排挤他们。如果每个老百姓都能够依法理性维权，这个社会就会有进步。但是，公民意识觉醒和社会心理失衡也会带来社会的不稳定，这就要求政府必须采取强有力的措施，预防和化解这些社会的不稳定因素。社会政策必须公平公正，决策必须合理，执法必须公正、规范、文明。维护社会和谐稳定，就必须从规范公权力入手。

（三）新兴媒体的快速发展对法治政府建设带来的新挑战

据统计，当前我国手机用户超过 10 亿，网民超过 6 亿，微博用户超过 5 亿，微信的用户也已经超过 3 亿。大规模使用现代新兴媒体，对政府的管理造成了很大的影响和挑战。新兴媒体对政府管理活动的监督比其他监督形式要有力得多、直接得多、快得多。对官员个人的监督效果尤为明显。这对政府推进依法行政、建设法治政府提出了更高的要求。

三、法治政府建设的主要任务

（一）提高决策的科学化、民主化、法治化水平

党的十八大报告提出要科学决策、民主决策、依法决策，提高决策的科学化、民主化、法制化水平。党的十八届四中全会强调要健全依法决策机制。这些年来，很多社会问题和矛盾，源于我们的决策不科学、不民主、不规范。发生的多数群体性事件，都与关系老百姓切身利益的公共决策有关。而公共决策没有履行必要的程序，比如说公众参与、专家咨询论证、集体讨论决定、

风险评估等，这自然会引发这样那样不同的意见，这些意见通过新兴媒体的传播，很容易形成聚合效应，进而发展成一个重大的公共群体性事件。

所以，决策的科学化、民主化、法治化是推进法治政府建设的一个重点。但是这个工作任务很重，推进的难度很大。行政诉讼法实施以来，先后公布的相关法律，包括行政处罚法、行政许可法和行政强制法，基本上是围绕着具体行政行为展开的。而抽象行政行为、红头文件、政府决策，基本上游离于法制之外，缺乏有效的约束和规范。如何规范抽象行政行为，特别是行政决策活动，成为当前法治政府建设中的一个非常重要的任务，也是一个难点。

2010 年国务院发布的《关于加强法治政府建设的意见》，对决策做了一些明确的要求，建立了三项制度。第一个就是规范性文件的清理制度。所有的政府决策规范性文件，必须两年清理一次，规章五年清理一次。为什么要清理，因为红头文件太多太滥了，往往跟法律法规相抵触，不一致，所以必须及时清理。第二项制度就是规定了行政决策的程序。凡是涉及群众切身利益和社会公共利益的重大决策，必须履行五道程序：一是公众参与，二是专家咨询论证，三是合法性审查，四是风险评估，五是集体讨论决定。这五个程序缺一不可。第三个制度就是决策的责任制，也就是决策问责，决策责任追究，实行谁决策谁负责的基本原则。

这个决策程序是未来法治政府建设中需要重点关注的。建立科学民主的决策机制和程序，有赖于我们提高依法科学民主决策的意识，制定相关的行政程序等方面的法律。

（二）进一步严格规范文明执法，确保法律的有效实施

很多社会矛盾是在执法过程中引发的。当前，行政执法有两方面的问题值得关注。第一个就是选择性执法问题比较严重。选择性执法的结果看起来好像是合法的，执法的权限、执法的程序方式可能都是合法的，但是执法的目的和主观动机不纯，这会极大地损害执法的公信力和执法的权威。第二个是执法过程中的暴力执法、钓鱼执法、敲诈式执法屡见不鲜，这会带来严重后果。因为公权力在执法者手上，想滥用很容易做到，但老百姓对政府公信力的认识会发生质的改变。

因此，在新的条件下，约束和规范自由裁量权，保证严格、规范、公正、文明执法，保证法律实施很重要。现在我国法律体系已经形成，有法可依的问题已经基本解决了，现在要解决的是有法必依、执法必严、违法必究的问题。

为了解决这个问题，我曾经提过一个建议。希望通过建立以法治为重要指标体系的政绩考核评价体系，即“法治 GDP”，保证法律的实施。过去政绩考核都是考核领导干部的经济 GDP，以后除了经济 GDP 之外，还应该考察法治 GDP，也就是说他在贯彻落实法律，实施法律方面的成绩如何。很多地方建立了法治政府考核评价体系，把法治纳入政绩考核评价体系之中，占 10%、5%、3% 不等。如果能建立起一个把法治作为重要指标的政绩考核评价体系，一定会促进法律实施。

（三）建立多元化的畅通的法律救济渠道

目前法律规定解决纠纷的渠道很多，有人民调解、行政调解、行政裁决、行政仲裁、民间仲裁、诉讼、复议、信访，至少有 8 种途径。但是从纠纷解决的实际选择看，法定的救济渠道并不是很畅通，老百姓选择信访不信法，通过信访要求党委政府解决纠纷。而信访本质上是人治的方式，虽然在特定的案件上能够满足个别人的利益诉求，但往往会以破坏法治为代价。比如法院的终审判决已经生效，但当事人不服，到政法委、国务院甚至中央去上访，希望得到领导的批示。抓住了政府维稳的软肋，通过闹访、缠访的方式来达到自己的目的，使得本来已经解决了的法律纠纷和矛盾，陷入了新一轮纠纷的循环之中。于是，很多纠纷并没有走法律渠道，没有通过申诉或者上诉解决，而是通过非法定的渠道得以解决，这就造成了信访不信法、信上不信下的现象。当然，我们不排除有的法院存在司法不公、司法腐败、司法黑暗等问题，但是，在纠纷解决问题上，还是要引导人们理性维权，通过法定救济渠道化解矛盾，而不能用行政方式取代法治方式。

维持社会的和谐稳定，解决纠纷，必须依靠法定的救济渠道，包括行政复议、仲裁、诉讼等。首先，要让司法成为人民信赖的纠纷解决渠道。在修改《中华人民共和国刑事诉讼法》《中华人民共和国民事诉讼法》《中华人民共和国行政诉讼法》的时候，应该降低诉讼门槛，扩大受案范围，降低诉讼成本，增强司法的公信力透明度和说理性。当司法透明度不断提高，受案范围扩大，诉讼成本下降，效率提高，特别是执行效率提高之后，老百姓才能信赖司法，司法才能树立权威和尊严，司法才有公信力。其次，要加强后续的监督保障，否则的话，政府违法没人管，法院该受理的案件不受理，大量的案件被推至法院门外，老百姓自然就会找别的出路了。所以，在推进依法行政建设法治政府过程中，要畅通法定救济渠道，采用多元化的纠纷解决机制化解社会矛盾。这样才能够维护社会的和谐稳定，也维护群众的合法权益。

四、法治政府建设的关键

当前影响和阻碍法治中国建设的主要因素有哪些呢？我认为至少有以下方面：一是公权力不受规范，一把手滥权、法外用权，以言代法压法废法的现象仍然十分严重，特别是地方党政负责人超越宪法法律行使公权力而不受监督制约的问题始终未能解决。二是权力行使不透明，暗箱操作、利益交换、特权腐败现象严重。三是权力行使的方式依然停留在计划经济时代，靠人治建立起来的权力运行体系十分牢固，难以突破。领导的批示、指示、会议纪要仍然发挥着比法律还要重要的作用，办公会、协调会等依然是行使权力的主要形式。四是多数法律法规仍然得不到有效实施，在具体实践中沦为“一纸空文”。说到底，从现实看，我们还远远没有把权力关进法律制度的笼子里，这是当前法治中国建设的要害之所在。

如何推进行政法治、建设法治中国，党的十八大报告和十八届四中全会给出了路线图。我认为推进行政法治的关键有三：

一是高层领导的政治决断和信心。任何权力规范和约束都应该也只能自上而下进行。政治家要有倡导和推行法治的决心和信念，运用足够的政治智慧，能够厉行法治、自我限权、带头守法，那么，法治中国建设就有希望。

二是重点规范约束公权力，将其纳入法治轨道。特别要通过立法和制度建设对地方党政一把手的权力加以更加严格的硬约束。由于决策权是权力的

最重要形式，理应受到最严格的制约，应当尽快制定《重大决策程序条例》，科学合理界定各级政府和党委的决策权，健全完善决策机制和程序制度。通过统一的程序规则约束公权力的行使，细化已有的程序规范使之更加严密，保证行政程序规则的普遍约束力，防止决策机关规避程序法滥用决策权，确保每项权力都受到法律的严格约束，将行政决策机关自由裁量的余地缩限为最小。同时，应当进一步扩大信息公开的范围，将领导批示、指示及一切行使权力的表现形式纳入信息公开的范围，实现真正意义上的党务、政务、司法、公共事务的信息公开，通过公开约束规范公权力。要面对市民社会逐渐成长、社会力量不断壮大的客观事实，充分利用公众的监督热情和现代新兴媒体的便利，实现对公权力行使的全时空监督，防止权力滥用和失控。

三是普遍提高公务人员的法律素养和法治观念。在经济社会急剧转型发展的今天，推进行政法治还是要靠不断完善的制度和具备良好素质的公务人员。应当尽早确立以法治为重要指标体系的政绩考核评价体系，即“法治GDP”。地方党政领导能不能得到重用提拔，关键要看他是不是有法律意识，是不是善于运用法治思维和法治方式深化改革、推动发展、化解矛盾、维护稳定。要改革现行的领导干部选拔任用制度，重视提拔使用法治观念强、法律素养好的优秀干部。

法治政府的建设与保障机制

于　安*

党的十八届三中全会在法治中国建设问题上，提出了依法治国、依法执政和依法行政共同推进，法治国家、法治政府、法治社会一体化建设战略。这个以系统化、统一性为特征的法治发展新战略，是党的十五大提出依法治国方略以来在法治建设方针上提出的一个新命题，为法治政府建设提供了新路径。

一、法治政府建设的本土依据

2004 年国务院印发《全面推进依法行政实施纲要》时提出了建设法治政府的十年目标，但是在目标期到来的 2014 年尚未见到对这一重大承诺的结果报告。2012 年党的十八大提出到 2020 年基本建成法治政府的目标，但至今尚未完成推进法治政府建设的规划。党的十八届三中全会也在法治中国建设部分对法治政府建设留出了一个相当大的空间。法治政府建设中的艰难性和不确定性，表明法治政府的道路探索远没有终结。

法治政府的中心问题是政府活动的合法性，政府活动取得合法性取决于多种因素。除普遍性、公平性、可预见性等形式特征外，更重要的是关于政府权力的根据和来源，政府与社会成员的关系，以及关于社会公平的各种主张。法治政府没有一成不变的既有模式。

在公民权利与国家职能的关系上，一个本土化的依据是公民个人的法律

---

* 于安，清华大学公共管理学院法学教授、博士生导师，本文摘自《改革》2014 年第 9 期。

权利并不构成我国政府职能的唯一合法来源。我国公民的法律权利对于国家活动的意义可能主要是：国家对权利提供保护的义务，为权利实现提供条件的义务，国家不得侵犯合法权益并对侵权提供救济的义务。因此个人主义不可能成为我国政府法治的基础，基于公有制的集体主义仍然是政府活动合法性的重要依据。我国公民既是享有个人权利的社会成员，又是公有制下的集体制成员。这就使我国政府法治体系并存着两个系统，一个是基于公民个人法律权利的法律保护系统，另一个是基于公有制产生的担负集体使命的国家系统。政府不但负有义务保护公民权利并提供其实现的条件，而且还要执行基本政策规定的国家任务和职能，这些基本政策是国家职能合法性的重要依据。为实现这些任务和职能，政府的组织采用了民主集中制原则。所以我国政府自主性的程度比其他国家要高些。

从属性和自主性并存现象是我国政府法治的基本本土特征。为解释这一并存现象产生的政府合法性问题，政府法治理论应有更宽阔的包容性、更平衡的结构性和更深刻的历史性。自主性的政府活动应当成为法治关注的重心，在法治进程中逐渐增加其民主与科学的因素，更通畅地接受社会表达和市场反应，减少对主观意志和经验感觉的过度依赖，以提高政府活动的理性程度和法治成分。

二、法治政府的推进方式

法治政府建设的曲折和延宕，使传统的行政化治理作用仍然强大，继续广泛应用在政府和其他公共部门，国家与社会合一旧体制中的管理偏好仍有影响。行政化治理，主要方式是行政体制内的层级治理、即时灵活的政策文件治理和一事一议的逐件决策治理。这种行政化治理方式，正是法治所要改变的对象。为加快这一进程，也许应当把更多的推进方式纳入视野。

第一，重视和运用法律对政府行为合法性的评价功能。法治评价包括对合法行为的肯定和褒奖以及对违法行为的否定和惩罚。通过法律评价来确定政府行为的合法性，根据合法性来确定政府决定的约束力和执行力，以此建立行政法律秩序。法律评价的特点是就事论事的个案判断，这是法律治理区别于行政治理的标志。在对政府活动的评价体系中，只有当法律评价取得首要地位时政府才有可能获得法治特征。

第二，创造和提供依法行政所必需的制度条件和人财物条件。缺乏对这些条件的投入，一味主观地规划依法行政的目标和任务最终只能陷入空谈。制度条件包括为实施法律所必需的制定行政细则的制度、进行行政解释的制度、评估实施效果的调查统计制度、法律公文用语制度等。举例来说，如果政府在处理法律事项时，仍然习惯发布各种以“意见”为名的政策性公文，偏好运用纲领性的政治动员、使用内涵模糊的中性措词或者积极的语言修辞，就不可能准确表达法律所要求的行为规范和法律后果，不可能出现法律治理的可预见性和确定性。人员和财产更是重要的条件，既是行政部门实现行政目标的基本手段，又是依法行政实施的必备资源。编制、机构、经费和资源管理的配备和提供，反映着政府部门对法律的执行意愿和优先性选择。

第三，明确政策在依法行政中的作用方式。执行性国家权力受到法律支配，但是并不也不可能排斥政策的作用。政府执行法律接受政策的引导是一个不可避免的政治过程。我国政府机构对法律的执行一直受到效率与公平政策的支配，特别是受到赶超式发展政策的支配。新一届中央政府以审批权为主要内容的政府职能改革，以及为进行审批制度改革提出的法律修订议案，就是执行激发市场活力新政策的结果。处理政策与法律关系的关键，是对政策影响的方式、程序和更新调整进行制度化规范。

第四，规定法治例外事项和明确法律保留范围。在这方面我国还缺乏明确的界定立场，这也是过去依法行政推行不力的重要原因。

三、法治政府的保障系统

政府法治的保障系统，是由裁判系统与政治监督系统相互依托构成的。例如新近完成修订的《中华人民共和国预算法》就是强化全国人民代表大会对预算控制权的民主立法，是约束和监督政府活动的政治民主措施。解决公法争议的裁决制度是维护政府法治的基本法律机制，目前以行政诉讼为代表的行政争议处理体系尚需进行补充性、系统性构建。

公法争议裁决机制对于政府法治的必要性，一是基于权利主张的诉权制度的重要性。权利主张者的质疑是法律维护机制的启动者，任何法律维护体系没有权利人的主张作为启动机制都不可能有效运行起来。目前一些法律制度不能有效运行的原因，大多是因为没有赋予权利主体以主张权利提起质疑的权利。只有赋予权利主体质疑的权利，权利主体才有足够利益和道义的动力，去推动法律维护的进程和对违法侵权责任的追究，依靠违法机构自律和职权机关代表只能是特殊情形下的例外。二是法律争议和司法审查在行政决定取得效力过程中的作用。行政决定取得效力以前必须经过争议期是实行法治政府的基本特征，只有经过争议期之后行政决定才能取得不可争议、不可更改的确定力。没有经过争议和司法审查取得效力的行政决定，只是公定力意义上的推定效力。在行政决定取得效力的条件和过程中，决策机构本身的地位或者决策机制本身的运行不能是最终的和决定性的。

现在一些行政机构的决定，在法律上并不是充分的和完整的。我国依法行政的水平不高与司法审查的作用未充分发挥直接相关。行政诉讼和行政复议的受理和审结案件总量，二十多年来一直徘徊在每年 20 万件左右，在行政争议中的比重偏低，因而其对推动依法行政和法治政府的作用较小。把司法改革作为推动法治进程的突破口，是一个合乎法治发展正面经验的选择，更进一步还应将具有权利主张和裁决因素的法律机制纳入视野。从法治统一性和裁判机制结构的合理性看，公法裁决系统的构建应当着力于立法审查、客观诉讼和专门法院三个方面。

第一，建立健全违宪审查制度和行政文件的违法审查及其争议裁决制度。在立法监督、行政规范审查制度有效运行以前，推行和实行限于具体行政行为司法审查制度，本来就是缺乏必要前提的制度安排。依据合法性尚未完全确定的立法来审查具体行政行为，无异于维护存疑立法的可执行性。我国现有立法规定过一些有权机关对违法和不适当的立法文件的监督权和撤销权，但是由于缺乏程序保障或者缺乏有效的权利主张启动机制，实际中较少运用。这种根本性和基础性制度的空洞化局面应当受到关注。

第二，构建客观诉讼制度。在法治体系构建中，对主观权利的保护和客观法律秩序的维护是一种基本结构关系，不能偏废，不得顾此失彼，而应当相互协调取得平衡。目前至少在行政法领域内，行政诉讼和行政复议限于对主观权利的保护。对客观法律秩序的维护仍然主要依靠行政系统或者政治系统本身的协调，包括涉及国家利益和公共利益的两类客观法律系统。公益诉讼入法在个别领域已经有所进展但是仍然没有被普遍接受，在行政诉讼法中增加设立客观诉讼的学术建议没有得到回应。维持这种局面只能有两个合理的理由，一个是民法关系的主导地位，另外一个是存在功能相同的其他司法性机制。但是，目前这两个理由都不真实存在，所以这种局面应当结束。

第三，实现法院的专门化、多样化。权利的多样化、裁判程序的多样化为法院多样化提供了基本理由。我国过去设立专门法院较多基于产业和部门管理需求，现在设立知识产权法院开始了根据权利保护需要设立专门法院的先例。知识产权法以保护民事财产权为中心，以保护劳动权利为中心的社会法院也有设立的必要。

法治政府的能力建构与优化策略

陈　文　汪永成*

党的十八届四中全会从建设中国特色社会主义法治体系，建设社会主义法治国家，促进国家治理体系和治理能力现代化的高度，明确提出了全面推进依法治国的总体目标、基本原则和重大任务，强调要“加快建设职能科学、权责法定、执法严明、公开公正、廉洁高效、守法诚信的法治政府”①。这是在我国改革进入攻坚期和深水区，社会利益愈加多元，社会结构深刻嬗变，我们党面对的改革发展稳定任务之重前所未有、矛盾风险挑战之多前所未有的新形势下提出的，因此具有鲜明的时代性和极强的现实针对性。

现代政府的法治能力建设主要包括法治能力提升与法治能力规制两个方面，前者解决的主要是政府能力不足的问题，而后者重点是解决公共权力运行过程中的僭越和偏差问题。中国政府的法治能力建设是在既要为顺应现代社会发展需要和应对现实挑战，必须迫切提升政府依法治理社会的各种能力，又要考虑到公共权力运行过程的膨胀性和破坏性，不能不加以制约和规范的双重选择和博弈中展开的。

一、政府法治能力的提升路径

早在古希腊时代，著名政治学家亚里士多德就深刻地指出：“法治应包含

---

* 陈文，深圳大学社会管理创新研究所副所长；汪永成，深圳大学当代中国政治研究所教师。

本文得到以下基金资助：国家社科基金项目“社区治理转型研究”（12C22049）；广东省人文社科重点研究基地项目：城市基层社会管理体制创新研究（115DXM74003）；深圳市“十二五”规划学科重点课题“深圳进行政治体制改革思路研究：政治发展的理论视阈”（125A065）。

① 《中共中央关于全面推进依法治国若干重大问题的决定》，人民出版社 2014 年版，第 15 页。

两重意义：已经成立的法律获得普遍的服从，而大家所服从的法律应该本身是制定得良好的法律。”[①] 在现代社会，法治（rule of law），即法律主治，是一种贯彻法律至上、严格依法办事的治国原则和方式。它要求“人民的福利就是最高的法律”[②]，而且这种反映人民利益的法律具有至高无上的权威，并在全社会得到有效的实施、普遍的遵守和有力的贯彻，而作为法律特定执行主体的政府，提升其法治能力就显得尤为重要。

（一）提升政府依法维护社会秩序能力

马克思主义经典作家从唯物辩证法的视角，科学地审视了国家“产生于”社会而又与社会“日益脱离”，并且“凌驾于”社会之上的客观规律，既从来源层面肯定了社会对于国家的决定性，又从现实的层面承认了国家相对于社会的独立性，进而认为国家的重要职能就在于将社会关系“保持在‘秩序’的范围以内”[③]。现代政治学家亨廷顿甚至直截了当地强调“人当然可以有秩序而无自由，但不能有自由而无秩序”[④]。因此“秩序原理”是人类社会恒定的基本政治理念，维护社会秩序稳定的能力是政府应该具备的最基本的元能力，任何政府最重要的一项职能也就是建立和维护社会的良好秩序。

虽然政府维护社会秩序的能力是以强制性的公共权力为后盾的，而且在特定情形下直接表现为运用暴力，但是维护社会秩序长期稳定的能力更依赖于政府对于法治方式和法治手段的娴熟运用。正是在此意义上，政府维护秩序的能力就是“维护典则或法律的能力，就是维护社会正义和公理的能力”[⑤]。在经历三十多年改革开放之后，我国的法律体系越来越完善，中国特色社会主义法律体系已经形成，法治政府建设稳步推进。但是，必须清醒地认识到在现实中“有法不依、执法不严、违法不究现象比较严重，执法体制权责脱节、多头执法、选择性执法现象仍然存在，执法司法不规范、不严格、

① 亚里士多德：《政治学》，商务印书馆1983年版，第46页。

② 洛克：《政府论》（下卷），商务印书馆1983年版，第97页。

③ 《马克思恩格斯选集》第4卷，人民出版社1995年版，第170页。

④ 塞缪尔·亨廷顿：《变化世界中的政治秩序》，生活·读书·新知三联书店1989年版，第7页。

⑤ 张国庆：《行政管理学概论》，北京大学出版社2000年版，第567—568页。

不透明、不文明现象较为突出”，“一些国家工作人员特别是领导干部依法办事观念不强、能力不足”[①]，利用法治方式维护社会秩序稳定的水平缺乏。因此，迫切需要通过完善法律法规体系、创新执法体制、完善执法程序、严格执法责任、明晰政府职能、规范行政行为，提升政府运用法治方式和通过法律程序维护社会秩序稳定与和谐的能力，切实纠正和改变传统“搞定就是稳定”“摆平就是水平”等狭隘的社会稳定观念和政府管控思维，真正实现由“压力式维稳”向“法理式维稳”转变，将法治作为治国理政的基本方式，着力构建和维系以法治理念为导向、法律规则为准绳的良好社会秩序，以促进社会的持久稳定与和谐繁荣。

（二）提升政府依法协调社会利益能力

正如恩格斯所强调的：“每一个社会的经济关系首先是作为利益表现出来。”[②] 随着我国社会主义市场经济体制的建立和逐步完善，经济市场化和市场开放化程度大幅提高，公民的利益来源更为紧密地依赖于市场，人们的利益获取渠道和利益实现形式也越来越多样，社会利益关系发生了复杂的分化和重组。与此相伴随的是，在市场环境中涌现的新兴利益群体与计划体制下旧有利益群体之间的矛盾日益突出，新兴利益主体之间的利益竞争和利益博弈关系也开始显现，不同利益主体之间的利益矛盾甚至利益冲突日益增多。

在社会利益结构发生深刻变迁的背景下，提升政府依法协调社会利益能力对于构建社会主义和谐社会、夯实执政党的执政基础具有至关重要的作用。其一，应依法保护公民的合法权益。严格按照《中华人民共和国宪法》《中华人民共和国物权法》等法律法规中有关保护公民合法私有财产权的规定，从制度层面切实捍卫公民获取合法利益的权利，切实保障公民合法的私有产权，维护公民的各种法定权益，减少由于政府部门的不作为或乱作为而导致的公民合法权益受损。其二，完善社会利益的法治调节体系。通过创新法治体制、法治程序与法治方式等，建立健全公民广泛参与的规范化、法制化、民主化

---

① 《中共中央关于全面推进依法治国若干重大问题的决定》，人民出版社 2014 年版，第 3 页。

② 《马克思恩格斯全集》第 18 卷，人民出版社 1964 年版，第 307 页。

的利益分配及调节体系，提升新时期政府依法协调和整合社会利益的法治能力。要充分重视和善于运用法律手段调节利益关系，规范各种社会个体和社会团体的利益行为。既要以最广大人民的根本利益为出发点和落脚点，又要高度重视和有效保障人民群众最现实、最关心、最直接的利益，尤其是要在法制层面对困难群体的利益诉求给予更多的制度倾斜和财政支持。其三，依法统筹兼顾各种社会利益。在制定法律法规和出台改革政策措施时，要特别重视反映和兼顾各种社会主体的不同利益需求，坚持在法律的框架内统筹个人利益与集体利益、局部利益与整体利益、当前利益与长远利益，既要强调通过发展增进社会利益，又要善于运用法治方式实现利益均衡，既要通过合法的市场竞争提高效率，又要按照基本的法律保障维护社会的正义与公平，搭建社会多方利益主体广泛参与的常态化沟通和协商平台，努力在法治轨道上寻求不同阶层和群体之间利益的平衡点和结合点。

（三）提升政府依法化解社会矛盾能力

马克思主义认为矛盾具有普遍性和客观性的特点，任何社会都是在解决旧矛盾和出现新矛盾的辩证过程中获得进步和发展的。随着我国改革开放已经“进入攻坚期和深水区”，社会发展正处在高风险的关键时期，社会利益关系愈加复杂，新矛盾新问题层出不穷。因此，党的十八届三中全会就特别指出要“坚持依法治理，加强法治保障，运用法治思维和法治方式化解社会矛盾”①。党的十八届四中全会再次强调要“强化法律在维护群众权益、化解社会矛盾中的权威地位”②。

一方面要完善社会矛盾预防的法治机制。充分挖掘和激活现有法律制度文本内存在的各种“存量民主”因素，建立健全畅通有序的诉求表达机制，通过“矛盾疏导”解决“矛盾累积”问题。切实落实重大决策社会稳定风险评估程序，真正通过科学评估去发现社会矛盾、避免社会矛盾和弥合社会矛盾，坚决纠正形式化、应付性和过场式的社会稳定风险评估。另一方面要健

① 《中共中央关于全面深化改革若干重大问题的决定》，人民出版社2013年版，第49页。
② 《中共中央关于全面推进依法治国若干重大问题的决定》，人民出版社2014年版，第29页。

全社会矛盾解决的法治机制。通过厘清社会矛盾解决的责任分工，完善社会矛盾调处的协作体系，健全社会矛盾化解的落实机制，确保群众有问题能反映、有矛盾能化解，避免社会矛盾的叠加式和累积性地爆发，走出矛盾处理过程中“议而不决、决而无用”的拖延怪圈，改变公民投诉中“12345 有事找政府，678910 件件不落实”的尴尬现象。

（四）提升政府依法调适社会关系能力

社会形态是由处于特定社会历史阶段的各种社会关系体系所构成的，社会关系主要包括国家与社会、国家与市场、国家与家庭、国家与群体、国家与个人、群体与群体、个人与群体、个体之间的复杂关系系统，此种系统一旦形成便会衍生出特定的社会功能和社会行为，进而深刻影响社会形态的运行。

在现代社会中，政府必须在特定的社会关系中运作并要依据公共利益原则依法调适各种社会关系，其中最为重要的主要集中在如下两个领域：首先，要依法调适政府与市场的关系。在坚持市场在资源配置中起决定性作用，积极稳妥地从广度和深度上推进市场化改革的同时，要着力解决市场体系不完善、政府干预过多和监管不到位等政府缺位越位问题，重点提升政府通过法治方式保持宏观经济稳定，加强和优化公共服务，保障公平竞争，强化市场监管，维护市场秩序，弥补市场失灵等方面的能力。其次，要依法调适政府与社会的关系。改革开放之后的相当长一段时间内，我国偏重于经济领域的立法，而在社会领域的立法相对不足，但在新时代背景下社会建设和社会工作的重要性日益突出。因此，应将处理政府与社会的关系作为转变政府职能的突破口，重点提升政府引领社会自治和优化公共服务的能力，把政府部门不该管、管不好的职能交由社会力量来承接，充分激活社会自治因素和公民参与积极性，将一些不属于政府职责范畴内的社区自治、社会服务类事务逐渐剥离出来，委托给居委会、村委会、业委会、社会组织及相关企业来承担，严格落实《中华人民共和国城市居民委员会组织法》和《中华人民共和国村民委员会组织法》，改变居委会、村委会长期以来行政化、官僚化或空心化趋向，实现政府依法管治与社会有序自治的良性互动和多元共治。

（五）提升政府依法规范社会行为能力

新中国成立之后的相当长一段时期内，我国实际上推行的是一条以计划体制为根基的“国家全能主义”路径，在以政治权力为维系手段、以组织力量为控制形式的单位社会时期，人们主要生活在“单位体制”之中，社会行为往往服从于政治运动，社会管理具有极强的政府管制和单位体制色彩，并深刻影响到现行的社会管治模式。但是，随着经济市场化改革和社会开放化程度的提高，中国社会逐步走出“单位体制”而进入“后单位时代”，以私有产权为利益基础、以公民自由聚合为特征的现代社会形态逐渐生成。

随着民众受教育程度和文化水平的提高，新兴网络媒体的出现，社会意识形态正在经历全面转型，公民的法治观念、自由意识和平等思想不断提升和强化，民众的行为方式发生了深刻嬗变，因此迫切需要提升政府依法规范现代社会行为的能力。其一，采取法治方式引领社会的主导性民意。通过广泛征求意见、深入开展民意调查等多种形式，及时了解社会民意动向，依据量化的民意来制定和调整公共政策，建立健全高效、灵活的民意表达和吸纳机制，以获得社会绝大多数民意的持续支持。其二，规范网络虚拟空间的社会行为。加强净化网络空间的法律法规制定工作，让网络立法为网络信息安全保驾护航，注重运用法治手段正确引导和有序规范网络民意，充分利用现代新兴媒体技术引领社会行为，实现政府信息从“灌输”到“疏导”的转变，使得政府运作过程更为规范和透明，从而提升民众对政府的认同度和信任感。其三，提升对失范社会行为的危机管理能力。政府必须减少或规避社会行为失序所带来的公共危害，化解危机产生的负面影响，尽量减少危机产生的损失。重点要提升政府在危机发生之前的系统预防和科学预警能力，危机发生时的先期处理和应急反应能力，危机发生过程中的有序疏导和高效控制能力，危机发生之后的妥善安置和矛盾消弭能力等。

二、政府法治能力的规制策略

政治学家哈耶克曾深刻地指出，“法治的意思就是指政府受到事前规定并宣布的规则的约束”[1]，因此提升法治能力只是政府法治能力建设的一个维度，而对政府权力运行予以有效规制也是其重要内涵。政府能力法治化就是要求政府权力运行和能力建构必须受到法律的约束和控制。

（一）以权利规制政府权力运行

由于公共权力从根本上来源于公民权利，因此“毫无疑问，依靠人民是对政府的主要控制”[2]，政府能力存在的根本目的就在于实现人民的权利和福祉。我国宪法和法律虽然规定了人民管理国家事务和社会事务的各项基本权利，规定了对国家机关及其工作人员有批评、建议、申诉、控告、检举等多种权利，但是这些权利的具体实现和救济机制亟须具体落实。因此，应进一步扩大和丰富公民有序参政和议政的范围和形式，建立健全公民权利的落实机制，以权利实现的深度和广度来制约权力运行的强度和力度。完善公民直接参与立法、参与行政管理、参与监督政府的有效机制，通过政务公开、信息公开以及听证等各种行政程序和形式确保公民直接参与行政管理过程；通过行政复议、行政诉讼、宪法诉讼等多种形式有效参与监督。另外，尤须重视有序培育权益类社会组织在控制政府运行中的“组织化”作用。

（二）以权力规制政府权力运行

孟德斯鸠早就指出：“要防止滥用权力，就必须以权力约束权力。”[3] 我国虽然不实行三权分立，但立法、行政和司法三项权力的职能分工是客观存在的。[4] 完善中国特色的分权制约机制，应该采取现实主义的理性态度。其一，要优化权力配置、权力关系和权力流程。完善人民代表大会制度，保障人民代表大会及其常委会的权威，通过充分发挥人大作用规制政府权力运行。其二，健全司法体制，完善确保依法独立公正行使审判权和检察权的制度，使司法机关在人民代表大会制度下能单独约束政府行为。其三，实行政府内

---

① 弗雷德里希·奥古斯特·哈耶克：《通往奴役之路》，中国社会科学出版社 1997 年版，第 73 页。

② 汉密尔顿等：《联邦党人文集》，商务印书馆 1980 年版，第 264 页。

③ 孟德斯鸠：《论法的精神》（上册），商务印书馆 1982 年版，第 154 页。

④ 夏勇：《改革司法》，《环球法律评论》2002 年第 2 期。

部决策、执行、监督三权相对分立和制约的体制。决策权与执行权相对分离，有利于规避决策者过多的部门利益考量，促进政府部门恪守全局利益和公共利益，提高政策制定的公共性和公正性。而且“掌舵”（决策能力）与“划桨”（执行能力）的相对区分，也有利于提高行政效率，保证政府行政的廉洁性和效率性。其四，完善政府内部上下层级监督和专门监督制度，改进和优化上级机关对下级机关的监督方式，建立健全常态化的巡查监督制度，以行政纵向权力监督政府权力运行。

（三）以法律规制政府权力运行

法治作为一种先进的治国方式，要求整个国家治理以及社会运行均依法而治，即管理国家、治理社会主要依靠法律这种普遍、稳定、明确的社会规范和公共权威，而不是靠任何人格权威，也不是依赖当权者的威严甚至特权，更不是靠亲情和人情关系。法律才是公民行为、社会活动和政府管理的主要依据和最终导向，是规制和裁决包括政府在内的所有社会主体行为的基本准则和最高标准；任何个人和组织都不能凌驾于法律之上，其行为和活动都要纳入法制的轨道和范围。

法律主要是通过以下三个方面规范和控制政府能力：一是通过宪法、组织法控制政府能力的权源。宪法对公民的基本权利进行了详细规定，组织法对国家权力机关的主要职权做了明确限定，对国家各机构之间的权力边界予以了界定和划分。政府只能在宪法和组织法所规定的职权范围内实施具体的行政行为，而不能逾越权力红线，否则就应该承担相应的法律责任。二是以程序法制约政府能力实施。程序法是对政府权力运行过程进行控制的有效工具，其通过明晰的程序细则，对政府的行政方式和步骤进行了明确规定，因此必然对政府权力的运行过程产生制约作用。三是通过监督法、责任法、救济法制约政府权力的滥用。监督法、行政责任法、行政救济法主要是事后对政府权力进行控制，监督法为政府权力的行使是否遵守法定权限、法定程序提供监督机制；责任法为滥用行政权的行为提供法律责任追究机制；救济法为受到滥用行政权行为侵犯的公民提供法律救济机制。

（四）以程序规制政府权力运行

程序可以理解为政府能力运作时应当遵循的方式、步骤、时限和顺序。无程序即无权利、无程序难以法治，程序在控制政府权力的过程中具有重要地位，轻视程序的结果往往是政府以国家神圣为由剥夺公民实体法上的权利。在国外，制定行政程序法典已成为一种趋势，如西班牙于1889年制定了《行政手段标准法》，奥地利于1925年通过了《行政手续法》，美国1946年制定了《联邦行政程序法》，1950年奥地利在其《行政手续法》的基础上，又制定了《一般行政程序法》《行政处罚法》《行政处罚程序法》《行政强制执行法》四个行政程序法典，联邦德国在1976年制定了行政程序法，日本在1994年颁布了《行政程序法》。

从现有的法律体系来看，我国的行政程序立法还相对滞后。一是许多行政程序尚未法律化，如行政检查、行政强制执行等方面依然缺乏完整和规范的法定程序；二是相关行政程序法条中所规定的程序过于笼统和简单，而且在很多具体程序实施方面甚至缺乏时限规定；三是有些行政程序侧重于赋予政府权力，而欠缺对于违反程序的法律后果、法律责任和法定义务的规定；四是现有行政程序中缺乏保障公民合法权益的制度规则，容易诱发公民合法权益受损；五是行政程序立法不统一，尚没有形成一部统一的行政程序法典等。因此，为了发挥程序规则对于政府能力的制约作用，应该借鉴西方国家的成熟经验，早日制定中国统一的《行政程序法》，建立或完善情报公开制度、听证制度、回避制度、记录和决定制度、听取陈述和申辩制度、职能分离制度、告知制度、不单方接触制度等。

（五）以公开规制政府权力运行

列宁强调“广泛民主原则”要包含两个必要条件：第一，完全的公开性；第二，一切职务经过选举。因此，要有效规制政府运行和控制政府僭越能力，也必须将政府置于阳光之下，通过公开化来促进对政府能力的控制。行政公开制度化、法制化是国际通行规则，西方国家为了保障行政公开化的落实，陆续制定了《行政程序法》《政府会议公开法》《情报自由法》《行政规章公布法》《公共机关情报公开法》《阳光下的政府法》等法律法规。因此，要保证公民知情权的落实，就必须把政府部门及其公务员公开行政信息的义务，上升到具有强制力的法律规定，细化行政公开的具体标准和要求，丰富行政公开的方式和途径，充分利用现代先进网络媒体技术等手段，将行政权力运行的依据、过程和结果依法向相对人和公众充分公开，使得相对人和公众知悉行政过程。

（六）以问责规制政府权力运行

政府责任是政府法治能力构建的核心要素，问责是确保法律有效实施的客观要求。任何一种权力都必须设定相应的职责，权力与责任的统一是法治的亘古法则。权力行使部门和个人必须承担权力实施所带来的各种后果和责任，例如相应的法律责任、政治责任和道义责任等，真正做到有权必有责、用权受监督、侵权要赔偿。以问责制约政府能力就是通过法律规范来明确规定权力主体对其行为应负的法律责任，并通过一整套的具体制度予以保障。

一方面，我国现行立法相对重视设定公民责任，而弱化了政府责任的设定。一些规范政府行政行为的综合性法律法规欠健全，一些单行法律法规中对政府负责任的规定甚至处于空白状态，或者由于力度不够而不具有威慑力，有的规定过于原则无法追责。另一方面，现行行政执行体制相对注重行使行政权，而不重视承担行政责任，对行政执行的监督机制欠完善。外部监督尽管主体众多，但由于监督权和监督程序界定不清晰而难以形成有效监督，专门监督虽然建立了许多制度，但因为行政依附关系而难以落实。在行政执法中部门执法与综合执法关系不顺，往往淡化了部门主管责任，而片面强调属地责任，导致执法主体职责不明确，相互推诿和扯皮现象突出。

要从根本上解决这些问题，必须建立制度完备的责任型政府管理体制，制定和完善政府的权责清单，强化政府法定责任和监督机制，理顺部门主管责任与属地管辖责任关系，建立健全政府责任制体系。逐步建立和完善行政首长在政府工作中出现重大违法、失职、滥用职权等情形时罢免、引咎辞职的政治责任制度；健全所有公务员因违法失职、滥用职权、贪污腐败等行为而受到行政处分和刑事处罚制度；健全政府机关的违法行政行为依法被撤销、变更制度；建立行政机关和公务员因轻微违法、失职或官僚主义等而向公民、法人赔礼道歉的道义责任制度。

三、结语

建设法治政府是加快建设社会主义法治国家，全面推进依法治国的重要内涵和主要任务，实现政府法治能力的现代化也是推进国家治理体系和治理能力现代化的必然要求。政府能力现代化主要是指政府能力系统随着行政环境的变迁而从低级到高级、从简单到复杂、从管控到治理、由无序到规范、从人治到法治的提升和完善的动态过程。而政府法治能力现代化则意味着现代政府主要倚重于运用法治方式有序治理社会，通过完善法律法规体系、创新执法体制、完善执法程序、严格执法责任、明晰政府职能、规范行政行为，使得政府能力建设适应现代法治社会的要求。建设现代政府的法治能力既需要提升政府依法维护社会秩序能力、依法协调社会利益能力、依法化解社会矛盾能力、依法调解社会关系能力和依法引领社会行为能力，又必须以权利、权力、法律、程序、公开、问责等手段规制政府权力运行。

我国行政体制改革法治化研究

石佑启*

改革与法治是决定当代中国命运的两个最为重要的主题。深化行政体制改革是推进国家治理体系和治理能力现代化的重要组成部分，是发展社会主义市场经济和发展社会主义民主政治的必然要求，是全面深化改革的突破口。改革开放以来，我国不断推进行政体制改革并取得了重大进展。但随着改革开放的深入推进和经济社会的快速发展，我国行政体制改革面临着许多新的挑战，与完善社会主义市场经济体制、建设法治中国、实现国家治理现代化的要求相比，还存在很大差距，需要切实转变改革的方式，科学选择改革的路径，走法治改革之路，以法治思维和法治方式推进改革，以法治的理性和权威性来保障改革的连续性、稳定性，使改革达到预期的目标。

一、行政体制改革法治化的必要性分析

我国的改革已步入攻坚期和深水区，涉及若干利益上和体制上的深层次问题和矛盾，必须对"摸着石头过河"为主的改革思路、"政策推进型"的改革路径、"政府自我革命"的改革模式予以调整和转型，推进行政体制改革步入法治化轨道，以法治来凝聚改革共识，以法治引领和规范改革行为，以法治降低改革的成本和风险，以法治巩固改革成果。具体来说：

（一）消除行政体制改革中人治因素影响的必然选择

进行政治与行政体制改革，必须处理好"人治与法治的关系"。人治与法

---

* 石佑启，广东外语外贸大学党委常委、副校长，本文摘自《法学评论》2014 年第 6 期。

治是两种不同的治国方式，人治强调的是个人的意志和权威，是将个人的意志凌驾于法律之上，国家的一切大事皆由个人或少数人按照自己的主观意志来决定的治国方式；法治强调的是法律至上，强调法律的权威，要求依照公平、正义的法律来治理国家。人治会导致权力恶性膨胀，异化为社会公害。我国为实现依法治国、建设社会主义法治国家进行了艰辛探索，1978 年，党的十一届三中全会总结了我国民主法制建设正反两方面经验，特别是吸取“文化大革命”中法制遭到严重破坏的沉痛教训，提出了发展社会主义民主、健全社会主义法制的重大方针。邓小平同志指出：“为了保障人民民主，必须加强法制。必须使民主制度化、法律化，使这种制度和法律不因领导人的改变而改变，不因领导人的看法和注意力的改变而改变。”[①]“我们过去发生的各种错误，固然与某些领导人的思想、作风有关，但是组织制度、工作制度方面的问题更重要。这些方面的制度好可以使坏人无法任意横行，制度不好可以使好人无法充分做好事，甚至会走向反面。”“不是说个人没有责任，而是说领导制度、组织制度问题更带有根本性、全局性、稳定性和长期性。这种制度问题，关系到党和国家是否改变颜色，必须引起全党的高度重视。”[②] 1992 年，邓小平同志在南方谈话中再次强调，治理国家“还是要靠法制，搞法制靠得住些”。1997 年 9 月，党的十五大郑重提出了“依法治国，建设社会主义法治国家”[③]的重大战略任务。1999 年 3 月，“依法治国”的基本方略和奋斗目标被庄严地写入宪法，形成现行《中华人民共和国宪法》第五条的规定，即中华人民共和国实行依法治国，建设社会主义法治国家。2007 年 10 月，党的十七大报告以科学发展观为统领，将深入落实依法治国基本方略列入实现全面建设小康社会奋斗目标的新要求。2012 年 11 月，党的十八大报告提出：“法治是治国理政的基本

① 《邓小平文选》第二卷，人民出版社 1994 年版，第 146 页。

② 《邓小平文选》第二卷，人民出版社 1994 年版，第 333 页。

③ 《十五大以来重要文献选编》，人民出版社 2000 年版，第 269 页。

方式。”[①] 要强调“更加注重发挥法治在国家治理和社会管理中的重要作用”[②]，并提出“加快建设社会主义法治国家”[③]，到2020年实现全面建成小康社会宏伟目标时，“依法治国基本方略全面落实，法治政府基本建成，司法公信力不断提高，人权得到切实尊重和保障”[④]。党的十八届三中全会又明确提出了建设法治中国的战略目标。可以说，我国建设社会主义法治国家，是现实的需要，是历史的必然。行政体制改革的法治化，既是这个大背景下的必然选择，也是法治国家建设中的有机组成部分。通过走法治化的道路，可以有效地消除行政体制改革中人治因素的影响，增强行政体制改革的稳定性、系统性和协调性。

（二）调节行政体制改革中各种利益关系的有效举措

行政体制改革的核心是对各种权力及其利益格局的重新调整，改革的过程实际上是利益关系重新协调的过程。利益是人们交往的纽带，所有社会矛盾和社会冲突的根源均存在于人们的利益关系之中。2013年3月17日，李克强总理回答记者提问时说：“改革要触动固有的利益格局。现在触动利益往往比触及灵魂还难。但是，再深的水我们也得趟，因为别无选择，它关乎国家的命运，民族的前途。”[⑤] 利益关系调整得好，就会使改革健康有效地进行下去；利益关系调整不好，改革就会受阻、中断甚至无功而返。有学者认为，“改革进程中的主要难题，不在于表面上的‘体制摩擦’，而在于这种摩擦背后的‘利益摩擦’。因此，对‘改革战略’的思考，应着眼于如何尽可能妥善地解决改革过程中发生的各种利益矛盾。艰巨的任务，必须要通过法律来

---

① 胡锦涛：《坚定不移沿着中国特色社会主义道路前进　为全面建成小康社会而奋斗——在中国共产党第十八次全国代表大会上的报告》，人民出版社2012年版，第27页。

② 胡锦涛：《坚定不移沿着中国特色社会主义道路前进　为全面建成小康社会而奋斗——在中国共产党第十八次全国代表大会上的报告》，人民出版社2012年版，第25页。

③ 胡锦涛：《坚定不移沿着中国特色社会主义道路前进　为全面建成小康社会而奋斗——在中国共产党第十八次全国代表大会上的报告》，人民出版社2012年版，第25页。

④ 胡锦涛：《坚定不移沿着中国特色社会主义道路前进　为全面建成小康社会而奋斗——在中国共产党第十八次全国代表大会上的报告》，人民出版社2012年版，第17页。

⑤ 李克强：《触动利益比触及灵魂还难，再深的水也得蹚》，载中国新闻网2013年3月17日，见http：//www. chinanews. com/gn/2013/03－17/4650201. shtml。

完成，因为法律在调整利益诸手段中处于首要地位”[①]。法律是利益关系的调节器，协调与平衡各种利益冲突是其重要功能，法律在对利益关系的协调中，展现其生命力和存在的价值。“法律之所以存在，因为人们继续不断地评估和重新评估利益，因为他们希望利益调和，因为他们希望保障他们本身的利益和承认尊重他人利益的正当。这种相互的权利义务观念是建设政治社会的基石。”[②] 法律的制定过程就是一个充分的利益博弈过程，是分配和调节利益的过程；法律的实施过程就是一个实现公平正义的过程。“法律自身代表着一种公正、客观、平衡的精神，在多元的社会利益矛盾和冲突中保持一种中立的品质，并创造出一个公平的世界。”[③] 对于社会转型、体制转轨、价值取向多元、利益高度分化的当下中国来讲，没有什么比法治更能够凝聚人们的共识。遵循法治原则和精神，对各种类型的利益冲突作出妥当协调，事关改革成败。

（三）实现改革总目标的客观要求

党的十八届三中全会决议明确提出了全面深化改革的总目标，即完善和发展中国特色社会主义制度，推进国家治理体系和治理能力现代化。在新的历史起点上推动实现这一总目标，是深化行政体制改革的重要任务。国家治理体系和治理能力，是一个国家制度和制度执行力的集中体现。十八届三中全会决议要求，到2020年，在重点领域和关键环节改革上取得决定性成果，形成系统完备、科学规范、运行有效的制度体系，使各方面制度更加成熟更加定型。2014年2月17日，习近平总书记在省部级主要领导干部学习贯彻十八届三中全会精神全面深化改革专题研讨班开班式上发表重要讲话强调：“今天，摆在我们面前的一项重大历史任务，就是推动中国特色社会主义制度更加成熟更加定型，为党和国家事业发展、为人民幸福安康、为社会和谐稳定、为国家长治久安提供一套更完备、更稳定、更管用的制度体系。”2008年中共中央、国务院印发的《关于深化行政管理体制改革的意见》明确指出，加强依法行政和制度建设，坚持用制度管权、管事、管人。这些都明确了制度建

---

① 强昌文：《论利益的法律调整机制》，《安徽大学学报（哲学社会科学版）》2014年第4期。

② ［荷］克拉勃：《近代国家观念》，王检译，商务印书馆1957年版，第54页。

③ 陆平辉：《利益冲突的法律控制》，《法制与社会发展》2003年第2期。

设的重要地位和紧迫任务。加强法制建设，是完善和发展中国特色社会主义制度的基本内容；法治是国家治理体系和治理能力现代化的基本要求，要发挥法治在完善国家治理体系和提升国家治理能力中的根本性作用，推进国家治理进入良法善治的轨道。“正义的目标应当通过合法方式实现。”① 如果不通过合法的方式，不受法律的约束，改革就会扭曲异化，背离改革初衷。党的十八届三中全会还提出，必须切实转变政府职能，深化行政体制改革，创新行政管理方式，增强政府公信力和执行力，建设法治政府和服务型政府。可见，应紧紧围绕推进国家治理体系和治理能力现代化的总目标，依法深化行政体制改革，大力加强法治政府建设，构建科学完善的行政管理的体制、机制与制度，并以此为切入点推动国家政治、经济、文化、社会、生态文明和党的建设等各个方面体制机制和制度更加科学、更加完善，实现党、国家、社会各项事务治理制度化、规范化、程序化、法治化。

二、行政体制改革法治化的内涵探究

行政体制改革法治化是一项系统工程，涉及的范围很广，首先应审视的是行政体制改革权本身的法治化，这是容易被人们所忽视的问题，只有将行政体制改革的主体与对象区分开来，将行政体制改革权纳入法治轨道，才有助于解决“政府自我革命”的难题，并在此基础上，探讨行政体制改革的对象或内容的法治化，主要包括政府职能的法治化、行政组织与编制的法治化、行政权的配置及其运行的法治化。

（一）行政体制改革权的法治化

行政体制改革权是关于行政改革的权力。有学者认为，行政改革权指国家立法机关和行政机关依法享有的重新界定配置行政权、调整行政组织结构和规模以及完善公务员制度的权力。② 笔者认为，行政体制改革权由行政体制改革的设定

① 罗豪才、宋功德：《坚持法治取向的行政改革》，《行政管理改革》2013 年第 3 期。

② 邝少明、夏伟明：《论行政改革权的法制化》，《中山大学学报（社会科学版）》2003 年第 3 期。

权和行政体制改革的执行权构成。实现行政体制改革权的法治化，必须做到：

1. 行政体制改革权设定的法治化

行政体制改革权属于国家权力范畴，其设定主体只能是国家权力机关，应遵循法律保留原则，即应由国家权力机关通过宪法和法律的形式设定，不能由国家行政机关自行设定。如果不区分行政体制改革的设定权与行政体制改革的执行权，不明确行政体制改革设定权的归属，由政府既行使行政体制改革的设定权，又行使行政体制改革的执行权，就无法摆脱“政府同时扮演着改革主体与改革对象双重角色”的窘境。从目前我国的情况来看，行政改革权的设定主体并不是单一的，而是多元的。不仅全国各级人大及其常委会有行政改革权的设定权，而且国务院及其部委和一些地方人民政府也享有此种权力。形成这种局面的原因是多方面的，但主要是由于我国有关行政改革权的立法滞后，无法满足现实需要，从而给行政机关自行设定一定范围的行政改革权留下了空间。在行政体制改革过程中，立法机关没有制定相关的法律对行政改革权进行界定、划分及确定其归属。因而，行政机关行使行政改革权缺乏必要的法律依据和法律授权，常处于失控和无序的状态。“我们现在面临的问题似乎更多的是行政机关在设定组织、编制、结构、聘任公务人员、配置行政权力等方面的无序状态。历次改革中，行政部门往往未经法律授权以规章、命令、决定等形式自行设置机构和配置权力，造成改革的混乱。这显然是由于行政改革权没有依法设置造成的。改变这种局面最有效的方法是用法治原则来建立秩序、减少混乱。”① 即使为适应急剧的社会转型和改革的需要由行政机关设定行政改革，也应有法律授权或者由有权机关的明确授权，以解决行政体制改革的权限不足问题，使得那些于法无据甚至不符合现行法律规定的改革措施获得合法性。行政体制改革权的法治化要求行政体制改革要从“依法”或“依授权”开始，并要将改革的成果“入法”，即要通过修法或立法来巩固改革成果，防止改革反弹。

---

① 邝少明、张威：《论行政改革权》，《中山大学学报（社会科学版）》2002 年第 6 期。

2. 行政体制改革权运行程序的法治化

我国的行政体制改革，应当超越政策推进型的改革模式，建构法律推进型的改革模式，实现行政改革权运行程序的法治化。这有助于最大限度地保障行政体制改革权运行的权威性和合理性。如果缺乏法定程序保障，行政体制改革权就无法正常有效地运行。在行政改革权运行程序方面，西方国家有一套比较成熟的做法，大致可分为四步：一是通过立法成立一个改革研究委员会，行使改革设计权。该委员会的性质一般为非官方组织，吸收社会各界人士参加，由其对行政改革的所有问题进行全面调查研究，并在充分论证的基础上提出改革方案。二是立法机关制定有关改革的法律，行使行政改革决定权，并为改革提供法律依据和保障。其通常做法是，立法机关对机构改革研究委员会提出的改革建议，采纳其中合理的部分制定法律，决定是否改革以及改革的内容。三是政府根据有关改革的法律，具体行使改革执行权。在执行过程中，西方政府倾向于分阶段、分步骤稳妥地进行，而非运动型的方式。四是设立一个专门机关行使改革监督权，监控行政改革方案的实施，确保行政改革的顺利推行。[①] 有学者建议，我国行政改革权的行使可按以下三个步骤进行：（1）成立一个专门委员会，研究、论证和决定行政改革方案行使行政改革设计权。该委员会必须具有代表性和中立性，要独立于行政机关，并实行合议制。（2）重大改革事项的立法程序。由相关法律对立法机关与行政机关之间的行政改革权限进行合理划分。行政改革中重要的组织事项，必须通过立法程序决定，其他事项则可由中央政府直接决定。（3）成立专门机构推行行政改革。一方面，有权机关要赋予该机构一定的执行手段；另一方面，对执行过程中反映出来的问题要及时予以解决，切实保障行政改革执行权的正当行使。[②] 笔者认为，我国可以借鉴西方国家的经验，结合我国的实际情况，将改革设计成三个阶段：改革设计与决策阶段、改革执行阶段、改革监督阶段。通过法律对行政体制改革的每一阶段的主体、职权、工作程序与

① 孟鸿志等：《中国行政组织法通论》，中国政法大学出版社 2001 年版，第 269 页。

② 应松年、薛刚凌：《行政组织法研究》，法律出版社 2002 年版，第 105 页。

机制、责任等作出明确规定，保障改革程序的规范化、法治化。[①]

（二）行政体制改革内容的法治化

1. 政府职能法治化

政府职能是政府一切活动的起点。职能定位是否准确，是政府能否正确有效行使权力、发挥作用的前提和基础。如果说政府机构改革是外表，那么政府职能转变就是内核，二者之间是“表”和“里”的关系，只有把转变政府职能切实向前推进，有效简政放权，组织机构调整等其他方面改革才能取得实质性突破，才能更好地激发市场活力和社会活力，增强发展的内生动力。切实转变政府职能，是深化行政体制改革的核心和关键，是牵引行政体制改革的“牛鼻子”，是建设法治政府和服务型政府的必然要求和题中应有之义。而政府职能转变既需要立法来引领和推动，也需要法律来确认和巩固职能转变的成果。“要把法律当成转变政府职能的依据，把法治当成转变政府职能的路径，并把政府职能转变的成果体现在法治政府建设上。”[②] 评判行政体制改革是否法治化，必须看政府是否真正形成了从全能政府向有限政府的转变；是否真正做到了政企分开、政资分开、政事分开、政府与市场中介组织分开；是否真正解决了政府“不越位”“不缺位”“不错位”问题；是否真正实现了政府职能配置的科学化和法定化。

2. 行政权力配置法治化

伴随着政府职能的转变，必须调整行政权力结构，合理配置行政权力，在协调平衡好政府与市场、政府与社会、政府与其他国家机关之间外部关系的同时，在政府系统内部也要形成纵横合理、结构均衡、权责明确、关系顺畅的权力格局，并要将这种权力配置关系纳入法律调整的范围。这主要包括两方面内容：一是在纵向上实行法律分权。所谓法律分权，是指在分清中央政府与地方各级政府职责的基础上，通过宪法性法律对中央政府与省级政府、上级地方政府与下级地方政府之间的行政权力划分作出规定，赋予各级政府

① 石佑启等：《论行政体制改革与行政法治》，北京大学出版社2009年版，第87页。

② 杨晶：《以加快转变政府职能为核心深化行政体制改革》，《行政管理改革》2014年第3期。

独立的主体地位，以法律的形式将各级政府的职权、职责和责任固定下来，非经法定程序不得随意改变，各级政府之间发生行政权限争议可以通过法律途径解决。通过法律分权，“从表面上看这是一个权力在不同层级的分配问题，实质上这是对上下级权力关系的革命性改造，将上下级权力关系由政治关系改变为法律关系，从而将上下级权力关系纳入法治的轨道”①。法律分权的重心就是在科学划分中央政府与地方政府事权、上级地方政府与下级地方政府职能的基础上，实现中央政府与地方政府、上级地方政府与下级地方政府之间关系的法治化，依法规范二者关系，并在中央政府权力与地方政府权力之间、上级行政机关权力与下级行政机关权力之间探寻一种具有相对稳定性和可操作性的制度，从而建立起一个有权威、有内聚力的中央政府和上级行政机关以及有活力、有向心力的地方政府和基层行政机关。② 二是在横向上实行行政权力的综合化配置。这是指在转变政府职能的基础上，将反映行政职能相同或密切相关、管辖范围类似、业务性质相近的行政权力进行合并，相对集中配置给一个行政部门，由一个大的部门统一行使相关的行政权力。通过部门行政权力的“内涵式”变革来实现行政精简、统一、效能的目标，以求从根本上解决职能交叉、部门林立、多头管理及管理低效等问题。通过纵向上的法律分权和横向上行政权力的综合化配置，改变行政权力在纵向上高度集中与横向上过于分散的状况。通过建立与完善相应的法律制度来保障行政权力结构调整的相对理性和巩固行政权力合理配置的成果，推动行政权力配置进入科学化、法治化的轨道。

3. 行政组织与编制法治化

行政组织法治化要求行政组织的设立、内部组织结构、外部运行方式等都要有明确的法律予以规范，行政组织依法进行运作，依法处理与其他组织的关系，按照党政职能分工、政企分开和精简、统一、效能的原则，建立完善的行政组织体系。如果行政组织的设立没有法律的基础，可以不依法而自

---

① 周永坤：《规范权力——权力的法理研究》，法律出版社 2006 年版，第 221 页。

② 石佑启、陈咏梅：《行政体制改革及法治化研究——以科学发展观为指引》，广东教育出版社 2013 年版，第 203—204 页。

生自灭，那么，相应的人员配备也会因此而不合理、不合法。在此情形下谈法治政府建设是不可能的。行政组织是行使行政权的载体，其设置是否科学合理，关系到行政权的有效行使和行政效能的提高，影响到公民权利义务的行使与履行。改革开放以来，我国虽曾进行过多次机构改革，却陷入“精简—膨胀—再精简—再膨胀”恶性循环的怪圈，其原因是多方面的，但从法治角度上看，主要在于没有完备的组织法规范，政府机构与权能配置没有法的有效制约。目前，我国行政机关的设置、地位、职责、权限等，主要由《中华人民共和国宪法》《中华人民共和国国务院组织法》《中华人民共和国地方各级人民代表大会和地方各级人民政府组织法》加以规定。然而，从我国组织立法来看，行政组织的立法体系极不完善，在国务院组织法、地方政府组织法中，对行政组织机构的设立、职责权限、基本准则、调整程序等都有原则性规定，未对不同类别行政机关的设置和职权作出明确、具体的规定。这导致在行政管理的实践中，行政执法部门层次过多、职责不清、权责脱节和多头执法等问题，造成管理对象无所适从，由此破坏了法治的权威，损害了政府的形象。深化行政体制改革必须高度重视行政组织法的作用，必须遵循行政组织法定原则，健全行政组织法体系，实现行政组织设置的科学化和法定化。

行政编制的法治化就是通过专门的立法对行政机关编制的提出、审查、论证和批准程序、领导职数限额、人员编制标准及违反编制的法律责任等，作出具体、明确的规定，把编制管理纳入规范化、制度化和法治化的轨道。党的十三大报告中就提出：“要完善行政机关组织法，制定行政机关编制法，用法律手段和预算手段控制机构设置和人员编制。”① 中共中央、国务院印发的《关于深化行政管理体制改革的意见》指出，通过改革，实现政府组织机构及人员编制向科学化、规范化、法制化的根本转变。党的十八届三中全会通过的《中共中央关于全面深化改革若干重大问题的决定》提出：“严格控制机构编制，严格按规定职数配备领导干部，减少机构数量和领导职数，严格

① 《十三大以来重要文献选编》（上），人民出版社 1991 年版，第 40 页。

控制财政供养人员总量。推进机构编制管理科学化、规范化、法制化。”[①] 到目前为止，我国没有专门的行政编制法，政府机构的设置、人员的编制设置表现出很大的随意性。因人设事、因人设岗的现象时有发生。因此，应尽快制定一部统一的行政编制法，严格按照“因事设岗、因岗择人”的原则，控制行政机构的在编人员和非在编人员编制，防止一些地方执法部门自行“增肥”，实现机构编制从“经验型”“政策型”向“自律型”“法治型”转变。

4. 行政权运行法治化

要规范行政权力的运行，构建立法民主、决策科学、执行顺畅、监督有力的权力运行体系，确保行政机关及其工作人员严格依法办事、依法行政。党的十七大报告指出：“健全组织法制和程序规则，保证国家机关按照法定权限和程序行使权力、履行职责。”[②] 党的十八届三中全会通过的《中共中央关于全面深化改革若干重大问题的决定》提出：“推行地方各级政府及其工作部门权力清单制度，依法公开权力运行流程。”[③] 推进行政权运行的法治化，主要包括：一是要加强和改进政府立法工作，严格按照法定权限和法定程序进行立法，完善立法工作机制，扩大公众有序参与，充分听取各方面意见，使所立之法律能准确反映经济社会发展要求，更好协调利益关系，提高制度建设的质量，保障法制的协调统一性。二是要规范行政决策行为，建立健全决策信息公开制度，民主科学决策程序和保障制度、决策评估体系和纠错改正机制等，以扩大公民有序参与，实现行政决策的科学化、民主化、法治化。党的十八大报告强调，健全决策机制和程序，发挥思想库作用，建立健全决策问责和纠错制度。建立健全重大决策社会稳定风险评估机制。凡是涉及群众切身利益的决策都要充分听取群众意见，凡是损害群众利益的做法都要坚决防止和纠正。三是要深化行政执法体制改革，建立权责统一、权威高效的行政执法体制，完善行政执法程序，规范行政执法行为，加强对行政执法的

① 《中共中央关于全面深化改革若干重大问题的决定》，人民出版社2013年版，第19页。

② 胡锦涛：《高举中国特色社会主义伟大旗帜　为夺取全面建设小康社会新胜利而奋斗——在中国共产党第十七次全国代表大会上的报告》，人民出版社2007年版，第33页。

③ 《中共中央关于全面深化改革若干重大问题的决定》，人民出版社2013年版，第36页。

监督，全面落实行政执法责任制和执法经费由财政保障制度，切实做到严格、规范、公正、文明执法，确保法律的正确有效实施。四是要健全对行政权力的监督制度，整合监督资源，强化监督的力度，形成监督合力，使行政权力与责任挂钩、与权力行使主体利益脱钩，切实做到有权必有责、用权受监督、违法须追究，侵权要赔偿，实现权责统一。

三、行政体制改革法治化的策略选择

（一）善于运用法治思维和法治方式深化改革

党的十八大报告提出："弘扬社会主义法治精神，树立社会主义法治理念，增强全社会学法尊法守法用法意识。提高领导干部运用法治思维和法治方式深化改革、推动发展、化解矛盾、维护稳定能力。"[①] 习近平总书记在 2014 年 2 月 28 日下午主持召开中央全面深化改革领导小组第二次会议并发表重要讲话时指出："在整个改革过程中，都要高度重视运用法治思维和法治方式，发挥法治的引领和推动作用，加强对相关立法工作的协调，确保在法治轨道上推进改革。"法治思维，是按照法治的根本要求、精神实质和价值追求，分析、判断、处理客观现实问题的思维方法或者思维过程；法治方式是运用法治思维处理和解决问题的行为方式，是法治思维实际作用于人的行为的外在表现。法治思维决定和支配法治方式，法治方式体现和强化法治思维。运用法治思维和法治方式深化改革，就是要求坚持改革要尊重法律、于法有据、依法而行，改革的成果要用法律制度加以巩固，形成办事依法、遇事找法、解决问题用法、化解矛盾靠法的良好法治环境。2013 年 6 月 19 日，上海市人大常委会第四次会议表决通过了《关于促进改革创新的决定》，《关于促进改革创新的决定》明确规定："改革创新应当坚持法治原则，遵守宪法和法律，注重运用法治思维和法治方式推进改革创新。"运用法治思维和法治方式

---

① 胡锦涛：《坚定不移沿着中国特色社会主义道路前进　为全面建成小康社会而奋斗——在中国共产党第十八次全国代表大会上的报告》，人民出版社 2012 年版，第 28 页。

推进改革，要求转变改革方式，树立法治改革观，将改革纳入法治的轨道，走依法改革之路。这是中国改革本身的战略转型。只有政府和社会公众都善于运用法治思维和法治方式，才能为深化改革、全面建设小康社会提供坚强有力的法治保障。改革的成效将更加体现在如何提高运用法治思维、法治方式深化改革的能力上，以切实保障改革沿着法治化的道路健康有序推进。有学者认为，"党的十八大以来，在运用法治思维和法治方式处理深化改革问题上，已经作出很好的典范。2013 年 8 月 31 日第十二届全国人大常委会第四次会议通过《关于授权国务院在中国（上海）自由贸易试验区内暂时调整实施有关法律规定的行政审批的决定》，这是国家权力机关以法治思维和法治方式推动新形势下深化改革的一项重大立法实践。这次通过全国人大常委会的立法授权，进行上海自由贸易区的改革，是以法治思维和法治方式促改革的一次生动演绎"①。

（二）处理好立法与改革的关系，实现二者互动共进

在行政体制改革过程中，必须处理好改革和立法的关系，把立法决策与改革决策有机结合起来，把深化改革同完善立法有机地结合起来，一方面要深化改革，一方面要守住法治的底线，二者不可偏废。应运用辩证的思维审视改革创新与依法行政的关系，两者并非总是此消彼长的对立（零和博弈）状态，在一定条件下可以形成相辅相成、相得益彰的（正和博弈）状态。"西方国家在行政改革中，都具有一个法律与改革呈良性互动的特点，法律指导、规范和保障了改革，而改革又促进法律变迁。"② 西方国家为了保障行政改革的顺利进行而制定了与之相配套的法律法规，如美国克林顿总统在就任之初，便指定副总统戈尔组成革新委员会，并于 1993 年发表了《国家绩效评估报告》，而 1993 年所通过的《政府绩效与成果法》乃是此次行政改革的法律依据。日本国会在 1998 年 6 月 12 日通过《中央省厅等改革基本法》，确立了改革的大政方针。随后，1999 年 7 月，日本国会通过并公布了共包括 17 部法律

① 付子堂、陈建华：《运用法治思维和法治方式推动全面深化改革》，《红旗文稿》2013 年第 23 期。

② 杨解君：《全球化与中国行政法的应对：改革路径的分析》，《学术研究》2012 年第 11 期。

的中央省厅改革关联法，明确了改革后的内阁与省厅的机构调整、中央与地方责权划分以及独立行政法人的职能。1999 年 12 月，日本国会通过并公布了共包括 61 部法律的省厅改革施行关联法，明确了各省厅之间的关系和每个独立行政法人的目的、事业范围等，在充分的立法基础上，2001 年 1 月才开始新一轮的行政改革。[①] 法国议会在 1982 年通过了《关于市镇、省和大区权利与自由法》，以此为依据开始了以权力下放为重要内容的地方分权改革，为实现 1982 年确定的目标，法国在此后 10 年间共颁布了 71 项法律和 748 个法令予以补充和完善；1992 年 2 月 3 日和 6 日，法国政府又先后颁布了关于行使地方议员权责条件法和关于共和国地方行政指导法两个重要的法律文件，将地方分权改革一步步推向高潮。"虽然各国改革的内容和方式不同，但是，无论是普通法系国家较为激进、全面的改革，还是大陆法系国家较为和缓、渐进的改革，从中都可以看出具有明显的法制化特征。改革的推行要求对原有的相关法律予以调整或者制定新的法律。在改革推进的同时伴随着大量的立法活动。"[②] 当代中国的立法与其他国家特别是西方发达国家立法的一个重大区别是，中国的立法都是改革背景下和改革进程中的立法。但不能因此就错误认为，中国的改革无法可依、难以依法甚至无须依法，中国的立法只是消极地确认和巩固改革的成果，而不能引领和推动改革。要处理好改革的"变"与立法的"定"之间的关系，改革的"变"要依法而"变"，否则，就会变味或变样；立法的"定"不只是定结果，而要定方向、定目标、定原则、定主体、定方式、定过程、定责任等，要摆脱"先改革后立法"甚至"立法不作为"的困境；要借鉴域外的经验，结合我国的国情，坚持以立法引领和规范改革，以改革促进法律的发展，实现改革与法律的良性互动。张德江委员长在主持十二届全国人大常委会党组学习贯彻党的十八届三中全会精神时指出："要完善中国特色社会主义法律体系，加强立法工作，坚持科学立法、民主立法，提高立法质量，依据改革举措，结合立法规划和立法工作计划，需

① 陈都峰：《国外行政改革的内动力机制及其启示》，《理论与现代化》2006 年第 3 期。
② 薛刚凌：《行政体制改革研究》，北京大学出版社 2006 年版，第 270—271 页。

要修改的法律按照程序及时修改，使重大改革于法有据、有序进行，需要得到法律授权的重要改革举措，要按法律程序进行。”要做好法律的立、改、废工作，对陈旧过时的法律规范予以废除；对需要修改的法律予以修改，先立后破，有序进行；有的重要改革举措，需要得到法律授权的，要按法律程序进行。以此确保行政体制改革于法有据，有法可依，为改革的顺利推进铺好法治之路。罗豪才先生指出：行政改革与法治的关系，至少体现为两点：“第一点是行政改革完全可以依法推进，依法行政不但不会捆绑行政改革的手脚，反而通过改革前的法律设定、改革中的法律实施以及试点改革后的法律修改，来为行政改革提供全方位的法律保障，无法律则无行政改革。第二点是行政改革与依法行政不仅可以做到并行不悖，而且改革创新精神和行政法治建设还应当齐头并进、良性互动，通过行政改革提高法律的回应性，通过依法行政保证行政改革合乎理性，二者统一于建设服务政府与法治政府的目标之中。”①

（三）以公开透明和民主参与的方式推进改革

“任何一项事业的背后都存在某种决定该项事业发展方向和命运的精神力量。”②“以人为本”是行政体制改革与法治共同的逻辑起点、精神支柱与价值追求。行政管理体制改革，在价值目标上，必须坚持“以人为本”这一本质要求，真正把维护社会公平正义、增进人民福祉、促进人的自由全面发展作为出发点和归宿。“从行政体制改革的这一根本目的出发，应当说改革是起因于民，目的为民，其检验标准也应当是以人民群众得到利益和实惠为准。”③“法治是源于人类对自身的存在、价值和命运的一种制度安排，‘以人为本’则是深藏在它背后决定其发展方向和命运的最高的精神力量。”④ 当下行政体制改革的基点就是政民关系科学调整和合理定位，改革所涉及的政府职能转变、行政组织结构的优化、行政权力的配置与运行等，绝不仅仅是行政系统

① 罗豪才、宋功德：《坚持法治取向的行政改革》，《行政管理改革》2013 年第 3 期。

② ［德］马克斯·韦伯：《新教伦理与资本主义精神》，于晓、陈维纲译，生活·读书·新知三联书店 1997 年版，第 98 页。

③ 方世荣：《试论公众在行政体制改革中的权利》，《国家行政学院学报》2002 年专刊。

④ 吕世伦、张学超：《“以人为本”与社会主义法治——一种法哲学上的阐释》，《法制与社会发展》2005 年第 1 期。

内部的事情，直接关系到公民等一方利益的变动，会对公民的权利义务产生重大影响，公民等一方理所当然地应当是行政体制改革中的重要参与主体，并分享因行政体制改革所造就的公共福祉。[①] 行政体制改革有效回应公民需求和公民积极参与改革是一个双向互动的过程，也是行政体制改革民主化、法治化的具体体现和基本要求。公开透明是民主参与的前提和基础，民主参与的过程是沟通交涉的过程，也是讨论论证的过程，可以使改革方案得到社会的认可和接受。“越是大规模的、涉及范围广泛的改革，其成本和风险也越大，就越加需要开放、透明的改革，需要全社会的理解和支持。也只有通过听取和整合各方面的意见，改革方案和措施经过反复论证，才能保证其科学性、合理性和可行性并最终得到落实。”[②] 封闭的改革过程与政府行政已不能适应经济发展的要求；社会公众要求参与改革与行政的呼声和能力不断提高，改革决策与方案的形成需要充分发扬民主，广泛听取公众的意见，政府活动需要更多地与公众进行互动沟通，这样才具有深厚的社会基础，才能产生良好的社会效果。实践中，一些地方发生抵制化工项目上马等群体性事件，主要问题就在于政府决策过程不公开透明，没有公众参与、民主讨论、深入沟通的过程。因此，转变执政方式，权力运作公开透明，社会公众有效参与，是当下的必然选择。行政体制改革要以公开透明和民主参与为突破口，特别是要建立健全制度化的信息公开与公众参与机制，使社会公众的主体地位在改革中受到尊重，法定的权利和利益得到保障和增进，才能赢得社会公众认同、支持和配合，才具有力量的源泉，并能在良性互动的基础上实现改革的预期目标。

四、结语

法治是治国理政的基本方式，是国家和社会健康有序运行的基石。我国

---

① 石佑启、杨治坤等：《论行政体制改革与行政宪法治》，北京大学出版社 2009 年版，第 90 页。
② 杨解君：《全球化与中国行政法的应对：改革路径的分析》，《学术研究》2012 年第 11 期。

在新的历史起点上深化行政体制改革，必须走法治之路，必须充分发挥法治对改革的引领、促进和保障作用，并应通过公开透明和民主参与等方式来有效推进改革。行政体制改革的正当性首先体现为合法性，必须与建设社会主义民主政治和法治国家相协调，偏离法治轨道的改革会误入歧途。全面深化行政体制改革是一场攻坚战和持久战，也是一个艰难的利益博弈过程，在这一过程中，只有将行政体制改革与法治有机结合起来，将创新性与合法性有机统一起来，才能更好地凝聚改革共识，才能从根本上确保改革不断取得新的进展和突破。行政体制改革与法治是辩证统一的关系，二者之间既存在对立的一面，也有统一的一面。“如果说改革必然要试错，那么法治的作用就在于纠错以防止出现一种全局性、长期性的失误；如果说改革就要付出代价，那么法治的作用就在于最大限度地降低改革成本，规避不必要的代价；如果说改革就必然有风险，那么法治就是规避风险、把风险控制在最小范围内的不二法门。”① “尽管改革与法治建设在思维路径上存在矛盾，但在现实社会中，改革需要与法治并行，用法治方式推进改革、凝聚改革共识不可或缺。”② 要以法治为行政体制改革铺就成功之路，以法治增强行政体制改革的系统性、整体性、稳定性和协调性，以法治维护国家的长治久安，以法治保障公民的权利和自由，以法治实现社会的公平正义，使行政体制改革受到法治的滋养，使深化行政体制改革的过程成为推进法治的过程，让社会公众分享改革和法治中国建设的红利。

---

① 江必新：《以法治思维和方式推进法治中国建设》，《人民论坛》2013 年第 11 期。

② 陈金钊：《对“以法治方式推进改革”的解读》，《河北法学》2014 年第 1 期。

实现行政决策程序的法治化

王周户*

《中共中央关于全面推进依法治国若干重大问题的决定》明确要求："把公众参与、专家论证、风险评估、合法性审查、集体讨论决定确定为重大行政决策法定程序，确保决策制度科学、程序正当、过程公开、责任明确。"[①]这一论断对于健全科学决策、民主决策机制，推进法治政府建设意义重大。

一、公众参与、专家论证有助于提升决策的质量

行政决策包括了外部程序和内部程序两大方面。就其外部程序而言，在保证行政决策符合公共和社会利益、符合所决策事项本身客观规律性方面，在行政机关作为行政决策权的法定行使主体情况下，以多元主体结构来构建决策参与模式，确立公民及其他社会主体之间在行政决策权行使过程中的参与地位及其权利，建立有效的参与机制，是国家治理体系和能力现代化的重要体现。

第一，政府决策是一种公共决策，具有突出的公共性，涉及公众和社会利益。决策者出台的公共政策必须体现公众的利益、反映公众的诉求、听取公众的呼声，这是一个兼具实体与程序性的判断标准。就此而言，决策者必须认识到：其一，他们是法律制度及其程序上的决策主体，但就法律制度的政治、经济、社会基础以及其反映到法律精神和原则上来说，人民群众才是

---

* 王周户，西北政法大学行政法学院院长、教授，本文摘自《理论与改革》2014 年第 6 期。

① 《中共中央关于全面推进依法治国若干重大问题的决定》，人民出版社 2014 年版，第 16 页。

真正的决策主体，“一切权力属于人民”，因而所谓决策者的决策实际上只是对人民群众在充分民主之后意志的集中与表达。其二，决策者的法律责任就在于，必须站在政治、经济和社会发展的角度及其高度，深刻领会和准确把握人民群众的利益所在和共同要求，进行集中决策，既不能以自己意志代替人民群众意志，但也不是简单归拢一下群众意见，而是要在能动地整合和提升意见及建议后，形成反映人民群众真实要求的统一决策方案。其三，要保证以上两个方面的有机统一，决策者就要充分贯彻和体现“从群众中来到群众中去”① 的群众路线和群众工作方法，并在制度层面及其程序机制上切实听取人民群众意见与建议、对决策方案与人民群众意见的反馈和说明、人民群众对决策方案实施过程的意见评估及其监督等。基于此，把公众参与作为重大行政决策的法定程序予以制度化、法律化，应当说是“群众路线”和“群众工作”的具体制度转化和保障。

第二，从内容上看，行政决策往往涉及某个甚至好几个方面的专业领域知识，因而要“防止专业知识不足而出现外行决定内行事情”。这就要求行政决策必须建立在对所决策事项涉及的相关专业领域的知识和信息，要有一个足够的了解和掌握，使得决策内容符合相关领域事物的规律性或者至少是不违反该规律性，保障决策的科学性。对决策者自身而言，应当说在决策方案判断及其选择方面具有（当然也应当具有）某些能力，但是，任何决策者都不可能具备对决策事项所涉及的所有专业知识及其能力。这就需要借助于在某个领域或者某些方面具有专业知识能力和具备相应专长的社会主体的参与，通过对决策方案所涉及的内容进行讨论、分析、评价等，从专业技术方面提供客观、可行和符合专业规律性的论证意见、咨询甚至于修改完善建议，以供决策者决断时选择和采纳。所以，专家论证被作为重大行政决策应当遵守的法定程序，应当是促进和保障行政决策符合科学性的程序制度设计和要求的。当然，以党政机关研究部门、党校系统、科研院所、高等院校以及社会咨询机构为主体的智库式专家咨询架构模式参与行政决策，能够避免单个专

① 《建国以来重要文献选编》第五册，中央文献出版社 1993 年版，第 107 页。

家游兵散勇式的个体作战方式，使得专家咨询体系化、制度化成为可能，也增强了专家论证的可靠性。

二、集体讨论有助于实现“多谋”与“善断”的统一

就行政决策的内部程序而言，决策者主要指的是各级各类国家机关及其部门的负责人。从现行领导体制上讲，可以是特定的个人，也可以是若干个人组成的某个集体，在依照法律行使决策职权。

第一，行政决策权是行政机关的一项重要行政权力。按照依法行政三个构成要素来讲，每项行政决策权的来源要有法律规范依据，每项行政决策权的行使要符合法律规范规定，违反法律规范的决策行为要承担法律责任。因此，某项行政决策权的取得和行使必须符合依法行政的要求。尽管违反法律规定的决策行为就要承担法律责任，但这只是作为一种必要的保障而非目的。而且由于重大行政决策都会对社会生活各方面产生重大影响，防止和避免因违法决策带来的重大不利影响和后果，要求在决策内部程序中设置合法性审查环节及其运行机制，包括审查决策是否在法定权限范围内、决策事项内容是否符合法律规范规定、决策依据是否合法有效或者符合上位法律规范规定、决策过程是否符合法律程序等，起到督促和保障行政决策合法的作用。

第二，行政决策创造公共价值，尤其是重大行政决策，会在经济、社会、环境等方面产生很大影响。因此，决策机关应当开展决策成本效益分析和风险评估，对决策实施之前进行预测和分析，就其可行性、合理性、可控性进行评估，分析决策对未来社会稳定、经济发展、环境生态等的风险影响系数及其可把控程度。

第三，行政机关实行行政首长负责制，有利于明确职责权限和提高行政决定及其实现的效率性。为适应行政职能履行强调果断、迅速和行政权力行使突出单方命令的性质及其特点，我国各级政府实行行政首长负责制。但是，这并不意味着行政决策权由行政首长个人垄断。因此，要防止行政首长借由其最后“拍板”的决策机制变成了“一言堂”，独断专行，恣意妄为，以其

个人兴致偏好影响决策，甚至经常将自己想法、看法变成最后的决策方案。将集体研究决定决策事项确立为法定程序，就能最大限度地保障行政决策的正确性。

三、行政决策要注意防止出现两种极端

在强调行政决策要遵守上述法定程序外，要注意防止决策者对法定程序的遵守完全是为了符合和满足法律制度上对程序的规定，过“法定程序”关，因而只是将法定程序作为一种形式，实际上既不认真对待各个程序环节，也不认真对待公众参与和专家论证意见，依然“一意孤行”按照自己原定的意见和想法进行决策。同时，还要注意行政决策过程避免走向另一个极端，就是决策者害怕担责或者为逃避责任放弃决断权，实际上就是放弃决断职责。

一种情况，就是在外部程序的公众参与和专家论证中，决策者为了避免决策失败的风险而将决策责任转移至公众特别是专家，凡是只要公众支持、专家认可，决策者一路绿灯，皆予放行。就公共决策而言，决断与拍板权不能放弃，也不能以任何形式转移或者变相转移。决策者假若作出此种行为选择无异于法定职责的懈怠，首先面临职权法定法律原则的拷问。既然公众通过体现其集体意志的法律设置了相关的机构，对决策者进行了权力的赋予，同时又根据工作的难易繁简确立了相应的工资与福利制度，他们就有责任完成分内的工作任务。更何况，决策过程本身即是一项高度裁量的政治过程，多方面的利益衡量不可避免。公共决策从本质上说是一种政治决策，其中包含了无法计量的公共价值问题，决策者固然需要公众参与中体现的“多谋”，也需要进行“善断”。

另一种情况，就是在内部程序中，决策者以决策过程要符合民主化要求为由，刻意回避对各种信息、意见和从经济、社会、环境、文化甚至政治等因素进行综合考虑，严重忽视决策事项所应当符合的专业规律性，以及从整体性、根本性、全局性、长远性考虑决策方案，一味采取以少数服从多数的所谓民主方式进行决策抉择，最终以集体决定为由逃避承担决策责任。

针对上述问题，有必要围绕确保决策制度科学、程序正当、过程公开、责任明确这一目标，以更加精细的法治化思路来予以解决。比如，规定对公众参与和专家论证的意见实行反馈机制；明确规定决策方案的最后选择决定权行使主体及其方式；全面推行决策公开；设计更有助于让政府组成人员“畅所欲言”的会议制度；由第三方进行行政决策实施效果的评估反馈；以及建立重大决策终身责任追究制度及责任倒查机制等制度，逐步形成配套完善的行政决策法律规范体系。

保证公正司法，提高司法公信力

依法治国背景下司法改革的理论基点和路径选择

贺小荣*

党的十八届三中全会通过的《中共中央关于全面深化改革若干重大问题的决定》（以下简称三中全会《决定》），确定了推进法治中国建设、深化司法体制改革的主要任务。党的十八届四中全会作出《中共中央关于全面推进依法治国若干重大问题的决定》（以下简称四中全会《决定》），提出建设中国特色社会主义法治体系、建设社会主义法治国家的总目标。这是中国共产党历史上首次提出“法治体系”概念，标志着中国特色社会主义法律体系形成后，科学立法、严格执法、公正司法、全民守法这一具有内在联系、互相影响、彼此制约的法治体系正在形成。传统意义上以法律体系为载体的静态法治正在向以法治体系为载体的动态法治转变，写在纸上的法律正在向生活中的法律转变，法律上抽象的权利正在向具体的诉权转变，司法的功能和价值再次被关注，人民法院的司法改革正面临承前启后、继往开来的重大历史机遇。

应当看到，当前中国的司法改革具有良好的先决条件。党中央高度重视法治建设，依法治国已经成为坚持和发展中国特色社会主义的本质要求和重要保证，中国特色社会主义法律体系已经形成，法治政府建设稳步推进，全社会法治观念明显增强，司法体制机制不断完善，司法改革的内在动力和外部环境正处于历史上最好的时期。

同时，我们也必须清醒地认识到，与党和国家事业发展要求相比，与人

* 贺小荣：最高人民法院司法体制改革小组办公室主任。

民群众期待相比，与推进国家治理体系和治理能力现代化相比，司法体制和工作机制还存在许多不相适应的地方。司法权的中央事权属性和判断权属性未能得到充分体现，司法权运行的内部监督制约机制尚未完全形成，外部环境有待优化，保障机制尚不健全，司法不规范、不严格、不透明、不文明现象仍然存在，司法不公和腐败问题的惩治预防机制尚不完善。这些问题，直接制约和妨碍党和国家事业发展，损害社会公平正义，损害人民群众合法权益，必须从体制机制上予以解决。

党的十八届三中、四中全会围绕完善司法管理体制、司法权力运行机制、司法监督制约机制、司法保障机制等事关人民司法事业长远发展的重大问题，作出了一系列重大决定，提出了一系列重大理论和实践创新，为全面深化司法改革提供了强大的理论支撑，指明了具体的实现路径。

一、人民法院全面深化司法改革的理论基点

人民法院的改革应当立足于回答和解决两个基本问题：其一，法院到底是干什么的？其二，法院工作追求的价值目标到底是什么？第一个问题关系到司法权的权力属性，第二个问题关系到司法权的价值归属。因此，司法性质论和司法价值论是人民法院推进改革的两个重要理论基点。

（一）关于司法性质论

司法性质论是对司法权内在特质和属性的概括和揭示，它是司法改革顶层设计的重要理论依据。本轮司法改革的一个突出特点，就是从方案设计之初将“司法权是判断权和裁量权”“司法权是中央事权”这两个重大理论表述确定为改革的理论基点，并据此构建新一轮人民法院改革的逻辑结构。

首先，司法权既然是判断权，就必须赋予判断主体高度的独立性、中立性和专业性，这正是法院人员分类管理改革、建立法官员额制度、完善法官选任制度、加强法官训练制度、完善司法权威保障机制、健全法官履行法定职责保护机制的重要理论基础。

其次，司法权既然是判断权，就必须体现程序性、技术性等司法自身的

规律性，这正是建立司法责任制、完善审判权运行机制、健全法官惩戒制度的重要理论前提。

第三，司法权既然是中央事权，实际上赋予了司法权国家属性，也就是说作为国家判断权的司法权当然应当具有终局性、确定性、稳定性和强制性等诸多属性，这正是最高人民法院设立巡回法庭、探索设立跨行政区划人民法院、推动省级以下地方法院人财物统一管理、健全司法行政事务保障机制、推进涉法涉诉信访改革的重要理论依据。

（二）关于司法价值论

司法价值论是司法能否满足社会需要及其司法对于个人、社会生存发展有何意义的理论体系，它直接决定和影响社会公众对法院工作的评价，进而成为确定法院工作方向和目标的重要理论依据。近年来，随着经济社会的全面发展，各类矛盾纠纷急剧增多，社会成员希望通过司法解决纠纷的愿望愈加强烈，有诉必理、有案必立、有理必赢成为民众近乎一致的诉求，而确保人民法院依法独立公正行使审判权的体制机制尚不完善，法院工作面临巨大压力。与此同时，“法院工作如何定位”再次引发人们的热议和思考。

一是解纷论。持解纷论者认为，人民法院工作的价值目标应当是解决纠纷，只要当事人的纠纷能够解决，人民法院工作的价值就得以实现。毋庸置疑，依法化解矛盾纠纷是人民法院的主要职能，仅从这个意义上来讲，解纷论无可挑剔。但在司法实践中，有的将解纷论推崇至人民法院工作的终极目标，导致片面追求调解率，结果使“有理人吃亏让利，违约侵权的人扬眉吐气”颠倒了价值观、是非观和法律观，最终透支了司法公信，动摇了社会成员的法律信仰和道德底线。

二是稳定论。持稳定论者认为，人民法院工作的价值目标应当是维护社会稳定，只要当事人服判息诉，人民法院的使命就已经完成。应当承认，维护社会稳定是人民法院服务大局的基本要求，也是中国特色社会主义司法制度的本质使然。但在司法实践中，个别地方无视司法工作自身的规律，片面将维稳视为人民法院工作的核心价值，以牺牲公正、权利、程序来换取局部和一时的稳定，超出法院自身的职能来设定维稳考评指标，信奉“搞定就是稳定，摆平就是水平”，没有将维稳建立在依法维权的基础上，最终只能是扬汤止沸、功利维稳。

三是正义论。持正义论者认为，人民法院工作的价值目标应当是实现社会的公平正义，只要案件的处理符合法律的公平正义，人民法院工作的价值就得以实现。应当看到，将实现公平正义确定为人民法院工作的核心价值和终极目标，具有十分重要的理论意义和实践价值。但在当下的司法实践中，由于社会大众与法官之间对公平正义的认识还存有差异，少数法官在理解法律、认定证据、恪守程序、权衡价值方面还存在不足，导致法院自身评价和社会评价还存在不少差距。因此，本轮司法改革将“让人民群众在每一个司法案件中感受到公平正义”确定为核心价值和终极目标，并从中国特色社会主义初级阶段的国情出发，适当吸收解纷论和稳定论的合理成分，以解决影响司法公正、制约司法能力的深层次问题为切入点，以确保人民法院依法独立公正行使审判权为重心，着力建设具有中国特色的社会主义审判权力运行体系。

上述司法性质论和司法价值论是人民法院改革的重要理论基点。司法性质论为人民法院改革提供了强大的思想理论武器，也为新一轮改革的顶层设计提供了理论支撑和技术支持。司法价值论为人民法院改革明确了价值目标和改革导向，从立案到执行、法官到法院、放权到监督、公开到公信等每一个改革项目的细节上都紧紧围绕如何“让人民群众在每一个司法案件中感受到公平正义”而延伸和展开。上述司法性质论和司法价值论，是人民法院全面推进司法改革的重要理论依据。

二、人民法院全面深化司法改革的目标蓝图

如何实现让人民群众在每一个司法案件中感受到公平正义的改革目标，需要寻找实现这一目标的具体路径。习近平总书记曾指出：一个国家实行什么样的司法制度，归根到底是由这个国家的国情决定的。评价一个国家的司法制度，关键看是否符合国情、能否解决本国实际问题。本轮司法改革明确

提出，到2018年初步建成具有中国特色的社会主义审判权力运行体系，使之成为中国特色社会主义法治体系的重要组成部分，为实现“两个一百年”奋斗目标、实现中华民族伟大复兴的中国梦提供强有力的司法保障。

应当承认，建成具有中国特色社会主义审判权力运行体系的主客观条件已经初步形成。人民法院司法改革走过了十五年，先后推出三个“五年改革纲要”，在审判权运行机制方面已经积累了较为丰富的实践经验；随着法学理论研究的不断深入，对审判权运行的特点和规律已经有了较为科学的认识，建设中国特色社会主义审判权力运行体系的理论准备已经成熟；党的十八大和十八届三中、四中全会关于加快推进法治中国建设、进一步深化司法体制改革的重要战略部署，为中国特色社会主义审判权力运行体系的形成提供了重要的政治保证；全社会对依法治国和公正司法的强烈认同，为建设中国特色社会主义审判权力运行体系提供了良好的外部环境。

中国特色社会主义审判权力运行体系的基本内涵可以概括为，以党的领导、人民当家作主、依法治国有机统一的社会主义民主政治制度为基础，以国家判断权理论和公平正义的司法价值论为理论基点，以法官制度、审判权运行机制、司法保障制度为主要内容，以审判权为中心、以审判管理权和审判监督权为保障的权力运行体系的总称。中国特色社会主义审判权力运行体系将坚持自己的政治特色、专业特色、民族特色和时代特色，为国家治理体系与治理能力现代化创造和输送程序价值、秩序价值、信用价值和正义价值。

如何建成具有中国特色的社会主义审判权力运行体系，我们设定了具体的路线图和时间表：一是到2015年年底，健全完善权责明晰、权责统一、监督有序、配套齐全的审判权力运行机制；形成体系完备、信息齐全、使用便捷的人民法院审判流程公开、裁判文书公开和执行信息公开三大平台，建立覆盖全面、系统科学、便民利民的司法为民机制。二是到2016年年底，推动建立以审判为中心的诉讼制度，形成定位科学、职能明确、运行有效的法院职权配置模式。三是到2017年年底，初步建立分类科学、分工明确、结构合理和符合司法职业特点的法院人员管理制度。四是到2018年年底，推动形成信赖司法、尊重司法、支持司法的制度环境和社会氛围。

三、人民法院全面深化司法改革的实现路径

党的十八届三中、四中全会提出了一系列相互联系、相互配套、互为因果的改革任务，同时人民法院结合自身实际也提出了一系列改革任务，梳理一下主要有以下八个方面。

（一）体制性问题：凸显司法权的中央事权属性

司法体制是司法权运行的制度基础。我国现行的司法体制是中国特色社会主义制度的有机组成部分，体现了党的领导、人民当家作主和依法治国的有机统一，与我国现行的国体和政体是基本相适应的。同时我们也要承认，现行的司法体制形成于计划经济时期，法院的人财物由相对应行政区划的人事、财政部门来管理和保障，导致司法权的中央事权属性与管理保障上的地方性产生冲突，这与建立统一有序、平等竞争的市场经济秩序不相适应。党的十八届三中全会决定推动省级以下地方法院、检察院人财物统一管理，走出了司法体制改革的关键一步。党的十八届四中全会在此基础上，进一步细化了司法体制改革的具体举措。

一是推动省级以下地方法院人财物统一管理。这是党的十八届三中全会作出的一项重大司法改革举措。从现行法院管理体制来看，我国地方法院绝大多数都对应或依附于相应的行政区划。各级法院的编制、人事、经费通常依赖和受制于地方。既然我国是单一制国家，司法权是中央事权，具有国家权力属性，地方法院就不是地方的法院，而是国家设在地方代表国家行使审判权的司法机关。为了最大限度避免受地方保护主义影响和干扰，所有法院人财物都应当由中央统一管理和保障。考虑到我国法官、检察官数量比较大，统一收归中央一级管理和保障，实践中难以做到。本着循序渐进的原则，改革司法管理体制的重点是推动建立省以下地方法院人财物的统一管理，要在“统”字上下功夫。

二是最高人民法院设立巡回法庭，审理跨行政区域重大行政和民商事案件。党的十八届三中全会决定实行省以下地方法院、检察院人财物统一管理

之后，人们对跨省级行政区划的民商事案件和省级范围内影响较大的行政案件能否得到公正审理存有疑虑，有的建议由第三方管辖，也有人建议提级管辖。党的十八届四中全会决定设立最高人民法院巡回法庭，是对党的十八届三中全会决定地方法院人财物实行省级统管的进一步深化。最高人民法院设立巡回法庭，有利于确保法律统一适用，维护国家法制统一；有利于审判机关重心下移，就地解决纠纷，方便群众诉讼。巡回法庭是最高人民法院的派出机构和组成部分，不是一个独立的审级，也不是独立的法院，在工作方式上也不能简单等同于传统意义上的巡回审判。

三是探索设立跨行政区划的人民法院，办理跨地区案件。我国现有3500多个地方法院，绝大多数法院设置与行政区划相对应。这样的司法体制便于明确管辖、便利诉讼，也容易得到当地党政部门的大力支持。但另一方面，由于人财物受制于地方，司法权的运行易受地方因素影响和干扰。通过设立跨行政区划的法院，集中审理跨区域的民商事案件、行政案件、环境资源案件等，可以弥补省级统管未能完全解决的一些问题，从体制上排除地方因素对公正司法的干扰，确保少数涉及地方利益的案件得到公正处理，促进国家法律统一正确实施。

四是推动实行审判权和执行权相分离的体制改革试点。执行难作为社会诚信体系不健全而导致的一种司法现象，已经成为人民法院三轮司法改革尚未最终克服的顽症。如何化解执行难，学界和实务界有诸多不同的观点。执行权可以划分为执行裁决权和执行实施权。执行裁决权是一种判断权和裁量权，属于司法权的范畴；执行实施权是一种行政权，上下级之间是一种指挥和服从的关系。因此，推动将审判权和执行权相分离，建立相对独立的强制执行机构，既可以充分发挥执行实施权作为行政权的制度优势，形成上下统一领导、统一指挥的执行体制，又可以避免执行裁决权与执行实施权简单分割而影响执行效率、损害司法公信。

五是改革司法机关人财物管理体制，探索实行法院司法行政事务管理权和审判权相分离。随着以审判为中心的诉讼制度改革的不断深化，法院人员分类管理改革的进一步细化，人民法院内部的司法行政事务管理权必须与审判权相分离，真正形成以审判为中心的法院内部权力运行体制。由于过去在管理上未能严格界定司法机关内部各种权力的不同属性，导致管理与服务的界限不明、上下级之间的关系不清、法官与行政管理人员的身份混同，最终导致法官数量不少，但从事一线审判工作的人员不足，工作效率不高。探索实行司法行政事务管理权与审判权相分离，既可以充分发挥人民法院内部司法行政事务管理权的行政权属性，又可以更好地推进以审判为中心的诉讼制度改革，确保审级独立。

六是完善行政诉讼体制机制，合理调整行政诉讼案件管辖制度。行政诉讼是三大诉讼中受地方因素影响最大的诉讼。2013 年，“民告官”的行政诉讼案件立案数在近几年连续下降的情况下，又比 2012 年下降 5%，上诉率则高达 72．7%。在行政诉讼中，为了地方利益、部门利益打招呼、批条子、递材料干预司法个案的现象比较突出。因此，要配合跨行政区划法院设立、司法公开、立案制度等改革，进一步完善行政诉讼体制机制，合理调整行政诉讼案件管辖制度，防止地方保护主义和行政机关干预，从制度上解决行政诉讼立案难、审理难、执行难等突出问题。

（二）机制性问题：恪守司法权运行的内在规律

司法机制是审判权运行的重要载体，是决定和影响司法公正的重要因素。司法机制涉及立案、庭审、裁判、执行等审判权运行的各个环节，同时与法官制度、司法环境、司法保障等具体制度密切相关。本轮改革紧紧围绕诉权保护、审级职能、庭审中心、司法责任等关键问题，紧紧抓住司法权运行的内在规律，进一步明确了审判权运行机制的改革思路。

一是改革法院案件受理制度，变立案审查制为立案登记制。诉权的广泛性、便捷性是现代社会司法文明的重要标志。任何权利如果不具有可诉性，就失去了具体的保护路径，就不具有现实性，其价值和意义就要大打折扣。同时，如果社会成员不能通过诉讼解决纠纷，就会选择私力救济或群体抗争的方式实现其目的，反而不利于社会稳定。四中全会《决定》提出要改革法院案件受理制度，变立案审查制为立案登记制，对人民法院依法应该受理的案件，做到有案必立、有诉必理。这就意味着人民法院在立案环节对当事人提交的诉讼材料只进行形式审查而不再进行实质审查，实现了程序与实体相分离。立案制度的这一巨大变化，一方面给人民群众通过诉讼解决纠纷提供了制度保障，另一方面又给人民法院工作带来新的挑战。我们必须进一步健全立案公开制度，同时加大对虚假诉讼、恶意诉讼和无理缠诉行为的惩治力度，构建文明、有序、规范的立案工作机制。

二是完善审级制度，明确四级法院的职能定位。我国现行的法院体制实行四级两审终审制。各级法院均承担一审职能，中级法院以上同时承担二审职能，各级法院同时还承担再审职能，各种程序相互交错、职能相互重叠、机构攀比对应，导致地方三级法院案件性质同质化、审判方式同质化、法官素质同质化、职能作用同质化，既不利于有效分流案件，也不利于国家判断权的科学构建，上级法院的审判监督和指导职能也未能得到很好发挥。要完善审级制度，一审重在解决事实认定和法律适用问题，因为一审距离案件争议的事实更近，便于及时查明事实；二审重在解决诉辩双方对一审认定事实和适用法律的争议，实现二审终审；再审重在审查终审裁判的正当性，维护裁判的权威性、稳定性，最终实现法院裁判的终局性。合理定位四级法院在不同审级中的职能作用，对于提高诉讼效率、树立司法权威、提高司法公信具有重要意义。

三是推进以审判为中心的诉讼制度改革，全面贯彻证据裁判规则。以审判为中心是现代社会司法文明进步的重要标志。2013 年以来一些重大冤错案件的发现与纠正，引起了社会各界对疑罪从无、庭审中心和证据裁判的强烈关注。在第六次全国刑事审判工作会议上，最高人民法院提出审判案件要以庭审为中心，实现事实证据调查在法庭、定罪量刑辩论在法庭、裁判结果形成于法庭，全面落实直接言词原则，严格执行非法证据排除制度，让法庭成为确认与解决被告人罪责刑问题的最终阶段和关键环节。在民事和行政诉讼中，所有的举证、质证和认证也应当在法庭上实现和完成，所有的裁判结果都应当是法庭调查和庭审辩论后形成的、具有内在逻辑关系的必然结果。

四是完善司法解释和案例指导制度，进一步发挥最高人民法院统一法律适用标准的职能。最高人民法院的审判指导职能必将随着司法改革的深化进一步加强。最高人民法院将进一步完善司法解释制度，严格司法解释的立项、调研、审议等程序，加强司法解释的针对性、规范性、及时性和有效性，改革指导性案例的筛选、评估、论证和发布机制，建立将最高人民法院的裁判转化为指导性案例的工作机制。

五是改革审判权运行机制。长期以来，我国因法院独立审判而非法官个人独立审判的体制因素，加之“师傅带徒弟式”的法官成长规律，形成了内部层层审批、判审分离的审判权运行机制。这种运行机制的优点是监督制约环节较多、有利于发挥集体智慧、便于裁判意见的相对统一、能够充分发挥院庭长作为资深法官的传帮带作用。但其弊端也非常明显：一是违反了直接言词原则，也即亲历性原则，可能导致司法专断；二是判与审的分离，引发互相推诿、权责不清、无人负责；三是审判权的高度行政化可能降低司法腐败的成本；四是审判权运行的行政化大大降低了司法的效率。因此，审判权运行的去行政化几乎成为学界和社会各界近乎一致的呐喊。毋庸置疑，此轮改革将落实“让审理者裁判、由裁判者负责”的司法原则、破除审判权运行的行政化作为价值取向，但同时又恪守了必要的理性和冷静。具体要求为：一是完善主审法官、合议庭办案责任制。二是明确院、庭长与其职务相适应的审判监督和审判管理职责。三是完善审判委员会工作机制。四是建立科学合理的案件质量评估体系。

（三）独立性问题：遵循司法公正的内在逻辑

司法权既然是判断权，判断主体的独立性就是确保结果公正性的前提条件。近年来，随着全社会法治意识的增强和行政机关依法执政能力的提高，人民法院的司法环境有了较大改善。但从实践来看，一些涉及地方利益的征地拆迁、环境污染、企业破产等案件，普遍存在立案难、胜诉难和执行难，由此引发的申诉上访也占较大比例。党的十八届三中、四中全会《决定》都将完善确保依法独立公正行使审判权和检察权的制度作为保证公正司法的首要问题，彰显了独立性在确保司法公正中的重要地位。

一是建立领导干部干预司法活动、插手具体案件处理的记录、通报和责任追究制度。领导干部干预、插手个案处理是当前人民群众反映较为强烈的问题。当前，要结合人民法院正在全面推进的司法责任制、司法公开、监督留痕等改革举措，建立领导干部干预和插手个案的电话记录、转递材料、口头指示等信息的提取、封存、举报和公开制度，为人民法院依法独立行使审判权营造良好的外部环境。

二是健全行政机关依法出庭应诉、支持法院受理行政案件、尊重并执行法院生效裁判的制度。行政机关对待行政诉讼的态度一直是法治建设水平的一个重要标尺。健全行政机关依法出庭应诉制度，既可以让行政机关直接面对群众、及时化解纠纷，又能够树立行政机关依法行政的形象，提高全社会的法治水平。

三是完善惩戒妨碍司法、拒不执行、藐视法庭等影响司法权威的违法犯罪行为的法律制度。公正是权威的基础，权威是公正的保障。近年来，一些当事人随意闹庭、闹访，侮辱、威胁司法工作人员等现象较为突出，严重影响司法机关的正常秩序，极大地损害了司法权威，严重挫伤了司法人员的职业尊荣感。要完善相关法律制度，重点解决侮辱、诽谤、威胁司法工作人员以及严重扰乱法庭秩序等行为的入罪问题，加大对单位拒不执行判决裁定行为的惩治力度，树立和维护司法权威。

四是建立健全司法人员履行法定职责保护机制。司法权作为判断权，其判断结果的正确性必须建立在证据裁判的基础之上。由于法官不能拒绝裁判，因此当证据不足不能支持诉请主张时，刑事法官可以根据疑罪从无原则判定被告人无罪，民事法官可以根据证明责任负担、举证责任倒置、高度盖然性等原则作出有利或不利于原告的裁判。严格来说，上述因证据不足而又不得不作出的裁判均是建立在法律真实的基础之上，离案件的客观真实可能会有一定差距。因此，要建立健全司法人员履行法定职责保护机制，甄别各类过错的区分标准，确保法官依法履职行为不受追究，非因法定事由，非经法定程序，不得将法官调离、辞退或者作出免职、降职等处分。

（四）民主性问题：弥合司法技术性与人民性之间的距离

司法工作是一种高度专业性和技术性的工作，既需要系统全面的法律专业知识，又需要丰富的司法实践经验。同时，司法工作又不能脱离人民群众，这是由我国的根本政治制度决定的，也是司法工作性质所要求的。为了实现我国司法制度的人民性，保障人民群众依法有序参与司法，实现司法专业性与司法人民性的统一，围绕如何保障人民群众参与司法提出改革举措。

一是在司法调解、司法听证、涉诉信访等司法活动中保障人民群众参与。引导人民群众有序参与司法调解、司法听证、涉诉信访等涉及基层群众利益的纠纷处理，可以起到消除对立、缓和矛盾、化解纠纷、普及法律、弘扬道德的积极作用，便于群众走进司法、参与司法、信赖司法、守护司法。

二是完善人民陪审员制度，保障公民陪审权利，提高人民陪审制度公信度。人民陪审员制度是人民群众当家作主、依法参与国家事务管理的重要形式。人民陪审员来自基层，对风俗民情、市井生活有着更直观的感受，可以弥补专业性的不足。这次人民陪审员制度改革的最大亮点，就是逐步实行人民陪审员只参与事实审，不参与法律审，真正实现了扬长避短，抓住了陪审制度的主要矛盾，为下一步改革确定了方向。

三是健全社会矛盾纠纷预防化解机制，完善调解、仲裁、行政裁决、行政复议、诉讼等有机衔接、相互协调的多元化纠纷解决机制。司法不可能解决所有的社会矛盾。当前，我国的多元化纠纷解决机制尚未得到社会高度认同，适用空间较小，解纷队伍素质不高。根据四中全会《决定》精神，我们要大力支持和发展调解、仲裁等民间解纷力量，实现解纷主体多元化、解纷方式社会化、解纷人员职业化，为国家治理体系和治理能力现代化创造条件。

（五）公开性问题：构建更加开放透明的阳光司法机制

司法公开是实现司法公正的重要条件。近年来，人民法院以司法公开倒逼司法公正取得明显成效，特别是审判流程公开、裁判文书公开、执行信息公开三大平台建设赢得国内外高度评价。同时，我们还应当看到，有的地方仍然以物质条件所限、案件保密、家丑不可外扬等理由拒绝公开，导致司法公开效果大打折扣。三中、四中全会《决定》都强调要推进司法公开，明确提出要构建阳光司法机制，依法及时公开司法的依据、程序、流程、结果和生效法律文书，杜绝暗箱操作，为进一步拓展司法公开提出了具体指引。

一是构建开放、动态、透明、便民的阳光司法机制。党的十八届四中全会对司法公开提出了新的更高要求。一要开放，所有审判流程中依法应当公开的信息都应当向当事人公开。二要动态，当事人可以通过网上办公平台与法院进行必要的互动交流。三要透明，所有可以公开的裁判结果和执行信息都应当上网公开。四要便民，当事人和普通民众参与、旁听案件审理，获取法院的公共信息将更加方便、快捷。

二是加强法律文书释法说理制度。裁判文书释法说理是当事人服判息诉的一个重要条件，也是彰显司法文明公正的必然要求。一份说理到位的裁判文书，可以客观承载当事人双方持有的证据和理由，可以全面反映法官裁量的依据和智慧，可以在一定程度上打消当事人上诉、申诉的想法和念头。当前，要大力推行裁判文书的繁简分流，将宝贵的审判资源投向当事人争议较大、案情复杂、适用法律困难等案件的说理上来，建立裁判文书说理的刚性约束制度和与法官职级晋升、逐级遴选直接挂钩的制度，建立更加科学的裁判文书说理的评价体系。

三是构建司法与传媒的良性互动关系。人民法院要自觉接受舆论监督，尊重新闻传播规律，有条件的法庭可以设立专门的媒体记者席，为媒体进行舆论监督、传播司法信息创造条件。媒体也要尊重司法规律，特别是对未决案件的报道一定要恪守无罪推定、疑罪从无、证据裁判等原则，尊重人民法院的判决裁定，共同维护司法权威，防止舆论影响司法公正。

四是建立法院普法责任制和法官以案释法制度。全民守法是依法治国的一项基础性工作。人民法院和法官要主动承担普法责任，充分利用公开庭审、裁判文书公开、发布典型案例等方式，以案释法，教育民众，推动全民守法。

（六）终局性问题：彰显司法裁量权的国家属性

司法权既然是司法机关代表国家作出的判断权和裁量权，经过法定程序和具备法定条件后，应当具有终局性。司法裁判的终局性是社会成员享有安定性的必要条件，也是公民和法人对自己或他人行为进行合理预期的必然要求。如果人民法院的终审判决可以被轻易推翻，不仅公民正常的生产生活会受到严重影响，而且市场交易所引发的产权变动均处于待定状态，平等竞争的统一市场秩序就无法建立。本轮改革以落实司法裁判的终局性为基点，就实行诉访分离、解决执行难等问题提出了具体要求。

一是落实终审和诉讼终结制度。我国实行二审终审制度，但受“信访不信法、信上不信下”错误观念的影响，案件结而不终、无限申诉的现象较为突出，终审制度不能得到有效落实，损害了司法权威，影响了正常的社会秩序。当前，要以确保生效裁判的终局性、稳定性为基础，完善二审终审制度，强化再审裁判的终局性和确定性，落实涉诉信访终结机制，彰显司法裁判的国家属性。

二是保障当事人依法行使申诉权利，改革申诉制度。当事人对生效裁判、决定的申诉常常可以衍生为难以化解的涉诉信访案件，有的还会发展为极端事件。导致这种结果的原因是多方面的，但申诉人缺少必要的法律知识是引发其常年上访的重要原因。建立申诉案件的律师代理制度，可以引导当事人理性、合法、有序地表达诉求。对于因经济困难无力聘请律师的当事人，纳入法律援助方式解决。

三是制定强制执行法，保障胜诉当事人及时实现权益。当事人的胜诉权益得不到实现，判决终局性的价值也就无法体现。要抓紧推动立法部门制定强制执行法，就执行主体、执行程序、执行措施、执行裁判、执行实施等问题作出更加明确的规定，同时要加快建立失信被执行人信用监督、威慑和惩戒法律制度。

（七）廉洁性问题：坚守法官职业的内在品质

腐败是司法公正的天敌。如何在体制和机制上确保司法廉洁，一直是司法改革的关键。近年来，各级法院广泛开展法官职业道德教育，积极构建相互制约、相互监督的审判执行工作机制，人民法院党风廉政建设和反腐败斗争取得明显成效。但同时我们也清醒地认识到，审判、执行等权力集中领域的腐败案件仍易发多发，严重损害司法公信。紧紧抓住这些突出问题，指出了确保司法廉洁的具体路径。

一是建立司法机关内部人员过问案件的记录制度和责任追究制度。近年来，最高人民法院已经出台相关规定，在防止内部人员干预案件方面取得明显成效。要进一步细化和落实具体的措施，关键在“如何记录”、“如何追究”上下功夫，完善相关衔接机制，建立内部人员过问案件的记录制度和责任追究制度。

二是明确法官及其辅助人员的工作职责、工作流程和工作标准，实行严格的办案质量责任制。建立严格的办案质量责任追究制度，是社会各界对司法人员提出的一致要求。要实行办案质量负责制和错案责任倒查问责制，但同时要注意三个前置条件：一要明确工作职责，法官及其辅助人员是否依法履行了应当履行的工作职责；二要明确工作流程，法官及其辅助人员是否按照诉讼程序和工作流程履行了职责；三要明确工作标准，法官行使的自由裁量权是否超越了法律限定的范围，司法辅助人员的行为是否在其合理性和正当性之列等。同时应当说明的是，严格的办案质量责任制与司法人员履行法定职责的保护机制是相互配套的两个制度，应当与法官惩戒制度改革同步推进。

三是依法规范司法人员与当事人、律师、特殊关系人、中介组织的接触、交往行为。为了防止权力寻租和利益输送，坚决惩治司法掮客行为，严禁司法人员私下接触当事人及律师；严禁向当事人或律师泄露或为其打探案情；严禁接受当事人或律师的吃请或者收受其财物；严禁为律师介绍代理和辩护业务等。

四是对因违法违纪被开除公职的司法人员、吊销执业证书的律师和公证员实行终身禁业原则。为了确保法律职业共同体的纯洁性，四中全会《决定》提出了违法违纪并被开除的司法人员和法律工作者终身禁业的原则，表明了对司法领域腐败零容忍以及坚决清除害群之马的决心。对因违法违纪被开除公职的司法人员、吊销执业证书的律师和公证员，终身禁止从事法律职业，构成犯罪的要依法追究刑事责任。

（八）主体性问题：打造法官队伍的正规化、专业化、职业化

司法权作为一种判断权，其判断主体的素质直接决定和影响着裁判结果的品质。司法裁判是根据现有证据推定已经发生的未知事实的专门活动，它对法官的逻辑推理和生活经验有着更加严格的要求，而系统严格的职业训练和一定期限的司法实践履历是法官最基本的入职条件；司法裁判是根据证据

证明的事实选择法律适用的过程，它对法官的教育背景、知识体系和法律素养有着比普通公务员更高的要求；司法裁判是依法确认和分配当事人之间权利义务的过程，也是全社会公平正义的最后一道防线，它对法官自身的独立性和职业品德有着近乎苛刻的要求，任何可能影响法官独立公正裁判的因素都应当在制度上予以消解。因此，建立科学而又严格的法官制度是新一轮人民法院改革的逻辑起点。

现行法官按照公务员管理，导致法官入职门槛较低、行政化加剧、人员结构失衡、成长空间有限。大量占据法官资格的人员并不从事审判工作，而审判一线的法官为了解决行政级别又希望到行政管理部门任职，加之法院的行政职数有限，导致法官成长进步的空间全被挤在庭长、院长一条通道上，进一步加剧了法院内部的行政化，影响了法官依法独立公正行使审判权。此外，由于没有建立科学的法院人员分类管理制度，加之法官身份和微薄的审判津贴所吸引，导致法院内部辅助人员、行政工作人员大都向法官身份聚集，形成起点较低、内部循环、对外封闭的“蜂窝状”式的法官培养模式，法官逐级遴选的通道被堵死，最终使法官人数日渐庞大，而辅助人员愈加稀少，大量与行使判断权无关的辅助事务也需要法官去亲理，造成司法效率低下，最终形成案多人少与忙闲不均现象并存的结构性矛盾。此外，如何把社会上最优秀的、足以让人们信赖的法律人才吸引到法官队伍中来，除了必要的理想信念教育之外，也需要建立与法官职业相适应的法官制度。

一是建立法官员额制度。根据法院辖区经济社会发展状况、人口数量（含暂住人口）、案件数量、案件类型等基础数据，结合法院审级职能、法官工作量、审判辅助人员配置、办案保障条件等因素，科学确定四级法院的法官员额。根据案件数量、人员结构的变化情况，完善法官员额的动态调节机制。科学设置法官员额制改革过渡方案，综合考虑审判业绩、业务能力、理论水平和法律工作经历等因素，确保优秀法官留在审判一线。

二是推进法院人员分类管理改革。以法官为中心，健全法官、司法辅助人员、司法行政人员各自单独的职务序列，适当增加司法辅助人员的比例，让法官从繁琐的、与行使判断权与裁量权无关的事务中解脱出来。

三是完善法官职业准入和职前培训制度。法官作为依法行使判断权和裁量权的主体，事实上负有判断是非善恶之重任，拥有生杀予夺之大权，应当建立更加严格的职业准入制度和职前培训制度。根据我国现行法官法的规定，法官的任职条件较为宽松，也缺少严格的职前培训制度，有待进一步修改完善。

四是完善法官职业保障体系，建立法官专业职务序列及工资制度。根据我国法官法的规定，法官的工资制度和工资标准根据审判工作特点，由国家规定。法官法颁布 19 年来，未能制定法官单独的工资制度，而是一直将法官按照公务员管理。根据四中全会《决定》要求，未来要推动建立法官专业职务序列及工资制度。

五是建立法官逐级遴选和初任法官由高级人民法院统一招录、基层任职的制度。法官逐级遴选制度是实现法官专业知识、司法经验和职业品德三结合的最佳途径，也与我国四级法院的功能定位相适应。坚持上级法院法官一般从下一级法院优秀法官中遴选的制度，可以为下级法院的法官预留较大的晋升空间，便于形成良性的人才成长机制。由高级人民法院统一招录初任法官，既与省以下地方法院人财物统一管理相适应，又可以实现省级范围内根据案件数量变化实行法官员额比例的合理调配。建立初任法官一律到基层法院任职的制度，可以为法官逐级遴选制度奠定基础，也符合法官培养成长的模式。

六是完善法官等级定期晋升机制。确保不担任领导职务的一线办案法官在年度考核称职的条件下可以按照法定年限晋升至较高的法官等级，这种定期晋升的可预见性和法定性可以大大排除法院内部管理的行政化，为法官依法独立公正行使审判权提供制度保障。

坚持公正司法　提高司法公信力

慕　平*

党的十八届四中全会强调，公正是法治的生命线，司法公正对社会公正具有重要引领作用，司法不公对社会公正具有致命破坏作用，必须完善司法管理体制和司法权力运行机制，规范司法行为，加强对司法活动的监督，努力让人民群众在每一个司法案件中感受到公平正义。全会从全面推进依法治国的高度，深刻阐述了公正司法的重大意义，就保证公正司法、提高司法公信力作出了一系列重要决策部署。结合司法工作实际，笔者就如何理解公正司法谈几点思考和体会。

一、司法公正与社会公平正义的关系

司法公正既是社会公平正义的重要内容，也对社会公平正义发挥着重要的引领、保障作用。

司法公正是社会公平正义的重要内容。社会公平正义涉及社会生活的方方面面。经济领域的公平包括不同所有制经济产权的平等、公开透明的市场规则、收入分配制度的公平合理等；社会领域的公平包括就业平等、教育平等、社会保障平等，等等；民主政治领域的公平包括选举权、被选举权的平等，公民平等参与公共事务等。司法公正是民主政治领域的公平，主要体现为程序公正和实体公正。没有司法公正，社会公平正义是不完整的。

司法公正是社会公平正义的重要保障。亚里士多德曾经把正义分为分配

* 慕平，北京市高级人民法院院长，本文摘自《光明日报》2014 年 11 月 27 日。

正义和矫正正义两种形态。分配正义主要解决的是如何在社会成员之间分配权利、义务和责任的问题。矫正正义则是指当分配正义的规则被违反后，对被侵害的权利和利益进行弥补的恢复性正义。司法所承担的就是实现矫正正义的职能。司法审判在权力行使上具有独立性，在纠纷解决上具有终局性，在法律实施上具有强制性，这些特点决定了司法对于社会公平正义具有不可替代的作用。从一定意义上讲，司法是维护社会公平正义的最后一道防线。

司法公正对社会公平正义具有引领作用。司法不仅能够在个案中实现矫正正义，而且能够通过案件的处理，发挥价值评判、强制规范、教育引导等功能，特别是信息化时代，裁判结果传播得尤其迅速广泛，这使司法裁判蕴涵的价值观更容易广为人知，更有利于引导和影响公民的行为方式，从而对社会公平正义发挥引领作用。

要充分认识到司法不公对社会公平正义的破坏作用。司法权是终局性的权力，社会中许多矛盾纠纷的是非对错，最终要由司法机关来作出定论。由于司法职能的特殊性，人民群众对司法公正廉洁的关注度更高、期望值更高，对司法不公、不廉的反映也更强烈。这就要求司法机关更加注重自身的纪律建设，确保司法公正廉洁。

二、司法公正的评价标准

司法公正是主观与客观的有机统一。

一方面，司法公正有客观的标准，这就是事实和法律。案件事实是客观发生的，不以人的意志为转移。法院认定的案件事实只能无限接近客观事实，而不可能等于客观事实，越接近客观事实，案件处理就越公正，如果案件认定的主要事实与客观事实相违背，就不能说实现了司法公正。法律一旦制定出来，就具有客观性。我国是成文法的国家，案件裁判必须遵循确定、具体、客观的法律规范。案件的处理只有符合法律规定，才能说是公正的，背离法律去寻求公正，是不可能实现的。

另一方面，司法公正具有主观性的特点。这种主观性，主要体现在三个方面：一是评价主体由于利益角度的不同，对同一个案件的处理会有不同的评价。当事人对公正与否的评价，很大程度上是看自身的利益有没有得到维护、看审判结果是否符合自己的心理预期。由于利益关系的对立，当事人很可能对案件处理结果是否公正有不同感受，很难形成一致的认可。二是评价主体由于价值取向的不同，对同一个案件处理会有不同的评价。同一件事站在不同的价值角度，评价会不一样。三是评价主体由于对法律的认知程度不同，对同一个案件处理会有不同的评价。比如在刑事审判中，既有证据审查标准的问题，也有刑事政策把握的问题，有时当事人和家属不能理解，也可能认为判决对自己不公正。在民事审判中，实行谁主张谁举证的原则，有的当事人仅仅因为举证不力导致败诉，人们如果单纯从客观事实出发，就会质疑司法公正。

司法公正评价标准的复杂性，说明司法公正的实现是一项艰巨的任务。司法机关不仅要依法依程序审理好每一起案件，还要考虑当事人和人民群众的主观感受，通过深化司法公开、加强司法宣传、做好判后答疑等方式，努力争取人民群众对判决的理解和接受。

三、司法公正内涵的发展变化

在当前新的历史时期，人民群众对司法公正的要求越来越高，司法公正的内涵也越来越丰富。司法公正的内容随着时代发展发生了三个方面的变化：

一是从注重总体公正到注重实现总体公正与个案公正相统一。长期以来，司法机关都在为实现司法公正而努力。之前我们更多强调的是总体公正，但社会公众往往是以个案作为评价标准。近年来，河南赵作海案、湖北佘祥林案、浙江张氏叔侄案等冤错案件，使整个司法系统陷入了非常被动的局面。全国法院每年审理1300余万件案件，即便对于法院来讲是千分之一乃至万分之一的错误，对于案件当事人来说都是百分之百的伤害。因此，维护司法公正，要求我们努力在每一个案件中实现公平正义，作为司法机关和司法工作人员，决不能因为大多数案件办得公正，仅有极个别案件办错而感到心安理得。

二是从注重结果公正到注重实现结果公正与过程公正相统一。诉讼程序的设定是对审判经验和教训的理性总结，只有严格依程序办案，才能保证案件得到公正处理。也就是说，程序公正是实体公正的保障，千万不能认为只要实体没有错误，程序上有些错误或瑕疵没什么大不了的。此外，随着人民群众对司法活动参与度的不断提高，对程序公正的要求也不断增强。因此，实现司法公正，必须做到结果公正与过程公正的统一。

三是从注重实质公正到实现实质公正与可感受公正相统一。努力让人民群众在每一个司法案件中都感受到公平正义，要求公正不仅要实现，还要以人民群众看得见、听得着、感受得到的方式实现。有时候案件处理结果没有问题，但由于司法人员的形象作风不佳、司法行为不规范，也引起当事人对司法公正的怀疑。相反，有的案件处理虽然与当事人的期望有差距，但出于对法官的信任，当事人也能对案件处理结果产生信任。这就要求司法机关和司法工作者注重树立公平正义的形象，注重规范言谈举止，恪守司法职业道德和司法礼仪，让人民群众充分信任司法公正，让人民群众看到、听到、感受到公正是怎么实现的。总之，全面认识、正确理解司法公正，对实现司法公正具有重要意义。

四、进一步实现公正司法，提高司法公信的路径

一是大力加强司法队伍的素质能力建设。要坚定法治信仰，坚定建设社会主义法治国家的信念，坚定对中国特色社会主义司法制度的信心，坚守法治的核心理念，坚守职业良知。要提高司法能力，着重提高查明事实的能力、法律适用能力、释法说理的能力以及新媒体时代的公共关系能力。要改进司法作风，从思想深处解决权力来源问题，树立群众观念，把“执法如山”与“执法如水”结合起来，坚决杜绝高高在上、盛气凌人的衙门习气，坚决杜绝冷硬横推、拖延扯皮等行为，让群众进入法院能够感受到公正、方便、文明，感受到尊重和体恤。

二是积极推进司法改革。党的十八届三中全会以建立公正高效权威的社会主义司法制度为目标，对推进司法体制改革作出了总体部署，明确了司法改革的任务。党的十八届四中全会进一步就完善确保依法独立公正行使审判权和检察权的制度、优化司法职权配置等方面作出一系列重要决策部署。按照中央有关司法改革的安排部署，当前要着力推进司法公开，着力推进司法人员的分类管理，着力落实司法责任制。要完善保障依法独立行使审判权、检察权的制度机制，克服司法行政化和地方化倾向，建立干预司法活动的记录、通报、责任追究制度。要健全司法人员职业保障制度，建立与法官、检察官单独职务序列配套的薪酬制度。

三是加强和完善对司法活动的监督制约机制。党的十八届四中全会再次强调加强对司法活动的监督。要自觉接受人大、政协的监督，认真听取代表委员的意见，不断改进工作。要加强司法机关之间的制约和配合，在党委的领导下，各司法机关贯彻落实分工负责、互相配合、互相制约的原则，共同履行法律职责，共同守住法律底线，共同防范冤假错案。要主动接受社会舆论的监督，树立更加开放、自信的心态，克服对舆情的消极态度，主动回应群众期待，主动公开事实真相，及时消除公众误解，弘扬司法正能量。

四是坚持廉洁司法，着力解决“三案”问题。党的十八届四中全会强调，决不允许办关系案、人情案、金钱案。司法机关要以零容忍的态度惩治司法领域腐败问题，切实提高干警拒腐防变的能力。要进一步严格审判工作纪律，严格执行关于防止司法机关内部工作人员干扰办案的规定，认真落实过问案件全程留痕、遇到干扰及时报告等制度。要坚决纠正执法、司法活动中的不正之风，确保司法清明。

审判中心与证据裁判

张保生[*]

党的十八届四中全会通过的《中共中央关于全面推进依法治国若干重大问题的决定》(以下简称《决定》),确定了建设社会主义法治国家的总框架和路线图,是全面推进依法治国的纲领性文件。《决定》明确提出要“推进以审判为中心的诉讼制度改革……全面贯彻证据裁判规则”①,为公正司法提供了基本遵循,贯彻落实这项重要改革任务,关键是完善诉讼证据制度。

以审判为中心是法治国家诉讼制度的基本特征。从诉讼制度的演进来看,专制国家诉讼制度均以侦查为中心,警察在国家法律体系中居支配地位,拥有不经法院审判而对犯罪嫌疑人进行惩处的生杀大权。法治国家的诉讼制度则以审判为中心,法官作为主持审判的官员对侦查权的行使进行控制。例如,大多数国家由法官签发逮捕令,就是为了防止侦查权的滥用。又如,根据正当程序,侦查机关获取的证据必须在法庭上出示,侦查人员必须出庭辨认、鉴真并接受质证,法官对这些证据采信后才能作为定案的依据。因此,四中全会提出“推进以审判为中心的诉讼制度改革,确保侦查、审查起诉的案件事实证据经得起法律的检验”②。这是对以审判为中心是法治国家诉讼制度基本特征的积极肯定,对于保证公正司法,提高司法公信力具有重要意义。

证据裁判是法治国家的基本司法原则。它要求“认定案件事实,必须以证据为根据”。这是为了防止司法裁判的任意性,确保在事实前提和判决结论之间一定要有确证关系。从人类司法文明的历程看,诉讼制度的发展经历了

---

* 张保生,中国政法大学副校长,本文摘自《光明日报》2014 年 11 月 5 日。

① 《中共中央关于全面推进依法治国若干重大问题的决定》,人民出版社 2014 年版,第 23 页。

② 《中共中央关于全面推进依法治国若干重大问题的决定》,人民出版社 2014 年版,第 23 页。

愚昧的神明裁判、野蛮的专断裁判和文明的证据裁判三个阶段。以审判为中心的诉讼制度改革，必须树立“打官司就是打证据”的理念，在两个方面贯彻证据裁判原则：其一，强调将证据作为事实认定的基础，排斥主观臆断或者行政干预的事实认定方式。党的十八届四中全会《决定》提出“任何党政机关和领导干部都不得让司法机关做违反法定职责、有碍司法公正的事情，任何司法机关都不得执行党政机关和领导干部违法干预司法活动的要求”[①]。这是一个明确的刚性要求，它维护了证据裁判原则。其二，强调案件事实认定的根据，必须是经过法庭举证、质证和认证后采纳的证据。

坚持以审判为中心、全面贯彻证据裁判规则，必须遵循直接言词原则。直接原则要求法官直接开庭审理，亲自审查判断证据，不允许依据侦查案卷而作决定。这样做是便于法官“察言观色”“听话听音”，辨别证据真伪。言词原则要求，法院只能依据开庭审理时的口头陈述和证言进行事实认定。对侦查案卷记载的内容，原则上不允许作为法院判决的基础。党的十八届四中全会《决定》在“全面贯彻证据裁判规则”的总体要求下，特别强调了“完善证人、鉴定人出庭制度，保证庭审在查明事实、认定证据、保护诉权、公正裁判中发挥决定性作用”[②]。我国目前刑事审判中证人出庭率较低，检控方主要以庭外陈述作为指控犯罪嫌疑人的证据，辩护方无法对这些庭外陈述人进行质证，导致辩护权难以得到完全发挥，而全面贯彻证据裁判规则、遵循直接言词原则，能够有效提升证人出庭率，更好地维护当事人的诉讼权利。

坚持以审判为中心、全面贯彻证据裁判规则，必须用证据制度来约束法官权力。针对“司法不廉”的问题，最高人民法院2009年曾公布了规范法院工作人员严格、公正、文明执法的“五个严禁”。与行政官员的审批权不同，法官的审判权主要是在举证、质证和认证程序中有权依法采纳和排除特定证据。法官作为证据裁判者和事实认定者，其自由裁量权的运用总是与滥用缠在一起的。例如，一个受贿的法官只要擅自排除一个重要证据，就可以使判

① 《中共中央关于全面推进依法治国若干重大问题的决定》，人民出版社2014年版，第20—21页。

② 《中共中央关于全面推进依法治国若干重大问题的决定》，人民出版社2014年版，第23页。

决结果发生有利于一方的实质性改变。根据这个特点，加强法官队伍廉政建设，光靠行政禁令远远不够，要杜绝法官滥用司法权受贿，关键是完善证据制度，用精致的证据规则对事实认定的各个环节和法官的司法行为加以规范。这是司法规律，也是前车之鉴。证据制度预防司法腐败的功能，在美国《联邦证据规则》中是通过“错误裁定的后果”来实现的。法官采纳或排除证据的裁定，如果使当事人实质权利受到影响，就属于一种适用法律的错误，上诉法院可以撤销原判、发回重审。相比之下，我国上诉法院往往忽视审查审判法院采纳或排除证据的错误，一些法官在判决书中随意或恣意排除证据，甚至在逻辑上和法律上错误百出，上诉法院却不够重视。这种自由裁量权滥用不受制约的情况，是产生司法腐败的内在原因。需要强调的是，法官依法行使自由裁量权的范围和大小只有由证据法明文规定，才能成为上诉复审的主题。因此，我国应改变依靠行政禁令预防司法腐败的做法，从完善证据制度入手，尽快制定关于“错误认证后果”的证据规则，在赋予法官采纳和排除证据的认证权时，为其规定必要的义务。

坚持以审判为中心、全面贯彻证据裁判规则，必须实现控辩平等。在刑事诉讼举证、质证过程中，检察院作为国家公诉机关应当与辩护方地位平等。一方面，要适当限制检察权的扩张，例如，取消同级检察院对自侦案件的法律监督权，而由上级检察院来进行监督；作为司法改革的长期目标，要考虑如何恢复检察官“政府方律师”的本色，以实现真正的控辩平衡。另一方面，作为人权司法保障的重要内容，要大力加强辩护权，确立律师—委托人特免权、废止《中华人民共和国刑法》律师伪证罪等措施，逐步实现辩护律师与检察官的地位平等。我国关于辩护制度的法律是以对律师权利的限制为主导的，这种立法思想可能不利于建立律师与控诉方有效对抗的司法制度。

坚持以审判为中心、全面贯彻证据裁判规则，必须大力加强证据制度建设。证据制度是法治国家的一项基本法律制度。审判过程分为事实认定和法律适用两个阶段，准确的事实认定是正确适用法律的前提，也是实现司法公正的前提。证据法具有促进事实真相发现和维护普遍社会价值的双重功能。我国目前证据规则的条文并不算少，然而众多的证据规则条文存在着理念缺

失、原理错误、内容重复和适用不统一的问题。从理念缺失看，我们的证据规则缺少以相关性为逻辑主线的理论体系，缺少与市场经济相适应的“不能采纳用以证明过错和责任的证据规则”这样的政策安排，体现和谐价值的作证特免权规则也还没有确立起来。内容重复则表现为我国三大诉讼法证据规则存在较多重复的内容。此外，全国各地共制定了多部证据规则，造成了我国证据规则适用的不统一。从司法实践的需要和可能性来看，从最高人民法院司法解释的角度，制定一部能够适用于全国各级人民法院审判各类案件的证据规则，实现“三证合一”，可能有利于“推进以审判为中心的诉讼制度改革”。这项工作可以采取“软件升级”的办法，对现行证据规则进行系统编纂，建构体系以解决理念缺失和逻辑混乱的问题，合并同类项以解决重复问题，正本清源以消除原理错误和法律冲突，最终建立起一个以相关性为逻辑主线，以证明责任和证明标准为证明端口；以举证、质证和认证为法定阶段，以准确、公正、和谐和效率为价值基础的证据法律体系。

坚持以审判为中心、全面贯彻证据裁判规则，必须大力加强证据法学教育。证据法是法治的基石，是实现司法公正的基石。证据法缺位的法学教育不能适应法治国家和司法文明建设的需要。因此，将证据法学列为我国法学院的必修课程，使学生牢固树立证据法治的理念、证据裁判意识，掌握运用证据法原理解决权利和义务争端的能力，是推进以审判为中心的诉讼制度改革必须要做的知识准备和人才准备。我国法律人才培养普遍存在证据法学知识严重缺乏的问题。诉讼法学者樊崇义教授说：“证据是一门科学。但是对于这门科学，恐怕我国有百分之八九十的人对它感觉陌生，包括法学本科生。在公检法干部中，恐怕也有相当数量的人没有系统研究过。”我们在一些法院调研发现，法院审理案件忽视证据裁判的现象比较常见：一是法庭举证、质证混乱；二是法官不熟悉证据法，不能有效组织诉讼双方的证明活动；三是检察官、律师的证据意识淡薄。因此，从法律人才的知识结构来看，法学院应当加强证据法学课程建设，使我们培养的法官、检察官和律师能够掌握证据科学的理论，适应以审判为中心的诉讼制度改革的需要。

证据裁判原则若干问题之探讨

陈光中*

证据裁判原则是指诉讼中司法人员认定案件事实必须以证据为依据，它是现代刑事诉讼中认定案件事实应当遵循的核心原则。本文对该原则之历史源流及其在我国的适用问题略作探讨。

一、证据裁判原则的历史源流

证据裁判原则不是自古有之，而是司法制度发展到一定历史阶段的产物。自从人类社会产生了解决纠纷的诉讼活动以后，裁判者就力求发现案件真实，而且随着社会的进步，发现真实的模式、原则和制度也呈现阶段性的演进。国内外诉讼法学者通常以欧洲大陆为视角将其概括为三个阶段，即神明裁判、法定证据和自由心证。也有学者把历史上的证明方式划分为两次重大转化，即第一次从神证到人证为主的转化，第二次从人证到物证为主的转化；进而把发现真实的方式分为三个阶段，第一是神誓和神判阶段，第二是以当事人和证人的陈述为证明主要方式的阶段，第三是以物证或科学证据为证明的主要手段。① 笔者认为，这种观点所述的从神证到人证以及与之相对应的神判阶段和以当事人和证人的陈述为证明的主要方式的阶段划分当无疑义，但是第二次转化认为人证向物证为主的转化以及认为第三阶段的“物证或科学证据为证明主要手段”的表述值得斟酌。随着司法文明的发展和人类发现真实能

---

* 陈光中，中国政法大学法学院终身教授，本文摘自《中共浙江省委党校学报》2014 年第 6 期。

① 何家弘：《神证・人证・物证——试论司法证明方法的进化》，《中国刑事杂志》1999 年第 4 期。

力的提高，物证或科学证据在诉讼中扮演了越来越重要的角色，但这并不意味着当事人和证人陈述的作用就逐渐消失，实际上人证（包括证人证言、当事人陈述等）对案件事实具体生动的描述是物证或科学证据所无法取代的。只是以人证为主的证明方式发展到一定阶段后，实物证据的作用也逐渐加强，最终与人证一起成为认定案件事实的重要方式。因此，从人证到物证的划分值得思量，至少现在尚未达到此阶段。笔者认为，从世界范围看，证明方式进程划分为神明裁判、口供裁判和证据裁判三个阶段更为准确。这三个阶段也是人类对诉讼的认识由非理性走向理性的过程。

（一）神明裁判阶段

在古代奴隶社会和封建社会前期，由于生产力落后、人类处于愚昧状态，在司法证明上盛行“神明裁判”制度。在当时的诉讼中，如果双方当事人对案件事实的主张有争议，就根据神的示意来判断，将神的示意作为认定案件事实的唯一依据。因为当时人们相信只有神能明辨是非、知道案件事实真相。神判方式多式多样，通行的有水审、火审等。水审包括冷水审判法、沸水审判法等等；火审则通常以烈火或烙铁是否导致灼伤以及伤口愈合方式判断是非。法兰克王国的《萨利克法典》第 53 条明确规定了沸水审：“如果有人被判处（把手放入）沸水锅的考验，那么，双方可以达成协议，使被判决者可赎回自己的手，并须提出共同宣誓的证人。”① 公元 9 世纪法兰克人的《麦玛威法》则规定了火审制度：“凡犯盗窃罪必须交付审判。如在审判中为火所灼伤，即认为不能经受火的考验，处以死刑。反之，不为火所灼伤，则可允许其主人代付罚金，免处死刑。”古巴比伦的《汉穆拉比法典》包含大量神明裁判的内容，如第 132 条明确规定了冷水审：“因他男性而以手指人妻［后面六行］，如无事实证明女与人同寝时，女应为夫故而跳入圣河。”② 又如，第 227 条规定了火审制度：“以诈术使烙印者烙不可让与之奴之印者，处死刑，埋于己屋中。烙印者应宣誓‘余非有意烙之’无罪。”③

① 《世界著名法典汉译丛书》编委会：《萨利克法典》，法律出版社 2000 年版，第 34 页。
② ［英］爱德华兹：《汉穆拉比法典》，沈大銈译，中国政法大学出版社 2005 年版，第 44 页。
③ ［英］爱德华兹：《汉穆拉比法典》，沈大銈译，中国政法大学出版社 2005 年版，第 59 页。

（二）口供裁判阶段

随着社会的发展，人类认识能力的提高，证据制度从神判走向人判，证据在诉讼中得到一定程度的重视。但当时实行口供主义，以采用合法的刑讯手段取得的被告人口供作为定罪的主要根据。口供被称为“证据之王”，被视为最有价值的证据。如欧洲中世纪后期实行法定证据制度的代表性法典《加洛林纳刑法典》规定：被告人在法庭上的供认被认为是完全证据中的最好证据，足以认定犯罪。[①] 在口供裁判阶段，刑讯是刑事诉讼“整个大厦的中心”，是获取被告人口供的合法手段。如《加洛林纳法典》和法国1670年颁布的刑事诉讼敕令都规定，调查官为查明“事实真相”可以采取一切手段，包括对嫌疑人和证人实施秘密的或公开的刑讯逼供。

尽管这一时期司法裁判者也采用证人证言、物证和书证等其他证据，但是由于主要依靠刑讯获得的口供定罪，因而不能认为已经产生了证据裁判原则。

（三）证据裁判阶段

证据裁判原则发轫于资产阶级革命时期，在18世纪的欧洲大陆，资产阶级革命胜利夺取政权以后，在民主、自由、人权的思想指导下，废除了刑讯逼供和法定证据制度，确立了自由心证原则。1808年《法国刑事诉讼法典》第342条规定：法律仅要求陪审员深思细察，并本诸良心诚实推求已经提出的对于被告不利和有利的证据在他们的理智上产生了何种印象。只向他们提出这样的问题“你们已经形成内心的确信否”？现行《法国刑事诉讼法典》第353条保留了上述条文原意，只是在文字上略有简化。[②] 这一条著名的规定自由心证原则条文，强调的是事实裁决者对证据审查判断的自由裁量，但它又体现出内心确信的根据是提交给法庭的对被告人有利和不利的证据，也就是说它包含着证据裁判原则的内涵。后来德国在1877年制定的《刑事诉讼法典》参考法国上述条文确立了内心确信原则，即现行法典第264条规定：“对证据调查的结果，由法庭根据它在审理的全过程中建立起来的内心确信而决

---

① 《中国大百科全书·法学》（修订版），中国大百科出版社2006年版，第68页。

② 余叔通、谢朝华译：《法国刑事诉讼法典》，中国政法大学出版社1997年版，第131—132页。

定。”法、德两国的刑事诉讼法典至今只规定自由心证原则而未另专门规定证据裁判原则。意大利、俄罗斯的刑事诉讼法典也是如此。日本则不同。日本在法国影响下于1876年制定的《断罪依证律》将《改定律例》原规定的“凡断罪，依口供结案”的典型的口供主义表述，修改为“凡断罪，依证据”；并规定“依证据断罪，完全由法官确定”。这样就把法国的自由心证原则在日本分别规定为证据裁判原则和自由心证原则。① “凡断罪依证据”这应该说是世界最早正式规定证据裁判原则的条文。这一条文被日本现行的刑事诉讼法典所继承，该法第317条规定：“认定事实，应当依据证据。”如今许多大陆法系国家和地区规定了这一原则。如韩国《刑事诉讼法典》第307条规定：“认定事实，应当根据证据。”我国台湾地区“刑事诉讼法”第154条也规定：“犯罪事实应依证据认定之，无证据不得认定犯罪事实。”英美法系国家的法律上并没有证据裁判原则的条文规定，但这并不表示英美法系国家否认该原则，相反，英美法系国家认为在刑事诉讼中坚持证据裁判原则是不言而喻的。英美法系国家的证据制度中有大量关于证据可采性和关联性的规则，这些规则与证据裁判原则的基本精神完全一致。事实表明，这些国家非常强调认定案件事实必须依靠证据。

二、证据裁判原则在我国刑事诉讼中的确立

在我国古代社会，刑事诉讼中虽然曾出现过把神示证据作为认定案件事实主要依据的做法，但这种做法消失得较早，并未在我国古代社会占据统治地位。从总体上来说，我国古代定罪的根据以口供为主并采纳其他证据。在古代统治者看来，被告人认罪的口供是最重要的证据，没有被告人的供认，一般是不能定罪的。明律“吏典代写招草”条王肯堂笺释说：“鞫问刑名等项，必据犯人之招草，以定其情。”② 清律同条夹注也指出：“必据犯者招草

① ［日］松尾浩也著：《日本刑事诉讼法》（下卷），中国人民大学出版社2005年版，第4页。
② 《唐明律合编》（五），第699页。

以定其罪。”明律、清律中虽规定对不应拷讯的被告人“皆据众证定罪”，但实际上被告人无口供是很难定罪的，正如《清史稿·刑法志》所指出的：“断罪必取输服供词。律虽有众证明白即同狱成之文，然非共犯有逃亡，并罪在军流以下，不轻用也。”① 为了获得被告人口供，刑讯是被普遍采用的合法手段。尽管这时期司法裁判者也采用证人证言和物证等证据，但并不重视口供以外的其他证据，查明案件事实真相基本依靠合法刑讯获得的口供，因而并没有产生证据裁判原则。在清朝末年，《大清刑事、民事诉讼法草案》于1906年正式编成。该草案承袭日本、德国等大陆法系国家的刑事诉讼制度，有关规定体现了证据裁判的精神。草案第74条规定：“承审官确查所得证据已足证明被告所犯之罪，然后将被告按律定拟。”第75条也规定：“被告如无自认供证而众证明白、确凿无疑即将被告按律定拟。”② 这是中国第一部体现证据裁判精神的诉讼法典草案。可惜由于遭受各省保守力量的反对而使该草案被搁置而未予以颁行。

在新民主主义革命时期，包括中央苏区、抗日革命根据地和解放区，中国共产党领导在革命政权探索中形成了实事求是的作风和路线，表现在司法裁判上则强调应当依据充分证据查明案件事实真相。1931年12月13日中央执行委员会非常会议通过的《中华苏维埃共和国中央执行委员会训令》（第六号）就规定：“在审讯方法上……，必须坚决废除肉刑，而采用搜集确实证据及各种有效方法。”③ 1940年8月13日公布的《晋察冀边区目前施政纲领》第17条也规定：“对汉奸审判须依确实证据。”毛泽东在《论政策》中也强调应以口供以外的证据作为定案根据，他指出：“对任何犯人，应坚决废止肉刑，重证据而不轻信口供。”1942年公布的《陕甘宁边区保障人权财权条例》更明确规定了证据裁判原则，即第10条规定：“逮捕人犯不准施以侮辱殴打及刑讯逼供，强迫自首，审判采取证据主义，不重口供。”④

---

① 陈光中：《陈光中法学文选（第一卷）》，中国政法大学出版社2010年版，第60页。

② 《大清法规大全 法律部》卷十一“法典草案一”，《修订法律大臣沈家本等奏进呈诉讼法拟请先行试办章程折并清单》，1860年。

③ 武延平、刘根菊等编：《刑事诉讼法学参考资料汇编》（上），北京大学出版社2005年版，第10页。

④ 武延平、刘根菊等编：《刑事诉讼法学参考资料汇编》（上），北京大学出版社2005年版，第10页。

新中国成立后，中央继承司法工作的革命传统，在相关的法律文件中继承了证据裁判精神，继续强调应当以口供以外的证据作为认定案件事实的主要依据。最高人民法院在1956年10月写出的《各级人民法院刑、民事案件审判程序总结》中指出："在法庭调查阶段，必须把案情彻底查清，取得确凿的证据；……被告人的供词，必须经过调查研究，查明确实与客观事实相符的，方可采用。"①

自20世纪50年代末到70年代末，我们的国家经历了一连串的政治运动，法制受到极大破坏。由于刚刚从整风"反右""文化大革命"等政治运动中走出来，大量的冤假错案引发我们进行沉痛的反思。② 为了保证历史的悲剧不再重演，"文化大革命"结束以后制定的1979年《中华人民共和国刑事诉讼法》（以下简称《刑事诉讼法》）第35条规定："对一切案件的判处都要重证据，重调查研究，不轻信口供"，要求定罪要达到"事实清楚，证据确实充分"的证明标准。虽然立法上没有证据裁判原则的条文规定，但是上述规定本身就是证据裁判精神的具体体现。随后在1996年修改《刑事诉讼法》时又增加规定了疑罪从无的规定，但仍未确立证据裁判原则。

新中国成立后的刑事诉讼直至2007年才在司法解释中首次正式明确规定证据裁判原则。2007年最高人民法院、最高人民检察院、公安部、司法部联合出台的《关于进一步严格依法办案确保办理死刑案件质量的意见》提出："坚持证据裁判原则，重证据、不轻信口供。"2010年《办理死刑案件证据规定》重申了这一重要原则，明确规定"认定案件事实，必须以证据为根据"。

需要指出的是，证据裁判原则只在刑事司法解释中得到确立，但是却没有得到刑事诉讼法的正式确认。2012年刑事诉讼法修改，证据裁判原则并没有写入现行刑事诉讼法，但是证据裁判精神在刑事诉讼法中得到了进一步体现，更加注重证据的证据资格和证明力问题；而且随后出台的《最高人民法院关于适用〈中华人民共和国刑事诉讼法〉的解释》第61条再次规定："认定案件事实，必须以证据为根据。"

① 韩延龙主编：《中华人民共和国法制通史》（下），中共中央党校出版社1998年版，第60—61页。
② 赵震江主编：《中国法制四十年（1949—1989）》，北京大学出版社1990年版，第369页。

由上可知，我国刑事诉讼中证据裁判原则的确立并不是一蹴而就的，而是经历了口供裁判——证据裁判精神体现——证据裁判原则确立的漫长发展之路。这种发展路径根植于我国的特定环境，符合我国的诉讼文化和诉讼制度发展。

三、我国贯彻证据裁判原则若干问题之思考

（一）案件事实的理解问题

在刑事诉讼中，需要运用证据加以证明的对象是案件事实。如何正确理解案件事实是贯彻执行好证据裁判原则的关键所在。为了进一步明确对案件事实的证明，修改后的《刑事诉讼法》增加了对量刑事实进行证明的条款，即第193条第1款规定："法庭审理过程中，对与定罪、量刑有关的事实、证据都应当进行调查、辩论。"强调对量刑事实的证明，是对司法实践中"同案不同判""量刑不公导致涉诉上访""量刑辩护难"等问题的回应，也是证据裁判原则的要求，无疑是可喜的进步。但是，这只是解决了需要运用证据加以证明的案件事实的范围，并没有真正厘清何为"案件事实"本身，因此需要进一步明确。

笔者认为，刑事诉讼中的案件事实至少包括三个层面的内容：一是案件客观事实即案件本源事实，它是不依司法人员和任何其他诉讼主体的意志而独立存在的事实。这种案件事实具有客观性、确定性、过去性的特点。二是当事人主张的事实，这种事实在诉讼的过程中有可能发生变化，如犯罪嫌疑人、被告人的口供所提供的案件事实，因为种种因素的影响在侦查中与在庭审中可能大不相同。三是公安司法机关及其司法人员根据证据所认定的案件事实，这种事实学界称之为法律事实。包括侦查机关的移送起诉意见书、检察机关的起诉书和人民法院的判决裁定书所认定的案件事实。[①] 证据裁判原则要求必须以证据对案件事实进行认定，就是要求司法人员在刑事诉讼中通过收集、审查和判断证据将案件客观事实正确转化为法律事实，最大限度地实

① 关于刑事诉讼中案件事实的理解，可参见陈光中：《刑事证据制度改革若干理论与实践问题之探讨——以两院三部〈两个证据规定〉之公布为视角》，《中国法学》2010年第6期。

现案件客观事实与法律事实的统一。这是贯彻执行证据裁判原则的关键所在，也是司法人员在诉讼中实现实体公正的前提。

（二）证人出庭作证问题

贯彻执行证据裁判原则既要保证裁判所依据的证据具有证据资格，又要确保证据经过法庭的审查判断，接受控辩双方的充分质证。证人出庭作证制度正是保证证人证言接受控辩双方充分质证的重要制度。原《刑事诉讼法》对证人出庭作证制度的规定过于原则，且存在矛盾①，这为司法实践中证人不出庭作证打开了方便之门，导致我国刑事审判中证人不出庭作证的情况非常普遍。据统计，全国范围内看，刑事案件中证人出庭率仅为1%左右。② 这既侵犯了被告人的质证权，又不利于证据裁判原则的贯彻执行，而且还不利于查明案件事实真相。修改后的《刑事诉讼法》进一步完善了证人出庭作证制度，不仅明确了证人出庭范围，增加规定了证人强制出庭制度，而且还对证人出庭作证费用的负担方式以及对证人的保护等等作了详细规定。③ 这无疑对保障证人出庭作证提供了良好条件。然而，现行规定仍有不足与隐忧。例如，修改后的《刑事诉讼法》第187条规定："公诉人、当事人或者辩护人、诉讼代理人对证人证言有异议，且该证人证言对案件定罪量刑有重大影响，人民法院认为证人有必要出庭作证的，证人应当出庭作证。"这一规定把证人是否出庭的最终决定权赋予法院，在控辩双方对其有异议且证人证言对定罪量刑有重大影响的情况下，证人是否出庭还必须由法院决定。这可能导致证人必

① 原《刑事诉讼法》第47条规定："证人证言必须在法庭上经过公诉人、被害人和被告人、辩护人双方讯问、质证，听取各方证人的证言并且经过查实以后，才能作为定案的根据。法庭查明证人有意作伪证或者隐匿罪证的时候，应当依法处理。"根据此规定，证人必须在法庭上经过双方询问、质证，其证言才能作为定案的根据。但是，该法第157条又规定："公诉人、辩护人应当向法庭出示物证，让当事人辨认，对未到庭的证人的证言笔录、鉴定人的鉴定结论、勘验检查笔录和其他作为证据的文书，应当当庭宣读。审判人员应当听取公诉人、当事人和辩护人、诉讼代理人的意见。"也就是说，在证人未出庭作证的情况下，法庭允许宣读庭前证言，并且一旦查证属实，同样可以作为定案的根据。显然，在证人是否必须出庭作证的问题上，原《刑事诉讼法》第47条和第157条之间存在着矛盾。

② 左卫民、马静华：《刑事证人出庭率：一种基于实证研究的理论阐述》，《中国法学》2005年第6期。

③ 参见修改后的《刑事诉讼法》第59、62、63、187、188条。

须出庭的情形被化解，无法有效提高证人出庭率。又如，虽然修改后的《刑事诉讼法》规定了证人保护制度，并对特定案件的保护措施做了详细规定，但是并没有进一步规定证人保护的程序，对于应向哪个机关申请保护，公检法三机关具体职责如何等尚未规定，这有可能导致三机关互相推诿。因此，在深化司法体制改革的过程中，应当进一步完善证人出庭作证的条件，并对证人保护制度的适用程序作进一步细化。

（三）口供补强规则问题

口供补强规则，是指只有被告人的口供不足以认定被告人有罪，必须有补强口供的证据。[①] 仅凭被告人口供不能定案，而要求对口供以其他证据加以支持或印证正是证据裁判原则的要义所在。我国原《刑事诉讼法》第46条是关于口供补强规则的规定："对一切案件的判处都要重证据，重调查研究，不轻信口供。只有被告人供述，没有其他证据的，不能认定被告人有罪和处以刑罚；没有被告人供述，证据充分确实的，可以认定被告人有罪和处以刑罚。"修改后的《刑事诉讼法》第53条第1款保留了这些规定，且随后出台的《最高人民法院关于适用〈中华人民共和国刑事诉讼法〉的解释》第83条对此做了进一步细化规定："审查被告人供述和辩解，应当结合控辩双方提供的所有证据以及被告人的全部供述和辩解进行。被告人庭审中翻供，但不能合理说明翻供原因或者其辩解与全案证据矛盾，而其庭前供述与其他证据相互印证的，可采信其庭前供述。被告人庭前供述和辩解存在反复，但庭审中供认，且与其他证据相互印证的，可采信其庭审供述；被告人庭前供述和辩解存在反复，庭审中不供认，且无其他证据与庭前供述印证的，不得采信其庭前供述。"这无疑为贯彻执行证据裁判原则提供了较好的保障。

然而，我国修改后的《刑事诉讼法》关于口供补强规则的相关规定尚不完善，尤其是对于共犯口供能否作为其他共犯口供的补强证据的问题仍没有明确规定，需要进一步明确。笔者认为，应当进一步明确规定仅有共犯的口供作为其他共犯口供的补强证据不能认定被告人有罪。这是证据裁判原则的

① 陈光中主编：《证据法学》，法律出版社2013年版，第275页。

应然要求，也是由共犯口供的性质所决定的。从本质上来说，共犯的口供仍然属于“被告人供述”，如果允许仅凭共犯之间的口供来印证案件事实就定案，那么就是允许仅凭被告人供述进行定案，这显然不符合证据裁判原则关于应当以口供以外的其他证据作为定案主要依据的应然要求，不利于证据裁判原则的贯彻执行。鉴于此，应当明确规定不能仅仅以共犯的口供作为补强证据，即使共犯的口供相互印证，也应当需要其他证据补强，才能认定被告人有罪。

（四）证明标准问题

证据裁判原则要求事实裁定者根据全部具有证据资格的证据综合审查判断所认定的案件事实必须达到法定的证明标准。这个标准在我国为“案件事实清楚，证据确实充分”。为了进一步细化该证明标准，使其更具可操作性，更好地贯彻证据裁判原则，修改后的《刑事诉讼法》对何为“证据确实充分”做了进一步解释，即第53条第2款规定：“证据确实、充分，应当符合以下条件：（一）定罪量刑的事实都有证据证明；（二）据以定案的证据均经法定程序查证属实；（三）综合全案证据，对所认定事实已排除合理怀疑。”尽管这只是对“证据确实充分”的进一步解释，我国刑事诉讼中有罪证明标准并没有改变，但是因为首次引进源于英美法系的排除合理怀疑标准，引起了法律界的高度关注。同时，对排除合理怀疑在理论上如何解读、实践中如何准确运用也存在歧义。按照英美法系主流观点，对排除合理怀疑的理解只承认高度盖然性，即最大限度地接近确定性，尚未达到“确定性”的程度，用概率来表示就是95%以上确定即可。但是笔者认为我国不能照搬英美法系的理解来适用。从辩证唯物主义认识论原理和我国实践经验来看，对排除合理怀疑的解释可以采取全国人大常委会法制工作委员会的说法，即“‘排除合理怀疑’是指对认定的事实，已没有符合常理的、有根据的怀疑，实际上达到确信的程度”①。在笔者看来，我国刑事诉讼有罪证明标准应当把高度盖然性与“确定性”“唯一性”结合适用。最高人民法院实际上也认同唯一性标

① 全国人大常委会法制工作委员会编：《〈关于修改中华人民共和国刑事诉讼法的决定〉条文说明、立法理由及相关规定》，北京大学出版社2012年版，第53页。

准。最高人民法院《关于适用〈中华人民共和国刑事诉讼法〉的解释》第105条第四项明确规定："根据证据认定案件事实足以排除合理怀疑，结论具有唯一性。"具体而言，应当对有关定罪和量刑的主要事实的证明达到"唯一性"。[①] 其中，主要事实包括以下三项内容：（1）犯罪事实是否已经发生；（2）犯罪的主体是谁；（3）加重量刑的情节，特别是足以判处死刑的从重情节。至于其他情节，如犯罪的主观方面等，因为涉及被告人的内心世界而难以查证，因此可以适度降低证明标准。

值得注意的是，作为适用排除合理怀疑标准典型国的美国，因为司法实践中出现高达约5%的死刑错判率也开始反思排除合理怀疑标准作为死刑案件证明标准的正当性。有学者指出"排除合理怀疑"作为死刑案件的证明标准不足以防止错判，应当适用比排除合理怀疑更高的证明标准。其中的代表人物仙德（Sand）教授建议："陪审团在决定是否对被告人适用死刑前应当重新衡量有罪判决的正确性。如果陪审团排除所有可能怀疑地，认定被告人有罪，那么判处被告人死刑。否则，应当由法官对被告人判处死刑以外的其他刑罚。"有学者指出，"排除所有可能怀疑要求陪审团在死刑案件进入量刑程序前对案件事实的认定必须达到绝对确定的程度。"[②] 也有论者指出："死刑案件的证明标准应当高于排除合理怀疑的证明标准，具体而言，该标准应当是排除一切怀疑。"[③] 显然，这些学者均未把"排除合理怀疑"作为最高、最严格的证明标准。因此，笔者认为，我们应当坚持"排除合理怀疑"标准包括结论之唯一性和确定性之解释，特别是在死刑案件中对主要事实坚定适用结论唯一标准。只有这样，才能严防冤假错案的发生，严防错杀错判，保证实现司法公正。

---

① 最高人民法院《关于适用〈中华人民共和国刑事诉讼法〉的解释》第105条规定："没有直接证据，但间接证据同时符合下列条件的，可以认定被告人有罪：（一）证据已经查证属实；（二）证据之间相互印证，不存在无法排除的矛盾和无法解释的疑问；（三）全案证据已经形成完整的证明体系；（四）根据证据认定案件事实足以排除合理怀疑，结论具有唯一性；（五）运用证据进行的推理符合逻辑和经验。"

② Leonard B. Sand, Daniele L. Rose, *Proof Beyond All Possible Doubt: Is There a Need For a Higher Burden of Proof When the Sentence May be Death?* 2003, pp. 1367－1368；转引自肖沛权：《排除合理怀疑研究》，中国政法大学2013年博士学位论文，第150页。

③ ［美］布莱恩·福斯特：《司法错误论——性质、来源和救济》，刘静坤译，中国人民公安大学出版社2007年版，第277页。

论审判权运行机制改革

王文华*

党的十八大报告明确提出："要进一步深化司法体制改革，坚持和完善中国特色社会主义司法制度，确保审判机关、检察机关依法独立公正行使审判权、检察权。"[①] 党的十八届三中全会审议通过的《中共中央关于全面深化改革若干重大问题的决定》提出"推进法治中国建设"，特别是要"维护宪法法律权威""确保依法独立公正行使审判权检察权""健全司法权力运行机制""完善人权司法保障制度"[②]。2014 年 6 月，习近平总书记主持召开的中央全面深化改革领导小组第三次会议审议通过了《关于司法体制改革试点若干问题的框架意见》（以下简称《框架意见》），明确了完善司法人员分类管理、完善司法责任制、健全司法人员职业保障、推动省以下地方法院检察院人财物统一管理、设立知识产权法院等司法体制改革的基础性、制度性措施。十八届四中全会通过的《中共中央关于全面推进依法治国若干重大问题的决定》（以下简称《决定》）第四部分"保证公正司法，提高司法公信力"进一步阐明："公正是法治的生命线。司法公正对社会公正具有重要引领作用，司法不公对社会公正具有致命破坏作用。必须完善司法管理体制和司法权力运行机制，规范司法行为，加强对司法活动的监督，努力让人民群众在每一个司法案件中感受到公平正义。"[③] 这些内容充分说明，作为政治体制改革的重

---

* 王文华，北京外国语大学法学院教授、副院长，本文摘自《东方法学》2014 年第 6 期。

① 胡锦涛：《坚定不移沿着中国特色社会主义道路前进　为全面建成小康社会而奋斗》，人民出版社 2012 年版，第 27—28 页。

② 《中共中央关于全面深化改革若干重大问题的决定》，人民出版社 2013 年版，第 31—34 页。

③ 《中共中央关于推进依法治国若干重大问题的决定》，人民出版社 2014 年版，第 20 页。

要内容之一，司法体制改革刻不容缓。我国的司法体制改革已经到了一个重要的战略发展机遇期，党和国家都极为重视，当前的国情、社情、民情也迫切呼唤司法体制改革。司法是实现社会公正的最后一道防线，而审判是诉讼的最后一个阶段，也是实现司法公正的最后一道防线。坚持依法公正审判，是对司法的底线要求。正如习近平总书记所指出："努力让人民群众在每一个司法案件中都感受到公平正义。"[①] 审判权运行机制改革是司法改革的核心内容之一。究竟如何改，笔者认为，需要遵循司法的基本规律，才能使得审判权既依法独立运行，又受到有效监督、规范运行，切实保障改革取得实效。其具体包括以下六个方面。

一、法官不可不审案

"法院是法律帝国的首都，法官是帝国的王侯。"当代美国著名法学家德沃金这一关于司法权力定位的名言，旨在说明法院与法官的崇高地位与权威。法院是国家宪法法律规定的唯一审判机关，法官是法定的审判者，行使审判权是法官的唯一天职。然而，我国一些基层法院领导占比高达四分之一，这部分人是法官中的精英，如果不办案，却只让法律知识、社会阅历不及自己的年轻法官办案，不仅难以有效解决基层法院"案多人少"的矛盾，也有违工作待遇、福利的公平性。有人指出："全院有四分之一具有法官资格的人不亲自办案或办案少，客观上加剧了审判人员少案件多的矛盾。况且，这些具有法官资格的领导都是所在法院的精英，精英不办案，仅听取汇报，与亲自办案效果肯定不同。这些精英被提拔到领导岗位后，脱离了一线，使法院很难出现知名法官。"[②] 事实上，基层处在社会矛盾、冲突的最前沿，基层法官审案可以更全面地接触、了解社会，可以体察民众疾苦、发现真问题，也是提高办案能力、职业素养、树立威信的最好途径。

---

① 习近平：《在首都各界纪念现行宪法公布施行30周年大会上的讲话》，人民出版社2012年版，第10页。

② 李纪平：《精英不办案难出知名法官》，《法制日报》2010年4月21日。

那么，中级人民法院、高级人民法院、最高人民法院的法官是否可以不办案，只是做“对下级法院进行监督、指导”以及从事“文山会海”的其他工作？笔者认为，无论哪一级法院，法官不办案不仅是一种巨大的司法资源浪费，也严重违背了法官的职责规定，导致所谓“法官”这一称谓名不副实。其实，法官只有办案才能真正地与时俱进，近距离了解社会，了解案件背后的复杂背景、真实脉络，同时反复查考熟稔多种相关法律法规、提升审判业务水平、获得真知灼见。相应地，法官级别越高，就应当发挥越大的作用，审理依照诉讼法规定的更大、更重要的案件。否则，对下级法院的指导、监督就难免显得“缥缈”、距离太远，难以对症下药。审判运行机制无论怎么改，首先要保证：法官不可不审案。

二、法官须专司审案

随着经济、科技、文化的发展，审判工作面临的挑战不是一点两点，包括房地产、知识产权、金融、电子通讯、网络、建设工程、毒品等领域无一不涉及高、精、尖的专业问题，而且也大多同时涉及民商、刑事、行政审判中的问题。如果再遇上“涉外”，则语言又是一大难关，翻译也不是万能的，何况有时很难找到好的翻译。对这些案件，即使诉讼中有懂专门知识的专家、律师，审案的法官也最好懂点这些知识才不至于完全是“门外汉”、不至于在作出裁决时被当事人“牵着鼻子走”。对各种疑难复杂的案件，学者可以进行理论探讨，提出 A 观点、B 观点等若干观点，立法者也并不直接接触案件，而法官却必须直面，并且必须在短时间内——办案期限内——给出唯一答案，作出裁判。①

社会在日新月异地变化，科学技术在飞速前进，法官除了做好日常的审判工作，还有必要做“课外作业”、加班加点“充电”学习，才能不落伍、与时俱进，保证案件裁决结果的公正性、合理性。换言之，“法官的专业化”

① 王文华：《中国刑法分则研究之考察》，《东方法学》2013 年第 1 期。

远不止是“法律知识的专业化”。不是说法官熟悉法条就可以，恰恰相反，除了扎实的专业知识功底，好的法官还具有丰富的社会经验、充满人文关怀精神的勇气与智慧。

正是因为审判工作是专业性极强、各方面要求极高的职业，是凭借自己的法律专业知识和道德良心，中立地、公正地断案，定分止争，维护当事人的合法权益，是帮助人们实现公平正义的职业，法官才那么受人尊敬。相反，如果认为法官应当随时随地“人民需要到哪里，他们就出现在哪里”，随时听从政府的召唤，甚至去从事普法宣传、招商引资、种田、收割①等工作，那不仅是司法资源的极大浪费，也难以保证案件的审理进度与质量。

由于多年来我国法官的经济待遇完全靠行政职级才能享受，使得法官不能安心做只办案的法官。因此，要求“法官专司审案”，就是至少要把法官当“法官”看、当“法官”用。那种什么事都想到让法官上的现象，其实是对法官角色的认识不清、认识错位，是把“尊敬的法官”当作“万金油”，它严重冲击了审判工作的神圣性、严肃性，本质上是对法官职业的不尊重。法官只应专司审案，不应当也不需要承担司法以外的事务。

也正是通过法官的“专司审案”，心无旁骛地钻研审判业务知识，提高司法水平，才能进一步推进司法公开，真正敢于“阳光司法”，司法的公信力才能得到有效保证。党的十八届四中全会《决定》提出“改革司法机关人财物管理体制，探索实行法院、检察院司法行政事务管理权和审判权、检察权相分离”②，将大大加速“法官专司审案”的专业化进程。

三、只有法官才能审案

2012 年 12 月 4 日，习近平总书记在纪念现行宪法公布施行 30 周年大会上指出：“我们要深化司法体制改革，保证依法独立公正行使审判权、检察

① 夏敏：《法官为什么辞职?》，2014 年 8 月 5 日，见 http：//lawyer. fabao365. com/90805/article_ 43717。

② 《中共中央关于全面推进依法治国若干重大问题的决定》，人民出版社 2014 年版，第 21 页。

权。”本次司法改革最重要的一环便是增强审判独立性。党的十八届四中全会《决定》更加明确地规定，要完善确保依法独立公正行使审判权和检察权的制度，包括建立领导干部干预司法活动、插手具体案件处理的记录、通报和责任追究制度。

从机构角度看，审判权专属于法院，这是宪法的规定，任何组织和个人不得违反。1982 年《中华人民共和国宪法》第 126 条规定：“人民法院依照法律规定独立行使审判权，不受行政机关、社会团体和个人的干涉。”这一规定也被后来的《中华人民共和国人民法院组织法》所吸收规定。如果不是法官，就不得行使审判权，也不得干预具体案件的审判权。即使是再大的领导，没有宪法法律的依据就无权干预法官审理具体案件的权力。中央政法委书记孟建柱在 2013 年 1 月初的政法工作会议上曾对中央政法委的官员表示，不要对具体个案作出批示，让各个司法机关放手去做。并具体要求，进一步规范领导、指导、监督的权限、范围，既确保国家法律统一、正确实施，又确保各层级政法单位依法独立公正办案。

一直以来，我国各级法院非办案人员占比太高，甚至超过一线真正办案的法官人数，这是很奇怪的现象。这部分人员虽然不办案，却可以通过种种关系影响法官司法，包括在程序上和实体上。“以审判为中心、以法官为主体”是司法的题中应有之义，是不需要专门提出的口号，是司法规律的必然要求，在我国无论是理念上还是实践上都还只是改革、奋斗的目标。令人欣慰的是，本次司法体制改革将努力减少地方政府干预，改变法官的提名任命方式和法院经费来源，将在省一级设立法官遴选委员会，地方政府将不再有权提拔支持自身利益的法官。地方法院的经费也将由省里统一管理，降低地方政府将罚款作为收入来源的可能性。此外，还将尝试让法官直接签发判决书。这些实质性的改革举措将大大提高审判独立性，实现“只有法官才能审案”，并全面推进审判权运行机制改革。尽管真正落实这些措施并非易事，但却是现代司法文明的必由之路。

“只有法官才能审案”并非排斥人民陪审制。“陪审员参与司法可以实现分权制衡，预防司法腐败，拉近判决与社会的距离，减弱国家与民众之间的张力，是提高司法公信力不可或缺的举措。”[①] 陪审制对于防止法官滥用自由裁量权无疑具有积极作用，关键是要真正发挥陪审员“审”的功能。党的十八届四中全会《决定》进一步提出，“保障人民群众参与司法。坚持人民司法为人民，依靠人民推进公正司法，通过公正司法维护人民权益”[②]。“完善人民陪审员制度，保障公民陪审权利，扩大参审范围，完善随机抽选方式，提高人民陪审制度公信度。逐步实行人民陪审员不再审理法律适用问题，只参与审理事实认定问题。”这一决定既有利于发挥人民陪审员应有的“审”的功能，又有利于减少其由于专业知识不够带来的问题。这也是许多法治发达国家的通行做法。具体操作中，事实上仍然需要职业法官进行法律方面的“指导”，因为事实认定不可避免地仍然会涉及法律问题。这有待更具体的规定出台加以明确，从而发挥人民陪审制度的积极作用。

四、法官只服从宪法法律

“只有法官可以审案”只是解决了主体问题，还没有解决断案依据的问题。提出“法官只服从宪法法律”是因为党的领导意志、人民利益最终都通过人大立法规定进入宪法法律之中，因而不需要也不应当受宪法法律以外的人或机构的干扰。1954 年《中华人民共和国宪法》第 78 条明确规定：“人民法院独立进行审判，只服从法律。”在当时背景下作此规定是非常难能可贵的，其后这一表述经过多次讨论、几经波折，最终未能写进 1982 年宪法中。

笔者认为，能否明确“法官只服从宪法法律”是此次审判权运行机制改革的关键点之一。在 21 世纪的今天，司法文明、依法治国的思想已经成为社会共识，有必要在宪法中增加规定“法官只服从宪法法律”，并贯彻落实之。其具体包含三层含义。

① 齐文远：《提升刑事司法公信力的路径思考——兼论人民陪审制向何处去》，《现代法学》2014 年第 2 期。

② 《中共中央关于全面推进依法治国若干重大问题的决定》，人民出版社 2014 年版，第 23 页。

（一）法官有权、有责只服从宪法法律

只服从宪法法律既是法官的权力，又是法官的责任。“让审理者裁判，由裁判者负责”是法官制度的应然逻辑。法官在任何时候、遇到任何案件都不应当屈从于强权的压迫，不受立法机关、行政机关及其“领导”的个案干预。这与党的领导、人大监督、检察院监督等并不矛盾，党的领导是组织领导，党的路线、方针、政策已经通过人大制定在宪法、法律中。有不明确的地方，例如政法委等的具体权限与办事程序，则需要采取法律规范的形式明确加以规定，使这种领导更为程序化、法制化。

法官只要没有徇私枉法、重大过失行为，就应当有充分的职业保障，有高度的豁免权。就司法与媒体、民意的关系而言：一方面，司法裁决不能强奸民意；另一方面，网络舆情等民意也不能“胁迫”司法裁决，妨害司法的独立性、中立性、公正性。法官不能因为案件的裁决引起舆论哗然就一定被置于“煤气灯下”①，因为人类社会的群体权威从来都不是没有谬误、绝对正确的。

甚至上级法院对下级法院的案件改判，也只是一种效力上的依据，并不意味着绝对正确。因为对一些法律问题的认识，经常是仁者见仁、智者见智的。如果“一刀切”地对上诉改判的都进行所谓的“错案追究”，是缺乏理性的。从事实认定、法律发现与解释、司法政策理解与运用、法官的不同个性与集体审判制度的异化等方面考察，判决具有不确定性；改判是二审独立行使自由裁量权的正常表现，并非对一审的全盘否定。

有时，一个案件被上级法院改判了，也并不代表着后来的裁决就更可取。当我们回过头来阅读美国的大量判例，其中不乏一审法官的判决意见更为可取、更为精彩、更经得起历史检验的例子。这说明，绝不能简单地以上级法院是否改判作为判断是否“错案”的标准。

相反，如果法官因为种种原因不公正司法，有徇私枉法、重大过失的情

① 《煤气灯下》是美国1944年的一部悬疑电影。它反映了群体权威让被孤立的个体受到巨大的精神压力，甚至被逼疯的可能性。

形，则要被追究相应的法律责任。例如造假证据、假卷宗、造假案、行贿受贿等。

（二）法官有能力只服从宪法法律

这是前两点的前提条件。法官应当是受过系统的法律知识的精英教育、受过法律方法的专门训练，具有丰富的法律实践经验、精湛的业务技能和较高的职业素养，能够妥善处理“法、情、理”三者关系的社会精英。唯其如此，才能保证司法审判的公平和公正性。[①] 法官应当以自己独立的智识和法官应有的独立品格去客观地作出认定和进行裁判。尽管我国还没有司法审查制度，法官仍然需要探究宪法的精神，特别是在遇到重大、疑难、复杂案件时。

同时“法官有能力只服从宪法法律”的“能力”还包括在复杂的情势下，能够在宪法法律允许的范围内，运用好“平衡术”，妥善处理案件所涉及的各方利益，例如本国利益与他国利益、公共利益与个人利益等。这需要法官有高度的政治素质才能把握大局、审时度势，公正地进行司法审判。

合格的法官至少要有能力开好庭、写好判决书，准确认定事实和适用法律。随着我国司法改革向纵深发展，对这方面的要求会越来越高。这种越来越高的要求既来自顶层，也来自草根的民众。不论是当事人还是律师或其他人，对某一案件最好的了解就是看判决书。定分止争的重要手段也是判决书。法院、法官要让当事人服判、让社会接受判决结果，最有力的还是判决书。进而，判决书应当尽量公开，而公开了的判决书应当尽量在事实、诉讼过程、争讼点、说理等方面足够真实、充分。西方著名大法官之所以著名，不是因为别的，恰恰是因为他们在重要判决中的观点呈现。

与此相对应，审判权运行制度的改革，应当以相信法官有能力只服从宪法法律为前提。对法官的业绩考核不宜过细、过于量化，想将法官彻底管起来的思维不仅不可能而且很有害。因为审判工作既是具体的，又是抽象的，事事都想量化是不现实的。法院不是搞生产经营的公司、企业，很难用过细

---

① 在经济全球化的背景下，当代法官常常需要懂经济、懂技术或者懂外语，通晓国际规则，熟稔不同的部门法规定，这些挑战很大，即使有专家意见，也对法官的裁判能力比以往提出了更高的要求。

的量化指标来计工分，或者如同管理流水线上的工人一样来考核法官。尤其是还存在一个怪现象：这些指标是由那些不审案的人制定的。

（三）法官有意愿只服从宪法法律

法官是法律的守护神，这一使命决定了法官在法治社会中的核心地位，而法治社会的发展使法官成为全社会最终的裁判者。从法官最基本的使命——护法出发，法官只能对宪法法律负责，在法律范围内行使职权，依照法律对纠纷进行裁决。但是，这强烈依赖于法官的高尚人品、人格。此次司法改革将实质性地推动审判权的独立、有效运行，然而制度也不是万能的，如果法官内心阴暗、邪恶、自私、贪婪，那么由恶人、贪人司法，这样的法官将随时会被权力所裹挟、被金钱所收买、被美色所迷惑，后果不堪设想。

因此，法官仅有法律知识、会办案是不够的。如果没有发自心底地对宪法法律的敬畏，没有对法治的信仰，则法官不仅不能成为护法、公正司法的裁判者，反而会知法犯法、利用审判权玩弄法律于股掌之中。例如，为了法院或某个法官自身或他人的经济利益（多收罚没款）[①]、个人的政治前途等而牺牲当事人的合法权益。

可以说，法官首先是一个具有高度自律精神的人。在某种程度上“法官”就是司法良知、社会良心的代名词。在利益纠葛、矛盾纷争的大小案件中，法官们能够坚守法律的底线，公正司法，司法公信力也由此产生。

这就对法官的遴选提出了更高的要求。在《框架意见》出台后，中央司法体制改革领导小组办公室负责人对法官遴选委员会的解读是，“遴选委员会的组成，应当具有广泛代表性，既有经验丰富的法官代表，又有律师和法学学者等社会人士代表”。遴选委员会“从专业角度提出法官人选，由组织人事、纪检监察部门在政治素养、廉洁自律等方面考察把关，人大依照法律程序任免”。法官遴选委员会要做到中立、权威、多元、专业、透明[②]，才能对法官候选人的专业能力、道德水准、职业操守、政治倾向等进行全面、客观

---

① 张明楷：《刑事司法改革的断片思考》，《现代法学》2014 年第 2 期。

② 何帆：《法官遴选委员会的五个关键词》，《人民法院报》2014 年 6 月 27 日。

的考察。

“法官只服从宪法法律”与党的领导并不矛盾。党的十八届四中全会《决定》进一步明确：“坚持党的领导、人民当家作主、依法治国有机统一，坚定不移走中国特色社会主义法治道路，坚决维护宪法法律权威，依法维护人民权益、维护社会公平正义、维护国家安全稳定，为实现‘两个一百年’奋斗目标、实现中华民族伟大复兴的中国梦提供有力法治保障。”[①] 宪法法律是党的主张与人民意志的统一，它高于党的个别地方组织、个别领导人的意志。服从法律，就是服从了党的领导、落实了党的领导。审理具体案件只服从宪法法律，不仅符合党和人民的根本利益，也是落实党和人民最高利益的需要。

五、由资深法官监督、管理审判工作

审判独立是现代法治国家的一项基本准则，没有审判独立就没有审判公正。然而，审判独立并不排斥审判监督，世界上没有哪个国家做到绝对的审判独立，因为完全不受任何监督的审判独立、法院独立、法官独立将是非常可怕的。“绝对的权力导致绝对的腐败”，没有制约的权力必然会走向腐败。即使是在奉行法官独立审判的国家，在不影响法官依内心确认作出裁判的独立性的前提下，法律也规定负有监督职责的法官或司法组织对被监督的法官有权力，就工作效率、举止等内容提出监督意见，采取纠正措施。在国外，司法独立、法官独立并不排除法院内部监督存在的必要性。

在官本位、拜金主义思想、人治传统的不良影响短期内难以消除的中国，在大力推进审判独立的同时，也需要加强审判系统内部与外部的权力监督。当前我国对审判权、审判管理权、审判监督权的关系问题探讨十分火热，“审判管理工作中的突出矛盾是现行案件质量评估体系指标和审判综合绩效考核指标设置的理论基础并不是依据法院审判职能发挥及司法规律的客观要求，而是建构在数理统计学、司法统计学、绩效管理学等管理科学的理论基础之

---

① 《中共中央关于全面推进依法治国若干重大问题的决定》，人民出版社 2014 年版，第 4 页。

上，是一种对个案定性基础上的理想化的审判绩效考评指标模式设计，背离了最高人民法院制定和下发审判质量评估体系的初衷”①。笔者认为，就法院系统内部管理、监督而言，指标设计、绩效考核是否合理的更上游问题是——由谁来管理、谁来设计。笔者强烈建议：只有资深法官才有权监督、管理法官的审判工作。

党的十八大强调，要健全权力运行制约和监督体系，让人民监督权力，让权力在阳光下运行。如前所述，我国此次司法改革，既要推进审判独立，又要加强审判权监督制约，完善审判权运行机制。然而，对法院内部的审判业务工作很多的量化考核指标不是完全不要，而是要具有可操作性。如何才能具有可操作性？笔者认为，至少需要：第一，尊重主审法官的独立性、中立性；第二，要相信法官、信任法官；第三，考核标准要符合社会发展特定阶段的实际情况。例如结案率、调解结案率等并不能够完全反映案件的实际效果。

由资深法官监督、管理审判工作也是实现“法官参与法院管理”的专业化需要，如同“教授治校”一样道理。我国相当一部分法院存在着“外行领导内行”“外行监督、管理法官”的现象。如果不涉及案件审理，没什么不可以。一旦涉及案件的审理工作，就显示出不妥：专业性、权威性不够，也导致案件处理效果大打折扣。如前所述，今日的案件审理之挑战，来自方方面面，除了“人”的因素，还有网络技术等“物”的因素，如果一窍不通，如何能够准确判定案件审理的质量？因此，只有资深法官才有权制定考核方案、考核指标并具体监督、管理法官的审判工作。换言之，院长、副院长、庭长等业务领导都应当是业务能力强、有丰富审判经验的法官。这也是法官管理“去行政化”的必然要求。

六、司法本身即为社会的稳定器

目前我国法院审判在案件受理范围上亟须重新定位。该“审”的案件必

① 杨凯：《审判管理理论体系的法理构架与体制机制创新》，《中国法学》2014 年第 3 期。

须立案，特别是社会发展中的重大经济问题、对各级政府的权力制约问题，一旦“涉法”，法院没有理由退缩。相反，不属于审理范围的工作法院不应承担，以免牵扯过多精力，去干“非审、非法（院）”的事情，这样才能实现司法“社会稳定器”的作用。

在现代化的进程中，各种社会冲突、矛盾不断发生并时有激化，民事、行政、刑事案件呈几何倍数上升，且由于其成因复杂，案件汇聚到法院以后，很难处理。相当一部分案件要想“案结事了”谈何容易，很多情况下需要多个部门多次沟通、协调才能解决，例如涉及征地、拆迁、环保、企业改制等。如果再“涉外”，就更麻烦了。但是，不能为了维稳就对这些案件进行非法律化的“法外处理”，这不是法治方式。因为从根本上讲，司法本身就应当是社会的稳定器。作为社会公正的最后一道防线，司法的专业化、独立性为其实现公平正义、定分止争提供必要条件，政府、社会、公民都应当尽可能有法治意识。正如习近平总书记指出：“各级领导干部要提高运用法治思维和法治方式深化改革、推动发展、化解矛盾、维护稳定能力，努力推动形成办事依法、遇事找法、解决问题用法、化解矛盾靠法的良好法治环境。”[①] 整个社会都应当养成一种习惯：以法律的方式解决问题，这不仅有利于法治思维的形成，也有利于维护司法机关的权威、有利于公众法律信仰的树立。[②] 因此，涉及法律问题的纠纷解决，特别是已经进入诉讼通道的纠纷解决，必须严格司法，不能为了息事宁人而以牺牲法律精神为代价。曾经被充分讨论与研究的“能动司法”的概念绝不意味着随意“盲动”。

“司法本身应是社会的稳定器”还蕴涵着司法能力的问题。例如，法官的专业性不仅是法律知识专业、其他相关知识专业，还必须关注社会实践，关注国情、民情、社情，才能使得案件的处理实现法律效果、社会效果的统一。“从法条到法条”的教条主义“专业化”是很可怕的，也难以成为社会的

---

① 习近平：《在首都各界纪念现行宪法公布施行30周年大会上的讲话》，人民出版社2012年版，第12页。

② 这不等于支持“滥诉”。任何国家的司法审判机关都不会鼓励滥诉，也承受不了滥诉。简易程序、小额诉讼、立案标准等一系列诉讼规定就是为了排除滥诉、分流案件、提高诉讼效率。这样可以有更多的精力保证审判权行使的公正与效率的兼顾。

“稳定器”。

“依法治国”首先要保障“司法者”的地位。要想长期“维稳”，就需要加大对法院、法官的投入，并保障这种投入的长期性、稳定性。要加强法官的职业化建设，就必须健全法官的职业保障制度。法院不是公司、企业，不能将法院的经济效益按照公司、企业的模式去管理，不能只保障较低的工资标准，然后就需要法院自负盈亏、自己挣钱养活自己。加大对法院的投入必须从观念上重视、从经济上支持、从制度上保障。令人欣慰的是党的十八届四中全会《决定》提出：“建立健全司法人员履行法定职责保护机制。非因法定事由，非经法定程序，不得将法官、检察官调离、辞退或者作出免职、降级等处分。”① 这段表述充分显示了对法官、检察官的职业尊重。在处理各种纠纷中，法官、检察官如果受到来自不同利益主体的干扰，失去职责保障，公正司法则无从谈起。

然而“司法本身应是社会的稳定器”并不意味着任何纠纷都要进行诉讼，这既无必要也不可能。西方国家的替代性纠纷解决机制（简称“ADR”）——诉讼和仲裁外的纠纷解决方式已经探索、盛行多年，它是科技、社会大发展带来的“生活大爆炸”之后，对司法的必要补充，能够有效缓解案多人少的矛盾。随着我国法律宣传成效不断显现，公民法律意识逐步觉醒，公民自觉不自觉地选择诉讼途径处理纠纷。但是，法官水平再高、人数再多，也不可能解决每天发生的所有大大小小的纠纷。2011 年年初，最高人民法院即明确提出配合有关部门大力发展替代性纠纷解决机制、扩大调解主体范围、完善调解机制的要求。② 通过法院内部对案件的繁简分流、外部的替代性纠纷解决机制，可以节约司法成本，将有限的司法资源分配到更为疑难复杂的纠纷中去。

人民法院参与国家治理与社会管理，是司法的天然使命。然而，应当承认，随着社会的飞速发展，需要理性认识法院的功能，一方面，需要大力维

---

① 《中共中央关于全面推进依法治国若干重大问题的决定》，人民出版社 2014 年版，第 21 页。
② 王春华、喻赤：《ADR 机制融入中国的意义与创新》，《人民法院报》2011 年 12 月 23 日。

护司法公信力；另一方面，要认识到社会管理创新是全方位的，更多的是需要各种行政机关管理手段、特别是理念的创新。诚然，人民法院具有三大基本功能——权利救济功能、公权制约功能、纠纷终结功能，在国际层面全球化加剧、国内层面多年以来的传统“单位”功能不断弱化的今天，各种不安定因素增多，法院亟须全面提升法官素质、司法能力，实现司法公正，但是不能指望法官四面出击、充当“灭火器”。孟子曰：“徒法不能自行。”是否也可以说“徒法院不能自行”，司法也需要广泛深入的改革、与之相适应的社会基础相匹配，才能真正有效发挥人民法院的上述三大基本功能。换言之，在其他部门的社会管理创新跟不上时，法院由于面对案件必须很快下判，而越俎代庖、行使本属于其他部门、机构的职责，结果是吃力不讨好，也不符合法律法规的规定。法院在任何时候，保持一定的谦抑、中立、被动，是司法公正的需要。

一个具体的问题是，面对矛盾重重、科学技术日新月异发展的社会，法官的职数究竟多少为合适？一边是我们的法官好像永远不够用，另一边又时常有人提及美国联邦最高法院只有“九位大法官”。当前我国的审判执行工作压力越来越大，法官人数增长缓慢且存在结构性失衡。以江苏省为例，最近4年有988名法官辞职。[①] 2011年，最高人民法院曾经提出推动建立并实施法官职务序列及其配套政策，适当提高基层法官职数比例。而2014年7月9日最高人民法院召开《最高人民法院关于全面深化人民法院改革的意见》（即修订后的《人民法院第四个五年改革纲要（2014—2018）》新闻发布会提到：人民法院将完善法官等级定期晋升机制，法院人员将分为法官、审判辅助人员和司法行政人员，实行分类管理。建立法官员额制，对法官在编制限额内实行员额管理，确保法官主要集中在审判一线，高素质人才充实到审判一线。无疑，法官员额制符合现代司法的总体方向，也是两大法系主要国家长期以来的经验，对于审判工作的专业化、提高诉讼效率、突出法院的审判职能等都具有积极效应。然而，应当尽力防止实行法官员额制之后可能出现的法官人数减少、年轻法官的流失等现象的出现。笔者认为，复杂多变的社会状况需要一支相当数量的、稳定

① 马超：《江苏4年988名法官辞职》，《法制日报》2014年7月30日。

的法官队伍。目前的问题是不办案的所谓“法官”太多，而真正能办案的法官太少。因此，应当结合各地、各级法院具体情况确定法官员额，但是不宜太少，因为现实情况是“案多人少”，而未来法官的员额确定之后也很难有机会再增加。在法官职数问题上，不宜僵化效仿西方一些国家最高法院“九个大法官”的机制，事实上，西方的制度并不都是那么完美。例如美国的联邦法官职数就面临着很大挑战，有些学者用“危机”来形容其“案多人少”的矛盾，美国联邦法院系统同样迫切需要增加法官人数。[①] 相比之下，我国的上诉审不只是法律审，工作量更大，需要的法官人数更多。

七、结语

我国“依法治国”“依法执政”思想的提出，显示了全党全国对法治的遵从，反映了国家治理的正确方向。审判工作必须努力实现司法公正、提高司法效率，从而有助于保护国家利益、促进人权进步、保障不同经济主体的平等、健康发展、保护生态环境等目标的实现。反过来，这些目标的实现又会为司法文明与进步提供重要条件。审判权运行机制的改革正是我国当前司法改革的一个重要突破口，这一改革必须遵从司法规律、顺应社会发展需要、基于我国国情稳步推进，才能切实保障改革取得实效，跟上飞速发展的时代需要。至少要做到：法官不可不审案、不可不行使审判权；法官应当专司审案，专门行使审判权；只有法官才能审案、才能行使审判权；法官只服从宪法法律；应由资深法官监督、管理审判工作。而且，也应当认识到，司法本身就是社会的稳定器。具体改革过程中还应当注意到：

第一，与其他重大改革一样，审判权运行机制的改革需要顶层设计“自上而下”，而改革的效果却更多会“自下而上”反映出来，这是基层的天然重

---

① Marin K. levy, “Judging Justice on Appeal, Injustice on Appeal: The United States Courts of Appeals in Crisis”, Yale. L. J., 2014, p. 2386.

要性使然。[①] 正如党的十八届四中全会《决定》所指出："推进基层治理法治化。全面推进依法治国，基础在基层，工作重点在基层。发挥基层党组织在全面推进依法治国中的战斗堡垒作用，增强基层干部法治观念、法治为民的意识，提高依法办事能力。加强基层法治机构建设，强化基层法治队伍，建立重心下移、力量下沉的法治工作机制，改善基层基础设施和装备条件，推进法治干部下基层活动[②]"。近年来基层法院法官队伍一定程度上的流失，要求我国当前的审判权运行机制改革需要高度重视处在社会矛盾、冲突、纠纷第一线的基层法院的改革，重视基层法官自身的法治化，重视基层法官责、权、利的更加协调、统一。

第二，我国各地情况不同，审判权运行机制的改革要考虑其中的复杂性以及司法的地方性，对于法院内部运作的一些具体问题，在作硬性规定的同时也要保留一定的弹性，以适应各地的不同需要。

第三，"衡量法治是否完备的一个重要标准，是看法院解决争议的能力是否足够强，法官的权力是否足够大，司法是否享有足够的权威"[③]。审判权运行机制改革的成功，很大程度上取决于切实提高人民法院在整个国家机构中的地位，提高办案法官在法院内部的经济地位、政治地位，同时全面、积极打造公正司法的社会基础。

---

① 例如，美国联邦法院审判机制顺利运行的成功经验之一，就是自 1968 年《联邦地方官法》之后对联邦地方法官制度的一系列改革。参见 Peter G. McCabe，"A Brief History of the Federal Magistrate Judges Program"，2014。

② 《中共中央关于全面推进依法治国若干重大问题的决定》，人民出版社 2014 年版，第 36—37 页。

③ 参见美国联邦最高法院大法官斯蒂芬·布雷耶 2012 年 5 月 24 日在清华大学法学院的演讲《美国政府体系中的最高法院》。

检察官办案责任制改革的三个问题

谢鹏程*

2013 年年底最高人民检察院出台了《检察官办案责任制改革试点方案》，确立了 17 个第一批试点单位，主要是基层检察院。虽然这项改革是在十八届三中全会全面深化改革的大背景下推行的，但是在其试行的过程中，各界的认识分歧屡见不鲜，各地实际做法的差异也层出不穷。笔者试就有关检察官办案责任制的几个争议问题略述己见，参与讨论。

一、主任检察官的名与实

近来，有一些学者和检察官质疑"主任检察官"这个提法，认为改革试点方案中设立的主任检察官这个职务是对中国台湾地区"主任检察官"的误读、误解、误用。① 更有甚者，有的检察院还按照中国台湾地区主任检察官的概念和制度模式进行改革探索，把主任检察官作为管理机构而非办案机构来设置。那么"主任检察官"这个概念到底有没有受到误读、误解、误用呢？笔者将结合台湾地区的做法加以讨论。

（一）大陆与台湾地区在主任检察官设置上的比较

现在，大陆与中国台湾地区都有"主任检察官"这个概念，但两者在主任检察官的设置背景、条件、目标、功能和定位等方面，都存在显著差别。

---

* 谢鹏程，最高人民检察院检察理论研究所副所长，本文摘自《国家检察官学院学报》2014 年第 6 期。

① 万毅：《主任检察官制度改革质疑》，《甘肃社会科学》2014 年第 4 期。

第一，两地设置主任检察官的目的和意义不同。大陆地区的主任检察官是在检察院已有内设业务机构的背景下设置的，目的是要建设办案组织，加强一线办案力量，下放办案权力，确立检察官的主体地位，明晰办案责任；而中国台湾地区的主任检察官是在检察院没有内设业务机构而享有独立办案权的检察官数量大增的背景下于20世纪80年代设置的，目的是要在检察长与众多检察官之间建立中间的管理环节（6名以上检察官可设一名主任检察官[①]），其主任检察官是检察长管理职能的延伸和强化，主任检察官办公室是业务管理部门，而不是办案组织（中国台湾地区“检察署”的常规办案组织是检察官加书记员，大要案的办案组织可以根据需要配备多名检察官和书记员）。

第二，两地主任检察官的职责和任务不同。大陆的主任检察官是办案组织的负责人，可以领导一至五名辅助人员（包括检察官助理和书记员，配备检察官助理的数量视业务部门和案件性质而定）办案，一个主任检察官实际上领导一个办案组织，享有一定的办案决定权，而在主任检察官领导下的辅助人员是没有办案决定权的，哪怕他们具有检察官的身份，也只能协助主任检察官办案，从事特定工作，完成指定的任务。中国台湾地区的主任检察官指导和监督若干检察官，其指导和监督下的各个检察官都具有独立的办案决定权，同时，主任检察官仍然要亲自办案，是一线办案人员，所不同的只是主任检察官是资深检察官，对其他检察官兼有指导和监督的职责。比较而言，大陆的主任检察官是在存在业务部门这一管理机构的前提下设置的，因而其不是办案审批者或者管理者，而是直接办案人和办案决定者；而中国台湾地区的主任检察官既是自己办理的案件的决定者，也是其辖下检察官办案的监督和指导者。换言之，大陆的主任检察官只是办案机构而不是管理机构，中国台湾地区的主任检察官首先是管理机构，其次是办案机构。

第三，两地检察官的法律地位不同。在大陆，检察官只是依法行使检察权的资格和身份，并不是独立的行使检察权的主体，也不是独立的机构或者

---

① 中国台湾地区“法院组织法”（2010年11月24日修订）第五章第59条第2款规定：“各级法院及分院检察署检察官员额在六人以上者，得分组办事，每组以一人为主任检察官，监督各组事务。”

官署，非经检察长指派或者授权并以人民检察院的名义对外进行的活动不具有法律效力；在中国台湾地区，每一位检察官都是独立的官署或者检察机构，是行使检察权的主体，以本人名义进行的职务行为对外都具有法律效力。大陆设置主任检察官是在现行法律的空白处寻找突破口，试图从检察官中优选出素质好且具有独立办案能力的人，然后由检察长“打包”授权，赋予其相当于原来副检察长的办案决定权，以此来废除检察院内部的办案审批制和过度行政化的管理模式，突出主任检察官的主体地位，加强其办案责任。因此，主任检察官的权力和地位目前都不是法律赋予的，是改革方案设计的，是走向检察官独立办案并负责的过渡形式。换言之，目前大陆的主任检察官不具有中国台湾地区检察官那样独立的法律地位和完整的办案主体资格。

第四，两地检察官的总体素质存在一定差异。虽然 2002 年以来大陆《中华人民共和国检察官法》要求取得检察官资格必须具备一定的学历并经过考试、培训和实习，但是，两地考试录取的比例、培训的时间和方式、实习的过程等都有所不同，在大陆取得检察官资格比在中国台湾地区容易一些。在中国台湾地区，获得了检察官职务的人都具有独立办案的能力；在大陆地区，获得检察官资格的人不一定具有独立的办案能力。由于历史原因（特别是在 2002 年前取得检察官资格比较容易），现在大多数检察院里有 70% 左右的人员是检察官，其中有一部分是不办案的，还有一部分是不会办案的，能够独立办案的大概只有检察人员总数的 30% 左右。如果让所有的检察官都像中国台湾地区的检察官那样独立地行使检察权，那么检察机关的办案质量就无法保证，“奇葩”执法事件可能会经常发生。因此，大陆地区的检察官选拔机制需要进一步改革，获得检察官职位的人必须是能够独立办案的人。这不仅涉及检察人员分类管理制度的改革，而且涉及检察官考试、培训和实习等制度的改革。

概括而言，大陆地区推行检察官办案责任制改革面临的基本情况是，具有检察官资格或者称谓的人较多（约占 70%）而具备独立办案能力的人较少（约占 30%），需要从中选拔素质好且具备独立办案能力的检察官来相对独立地担负办案责任，授予其一定的办案决定权。改革的主要任务是，淡化副检察长和内设机构负责人的领导职责，将其行政性管理职能转化为业务指导和监督职能，将其办案审批职能转变为一线的办案职能。换句话说，我们要通过改革，把副检察长和内设机构负责人都转变为主任检察官，把他们原来的办案决定权转移给主任检察官，只保留副检察长和内设机构负责人对其他主任检察官办案的指导和监督权。经过这样的改革之后，大陆地区的副检察长和内设机构负责人虽然可以保留原来的职务和称呼，但其身份和职位已经相当于中国台湾地区的主任检察官，即既是一线办案的检察官，也兼有对其他检察官办案的指导和监督职责；而主任检察官则相当于中国台湾地区的检察官，只是一线办案力量，是办案组织的负责人，因而不具有审批案件的职能。

大陆地区推行检察官办案责任制，把办案组织的负责人称为“主任检察官”，既是从现有检察官中选优择能的结果，也是现行体制下便于检察长授权的需要。换言之，在相关法律修改之前，我们必须给那些具有相对独立办案资格且经过“打包”授权的检察官一个特别的称呼。15 年以前，人们称之为“主诉检察官”或者“主办检察官”，现在如果仍然如此称呼，就难以区分这轮司法改革的特点和意义了。当主诉检察官办案责任制在全国大部分地方已经式微甚至名存实亡的时候，北京、上海等地的一些检察院不但没有放弃办案责任制改革，反而借鉴中国台湾地区“主任检察官”这一称谓，把主诉检察官办案责任制改革推进到一个新阶段。譬如，北京市人民检察院第一分院从非业务部门挤出一些副职职数，用于业务部门设置相对独立办案的主任检察官职位。虽然“主任检察官”这一称谓本身带有比较浓厚的行政色彩，在某种程度上有违检察官的司法性质或者过分凸显了检察一体，但是，在当前历史条件下，这个称谓有其积极意义，即使这些具备独立办案能力的检察官获得特别的授权并享受特别的政治待遇，便于检察官办案责任制的推行。因此，大陆地区选择“主任检察官”这个称谓是经过理性思考之后作出的选择，而不是简单地模仿中国台湾地区的制度设计。

从长远目标或者理论设想来说，大陆地区的主任检察官只是一种过渡性的称谓。它是从以人民检察院为办案组织过渡到以检察官为办案组织的一种组织形式和特定称谓，其制度内涵和组织模式，类似于中国台湾地区的检察官，是办案组织的负责人，而中国台湾地区的主任检察官则类似于大陆地区检察机关内设业务机构的负责人。所不同的是，中国台湾地区的主任检察官仍然以亲自办案为主职，兼有指导和监督其他检察官的职责。现在，大陆地区的主任检察官在法律上仍然没有独立地位（比不上台湾地区的检察官），只是经检察长授权而享有一定的办案决定权。将来，国家立法可能确认“主任检察官”这个称谓，直接赋予这些主任检察官以相对独立行使检察权的资格和法律地位；也可能与国际接轨，提高检察官的选任标准和程序，以“检察官”替代“主任检察官”，赋予检察官以相对独立行使检察权的主体地位，将人民检察院内设业务部门的负责人改称为“主任检察官”。

（二）检察官办案责任制与权责利相统一原则

有人说，2014 年实行的检察官办案责任制改革试点不如 2000 年最高人民检察院推行的主诉检察官办案责任制的改革①，因为那时的改革考虑并落实了权责利相统一原则，这一次只考虑到了权与责的统一，对“利”没有充分考虑，所以这次改革比上一次更容易失败。为此，有改革试点的检察院向当地党政部门争取主任检察官津贴，甚至要求最高人民检察院向中央要政策。笔者认为，这些主张和要求与现行财政制度和工资制度相冲突，即使勉强获得支持，也是数量有限，难以持续，因而不是长久之计，也不是治本之策。

任何改革只有在让一部分人获益而不致另一部分人受损的情况下，才会阻力最小，才能顺利进行。这就是所谓的“增量改革”策略。大家知道，1985 年 10 月 23 日，邓小平同志在会见美国时代公司组织的美国高级企业代表团时，第一次提出了让一部分人先富起来的主张。他说：“一部分地区、一部分人可以先富起来，带动和帮助其他地区、其他的人，逐步达到共同富裕。”② 这个改革策略是突破现有体制机制障碍的有效方式，其要害就在于打破原来权、责、利相分离的大锅饭体制机制，鼓励能者先上，多劳多得。这是过去三十多年改革开放成功的法宝，策划检察改革当然要传承和用好这个法宝。问题主要在于我们如何看待和设置检察官办案责任制改革中的“利”。

---

① 2000 年最高人民检察院《关于在审查起诉部门全面推行主诉检察官办案责任制的工作方案》。

② 《邓小平文选》第三卷，人民出版社 1993 年版，第 149 页。

检察官办案责任制改革应当如何考虑权责与利的结合呢？首先，经过三十多年的立法发展和制度建设，我国的法律制度基本健全，包括工资的国库支付制度在内的财政制度已经成为刚性约束，检察院可以自主决定工资和福利的时代一去不复返了。其次，检察官办案责任制所要设置的“利”不是涨一点工资或者增一点福利的事，而是检察官职业保障机制建设问题。明确检察官相对独立地行使检察权并承担相应的责任，就必须建立与之相适应的职业保障体系，使检察官足以过上有尊严的生活，足以抵制各种诱惑和干扰。因此，这种职业保障之一是建立单独的工资系列，使其工资远远高于普通公务员的工资（在中国台湾地区大约高一倍），或者相当于执业律师的中等偏上的收入。这不是某个检察院或者某个区域的检察院的事，而是全国各级检察院的事，而且职业保障也不仅仅局限于工资制度，还有许多与职务相关的非经济待遇的保障。最后，检察长向当地党委争取一点经费或者几个职数的做法不值得提倡，因为这些传统的做法与新一轮司法改革的核心理念存在冲突。新一轮司法改革的核心理念就是保障司法机关依法独立公正地行使职权，通过人财物的省级统管从外部去地方化，通过办案责任制建设从内部去行政化。我们不能为了内部去行政化而去争取外部的地方化，这是自相矛盾的。

有人说，现在检察官职业保障体系还没有建立起来，先搞检察官办案责任制是不合时宜的。这个观点是有道理的，但是现在搞的是检察官办案责任制试点，是探索检察权的新的运行方式，我们只有完全搞清楚了新型的检察权运行方式，才能在全国推行，才能推进检察官职业保障机制的建设。相比而言，检察权运行方式是本、是核心，检察官职业保障是辅，是从属性的。只有新型的检察权运行方式可以证明检察官需要特殊的职业保障，我们也必须根据新型的检察权运行方式的内在要求来设计检察官职业保障机制。譬如，检察机关的人员分类管理改革把检察人员分为检察官、检察辅助人员和检察行政人员这三类，但是各类人员应当占多大的比例？现有人员如何归类？现有人员如何配置？回答和解决这些问题都不能凭主观想象，必须有实证依据。这个实证依据从哪里来？只有靠检察官办案责任制改革试点。如果没有充分试验和深入研究检察官办案责任制，就在一些地方搞人员分类管理和经费保障机制改革，难免出现争议。如果设置不科学，不仅难有进展，而且走不远。原则上，职业保障机制改革与检察权运行机制改革应当基本同步，但是，检察权运行机制改革稍微先行一步，更有利于检察官职业保障机制改革的推进。

（三）照搬照套中国台湾地区主任检察官制度是方向性错误

有的人认为最高人民检察院的改革方案学习台湾地区的主任检察官制度不到位，主张在检察院直接套用中国台湾地区的主任检察官制度，或者保留内设机构，增设主任检察官作为一个管理层级来审批案件，或者废除内设机构，设立主任检察官以代之。这种照搬照套的做法是不科学的，也不符合大陆地区司法改革的大方向。我们可以向台湾地区学习，正如韩愈在《师说》中所言："道之所存，师之所存也。"而且不仅要向中国台湾地区学习，向香港地区和澳门地区学习，还要向其他国家学习。一切先进的、文明的、科学的检察制度和检察文化都值得我们学习和借鉴，问题不在于该不该学，而在于怎样学。学习和借鉴必须联系实际，不能简单地模仿或者照搬照套。

如前文所述，大陆地区推行检察官办案责任制，设置主任检察官的背景、条件、目标、定位都与中国台湾地区不同。大陆地区是在有了内设业务部门后设置主任检察官，是要淡化内设机构的管理职能，取消其审批职能，加强检察官的权力和责任，因而主任检察官是办案组织的负责人，是一线的办案机构；而中国台湾地区设置主任检察官是要建立检察长与检察官之间的管理层级，强化对检察官的指导和管理，因而其主任检察官是二线的管理机构。如果我们不顾现实条件，照搬照套中国台湾地区的主任检察官制度，在内设业务部门之下再设一个管理层级，那是在管理上和机构设置上叠床架屋，增设了检察权运行的审批环节，加剧了检察机关内部管理的行政化；如果废除原来的若干内设机构，改换成主任检察官审批案件，那也只是增加几个内设机构而已，对原来行政化的业务管理机制没有实质性的改革。这两种情况都不符合新一轮司法改革的大方向，即增强司法的独立性、亲历性和责任性。

当然，有些检察院试图一步到位，直接套用中国台湾地区"检察署"的设置来改造检察院内部的业务运行和管理机构。如果结合新的员额制来设置检察官和主任检察官，并赋予检察官以相对独立的办案主体地位和权力，固然是比较理想的，也是符合检察权运行规律的。但是，当前我国检察机关的内部情况和外部环境（主要是政治和法律环境）提供的条件和可能性是十分有限的。首先，副检察长和部门负责人（包括正职和副职）是否可以都改造成中国台湾地区的那种主任检察官，即既当一线检察官，亲自办案，又当主任检察官，发挥指导、监督和管理的职能？实际上，阻力很大。这些领导干部已经习惯了过去的审批式办案，不愿意亲临一线办案受苦了。其次，具有独立办案能力且品行良好的检察官的数量是否足够？实际上，大部分具有独立办案能力且品行良好的检察官已经晋升为部门负责人和副检察长了，这部分人不到一线当检察官，一线检察官的数量就会严重不足。从情理上讲，副检察长和部门负责人就像医院的专家和主任医师一样，都应当是亲自办案的检察官。问题是现在能做到吗？

当然，我们反对照搬照套中国台湾地区的主任检察官制度，并不意味着我们作出了谁好谁坏的价值判断。这里既没有谁是正统、谁不是正统的问题，也不存在谁是谁非、谁优谁劣的问题。大陆地区的主任检察官与中国台湾地区的主任检察官都是各自在特定历史条件下的理性选择，都有其现实合理性和历史必然性，问题在于一些人把它们搞错位了，或者像学者所说的“误读、误解”了中国台湾地区或者大陆地区的主任检察官制度。

二、检察官办案责任制改革的合法性和可持续性

检察官办案责任制改革是否合法、是否具有可持续性是两个事关改革成败的重大问题。我们只有正视并深入研究，才能真正解决问题。

（一）检察官办案责任制的合法性问题

在中国特色社会主义法律体系基本建立的历史条件下，有重大意义的改革难免要突破现行法律，但是法治原则要求任何改革必须具有合法性。检察官办案责任制改革到底是否具有合法性呢？在“第十届国家高级检察官论坛”上，有一位权威的宪法学家认为《中华人民共和国宪法》第 131 条关于人民检察院依法独立行使职权的规定可以解释为包含着检察官独立行使职权的意

思。虽然检察官是人民检察院的组成部分，而且按照国外的立法例和学理，检察官就是检察机关，但是我国宪法确认的行使检察权的主体是人民检察院而不是检察官，检察官的主体地位仍然有待法律予以明确。尽管如此，但这种学理解释及其对检察改革的善意和支持值得珍惜，也为未来宪法有关条款的修改完善提供了契机，铺平了道路。

检察官办案责任制改革的法律障碍除了宪法，还有人民检察院组织法、刑事诉讼法、行政诉讼法、民事诉讼法。这些法律都规定行使检察权的主体是人民检察院。显然，这种情况反映了一种司法理念，与司法体制具有内在联系，而不是个别概念的界定等技术性问题。这一方面说明通过简单的学理解释不能解决问题，必须进行观念更新和体制改革；另一方面说明这项改革意义重大，具有全面深化司法改革的作用。我们所要做的，是在法律未作修改的情况下，化解检察官办案责任制改革与现行法律的冲突。

按照《中华人民共和国人民检察院组织法》的规定，人民检察院是行使检察权的主体，是办案组织、办案单位，也是办案主体，检察长、副检察长、业务部门负责人、检察员、助理检察员都是依照人民检察院内部分工来具体行使检察权能的人员，其中只有检察长是人民检察院的唯一法定代表，依法可以独立行使检察权。然而，检察权运行的基本模式是："由检察人员承办，办案部门负责人审核，检察长或者检察委员会决定。"① 实际上，由检察长或者检察委员会直接决定的案件是比较少的，大部分案件是由分管副检察长决定的。法律和规章制度并没有赋予副检察长这样大的权力，他们的权力是从哪里来的呢？合理的解释是检察长委托或者授权。既然检察长可以委托或者授权副检察长行使大部分案件的决定权，那么检察长也可以委托或者授权主任检察官行使部分案件的决定权。这样，检察长就可以把原来授予副检察长的办案决定权转授给主任检察官。办案部门负责人"审核"的职能还可以保留，但不必经他提请副检察长决定了；原来的副检察长不审批案件了，但还可以保留审查、指导和监督的权力。同时，这些副检察长、办案部门负责人

① 2010 年和 2013 年版的《检察机关执法工作基本规范》都在第 1.9 条做了同样的规定。

都要转变为主任检察官，直接负责办理具体案件，而不仅仅只负责审核、指导和监督。这不仅化解了检察官办案责任制改革与法律的冲突，而且取消了两级审批程序，解放了一批办案能力强的副检察长、业务部门负责人，显著地充实了一线办案力量。

在法理学上，这样的改革属于在法律空白处创制，只是改变了原来由习惯或者规章制度确定的工作机制，因而并不违法。在当代中国，这种不违反现行法律又能大幅度改善体制机制的做法是推行改革的最佳路径。当然，我们也要清醒地认识到检察官办案责任制改革的局限性：它只是为人民检察院内的办案组织建设和检察官办案主体地位的确立开辟了一条道路，并没有改变以人民检察院为办案主体和办案组织的基本格局，也没有为检察官或者主任检察官确立办案主体的法律地位。一方面，这种改革毕竟缺乏直接的法律依据，不在法制轨道上运行，因而非长久之计；另一方面，这种改革只是为立法探索道路、积累经验，其目的是促进立法完善。因此，我们希望通过这项改革为《中华人民共和国人民检察院组织法》的修改完善提供实践基础和思想素材，从法律上确立检察官的主体地位，明确办案组织是检察官实现其办案权力的组织形式和途径。

（二）检察官办案责任制的可持续性问题

有人说，十几年前全国轰轰烈烈地推行主诉检察官办案责任制，后来大部分地方不了了之，慢慢地回复到原来的办案模式，现在推行的检察官办案责任制也会有同样的命运，即重蹈覆辙。这是一个很好的警示，但是它的表述或者概括是不全面的。客观的情况是，大部分地方的主诉检察官办案责任制失效，小部分地方的主诉检察官办案责任制得到了强化。的确，我们应当深入研究主诉检察官办案责任制改革的经验和教训，透彻分析这种两极分化现象的产生原因，努力避免类似的失败。

为什么大多数地方检察院未能坚持实行主诉检察官办案责任制呢？通常有两种解释，一种解释（多为检察院领导的说法）是，主诉检察官津贴等待遇因工资制度改革被取消了，主诉检察官没有积极性；另一种解释（多为主诉检察官的观点）是，本来办案决定权下放的就不多，在体制环境没有变革的条件下，主诉检察官的权力很容易被部门负责人和副检察长收回。其实，这两种解释都没有抓住要害。表面原因是，部门负责人和副检察长对主诉检察官办案不放心，要求通过审批来加强管理，以保证办案质量；实质原因是，权力配置的调整减少了部门负责人和副检察长的权力，甚至使其有被架空的感觉，损害了他们的权威性和在当地的影响力，自然心有不甘。部门负责人和副检察长在检察院内是比较有发言权和影响力的，而大多数主诉检察官所奋斗追求的正是部门负责人和副检察长甚至检察长的职位，他们怎敢与其对抗和争权？这样一来，主诉检察官的办案权收回去比下放还要容易得多。

为什么有少数地方的主诉检察官办案责任制不但没有被废弃反而得到了进一步发展呢？笔者调研了几个保留并发展了主诉检察官办案责任制的检察院，发现它们有一个共同特点，那就是这些检察院的案件数量特别多，基本上在三千件以上。一来案多人少，人手紧张，必须简化审批程序，提高办案效率；二来案件数量庞大，副检察长审批不过来，难以负责，只能下放权力，以减轻责任。其实，当初实行主诉检察官办案责任制的主要目的就是提高办案效率，虽也有对办案责任明晰化的要求，但是并不强烈。因此，办案压力不大的检察院就没有必要坚持主诉检察官办案责任制了。现在，我们经常听到一些检察长抱怨案多人少，实际上往往不是检察院的人数少，而是办案岗位上的人少，具有独立办案能力的人更少。与外国相比，我国检察官的人均办案数量是很低的。① 在办案压力和案件总量都不大的情况下，检察院当然没有实行主诉检察官办案责任制的积极性，自然就很难坚持下来。

---

① 简单地比较，中国检察官约16万人（检察人员23万人），每年提起公诉130万人左右（参见《最高人民检察院工作报告》），人均约8件；2001年，德国约有检察官5300人（不包括辅助人员），提起公诉的案件有54万件，人均办案约102件，相当于中国检察官人均办案量的12.75倍。参见王禄生：《德国检察官惊人办案数背后的五大真相》，http：//www.21ccom.net/articles/qqsw/qyyj/article_2012122973988.html，2014年9月30日访问。如果按照办案总量来比较，德国检察官每年办理案件650万件左右，人均1226件左右；中国检察官办案（包括职务犯罪侦查、公诉、批捕、诉讼监督等）250万件左右，人均15.6件，不到德国的1.3%。当然德国检察官处理的案件中有大量的轻罪或者非罪案件，而且辅助人员没有计入检察官人数之内。中国有检察官16万人，实际具有办案能力和在办案岗位上的检察官人数不到10万人。可见，中国的人口不到德国（8200万）的15倍，检察官人数却是德国的30倍。即便按照人口比例来配备检察官，中国也比德国多一倍多。这意味着我国需要精简检察人员，提高人员素质和办案效率，同时大幅度提高检察官待遇。

虽然大多数检察院的办案压力和案件总量都不大的情况没有改变，权力调整可能损害副检察长和部门负责人利益的条件和社会环境仍然存在，但是大环境和形势正在发生重大变化。一是新一轮司法改革强力推进去行政化和去地方化，明晰和强化办案责任，需要进一步提升检察工作的法治化水平。二是推行检察人员分类管理，建立和加强检察官职业保障。这两个方面的变化意味着我国检察权的运行机制和保障机制都要发生显著的甚至根本的变革，必须按照检察工作特点和规律来管理和保障检察工作，以往那种“层层审批难以杜绝层层舞弊，集体决策难以避免无人负责”的办案模式将难以为继。在这个意义上，实行检察官办案责任制是大势所趋，也是小势所逼。尽管在实行检察官办案责任制的过程中，我们还会遇到这样或者那样的阻力和障碍，但是历史的洪流不是少数人所能阻挡的。因此，我们有理由对检察官办案责任制改革的前途充满信心。

三、主任检察官与检察委员会办案决定权的划分

主任检察官作为办案组织的负责人应当具有一定的办案决定权，但是在检察一体原则下，特别是在当前我国的检察体制中，检察长或者检察委员会应当保留哪些案件和哪些环节的办案决定权而不交给主任检察官来行使呢?或者说，主任检察官与检察长和检察委员会的办案决定权应如何划分？这是一个认识有分歧的问题。一方面，我们担心一些主任检察官不敢负责任，把过多的案件提请检察长或者检委会来决定，使检察长和检察委员会不堪重负；另一方面，我们也担心主任检察官对应提交给检察长或者检察委员会决定的案子不提交，自己擅作决定，导致执法办案的法律效果、社会效果和政治效果不好，甚至造成恶劣的影响。因此，两者办案决定权如何划分非常重要。

（一）司法的亲历性原则与民主集中制原则

主任检察官的办案意见和办案决定权应当得到充分尊重，这是司法亲历性原则的要求。在高检院的改革方案中，主任检察官是亲自办案的人员而不是以往的审查案件的部门负责人。虽然有若干检察人员在主任检察官领导下

办案，但这些人员都是主任检察官的辅助人员，没有办案决定权。“司法是一种讲求亲历性的活动，对当事人言词的判断、对证人所作证词可信性的判断，都离不开判断者对于被判断者的近距离观察。”① 司法的亲历性要求主要体现在两个方面：一是直接、言词和集中原则，即当事人直接参与并用口头方式表达，办案者连续不断地审理和裁决。只有在司法人员主持下，有诉讼参与人的直接、不间断的意见交流，裁决结果才是令人信服的。二是审理者与裁判者主体同一原则，即由亲自审理者直接裁判。案件裁决过程是一个全面了解冲突事实、充分听取当事人双方意见的过程，裁决者亲自感受各方举证和辩论的情势，对于裁决者形成对事实认定和法律适用的内心确信和保持中立地位都是极为重要的。亲历性也是确立检察官独立地位的主要理论依据。

在我国大陆地区，检察官的独立性还没有得到法律的确认。我们通常讲检察独立与检察一体的关系，其中的检察独立主要是指人民检察院的独立，不包括检察官的独立。从世界大多数国家的检察制度和检察理论来看，检察官应当具有独立的法律地位，是行使检察权的主体。尽管如此，检察官的独立性也不是绝对的，它应当受到检察一体原则的制约。这种制约主要有两种：一种是上级的领导和监督，包括上级检察机关和本院检察长、副检察长、部门负责人的监督和指导，他们的意见都具有一定影响力，检察官必须慎重考虑；另一种是上级检察机关的决定、本院检察长或者检察委员会的决定，这些决定都具有否定检察官办案决定权的效力。实现检察一体的途径主要是提出书面意见和职务移转，检察官接受意见的，可以继续办理此案，不接受意见的，上级检察机关或者检察长可以指派其他检察官或者亲自接替该检察官。不论是提出书面意见还是职务移转，都有一个同样的结果，那就是责任转移，即谁决定，谁负责。

在我国大陆的司法体制中，检察委员会是民主集中制原则在检察组织中的体现，也是集体领导的组织形式，是重大案件和重大问题的决策机构。检察委员会实行民主集中制，少数服从多数，检察长可以不同意多数人的意见，

① 贺卫方：《司法的理念和制度》，中国政法大学出版社1998年版，第122页。

但是要推翻多数人的意见必须提请同级人大常委会或者上级人民检察院决定。从现行法律和制度上说，主任检察官对检察委员会的决定只有服从的义务，没有对抗检察委员会的权力和程序，除非他赢得了检察长的支持，通过检察长来对抗检察委员会。当然，主任检察官还有一个非正规的手段，那就是不将案件提请检察委员会决定，但是如果检察长要求提请检察委员会决定，主任检察官就必须服从。

（二）个人决策与组织决策的优劣和互补

从体制上解决哪些案件在什么情况下必须提交检察委员会决定，这是近年来检察机关一直在研究和探索的问题，并初步建立起了规章制度。实行检察官办案责任制后，办案的流程发生了重大变化，主任检察官不再是层层审批的办案机制的一个环节了，大部分案件由他决定，也由他负责，他就是办案组织的负责人，就是行使检察权的主体。这实质上就是由原来的集体办案转型为个人办案（虽然仍然以办案组织的形式实现办案过程）。原来办案是经过部门负责人审查后，副检察长或者检察长决定，副检察长和检察长不能决定的案件再提请检察委员会决定，现在是主任检察官不能或者不宜决定的案件才提请检察委员会决定，问题就简化为个人（主任检察官）决策与集体（检察委员会）决策的合理分工了。

从科学决策机制上看，组织行为学和组织社会学都从理论上回答了个人决策与集体决策的优劣和范围划分。一般来说，凡是面临多项选择需要作出最优选择即多选一的决策都比较适合于组织或者集体决策；凡是需要经过逻辑推理特别是逻辑链条比较长的推理来作出的决策则比较适合于个人决策。个人决策的优势是逻辑严密、前后连贯，容易发现独特的处理方式，其劣势是容易产生片面性、受到外部干扰；集体决策的优势是激发多人智慧、穷尽可能的解决方案，作出比较理性的选择，其劣势是容易产生话语霸权、信息交流不充分。[1]

比较个人决策与集体决策的优劣，我们发现，检察业务中大多数决策属于单方决定和逻辑推理，而且作为控方和监督者的决策大多都不具有鲜明的司法属性，比较适合于主任检察官个人决策；只有少数决策，譬如逮捕与否、疑难案件的起诉与否或者抗诉与否的决定，属于多项选择的决策，具有司法裁决的性质，通过合议和集体讨论有助于作出合理的判断，适合于检察委员会决策。把这个原理用到主任检察官与检察委员会决策的分工上来，我们就可以提炼出一项简单的划分标准：凡是疑难案件，即有不同认识或者有争议的案件，对证据采信、事实认定或者法律适用有不同意见、面临多种选择的案件或者案件处理环节，都应当提交检察委员会集体研究决定。其他的案件，不管涉案金额或者涉案人员数量多大，只要没有认识分歧，没有多种选择，就不必提交检察委员会来决定。

（三）检察委员会的管理职能要加强而办案职能要淡化

检察委员会作为人民检察院内设的集体决策的领导机构，享有很高的权威，在保障决策的理性和排除内外干扰等方面发挥了重要作用，是检察权正确行使的一个重要的决策机制和保障机制。然而，我们也应当清醒地认识到，检察委员会决策的合理性是有前提条件的。第一个前提是交流充分。所谓交流充分，就是在这个决策集体中，没有人具有凌驾于其他人之上的权威，没有人实际享有话语霸权，所有参与集体决策的成员都能充分地表达自己的意见，进行平等的交流，使所有的判断得到全面的检验，使正确的、明智的判

① “桑代克的一项试验指出，集体在解答填词游戏时占优势，而个体在制作填词游戏上占优势，这两个任务都很复杂，这两者之间的重要区别是什么呢？在解答字谜时，只存在一个正确答案，向解答迈出的每一步要么对要么错。……但是在制作填词游戏时，正确的答案并不是唯一的。而问题的解答并不是要找到一个正确的词语，而是要将前后的步骤协调起来。……个体带入到集体中的不同参考模式，对于从若干备选中找寻正确的解答方案是有帮助的，但却不利于将不同的观点协调成一个一致的整体。……在一个完成同一任务的集体中，社会交流提供了一个各种观点的战场，这个战场激发思考，尤其便利了误导的发现，但同时也妨碍了协调。因此，集体的绩效是优于还是次于个体的表现，要依赖于根本的任务要求是找出一个问题的最佳解决方案还是实现有效的协调。”参见［美］彼得·M. 布劳、W. 理查德·斯科特：《正规组织—— 一种比较方法》，夏明忠译，东方出版社 2006 年版，第 136—137 页。

断凸显出来。第二个前提是信息全面而真实。集体决策是否具有合理性和优越性取决于提供给集体决策的相关信息是否全面、真实。如果案件承办人和主任检察官向检察委员会提交的案件信息是不真实的，或者汇报信息是选择性的、片面的，那么检察委员会作出的决策就难以保证其合理性，甚至产生错误决策。实际上，这两个前提条件通常难以同时具备。

我们应当尊重并善于运用检察委员会决策机制，但是不能迷信检察委员会，迷信集体决策，更不能滥用检察委员会这一集体决策机制，借以规避法律责任。从长远的发展趋势看，随着检察改革的深化、检察官办案责任制的完善和检察官素质的提高以及职业保障机制的健全，主任检察官或者检察官的办案能力和排除干扰的能力越来越强，检察委员会在办案决策机制中的地位和作用将会逐步淡化，即使要保留对疑难案件的讨论和决定权，也应当把大部分案件的决策意见定位于决策咨询性质，即给主任检察官或者检察官提供咨询意见。这既是防止主任检察官或者检察官推卸责任的需要，也是避免违反亲历性原则，出现办案者无决定权、有决定权者不办案等现象的需要。同时，检察委员会在检察政策的制订和执行方面以及对检察人员的业绩考评、选拔任用、纪律处分等方面的作用应当进一步加强，使检察委员会从办案决定机构转变为检察工作的管理机构，可能更能发挥检察委员会的作用，更加符合检察工作的特点和规律。当然，这只是关于检察委员会未来定位的一种设想或者理论假说，不符合现行法律和体制，因而不能作为检察工作的理论依据。

优化司法职权配置　完善司法行政制度

郝赤勇*

党的十八届四中全会通过的《中共中央关于全面推进依法治国若干重大问题的决定》（以下简称《决定》）提出“优化司法职权配置。健全公安机关、检察机关、审判机关、司法行政机关各司其职，侦查权、检察权、审判权、执行权相互配合、相互制约的体制机制”①，明确了优化司法职权配置的目标和任务，抓住了进一步深化司法体制改革、健全司法权力运行机制的关键，突出了保障公正司法的重点。司法职权配置是司法体制的核心，司法行政机关担负重要的司法职权。认真贯彻落实全会《决定》精神，进一步理顺司法行政机关与公安机关、检察机关、审判机关之间的职责划分，进一步规范侦查权、检察权、审判权、执行权之间的关系，对于完善和发展中国特色社会主义司法行政制度，全面推进依法治国具有十分重要的意义。

一、四机关各司其职、四权力配合制约体制机制是新中国成立以来司法实践的成功经验和司法体制改革的重要制度成果

司法行政制度是为国家法治建设和司法活动提供服务和保障的法律制度，是我国司法制度的重要组成部分。新中国成立以来，我国司法制度不断适应社会政治、经济、文化的发展变化，司法行政机关的职权及其与公、检、法

---

* 郝赤勇，司法部党组成员、副部长，本文摘自《法制日报》2014 年 11 月 19 日。

① 《中共中央关于全面推进依法治国若干重大问题的决定》，人民出版社 2014 年版，第 21 页。

三机关之间的关系也不断调整。四机关各司其职、四权力配合制约这一体制机制的形成，反映了新中国成立以来特别是改革开放三十多年来司法实践形成的重要制度成果。

新中国成立初期，在建设人民民主专政国家政权体制的探索中，对司法职权配置进行了初步设计。根据《中国人民政治协商会议共同纲领》和《中央人民政府组织法》，最高人民法院、最高人民检察署、公安部、司法部分别行使审判权、检察权、侦查权和司法行政管理权。1954 年宪法颁布实施后，最高人民法院、最高人民检察院由原来隶属于中央人民政府委员会转变为向全国人民代表大会负责并报告工作，成为专门的司法机关，公安机关、司法行政机关成为兼具行政权与司法权的政府部门。但由于“左”的思想、法律虚无主义和封建人治传统等因素的影响，也由于新中国成立初期巩固新生政权极其复杂的国际国内因素，对司法职权配置的探索刚刚开始就步履维艰，进行不久就出现了中断乃至倒退。司法部在 1959 年被撤销，公、检、法机关在“文化大革命”期间被砸烂，社会主义法制建设进程遭受严重挫折。

1978 年党的十一届三中全会拨乱反正，提出“加强社会主义民主，健全社会主义法制”的战略方针。1979 年决定司法部恢复重建；1982 年宪法明确规定，国务院“领导和管理民政、公安、司法行政和监察等工作”，确立了司法行政机关的宪法地位。1979 年制定刑事诉讼法时，司法行政机关刚刚开始恢复重建，还处在组建机构、选调人员的时期，当时刑罚执行主要由公安机关负责，在刑事诉讼法中规定了法、检、公三机关分工负责、互相配合、互相制约的刑事诉讼体制。1982 年宪法总结新中国成立以来三十多年的经验，特别是“文化大革命”的惨痛教训，规定“人民法院、人民检察院和公安机关办理刑事案件，应当分工负责，互相配合，互相制约，以保证准确有效地执行法律”。正式确立了“三机关分工配合制约”的刑事诉讼体制。历史地看，这一体制反映了当时司法职权配置的实际，在推进社会主义法治建设中发挥了重要的作用，是司法职权配置体制不断健全的重要标志。

在改革开放新的历史时期，随着我国经济社会发展和民主法制建设的推进，特别是全面推进依法治国、推进国家治理体系和治理能力现代化、完善和发展中国特色社会主义制度的历史条件下，司法职权配置体制进入改革发展的新阶段，司法行政职权配置在司法体制改革中进一步优化。1980 年恢复律师制度，1983 年监狱刑罚执行工作划归司法行政机关，2001 年建立了统一国家司法考试制度，2003 年确立了法律援助制度，2005 年建立了统一的司法鉴定管理体制，2012 年社区矫正法律制度正式确立。同时，司法部负责履行司法协助类的条约和公约，是国际司法协助中央机关。司法行政机关在服务人民群众、保障司法公正、维护社会稳定中发挥了重要作用，成为建设中国特色社会主义法治体系，建设社会主义法治国家的重要力量。司法职权配置经过改革开放以来三十多年的探索实践、改革创新，四机关各司其职、四权力配合制约的格局已经成熟。由“三机关分工配合制约”到“四机关各司其职、四权力配合制约”成为我国司法职权配置体制发展的又一重要里程碑，是对我国司法管理体制的重大发展和完善。

二、四机关各司其职、四权力配合制约体制机制的科学性、合理性

党和国家对优化司法职权配置高度重视，不断总结司法实践经验，把握司法活动规律，对司法职权配置提出改革发展的要求。党的十六大报告指出：“完善司法机关的机构设置、职权划分和管理制度，进一步健全权责明确、相互配合、相互制约、高效运行的司法体制”“改革司法机关的工作机制和人财物管理体制，逐步实现司法审判和检察同司法行政事务相分离”[①]。党的十七大报告进一步提出“深化司法体制改革，优化司法职权配置”[②]。2003 年以来的两轮司法体制改革都对优化司法职权配置作出了重要部署，取得了明显成效。党的十八大报告明确要求“进一步深化司法体制改革”。中办、国办印发

---

① 《十六大以来重要文献选编》上，中央文献出版社 2005 年版，第 27 页。

② 胡锦涛：《高举中国特色社会主义伟大旗帜　为夺取全面建设小康社会新胜利而奋斗——在中国共产党第十七次全国代表大会上的报告》，人民出版社 2007 年版，第 31 页。

的深化司法体制和社会体制改革意见明确要求，优化司法职权配置，健全司法权力分工合作、互相配合、互相制约机制。党的十八届四中全会明确了优化司法职权配置的主要任务就是要健全公安机关、检察机关、审判机关、司法行政机关各司其职，侦查权、检察权、审判权、执行权相互配合、相互制约的体制机制。由此可见，党和国家对优化司法职权配置的认识越来越深刻，提出的任务举措越来越明确具体。

优化司法职权配置是司法活动客观规律的要求。权力必须分解和制约，否则必然导致腐败。司法权是国家最重要权力之一，不仅要与立法权、行政权分工制约，而且由于其直接决定公民财产权、人身权乃至生命权的重要性和作为一种判断权的特殊性，其自身运行也必须遵循分工制约的原则，就是要科学划分司法职权的构成，将不同的职权配置到不同的国家机关，并规定其相互关系。当今世界，各国普遍实行司法与行政分立，审判与执行分离，司法业务与司法行政相分离，这体现了司法制度的科学逻辑。当然，具体哪项司法职权配属到哪个国家机关，则与一国历史传统和社会政治制度密切相关，国家之间有诸多差异。就司法行政制度而言，不同国家有不同的司法行政制度，甚至同一国家不同时期，司法行政职能的配置也会形成不同的司法行政制度，没有一种放之四海而皆准的司法行政制度。

在我国，司法行政制度经历了建立、撤销、恢复重建和发展的曲折历程，经过不断的实践探索、改革发展，目前的核心职能主要有两个方面：一是刑罚执行，包括监狱、社区矫正；二是有关司法工作的行政管理，包括律师、公证、司法鉴定、法律援助、人民调解、安置帮教、司法考试、司法协助等。刑罚执行是对整个刑事司法活动目的的落实，没有刑罚执行机关的准确执行，刑事诉讼的目的无法实现；缺少了有关司法工作的行政管理，诉讼活动就难以顺利进行。可以说，我国的司法行政机关既管理“行政中的司法工作”，也管理“司法中的行政事务”，是国家机器的重要组成部分，是兼具行政权与司法权、确保司法活动顺利开展的重要国家机关。这种司法职权配置格局根植于我国的法律传统，符合中国国情，体现了我国社会主义司法制度的鲜明特色，反映了优化司法职权的内在规律，具有旺盛的生命力。

三、互相配合互相制约准确行使司法行政职权

健全公安机关、检察机关、审判机关、司法行政机关各司其职，侦查权、检察权、审判权、执行权相互配合、相互制约的体制机制，是政法机关的共同任务，也是一项复杂、长期的系统工程，必须积极稳妥推进。司法行政机关要认真学习贯彻党的十八届四中全会精神，紧密结合工作实际，与有关部门互相配合、互相制约，准确行使司法行政职权。

刑罚执行是刑事诉讼的重要环节，也是对侦查、起诉、审判环节运作质量的评价。党的十八届四中全会《决定》明确提出，要完善刑罚执行制度，统一刑罚执行体制。我国司法行政机关所属的监狱承担死缓、无期徒刑、有期徒刑的执行，基层司法行政机关承担对管制、缓刑、假释、监外执行罪犯的社区矫正。特别是社区矫正法律制度的确立，是我国刑罚执行制度的重大改革和完善，构建了监禁刑和非监禁刑由司法行政机关统一执行、相互衔接、相互贯通、相互支撑、统一协调的新型刑罚执行体系，司法行政机关已经成为专门的刑罚执行机关。同时，人民法院负责死刑和罚金、没收财产刑罚执行，公安机关负责拘役、剥夺政治权利和交付执行前剩余刑期在三个月以下的刑罚执行。人民法院和公安机关负责执行的刑罚虽然罪犯数量不多，但这种状况的形成有多种客观因素和历史原因。认真贯彻四中全会精神，实现《决定》提出的目标任务，进一步完善刑罚执行制度，统一刑罚执行体制，还需要在司法体制改革中统筹规划，统一协调，积极探索，稳步实施。

完备的法律服务体系，是保障诉讼顺利进行，维护当事人合法权益，服务经济发展和社会管理的必然要求。目前，我国法律服务体系已初步形成，但还存在法律服务总量不足、布局不均衡、结构不协调的问题。拓展和规范法律服务，建设规模适度、结构合理、服务优良、运行有序的法律服务体系的任务十分繁重。党的十八届四中全会《决定》对建设完备的法律服务体系提出明确要求。要推进覆盖城乡居民的公共法律服务体系建设，加强民生领域法律服务。完善法律援助制度，扩大援助范围，健全司法救助体系，保证

人民群众在遇到法律问题或者权利受到侵害时获得及时有效法律帮助。发展律师、公证等法律服务业，统筹城乡、区域法律服务资源，发展涉外法律服务业。健全统一司法鉴定管理体制。

司法协助是国际司法合作的重要内容，对于顺利进行涉外诉讼、打击跨国犯罪和腐败分子、维护司法主权和国家利益具有重要作用。党的十八届四中全会《决定》明确提出，要完善我国司法协助体制，扩大国际司法协助覆盖面。目前，我国已经与有关国家（地区）签订了100多个含有司法协助内容的条约和13个被判刑人移管条约，有力地推动了我国与相关国家的司法协助工作。但是，司法协助工作还存在着立法缺失、多头对外、机构设置和工作队伍不适应等问题。要加快司法协助立法，明确司法协助中央机关职能和办案程序，理顺司法协助管理体制机制。同时，进一步做好刑事司法协助和民商事司法协助案件办理工作，加强被判刑人移管合作，积极参与反腐败国际合作，切实维护国家和公民、法人的合法利益。

司法行政队伍是法治专门队伍的重要组成部分，行使刑事司法权和行政执法权，还承担法律服务和法治宣传教育等职责。党的十八届四中全会《决定》明确提出，建设高素质法治专门队伍，加强法律服务队伍建设。要大力加强司法行政机关人民警察队伍建设，切实做到政治过硬、业务过硬、责任过硬、纪律过硬、作风过硬。大力加强司法行政公务员队伍建设，提高思想政治素质、业务工作能力、职业道德水准，忠于党、忠于国家、忠于人民、忠于法律。大力加强法律服务队伍特别是律师队伍建设，把拥护中国共产党的领导、拥护社会主义法治作为律师从业的基本要求，增强广大律师走中国特色社会主义法治道路的自觉性和坚定性，构建社会律师、公职律师、公司律师等优势互补、结构合理的律师队伍。

认真学习领会党的十八届四中全会精神，回顾党带领人民探索中国特色社会主义司法体制、建设社会主义法治国家的艰辛历程，我们深刻认识到优化司法职权配置重大而深远的历史意义。从新中国成立到改革开放，经过三十多年的探索实践，确立了“三机关分工配合制约”的司法职权配置；从改革开放到现在，又经过三十多年的改革创新，形成了“四机关各司其职、四权力配合制约”的司法职权配置。这是两个划时代的实践成果，是在党的领导下，遵循司法规律，立足我国国情，勇于探索创新，科学研究总结的制度成果。党的十八届四中全会首次明确提出“四机关各司其职、四权力配合制约”，反映了新中国成立以来特别是改革开放三十多年来司法实践形成的重要制度成果，体现了我国社会主义司法制度的鲜明特色，是对我国司法管理体制的重大发展和完善。我们要扎扎实实地推进司法体制改革，使中国特色的司法职权配置体制机制更加合理完善，为全面推进依法治国作出更大贡献。

依法治国背景下的人民陪审制度改革

胡夏冰*

党的十八届四中全会作出的《中共中央关于全面推进依法治国若干重大问题的决定》（以下简称《决定》）提出，保证公正司法，提高司法公信力是全面推进依法治国的一项重大任务。《决定》强调指出，保障人民群众参与司法是实现司法公正，提高司法公信力的重要内容。《决定》对完善人民陪审员制度作出了明确部署。这是对党的十八届三中全会提出的广泛实行人民陪审员制度，拓宽人民群众有序参与司法渠道精神的贯彻落实。

《决定》既指明了人民陪审制度改革的基本方向，同时又提出了人民陪审制度改革的基本要求，是新时期指导人民陪审制度改革的重要纲领性文件。为了充分保障人民群众参与司法，《决定》提出的完善人民陪审制度任务，不仅涉及人民陪审工作机制完善问题，而且涉及人民陪审体制改革问题，内涵深刻，内容丰富，任务艰巨。当前和今后一个时期，完善和发展人民陪审制度是人民法院司法改革的一项重要任务，我们要按照四中全会的精神，积极稳妥地推进人民陪审制度改革，努力开创人民陪审制度改革的新局面。

下面，根据笔者对党的十八届四中全会精神的学习和理解，结合人民陪审员制度运行的实际情况，谈谈关于完善和发展人民陪审制度的几点认识和体会，以期引起更加深入的讨论。

---

* 胡夏冰，最高人民法院司法改革办公室，本文摘自《人民法院报》2014 年 11 月 21 日、28 日。

一、明确人民陪审员的选任条件

《决定》提出，要保障公民陪审权利。社会公众能否广泛而深入地参与司法活动，是衡量一个国家民主和法治发展进步的重要标志之一。为了保障公民陪审权利，必须让符合条件的公民都有机会参与陪审。为此，应当规定科学合理的人民陪审员选任条件。人民陪审员的选任条件是公民进入人民陪审员队伍的门槛。如果选任条件过低，会导致一些不能胜任陪审工作需要的公民从事案件审理活动，从而损害司法的公正性；如果选任条件过高，就会将大量有陪审能力的公民排除在人民陪审员队伍之外，进而危害司法的民主性。因此，规定合理的人民陪审员选任条件，是改革和完善人民陪审制度的重要内容。

根据法律规定，目前我国公民担任人民陪审员的主要条件是"年满二十三周岁"和"具有大学专科以上文化程度"。据初步统计，目前我国大学专科以上学历的人数占全国总人口的7%左右，而且这些人员主要集中在我国城市地区。在广大农村地区和交通不便的偏远地区，大学专科以上文化程度的公民人数较少，不能完全满足人民陪审员选任工作的基本要求。特别是西部少数民族地区，大学专科以上文化程度的公民人数更少，更加难以达到规定的人民陪审员学历条件要求。同时，一些年龄较大、在当地群众中享有较高威望的同志，非常适合担任人民陪审员，但他们往往不具有大学专科以上学历。因此，目前有关人民陪审员任职条件的规定，容易导致人民陪审员队伍的"精英化"，不利于吸收社会普通民众参与案件陪审工作。

从世界范围来看，各国对参与审判的国民资格要求都比较低，通常规定只要达到一定年龄且智力正常的公民，都具备参与案件审理的资格。如英国规定，凡是18周岁以上、70周岁以下，在英国居住5年以上，且登记合格的正式选民，都可以担任陪审员；美国规定，18周岁以上，可用英语正常交流的美国公民，都可以担任陪审员；法国规定，年满23周岁，能够用法语读写，并享有政治权利和民事权利的法国公民，可以担任参审员；德国规定，25周岁以上、70周岁以下，没有智力障碍的公民，可以担任参审员；俄罗斯规定陪审员的任职条件是，25 周岁以上、70 周岁以下，懂俄语且没有犯罪记录的俄罗斯公民；日本国民担任裁判员（实际上是参审员）的条件是，年满 20 周岁，并完成初中教育；韩国陪审员的任职条件是，年满 20 周岁的韩国公民；我国台湾地区担任参审员的条件是，年满 23 周岁，且在法院辖区连续居住 4 个月以上的公民；我国香港地区担任陪审员的条件是，年龄在 21 周岁至 65 周岁之间，精神健全，并熟练掌握审判所用语言的香港居民。

可以看出，各国在国民参与审判资格上，基本上没有任何学历、职业、阶层、性别、收入等方面的限制。这样规定的主要原因在于，参与案件审理是公民享有的一项民主权利，只有放宽任职条件的要求，才能充分保障每一个公民都有机会行使参与司法的权利，才能更好地体现国民参与审判制度的广泛代表性。更重要的原因是，公民参与审判的主要职责是对案件事实和当事人是非责任作出认定和判断，只要公民具备通常的认识事物和辨别是非的能力，就能够担任陪/参审员参与案件审理。

相比之下，我国对人民陪审员选任资格的要求有些过高，不利于从普通民众中选出合格的人民陪审员。特别是关于人民陪审员学历条件的要求，将大多数普通公民排除在人民陪审员队伍之外。其实，公民的学历水平和文化程度与其认识和判断事物能力之间并不存在着正向的逻辑联系。考虑到今后我国人民陪审员的审判职能是认定案件事实，不再负责法律适用问题，因此，规定人民陪审员的学历条件是没有多少实际意义的。我国未来在完善人民陪审制度时，应当适当降低人民陪审员文化程度的限制，规定年满 23 周岁的中华人民共和国公民，只要具有正常的识别能力和判断能力，就可以成为人民陪审员候选人。这样有利于让社会不同行业、性别、年龄、民族、文化层次的公民都能参与案件陪审工作，保证人民陪审员队伍具有广泛的民意代表性。同时，要规定公民不得担任人民陪审员的法定事由和免除事由，形成完整的人民陪审员任职条件体系。

二、规范人民陪审员的选任程序

人民陪审员的选任程序不仅影响人民陪审员的素质和能力，而且关系到人民陪审制度能否发挥扩大司法民主、强化司法监督、提升司法公信的功能。因此，设置科学的人民陪审员选任程序是完善人民陪审制度的重要内容。

我国现行的人民陪审员选任程序总体上符合司法实践的要求，但也存在以下三方面的问题，需要进一步改革和完善。

一是人民陪审员选任的基础缺乏广泛性。我国人民陪审员主要是由公民所在单位、户籍所在地或者经常居住地的基层组织在征得本人同意后，以书面形式向当地基层法院推荐，或者是由本人向户籍所在地或者经常居住地的基层法院提出书面申请。因此，是否担任人民陪审员完全取决于公民的意愿。实践中，许多符合条件的公民缺少参与陪审案件的积极性，不愿意担任人民陪审员，在一定程度上影响了人民陪审员选任的广泛代表性。

二是法院在人民陪审员选任中的职权色彩浓厚。在人民陪审员选任过程中，法院不仅向同级人大常委会提出人民陪审员选任的名额，而且对人民陪审员候选人的资格进行审查，提出人民陪审员人选，并提请同级人大常委会任命。人民陪审员选任程序的主导权基本上掌握在法院手中。这虽然有利于提高人民陪审员选任工作效率，保证法院选出适合案件审理需要的人民陪审员，但是，这样也容易导致当事人和社会公众对人民陪审员缺乏信任感，影响人民陪审制度的社会公信力。

三是人民陪审员较长的固定任期不利于广泛吸收社会公众参与司法。目前我国人民陪审员的任期为五年，如果出现缺额，可以依法定程序适当增补。人民陪审员任期届满后，人民陪审员职务自动免除。人民陪审员较长的固定任期制，使得大量符合条件的公民不能进入人民陪审员队伍，无形中剥夺了许多公民担任人民陪审员参与审理案件的权利。

为此，有必要改进人民陪审员选任程序。我们可以在借鉴其他国家和地区有益经验的基础上，健全符合我国实情的人民陪审员选任制度。如韩国地方政府每年从其管辖区域内居住的符合条件的公民户籍登记资料中，抽选出一定数量的公民，将其姓名、出生年月日、住所、性别等信息资料提交给法院，法院随机抽选出一定数量的陪审员预定候选人，制成当年度陪审员预定候选人名册。当案件需要国民参与审判时，法院从陪审员预定候选人名册中随机选取陪审员。我国台湾地区的做法也基本相同。

将来我国人民陪审员选任制度改革，可以考虑按照下列程序进行：法院每年根据陪审案件的需要，向地方政府部门提出所需陪审员候选人的数量；地方政府部门从当地公民户籍资料中向法院提供人民陪审员预备候选人资讯，法院经过审查，从中随机抽选符合条件的人民陪审员候选人，制作人民陪审员候选人名册。另一种办法是，法院每年从当地选民名单中随机抽选出一定数量的人民陪审员候选人，并制作人民陪审员候选人名册。当然，在制定人民陪审员候选人名册时，应当充分考虑我国目前存在的大量人口流动的现实状况，以保证人民陪审员候选人能够及时参与案件审理。这样做的好处是：法院每年重新制作人民陪审员候选人名册，有利于让更多的公民参与案件审理，增加人民陪审员的民意代表性。同时，许多公民通常只有一次参与审理案件的机会，他们对审判活动具有新鲜感，能够更加慎重地行使参审职权，防止出现“陪而不审”的现象。另外，人民陪审员候选人名册来源于政府部门或者权力机关，能够树立法院在选任人民陪审员活动中的中立形象，增强当事人对人民陪审员参审案件的信心，提升人民陪审制度的公信力。

三、界定人民陪审员参审案件范围

《决定》指出，要扩大参审范围。扩大参审范围并不是要求所有的案件都应当由人民陪审员参加审理，也不意味着人民陪审员参审的案件越多越好。因为有些案件并不适合人民陪审员参与审理，况且按照参审制方式审理案件需要较高的成本。至于哪些案件应当由国民参与审判，哪些案件可以不采取国民参与审判方式，实行国民参与审判制度国家的法律规定和司法实践对此并不完全相同。

关于陪/参审员参与案件审理的范围，世界主要国家的基本判断标准和发展趋势是：（1）普通民众能够对案件事实进行识别并作出正确裁判的案件往往适用陪/参审制审理；如果案件涉及复杂的专业问题，一般公民很难认识和判断案件事实，除非采取专家陪/参审员，否则通常不会实行国民参与审理。

(2) 只有重大的刑事案件才适用陪/参审制审理，犯罪情节显著轻微或者案件事实较为清楚的刑事案件（包括被告人认罪的案件），通常不采取陪/参审方式审理。(3) 如果案件审理程序过于复杂，给陪/参审员带来显著的负担，或者适用陪/参制审理显然不利于作出公正裁判的，法官可以决定不适用陪/参审制审判。(4) 民事案件实行陪/参审制的国家和地区越来越少，即使保留陪/参审制审理民事案件的地方，在实践中也已经不实行或者很少实行陪/参审制方式。这是由民事案件的性质和国民参与审判制度的特点所决定的。(5) 行政案件基本上不实行陪/参审制审理，只有个别国家例外。因为普通公民往往同行政机关存在着天然对立，不利于对行政案件事实作出理性判断。同时，行政案件主要是审查行政行为的合法性问题，基本上属于法律适用问题，而不是事实认定问题，不适合实行陪/参审制审理。

我国目前人民陪审员审理案件的范围主要是，涉及群体利益、公共利益的，以及人民群众广泛关注或者其他社会影响较大的案件（包括刑事、民事、行政案件），应当实行陪审制审理，但适用简易程序和法律另有规定的除外；第一审刑事案件被告人、民事案件原告或者被告、行政案件原告申请由人民陪审员参加合议庭审判的，实行陪审制审理；二审案件不采取陪审制方式审理。我国关于参审制适用案件范围的规定，存在的主要问题是：案件适用范围的判断标准过于模糊，不利于实践中具体操作；当事人可以根据自己的意愿决定是否适用参审制，法官不能将不适合参审制审理的案件排除在审理程序之外；案件是否实行人民陪审制审理，在实践中往往具有较大的随意性。

为此，我们应当在吸收国际社会关于国民参与审理案件范围共同规则的基础上，根据我国案件审理的具体情况，合理界定人民陪审员审理案件的范围。初步考虑是：(1) 只有重大的刑事案件实行参审制审理。被告人认罪认罚的刑事案件或者犯罪情节显著轻微，以及犯罪事实清楚的刑事案件，不实行参审制审理。对“重大刑事案件”的认定，可以从两个方面进行：一是量刑幅度，如对被告人可能判处 5 年或者 7 年以上有期徒刑、无期徒刑或者死刑的案件；二是犯罪罪名，如抢劫、盗窃、故意伤害、故意杀人、强奸等。(2) 民事案件原则上不适用参审制。对于社会关注度较大的民事案件，如果当事人提出申请由人民陪审员参与审理，由法官根据案件情况决定是否采取参审制方式审理。（3）行政案件不适用参审制审理。这样规定的理由是，既能够保证适合人民陪审制审理的案件都能够实行参审制审理，同时又可以将不适合参审制审理的案件排除在外。

四、完善人民陪审员参审方式

《决定》提出，在人民陪审员参与案件审理方面，要完善随机抽选方式。陪/参审员以何种方式参与司法程序审理案件，直接影响案件审理质量和国民参与审判制度的社会公信力。从世界上绝大多数国家的情况来看，不论是实行英美陪审团制还是实行欧陆参审制的国家，在国民参与案件审理方面，基本上都实行陪/参审员个案抽选制，即当案件需要陪/参审员审理时，法院从陪/参审员候选人名册中随机抽选出一定数量的陪/参审员；案件审理结束后，这些参与案件审理的陪/参审员即告解散。个案抽选制使得陪/参审员候选人名册中的每一位陪/参审员候选人都有可能成为正式的陪/参审员参与案件审理，这样无疑有助于增强陪/参审员的广泛性和代表性，保证更多的公民有机会参与审理案件。

如前所述，我国人民陪审员实行为期 5 年的固定任期制，人民陪审员只有在任期届满后其职务才能自动免除。这种较长期限的固定任期制，使得大量符合条件的公民被排除在人民陪审员队伍之外，不能参与案件审理。由于人民陪审员数量较少（目前全国人民陪审员只有 13 万人左右），一些地方法院的人民陪审员成为常驻法院的“专审员”，演变为事实上的“编外法官”。许多案件由相对固定的少数人民陪审员参加陪审，众多的人民陪审员有名无实，仅仅将“人民陪审员”作为一种荣誉称号，实际上从来没有参与过审理案件。这既不能保障公民陪审权利，也无法充分发挥人民陪审制度的作用。

另外，按照规定，案件需要实行参审制审理时，法院应当在开庭前采取电脑生成等方式，从人民陪审员名册中随机抽取确定参审的人民陪审员。从实际情况来看，一些人民陪审员因各种原因不能参与案件审理，法院随机抽选的人民陪审员通常相对固定在少数陪审员身上。同时，由于法院在抽选参与案件审理的人民陪审员时，没有让当事人参与抽选程序并发表意见，当事人对抽选出来的人民陪审员缺乏信任感。

我国人民陪审员参审方式改革，可以考虑实行个案抽选制。法院审理案件需要由人民陪审员参加时，应当在当事人在场的情况下，以抽签等方式随机抽取参与案件审理的人民陪审员。双方当事人有权对人民陪审员候选人进行询问，以查明其是否适合担任该案件的人民陪审员；同时，赋予当事人不用说明理由地申请人民陪审员候选人回避（无因回避）的权利。这样既能够提升人民陪审员的广泛性和代表性，也能够提升当事人对选任出来的人民陪审员的信赖，提高人民陪审制度的公信度。

五、调整人民陪审员的参审职能

《决定》对人民陪审员的审判职权进行了重新调整，明确提出逐步实行人民陪审员不再审理法律适用问题，只参与审理事实认定问题。可以说，这是此次人民陪审制度改革的最大亮点。我国法律规定，人民陪审员在法院执行职务，是他所参加的合议庭的组成人员，同审判员具有同等的权利和义务。人民陪审员除了不能担任审判长主持庭审活动和撰写法律文书外，他在审理案件时，同合议庭的法官一起，共同评议案件、共同讨论和决定案件的事实问题和法律问题。《决定》将人民陪审员的职权修改为只参与审理事实认定问题，不再审理法律适用问题。改革后人民陪审员的职权仅仅是负责认定案件事实，案件的法律适用问题完全由法官决定。应当说，这是我国人民陪审制度的重大变革。

《决定》对人民陪审员职权的调整是符合司法规律的。司法实践中，经常会发生人民陪审员“陪而不审、审而不议、议而不决”等现象。这种现象出现的原因是多方面的，其中一个重要原因是，从普通民众中选举出来的人民陪审员通常不具有法律专业知识，他们无法对案件事实的法律适用问题作出准确判断，不能在案件裁判结论方面发表个人意见和建议。因此，尽管法律赋予人民陪审员对法律适用问题独立地发表意见的权力，但是，由于法律专业知识的局限，他们大多不会、不愿也不敢发表对案件处理的观点和见解，通常只能附和法官的裁判意见。从表面上看，案件裁判结论反映的是包括人民陪审员在内的全体合议庭成员的意见，实际上是法官个人的意见。这样，与其让法官个人对案件法律适用的意见代表合议庭全体成员的意见，不如把法律适用问题的决定权完全交给法官，让法官对法律适用问题负责。

其实，人民陪审员的优势在于，他们来自普通民众，具有丰富的社会阅历，了解社情民意，对风俗民情和市井社会有更为直观的感受，他们具备识别和判断案件证据材料、认定案件事实的能力。由人民陪审员认定案件事实，能够将普通民众的朴素观念带入案件审理中，弥补法官专业知识的不足，使案件裁判更好地反映社会大众的日常情感。与法官相比，人民陪审员并不具有法律适用方面的优势，他们有时甚至会作出错误的裁判结论。所以，让人民陪审员只参与审理事实认定，不再审理法律适用问题，更加符合人民陪审员的实际情况和案件审判规律，能够提升法院裁判的正当性，增强司法的社会公信力。

人民陪审员参审职权调整后，法官是否参与案件事实认定？我们认为，法官是经过法律专业训练的社会精英，具有丰富的司法实践经验和社会阅历，由他们参与案件事实认定，能够保证事实认定更加准确、全面。因此，不能因为人民陪审员参与审理案件事实认定而否定法官享有的认定事实的职能。为了保证人民陪审员依法独立地认定案件事实，防止法官对人民陪审员认定案件事实产生干扰，可以让人民陪审员在法官不在场的情况下，单独认定案件事实。这样，参与案件审理的人民陪审员人数可以是 3 至 9 人的单数。如果法官认定的案件事实与人民陪审员认定的案件事实不一致，法官应当向当事人释明，并在判决书中说明理由。这无形中会对法官认定案件事实产生制约和监督作用。

调整人民陪审员参与职权，需要建立和完善相应的诉讼程序，包括形成完备的审前准备程序，固定证据材料，明确案件争点，制订庭审计划；健全证据规则，禁止没有证据能力的事实材料进入人民陪审员的视野；建立案件事实和法律适用问题相互分离的规则；完善庭审程序规则，让控辩双方在人民陪审员面前充分地进行辩论，保证人民陪审员能够在法庭上对案件事实作出准确的判断；建立法官指示规则，法官应当向人民陪审员提示案件事实的重要争点，对于人民陪审员在判断案件事实方面存在疑问的事项，法官应当向他们进行解释和说明等。总之，人民陪审员参审职权的修改，将会引起司法观念、程序制度、诉讼规则等一系列重大变革。

六、规定人民陪审员解任的情形

人民陪审员解任制度主要是规范人民陪审员解任的法定情形。根据有关国家和地区人民陪/参审员解任的规定，结合我国的具体情况，我们认为，人民陪审员解任的法定情形包括：（1）不具备担任人民陪审员资格的（如公职人员、受过刑事处罚或者被开除公职的人员、案件当事人的近亲属等），或者应当免除陪审义务的（如年满70周岁，身患重大疾病无法参审，或因工作重大需要使得参审有明显困难等）；（2）陪审员候选人在进行资格审查过程中进行虚伪陈述，不适宜继续执行职务的；（3）人民陪审员没有按照规定参与开庭审理和评议的；（4）不听从审判长指挥，导致妨害开庭审理程序和评议活动顺利进行的；（5）从事有害陪审公信和司法公正行为，或者泄露应当保密的事项的；（6）因不可抗力事由不能执行陪审职务的；（7）有其他事由，足以认定其不适宜继续执行陪审职务的。人民陪审员具有这些情形之一的，法院可以依职权或者当事人的书面申请，裁定解除其职务。

法院在抽选参加案件审理的人民陪审员候选人时，可以同时选出1名或多名候补陪审员。人民陪审员因解任或者辞任所产生的缺额，由候补陪审员依序递补。如果没有候补陪审员递补，法院可以在当事人在场的情况下，以抽签等方式抽选所需要的人民陪审员，并及时通知其到庭执行职务。人民陪审员的职务，自法院宣告判决或者裁定不实行参审制审理时终止。

七、健全人民陪审员的保障措施

为了保证陪审员积极参加审判，在履行陪审职务时没有后顾之忧，应当规定陪审员履职的保障措施。我国法律已有关于人民陪审员履行职务保障措施的规定，如人民陪审员因参加审判活动而支出的交通、就餐等费用，由人民法院给予补助；有工作单位的人民陪审员参加审判活动期间，所在单位不得克扣或者变相克扣其工资、奖金及其他福利待遇；无固定收入的人民陪审员参加审判活动期间，由人民法院参照当地职工上年度平均货币工资水平，按实际工作日给予补助。这些规定对保障人民陪审制度的顺利运行具有积极作用，但还需要进一步完善和充实。

人民陪审员的保障措施应当包括以下几方面的内容：（1）人民陪审员不得因为履行陪审职务而被解雇或者受到其他经济损失以及职务方面的不利处分；（2）任何人不得以影响审判或知悉陪审秘密为目的而接触人民陪审员或者人民陪审员候选人；（3）除法律另有规定的外，任何人不得公开人民陪审员和人民陪审员候选人的姓名、住所及其他个人信息，但本人同意的除外；（4）审判长认为人民陪审员受到当事人或者其他人威胁或者危害，不能公正参与审判或者评议时，应当采取保护、隔离、住居等保障其随身安全的必要措施；人民陪审员、检察官、被告人、辩护人也可以申请审判长对人民陪审员采取保护措施。

八、建立相应的处罚规则

为了保障人民陪审制度的顺利运行，维护人民陪审制度的公正性和权威性，有必要对危害人民陪审制度的行为进行处罚，建立相应的惩罚规则。我国法律和有关司法解释已经有对危害人民陪审制度处罚措施的规定，如人民陪审员有违反与审判工作有关的法律及相关规定，徇私舞弊，造成错误裁判或者其他严重后果，构成犯罪的，依法追究刑事责任。但是现行的处罚措施尚不够全面具体，不能有效防止危害人民陪审制度行为的发生，需要进一步健全和完善。

危害人民陪审制度的行为主体既可以是现任或者曾任人民陪审员以及人民陪审员候选人，也可以是当事人或者其他社会公众，还可以是负责人民陪审事务工作的司法人员。对危害人民陪审制度的处罚措施应当涵盖各种危害人民陪审制度的行为。在这方面，韩国和我国台湾地区的有关法律都作出了比较全面的规定，值得我们借鉴和参考。

作为人民陪审制度的一项重要内容，对危害人民陪审制度的处罚规则应当包括以下方面的内容：一是人民陪审员或者人民陪审员候选人索取或者收受贿赂或者其他不正当利益，承诺从事一定行为（如故意发表被告人无罪的意见），或者不行使其职务（如无正当理由故意缺席审判），应当给予刑事处罚；二是人民陪审员或者人民陪审员候选人泄露应当保密事项的，应当给予刑事处罚；三是人民陪审员或者人民陪审员候选人故意虚假陈述，或者没有正当理由拒不到庭，或者枉法裁判的，应当给予刑事处罚；四是当事人或者其他社会公众向人民陪审员或者人民陪审员候选人进行不法利益输送，要求其从事一定行为或不履行职务的，或者对现任或曾任人民陪审员或者人民陪审员候选人及其家属进行威胁、报复或者实施犯罪的，应当给予刑事处罚；五是负责人民陪审事务的司法工作人员泄露因执行职务而知悉的人民陪审员或者人民陪审员候选人的姓名、出生年月日、身份证统一编号、联系方式等个人信息的，应当给予刑事处罚。

总之，《决定》从全面推进依法治国的战略高度，对完善人民陪审制度进行了全面部署，为人民陪审制度改革指明了方向，并提出了具体要求。现在，改革的序幕已经揭开，改革的舞台已经搭建，只要我们解放思想，开拓创新，锐意进取，在社会各界的共同努力下，我们一定能够掀开人民陪审制度发展的新篇章。

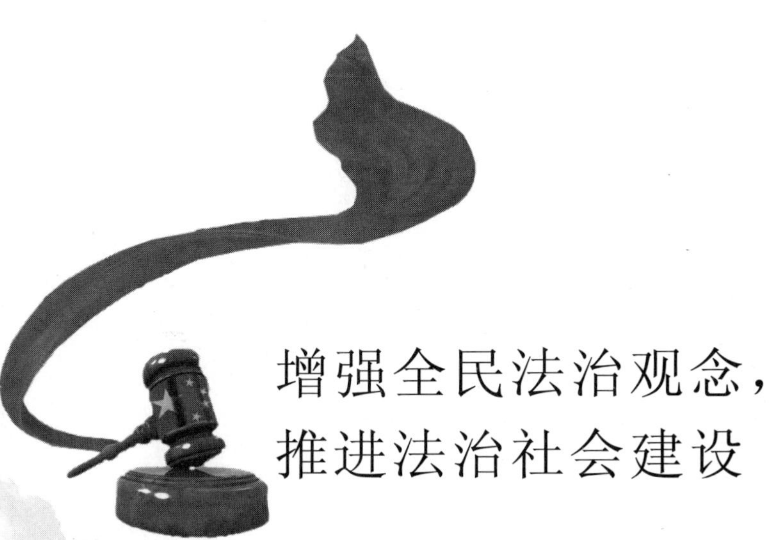

增强全民法治观念，推进法治社会建设

认真学习贯彻党的十八届四中全会精神 切实履行司法行政机关全面推进依法治国职责

吴爱英*

党的十八届四中全会对全面推进依法治国作出了重要部署，在我国社会主义法治建设历史进程中具有里程碑意义。认真学习贯彻党的十八届四中全会精神，落实全面推进依法治国重大战略任务，对于进一步统一思想、凝聚力量，推动经济持续健康发展、维护社会和谐稳定、实现社会公平正义，对全面建成小康社会，实现“两个一百年”奋斗目标和中华民族伟大复兴的“中国梦”，具有十分重要的意义。各级司法行政机关要把学习贯彻党的十八届四中全会精神作为当前和今后一个时期的重要政治任务，认真学习、深刻理解、坚决贯彻党的十八届四中全会精神，切实把思想和行动统一到党的十八届四中全会精神上来，充分发挥职能作用，全面推进依法治国。

一、充分认识党的十八届四中全会的重大意义

党的十八届四中全会是在我国全面建成小康社会进入决定性阶段召开的一次重要会议。习近平总书记在全会上的重要讲话，深刻阐述了全面推进依法治国的重大意义，提出了法治建设的一系列新思想、新论断、新要求，为新形势下全面推进依法治国指明了方向。全会审议通过的《中共中央关于全面推进依法治国若干重大问题的决定》（以下简称《决定》），直面我国法治

---

* 吴爱英，司法部部长、党组书记，本文摘自《中国律师》2014 年第 11 期。

建设领域的突出问题，立足我国社会主义法治建设实际，明确提出了全面推进依法治国的指导思想、总目标、基本原则和重大任务，回答了党的领导和依法治国的关系等一系列重大理论和实践问题，对科学立法、严格执法、公正司法、全民守法、法治队伍建设、加强和改进党对全面推进依法治国的领导作出了全面部署。这是我们党历史上第一个关于加强法治建设的专门决定，充分体现了以习近平同志为总书记的党中央厉行法治、依法治国的决心和勇气，是指导新形势下全面推进依法治国的纲领性文件。各级司法行政机关要深刻认识党的十八届四中全会的重大意义，切实提高学习贯彻习近平总书记重要讲话和全会精神的自觉性，迅速掀起学习贯彻党的十八届四中全会精神的热潮。

二、认真学习、深刻领会党的十八届四中全会精神，切实把思想和行动统一到全会精神上来

习近平总书记在党的十八届四中全会上的重要讲话和四中全会《决定》，是全面推进依法治国、建设社会主义法治国家的纲领性文件和行动指南。各级司法行政机关要认认真真地学习习近平总书记重要讲话和十八届四中全会精神，全面把握、深刻领会精神实质。要深刻理解一年来以习近平同志为总书记的党中央带领全国各族人民取得的巨大成就，更加紧密地团结在以习近平同志为总书记的党中央周围，更加自觉地贯彻落实中央的决策部署。要深刻理解全面推进依法治国的重大意义，进一步增强全面推进依法治国的责任感和使命感，积极投身全面推进依法治国伟大实践。要深刻理解坚定不移走中国特色社会主义法治道路，树立自信，保持定力，牢牢把握全面推进依法治国的正确方向。要准确把握全面推进依法治国的指导思想、总目标、基本原则和重大任务，进一步明确方向，增强信心，扎实推进依法治国各项任务的落实。要准确把握司法行政工作在全面推进依法治国中的职责，充分发挥司法行政职能作用。要通过认真深入学习，切实把思想和行动统一到习近平总书记重要讲话和全会精神上来，统一到中央关于全面推进依法治国的决策

部署上来。

传达学习、宣传贯彻党的十八届四中全会精神，是当前和今后一个时期全国司法行政系统的重大政治任务。各级司法行政机关要把学习贯彻党的十八届四中全会精神摆上重要日程，加强组织领导，精心安排部署，制定周密方案，切实抓好学习宣传贯彻落实工作。要传达学习好四中全会精神，组织广大司法行政干警和法律服务工作者原原本本传达全会的《决定》，认认真真学习习近平总书记重要讲话精神，采取党组（党委）中心组专题学习、举办辅导报告会、学习交流会、培训班、研讨班、集中宣讲等多种形式，切实把全会精神传达到基层，传达到每一个单位、每一名干警和法律服务工作者，确保党的十八届四中全会精神的每一项要求、每一项举措入脑入心。要贯彻落实好四中全会精神，按照全会提出的重大任务和重大举措，结合司法行政工作实际，研究提出贯彻落实全会精神的工作思路和具体措施，以踏石留印、抓铁有痕的劲头狠抓落实，切实把四中全会精神落实到司法行政工作中去。要大力宣传好四中全会精神，把宣传全会精神作为司法行政宣传工作的重要内容，大力宣传党的十八届四中全会的重大意义，集中宣传、深入解读十八届四中全会精神，大力宣传司法行政系统学习贯彻十八届四中全会精神的生动实践和典型经验，推动学习贯彻不断深入。要把学习贯彻全会精神与学习贯彻习近平总书记系列重要讲话特别是关于法治建设的重要论述紧密结合起来，进一步增强走中国特色社会主义法治道路的决心和信心。

三、全面贯彻落实党的十八届四中全会精神，认真做好司法行政推进依法治国各项工作

党的十八届四中全会对全面推进依法治国作出重大部署，其中，对司法行政机关在全面推进依法治国中的职能作用提出了明确要求。《决定》对刑罚执行、法治宣传教育、人民调解、律师、公证、基层法律服务、法律援助、司法考试、司法鉴定、司法协助、法律服务体系、司法行政和法律服务队伍建设等司法行政工作作出重要部署，基本涵盖司法行政全部职能和工作，这

充分体现了党中央对司法行政工作的高度重视，是对广大司法行政干警和法律服务工作者的巨大鼓舞和鞭策，也对司法行政工作提出了新的更高的要求。各级司法行政机关要认真学习贯彻党的十八届四中全会精神，认真学习贯彻习近平总书记重要讲话精神，自觉用习近平总书记重要讲话和全会精神武装头脑、指导实践、推动工作。

（一）坚定不移走中国特色社会主义法治道路

坚持走中国特色社会主义法治道路，是贯穿全会《决定》的一条红线，为建设社会主义法治国家指明了根本方向。全面推进依法治国，必须走对路，即坚定不移走中国特色社会主义法治道路，这是事关全局、决定成败的根本问题。要始终坚持中国共产党的领导，自觉在思想上、政治上、行动上同以习近平同志为总书记的党中央保持高度一致，坚决贯彻党的路线、方针、政策和党中央、国务院的决策部署。要坚持中国特色社会主义法治理论，用中国特色社会主义理论体系武装队伍，指导工作。要坚持马克思主义在法治意识形态领域的指导地位，坚决抵制西方错误政治观点、法学观点的影响。要坚持和完善中国特色社会主义司法行政制度，立足我国国情，借鉴外国有益经验，决不照搬外国司法行政制度模式。

（二）深入开展法治宣传教育

全会《决定》明确提出，要坚持把全民普法和守法作为依法治国的长期基础性工作，开展法治宣传教育；强调要完善领导干部学法用法制度，加强青少年法治教育，健全普法宣传教育机制。从法制宣传到法治宣传，内涵发生了深刻变化，既包括对法律体系和法律制度的宣传，也包括对立法、执法、司法、守法等一系列法律实践活动的宣传，更加突出了法治理念和法治精神的培育，更加突出了运用法治思维和法治方式能力的培养。要认真贯彻落实党的十八届四中全会精神，深入开展法治宣传教育，弘扬社会主义法治精神，建设社会主义法治文化，推动全社会树立法治意识。要坚持把全民普法和守法作为依法治国的长期基础性工作，深入实施“六五”普法规划，深入学习宣传以宪法为核心的各项法律、法规，深入学习宣传中国特色社会主义法律体系，引导群众自觉守法、遇事找法、解决问题靠法。要坚持把领导干部带头学法、模范守法作为树立法治意识的关键，认真做好并不断深化领导干部学法用法工作，完善国家工作人员学法用法制度，增强领导干部和国家工作人员的法治观念和法律素质。要积极推动把法治教育纳入国民教育体系，从青少年抓起，在中小学设立法治知识课程，保证在校学生都能得到基本法律知识教育。要积极推动把法治教育纳入精神文明创建内容，开展群众性法治文化活动，健全媒体公益普法制度，加强新媒体、新技术在普法中的运用，提高普法实效。要积极推动健全普法宣传教育机制，加强普法讲师团和普法志愿者队伍建设，提高普法工作者的法律素质和工作水平。要积极推进多层次、多领域依法治理，深入开展法治城市、法治县（市、区）等法治创建活动，深化基层组织和部门、行业依法治理工作。

（三）加快推进法律服务体系建设

全会《决定》明确提出，要建设完备的法律服务体系，推进覆盖城乡居民的公共法律服务体系建设，加强民生领域法律服务；强调要发展律师、公证服务业，健全统一司法鉴定管理体制。要认真贯彻落实党的十八届四中全会精神，加快推进覆盖城乡居民的公共法律服务体系，切实抓好司法部《关于推进公共法律服务体系建设的意见》的贯彻落实，将法律服务向就业、就医、就学等民生领域延伸，进一步健全服务网络，拓展服务领域，强化服务保障，更好地满足人民群众的基本法律服务需求。要大力发展律师法律服务业，扩大法律服务规模，拓展服务领域和服务方式，发展涉外法律服务业，努力提升我国律师业的国际竞争力。要大力发展公证服务业，健全完善公证执业规范体系，加强公证执业管理，不断提高公证公信力。要继续深化司法鉴定体制机制改革，进一步加强司法鉴定监督管理，提高司法鉴定质量。要统筹城乡、区域法律服务资源，制定完善法律服务发展规划，推动法律服务业均衡发展。

（四）进一步完善法律援助制度

全会《决定》明确提出，要完善法律援助制度，扩大援助范围，保证人

民群众在遇到法律问题或者权利受到侵害时获得及时有效的法律帮助；对不服司法机关生效裁判、决定的申诉，逐步实行由律师代理制度；将聘不起律师的申诉人，纳入法律援助范围。要认真贯彻落实党的十八届四中全会精神，适应经济社会发展需要，推动适时调整法律援助经济困难标准和事项范围，降低法律援助门槛，同时将聘不起律师的申诉人纳入法律援助范围，不断扩大法律援助覆盖面。推动落实法律援助政府责任，提高法律援助保障能力。要加强法律援助监督管理，规范法律援助程序，进一步提高法律援助办案质量，维护受援人合法权益。

（五）大力加强人民调解工作

全会《决定》明确提出，要加强行业性、专业性人民调解组织建设，完善人民调解与行政调解、司法调解联动工作体系。要认真贯彻落实党的十八届四中全会精神，深入贯彻实施人民调解法和司法部《关于加强行业性专业性人民调解委员会建设的意见》，继续巩固和发展村（居）、乡镇（街道）人民调解委员会，大力发展行业性、专业性人民调解组织，健全完善人民调解工作网络，切实做好矛盾纠纷化解工作。要完善人民调解、行政调解、司法调解联动工作体系，进一步发挥人民调解在社会矛盾纠纷化解体系中的基础性作用。

（六）切实加强司法协助工作

全会《决定》明确提出，要完善我国司法协助体制，扩大国际司法协助覆盖面。要认真贯彻落实党的十八届四中全会精神，切实履行司法协助中央机关职能，积极拓展法律和司法行政领域对外交流合作，进一步做好刑事司法协助和民商事司法协助案件办理工作，加强被判刑人员的移管合作，积极参与反腐败国际合作，切实维护国家和公民、法人的利益。

（七）全面深入推进司法行政体制改革

党的十八届三中全会、四中全会分别把全面深化改革、全面推进依法治国作为主题并作出决定，有其紧密的内在逻辑，四中全会《决定》是三中全会《中共中央关于全面深化改革若干重大问题的决定》的姊妹篇。四中全会

《决定》对包括司法行政体制改革在内的司法体制改革作出了新的重要部署。要按照中央的部署和要求，坚持正确的改革方向，深化司法行政体制改革。要健全社区矫正制度，推动制定社区矫正法，全面推进社区矫正工作。要改革律师制度，完善律师执业权利保障机制，健全律师违法违规执业惩戒制度，加强律师职业道德建设，推进完善公职律师、公司律师制度。要完善法律援助制度，推动制定法律援助法，加强配套规章制度建设。要深化狱务公开，在总结试点工作经验基础上，部署在全国全面推开深化狱务公开工作。要按照健全国家统一法律职业资格考试制度的要求，进一步健全和完善司法考试制度，做好国家司法考试工作。要做好人民监督员选任管理方式改革试点工作，完善人民监督员制度。要按照中央的统一部署和要求，在建立从符合条件的律师、法学专家中招录立法工作者、法官、检察官制度等方面，认真履行司法行政职责，积极做好相关工作。

四、大力加强司法行政队伍和律师队伍建设

全会《决定》明确提出，要建设高素质法治专门队伍，推进法治专门队伍正规化、专业化、职业化；强调要加强法律服务队伍建设。要认真贯彻落实党的十八届四中全会精神，大力加强司法行政队伍建设，进一步加强思想政治建设和业务能力建设，推进司法行政队伍正规化、专业化、职业化。要按照政治过硬、业务过硬、责任过硬、纪律过硬、作风过硬的要求，努力建设一支德才兼备的高素质司法行政队伍，牢固树立社会主义法治理念，恪守职业道德，做到忠于党、忠于国家、忠于人民、忠于法律。要持之以恒抓好作风建设，坚持抓常、抓细、抓长，落实从严治党责任制，完善体制和制度，提高党员干部坚持优良作风、抵制不良作风的自觉性和坚定性。要坚定不移推进反腐败斗争，坚持以零容忍态度惩治腐败，严肃查处违法违纪案件。要严守政治纪律和政治规矩，始终在思想上、政治上、行动上同以习近平同志为总书记的党中央保持高度一致，坚决贯彻中央的决策部署，坚决维护中央权威。各级司法行政机关领导班子和领导干部要带头尊法守法，严格依法办

事，树立法治精神，不断提高运用法治思维和法治方式深化改革、推动发展、化解矛盾、维护稳定的能力。

全会对加强律师队伍建设作出了重要部署。各级司法行政机关要把律师队伍建设摆在重要位置，大力加强律师队伍思想政治建设，把拥护中国共产党的领导、拥护社会主义法治作为律师从业的基本要求，增强广大律师走中国特色社会主义法治道路的自觉性和坚定性。进一步完善行政管理与行业自律相结合的律师管理体制，发挥律师协会自律作用，加强律师事务所管理，规范律师执业行为，监督律师严格遵守职业道德和职业操守，强化准入、退出管理，严格执行违法违规执业惩戒制度，严肃查处违法违规行为，促进律师依法诚信执业。推动各级党政机关、人民团体普遍设立公职律师，企业设立公司律师，构建社会律师、公职律师、公司律师等优势互补、结构合理的律师队伍。加强律师行业党的建设，扩大党的工作覆盖面，切实发挥律师事务所党组织的政治核心作用和律师党员的先锋模范作用。

让我们紧密团结在以习近平同志为总书记的党中央周围，高举中国特色社会主义伟大旗帜，积极投身全面推进依法治国伟大实践，扎实做好司法行政各项工作，努力为建设法治中国作出新的更大的贡献。

全民守法与法治社会建设

莫纪宏*

守法是社会主义法治建设的一个重要环节。党的十二大、十五大、十七大报告中均有关于守法的相关论述，在这些论述中“守法”问题是与加强“公民法制教育工作”紧密联系在一起的。党的十八大报告首次明确提出“全民守法”的概念，并将“全民守法”与“科学立法”“严格执法”和“公正司法”相并列，作为推进法治中国建设最重要的四项保障措施之一。“全民守法”将守法主体扩展到“全民”意义上“守法”的前提不再只是与普法工作联系在一起，而且包含了法治文化的培养等内容。因此，应从更加全面和宏观的角度来把握“全民守法”的意义，特别重要的是，要把“全民守法”与建设法治社会的重要目标紧密地联系起来。唯其如此，才能深刻领会“全民守法”所包含的各项守法要求，通过采取各种扎扎实实的制度措施，推进全民守法，为法治社会的建设奠定良好的群众基础和社会环境。

全民守法是建设法治社会的一项系统工程，是法治精神真正渗透到社会生活的每一个角落并发挥其重要作用的制度保障。法治社会的形成依托全民守法的保障，全民守法确保社会生活的每一个参与者、社会关系的所有领域都能够遵从宪法和法律的权威，形成良好的遵守和服从规则的守法意识。坚持全民守法，就是要弘扬“法律面前人人平等”的法治精神，反对各种破坏法治的特权现象，有效解决有法不依的法治难题，从整体上提升全民守法意识和水准，为建设法治中国和法治社会提供全民守法的有力保障。

---

* 莫纪宏，中国社会科学院法学研究所副所长、中国法学会宪法学研究会常务副会长，本文摘自《改革》2014 年第 9 期。

一、“人人守法”是全民守法的基本要求

现行《中华人民共和国宪法》（以下简称《宪法》）序言明确规定：全国各族人民、一切国家机关和武装力量、各政党和各社会团体、各企业事业组织，都必须以《宪法》为根本的活动准则，并且负有维护宪法尊严、保证宪法实施的职责。《宪法》第五条第四款也规定：一切国家机关和武装力量、各政党和各社会团体、各企业事业组织都必须遵守宪法和法律。

习近平总书记在纪念现行《宪法》正式施行三十周年大会的讲话中指出：宪法和法律是党和全体人民共同意志的体现，遵守宪法和法律就是遵守和服从党和全体人民的共同意志。全民守法充分体现了人民当家作主的主人翁精神，人民对自己制定的法律负责，人民必须认真遵守自己制定的法律。人人守法是全民守法的重要内涵。遵守宪法和法律是一切国家机关、社会组织和公民个人的神圣法律义务。全民守法既是公民个人遵守宪法和法律的具体义务，也是对一切国家机关、社会组织和公民个人提出的遵守宪法和法律的整体性要求。

二、各级领导干部要带头守法

共产党员应当在自己的本职岗位上严守党的纪律，做遵守宪法和法律的模范。党的各级组织要认真执行党的各项路线、方针和政策，服从国家宪法和法律，养成依法办事的习惯。执政党要高度重视党规党法的科学性和体系化建设，要建立党规党法与国家宪法和法律之间的联动协调的统一实施机制。坚持党在宪法和法律范围内活动，切实做到任何组织和个人都不得享有超越宪法和法律的特权，坚决扼制各种特权现象赖以生存的制度条件和土壤，对不遵守宪法和法律的滥用权力、损害党和全体人民整体利益的各种特权和腐败现象，要在坚持走群众路线的基础上，及时发现问题，坚持“老虎”“苍蝇”一起打，对于故意违法的行为要始终保持高压的打击态势。对党员领导

干部的违法行为要敢于“揭盖子”，善于运用批评与自我批评的武器，抓住带头守法与带头违法正反两个方面的典型，利用新闻媒介进行定期宣传和介绍，弘扬守法正气，打击违法邪气，守护遵守宪法和法律的社会正能量。

对在中国境内违法犯罪逃逸国外的违法犯罪分子，特别是各种利用职权贪污国家和集体巨额财产、给国家和人民财产造成重大损失的领导干部和重大刑事犯罪嫌疑人，要采取各种有效的国际合作手段，及时引渡回国受审，不让违法犯罪分子逍遥法外。

三、不断完善公民行为准则，健全公民守法体系

要在全社会牢固树立宪法和法律的权威，让广大人民群众充分相信法律、自觉运用法律，使广大人民群众认识到宪法和法律不仅是全体公民必须遵循的行为规范，而且是保障公民权利的法律武器。依法办事就是依法维权。自觉履行公民遵守宪法和法律的义务就是有效地保护公民自身的合法权益。

完善公共场所公民行为准则，健全公民守法体系。大力宣传模范守法公民的先进事迹，提倡见义勇为和敢于同违法犯罪行为作斗争的奉献精神和公民护法意识，鼓励守法者，惩处违法者，教育宪法和法律意识薄弱者，通过丰富和有效的普法形式，让宪法和法律进课堂、进社区，让人民群众主动积极地参与到全民守法的法治事业中来。

建立公民守法信用档案体系，对自觉守法的公民赋予法律上更大的便利，对漠视宪法和法律权威、屡次三番违法者建立不良行为监控机制，通过社区、学校、医院、银行、航空公司、交通部门、社保部门、保险机构等建立相互协调、信息共享的个人诚信记录体系，健全守法义务与守法责任相统一的公民守法体系。

加强中国公民海外旅行、学习、工作和生活的随意违反当地法律的不良信息记录制度建设，对屡次三番破坏所在国或地区法律，给中国公民守法形象造成不良影响的人采取出境前训诫或出境限制措施，维护中国公民在全球范围内整体性守法的良好形象。

四、加强基层群众性自治组织自治章程建设，树立全民守法牢靠的社会根基

村民委员会和居民委员会是基层群众性自治组织。应将基层群众性自治组织的法治建设作为发展社会主义民主政治和贯彻落实依法治国基本方略的基础性工程重点推进。要健全基层党组织领导的充满活力的基层群众自治机制，出台和完善保障居民权利、明确基层群众日常相邻关系和相互往来法律关系的村规民约和居民自治章程，形成中国特色的“基层法治”，通过约束居民行为的村规民约和自治章程，培养基层居民遵守国家宪法和法律的守法观念和遵守与个人日常生产、生活具有密切关系的社会组织、社会团体的自治规则意识，让守法的要求渗透到公民日常生产、生活的每一个角落。

完善人民群众从信仰基层法治、地方法治到国家法治的全民守法体系，努力把城乡社区建设成为管理有序、服务完善、制度健全、文明祥和的社会生活共同体。充分发挥基层群众性自治组织在监督居民守法中的作用，建立有效的群众监督守法体系，积极推广“双联户”守法与发展互动互助模式，形成“资源共享、利益均沾、优势互补、风险共担、自觉守法、相互监督、共同发展、共保稳定”的基层群众守法义务与责任相统一的社会生活共同体。

进一步强化基层群众性自治组织在社区矫正、对具有不良行为习惯的人员进行帮助改造方面的重要作用，通过法制义务宣传员走家入户、治安联防人员走街串巷，形成有利于全民守法的社会环境，全面推进法治社会的基础性建设。

五、加强企事业单位和社会组织内部行为规则约束，充分发挥法律服务在建设和谐社区中的作用

全心全意依靠工人阶级，完善以职工代表大会为基本形式的企事业单位民主管理制度，制定保护职工合法权益和明确职工岗位职责的厂规厂法，支持职工在遵守厂规厂法的前提下参与管理，维护职工合法权益。

发挥社会组织在扩大群众参与、反映群众诉求方面的积极作用，增强社会自治功能，通过社会组织的自治章程，明确社会组织的成员权利，理顺社会组织与其成员之间的法律关系，强化社会组织的成员对社会组织的服从意识和荣誉意识，增强社会组织成员对社会组织的责任心。在充分尊重个人意思自治的前提下，依托市场机制建立行业自身发展的规则，强化行业自律意识，提高行业成员自我管理、自我服务的水平。

实行法律服务的基层社区全覆盖，建立和完善法律服务顾问团，依靠法律服务职业化团体，送法下乡、下村、下街道、下小区，构建有效的法律服务社会化网络体系，让每一个公民切身体会到法律就在身边，遵守宪法和法律就是有效维护自身合法权益。通过职业化的法律服务，提高社会公众遵守宪法和法律的守法能力和水平，建立中国特色的形式、层次多元，内容相互衔接和统一的全民守法体系，让守法成为每一个社会成员日常的自觉行动，让守法精神渗透到社会生活的每一个角落。

六、弘扬法治文化，建立全民守法组织管理体系

要深入开展法制宣传教育，在全社会弘扬社会主义法治精神，培育法治文化，引导全体人民遵守法律、有问题依靠法律来解决，形成守法光荣和守法有责的良好氛围。要坚持法制教育与法治实践相结合，普法目标与守法效果相结合，建立全民守法指数考核指标体系，根据全民守法指标的状况适时调整普法工作的重点和中心，进一步改变单纯宣传法律文本的简单化普法思想，要坚持依法治国和以德治国相结合，把法治建设和道德建设紧密结合起来，把他律和自律紧密结合起来，做到法治和德治相辅相成、相互促进。

全民守法要做到守法与有德的统一。法律和道德都是社会行为规范，而最高境界的守法是恪守社会公德、职业道德和家庭美德，最低限度的守法是做到法律的底线不能逾越、道德的红线不能触碰，法律的义务不能弃、道德的责任不能丢。

适时设立促进全民守法工作机构，将普法工作机构纳入全民守法组织管

理体系，突出普法工作的核心理念在于促进和保障全民守法。要制定实现全民守法的整体规划，处理好学法与守法的关系，做到知行统一、学以致用。要教育广大领导干部和群众，从自己做起，从身边做起，从具体行为习惯做起。凡是法律禁止的，都不去做；凡是法律提倡的，积极对待；凡是法律保护的，依法去做。要养成相信法律、遵从法律、爱护法律的良好的守法意识，以做一个法治社会合格的公民为抓手，将守法义务落实到每一个公民个人日常的一言一行中，逐步形成稳定有效的守法文化。

七、将全民守法作为加强宪法和法律实施的工作抓手，全面推进法治社会建设

全民守法工作具有广泛的社会性和群众基础，全民守法作为法治的重要元素从整体上优化了建设法治中国的社会环境。应通过法治社会的建设来推进法治中国的建设。全民守法是社会主义法治建设的重大课题，突出强调全民守法标志着党实施依法治国基本方略的决心和对社会主义法治建设规律认识的深化。全民守法对于构建社会主义和谐社会、实现国家长治久安具有重大战略意义。

全民守法是加强和创新社会管理的基础性工作。社会管理的目标在于法的实施和法的价值目标的实现。社会管理是依照宪法和法律来治理社会，使社会管理活动依法进行，从而实现社会公平和正义价值，形成具有长效性的稳定发展机制。社会管理的实质是社会的依法治理。

全民守法是政府和公众在良性互动中实现国家“善政”和社会“善治”的前提。我国正处在改革发展的关键时期，各种利益矛盾相互交织，一方面党员干部要坚持群众路线不动摇，使各项决策更加符合科学发展观的要求，更加贴近人民群众的需要，各级领导干部带头守法，为社会公众守法作出表率；另一方面，也要善于运用法律知识和技能释疑解惑，善于运用法治思维和法治方式化解矛盾，善于运用法律机制理顺社会关系。

人民群众的广泛参与是现代社会管理的重要特征。现阶段，我国社会结

构、利益格局发生深刻变动和调整，公民积极参与社会意识明显提高。群众不仅是社会事务的参与者，更是良好秩序的建设者。公民在社会管理中不能扮演消极的、被动的角色，在一个人人都不遵守法律的社会中是无法形成具有长治久安特点的和谐社会的。全民守法是群众有序参与社会管理和社会依法治理的保证，只有全民守法，人民群众才会在社会管理和社会依法治理中表现出高度的社会责任感，形成法治共识，社会管理创新才有良好的群众基础和法治基础。只有将全民守法作为推进法治社会建设的工作抓手，通过全民守法形成良好的宪法和法律实施的社会氛围，形成较高的社会诚信体系，才能让市场要素充分展现自身的活力，让市场对资源配置起到决定性作用，才能有效地调动执政党、国家机关、社会组织和公民个人各个方面的主动性、积极性，以饱满的政治热情和审慎的守法意识投入社会主义现代化建设中，最大限度地发挥社会主体的创造力，努力实现中国梦和中华民族伟大复兴的理想。

只有全民守法，人人参与，法治社会建设才能具有生机勃勃的发展活力。法治社会离不开具有较高守法意识的组成法治社会的公民个体。公民个人的守法意识与全民守法水平两者相辅相成、相互促进，从个体到整体、从部分到全部，为法治社会的建设提供了高素质的人员保障和法律环境、守法意识的保障。

始终沿着中国特色社会主义法治道路建设我国完备的律师服务体系

赵大程*

党的十八届四中全会是在我国全面建成小康社会进入决定性阶段召开的一次具有十分重大意义的会议。对于我们胜利推进全面建成小康社会各项事业、全面深化改革、全面推进依法治国都具有重大的现实意义和深远的历史意义。各级司法行政机关、各地律师协会和全国广大律师要认真学习领会好、贯彻落实好党的十八届四中全会精神。

一、认真学习领会党的十八届四中全会精神，把思想和行动统一到全会精神上来

党的十八届四中全会举世瞩目。全会听取和讨论了习近平总书记代表中央政治局作的工作报告，充分肯定了党的十八届三中全会以来中央政治局的工作。一年来，以习近平同志为总书记的党中央，团结带领全党全国各族人民，全面贯彻党的十八大和十八届一中、二中、三中全会精神，着眼于顺利推进经济平稳较快发展，着眼于全面深化改革，着眼于从严治党、永葆中国共产党的政治本色，在改革发展稳定、内政外交国防、治党治国治军等方面推出了一系列重要举措，党和国家各项工作取得了新的重大进展，得到了全党全国人民的衷心拥护，赢得了国际社会广泛赞誉。我们深深感到，以习近

* 赵大程，司法部副部长，本文摘自《中国律师》2014年第11期。

平同志为总书记的党中央有着超凡的政治智慧、勇于担当的政治勇气和深切的为民情怀。我们坚信，在以习近平同志为总书记的党中央坚强领导下，中国特色社会主义事业一定能够乘风破浪，胜利前行。律师工作要坚定信心和决心，在以习近平同志为总书记的党中央坚强领导下，切实加强自身改革发展建设，更好服务于党和国家工作大局。

全会审议通过的《中共中央关于全面推进依法治国若干重大问题的决定》(以下简称《决定》)，全面贯彻落实党的十八大和十八届三中全会精神，深入贯彻习近平总书记系列重要讲话精神，明确了全面推进依法治国的指导思想、总目标、基本原则和重大任务，提出了一系列关于全面推进依法治国的新思想、新论断、新观点、新要求，深刻回答了在当今中国建设什么样的法治国家、怎样建设社会主义法治国家等一系列重大理论和实践问题，为坚持走中国特色社会主义法治道路提供了根本遵循，指明了前进方向。《决定》的出台在我国社会主义法治建设的历史进程中具有里程碑意义，标志着中国特色社会主义法治建设事业进入了一个新的历史时期。对于我们从事法治工作的人来说，开辟了新的天地，创造了新的境界，提供了新的机遇，也赋予了更加光荣而神圣的时代使命。各级司法行政机关、各地律师协会和全国广大律师要把认真学习贯彻落实全会精神作为当前和今后一个时期的重大政治任务抓紧抓好抓实。

认真学习领会全会精神特别是习近平总书记在全会上的重要讲话精神和全会讨论通过的《决定》精神，就要深刻理解一年来以习近平同志为总书记的党中央带领全国各族人民取得的巨大成就，更加紧密地团结在以习近平同志为总书记的党中央周围，更加自觉地贯彻落实中央的决策部署；深刻理解全面推进依法治国的重大意义，积极投身全面推进依法治国伟大实践；深刻理解坚定不移走中国特色社会主义法治道路的历史必然性，树立自信，保持定力。牢牢把握全面推进依法治国的正确方向，准确把握全面推进依法治国的指导思想、总目标和基本原则，进一步明确方向，坚定不移地走中国特色社会主义法治道路；准确把握全面推进依法治国的重大历史性任务，扎实推进依法治国各项任务的落实；准确把握律师工作在全面推进依法治国中的职责使命，充分发挥律师工作职能作用。要通过学习，切实把思想和行动统一到党的十八届四中全会精神上来，把智慧和力量凝聚到贯彻落实党的十八届四中全会精神提出的各项任务上来，进一步增强全面推进依法治国的使命感、责任感和紧迫感，坚定不移地走中国特色社会主义道路，在实现“两个建设”的依法治国总目标中作出应有贡献。

二、牢牢把握工作大局，在建设法治中国的伟大实践中建功立业

党的十八届四中全会对全面推进依法治国作出了重大部署。全会《决定》明确提出，全面推进依法治国，总目标是建设中国特色社会主义法治体系，建设社会主义法治国家。这就是在中国共产党领导下，坚持中国特色社会主义制度，贯彻中国特色社会主义法治理论，形成完备的法律规范体系、高效的法治实施体系、严密的法治监督体系、有力的法治保障体系，形成完善的党内法规体系，坚持依法治国、依法执政、依法行政共同推进，坚持法治国家、法治政府、法治社会一体建设，实现科学立法、严格执法、公正司法、全民守法，促进国家治理体系和治理能力现代化。律师队伍是全面推进依法治国、建设社会主义法治国家的一支重要力量。全面推进依法治国，律师工作大有可为。要紧紧抓住难得的历史机遇，勇敢承担起时代赋予的重任，着眼于经济社会发展全局，紧紧围绕科学立法、严格执法、公正司法、全民守法各环节，发挥聪明才智，在全面推进依法治国的伟大历史进程中贡献力量。

（一）积极参与科学立法

全会要求，建设中国特色社会主义法治体系，必须坚持立法先行，发挥立法的引领和推动作用，抓住提高立法质量这个关键。律师具有既熟悉法律、法规又了解法律实务的特长。要充分发挥律师职能作用，组织和引导广大律师参与国家和地方立法，主动参与法律法规的起草、修改、论证、咨询、征求意见等环节的工作，促进立法的及时性、系统性、针对性、有效性，推进

中国特色社会主义法律体系不断健全完善。要形成有关制度性措施，制定相应工作规则，逐步提高律师参与立法修法工作质量，更好地促进科学立法。

（二）积极服务严格执法

全会提出，各级政府必须坚持在党的领导下、在法治轨道上开展工作，加快建设职能科学、权责法定、执法严明、公开公正、廉洁高效、守法诚信的法治政府。律师在法治政府建设中具有独特优势和作用。政府法律顾问制度是推进依法行政、加快建设法治政府的重要抓手。担任法律顾问，是律师工作的法定职责。要积极推进律师担任法律顾问工作，按照普遍建立法律顾问制度的要求，推进各级党政机关和社会组织、相关部门及企事业单位、村居及社区组织聘请律师担任法律顾问，成为各级政府及其工作部门运用法律手段管理经济和社会事务的法律帮手。推动广大律师参与各级政府重大决策，为政府重大决策风险评估、合法性审查等提供法律咨询和帮助，促进政府依法决策。同时，要加强对律师担任政府法律顾问工作的指导和规范，提升律师服务法治政府建设的能力和水平。

（三）积极维护公正司法

全会提出，必须完善司法管理体制和司法权力运行机制，规范司法行为，加强对司法活动的监督，努力让人民群众在每一个司法案件中感受到公平正义。律师既是公平正义的维护者，也是司法公正的促进者，在协助司法机关全面、准确地查明事实，正确适用法律，从实体和程序上维护司法公正具有重要作用。法庭是律师工作的主要场所，事实要在法庭印证，证据要在法庭展示，法律适用要在法庭讨论。维护司法公正，要求律师工作适应诉讼制度改革，加强刑事辩护代理工作，提高刑事辩护技能，发挥律师在诉讼架构中的地位和作用，防范冤假错案，促进案件依法公正处理。要严禁律师与司法人员不正当交往，防止形成利益输送，推动建立律师与司法人员良性互动关系，共同促进提高司法公信力。

（四）积极促进全民守法

全会提出，法律的权威源自人民的内心拥护和真诚信仰；要推动全社会树立法治意识，深入开展法治宣传教育。律师作为法律之师，应当模范遵守宪法和法律，弘扬社会主义法治精神，真正成为社会主义法治的忠实崇尚者、自觉遵守者、坚定捍卫者。要在律师行业落实普法责任制，引导广大律师通过执业活动进行普法，坚持注重以案释法、辨法析理，传播法律知识，为增强全民法治观念发挥作用。

三、始终沿着中国特色社会主义法治道路，建设完备的中国特色社会主义律师服务体系

党的十八届四中全会对律师工作在全面推进依法治国中的职能作用提出了明确要求。全会《决定》明确提出，要建设完备的法律服务体系，推进覆盖城乡居民的公共法律服务体系建设，加强民生领域法律服务；强调发展律师、公证等法律服务业，统筹城乡区域法律服务资源，发展涉外法律服务业；首次将律师队伍纳入法治工作队伍范畴，要求加强律师队伍建设等。这充分体现了党中央对律师工作的高度重视，是对广大律师和从事律师工作同志们的巨大鼓舞和鞭策，也对律师工作提出了新的更高要求。当前和今后一个时期，要按照全会精神和习近平总书记重要讲话精神，始终沿着中国特色社会主义法治道路，不断推进建设完备的中国特色律师服务体系。这一点必须十分清醒、十分坚定、十分自觉。

（一）始终坚持党的领导

全会《决定》强调，党的领导是中国特色社会主义最本质的特征，是社会主义法治最根本的保证。把党的领导贯彻到依法治国全过程和各方面，是我国社会主义法治建设的一条基本经验。我国宪法确立了中国共产党的领导地位。坚持党的领导，是社会主义法治的根本要求，是党和国家的根本所在、命脉所在，是全国各族人民的利益所系、幸福所系，是全面推进依法治国的题中应有之义。要深刻理解党的领导和依法治国的关系，始终坚持党对律师工作的领导，自觉在思想上、政治上、行动上同以习近平同志为总书记的党中央保持高度一致，坚持党的基本理论、路线、方针、政策不动摇，切实把

党的领导贯穿到律师工作和律师行业的全过程、各领域。

（二）坚定走中国特色社会主义法治道路

坚持走中国特色社会主义法治道路，是贯穿全会《决定》的一条红线，为建设社会主义法治国家指明了根本方向。要坚持中国特色社会主义法治理论，用中国特色社会主义理论体系武装头脑，指导工作。要坚持和完善中国特色社会主义律师制度，立足我国国情，借鉴有益经验，切实增强律师队伍走中国特色社会主义法治道路的自觉性和坚定性，始终坚持律师行业改革发展建设正确的方向。

（三）全力服务党和人民的事业

全会强调，全面推进依法治国是关系我们党执政兴国、关系人民幸福安康、关系党和国家长治久安的重大战略问题。全面推进依法治国，要求律师行业必须积极服务党和人民的事业。律师制度的存在、发展和完善都与党和人民的事业紧密相连。党和人民的要求就是律师事业发展的需要，党和人民的事业就是律师行业的历史性任务。要树立大局意识，始终着眼于服务党和人民的事业，把服务大局贯彻于律师工作和律师法律服务的全过程，在服务党和国家工作大局、服务党和人民的事业中实现自身科学发展。

（四）着力建立服务国际国内两个区域、覆盖城乡的律师服务体系

全会《决定》指明了律师事业发展的方向，也拓展了律师行业服务领域，明确提出了建立完备的法律服务体系的要求。建立完备的法律服务体系，是全面推进依法治国的必备要素。要认真贯彻落实党的十八届四中全会精神，着力推动建立服务国际国内两个区域、覆盖我国城乡的律师服务体系。要健全法律服务网络，有效推动律师服务向基层延伸。鼓励、支持和引导优秀律师和律师事务所到中西部地区开展法律服务，加快解决欠发达地区律师资源不足问题。鼓励有实力的律师事务所走出国门，搭建海外法律服务网络，服务中国企业“走出去”，维护国家安全。要努力拓展法律服务领域，切实做好与全面深化改革密切相关的法律服务工作，为促进完善我国基本经济制度、健全城乡发展一体化体制机制、建设社会主义民主政治制度、推进文化体制

机制创新、推进社会事业改革创新、建立系统完整的生态文明体系等提供法律服务。要努力创新法律服务方式，有效整合法律服务资源，优化衔接流程，构建综合性一站式法律服务平台。

（五）科学推进律师制度改革

深化律师制度改革是司法体制改革的重要组成部分，是全面推进依法治国必然要求。要认真贯彻落实十八届四中全会精神，坚持在党的领导下，坚持和完善中国特色社会主义律师制度，推动我国律师事业健康发展。要遵循律师行业发展规律，健全完善律师违法违规行为惩戒制度，完善律师执业行为监督体系和业务规范体系，建立完善的律师执业保障体系，健全维护律师执业合法权益的工作机制。要坚持立足中国国情，与改革开放不断深化相适应，围绕推动律师制度改革，建立发展符合中国实际、具有中国特色的律师制度体系。要坚持学习借鉴国外有益经验和做法，结合我国实际不断创新，决不照搬照抄。

（六）大力建设一支高素质的律师队伍

全会《决定》对加强律师队伍建设作出了重要部署。习近平总书记在听取司法行政工作汇报时特别要求积极推进律师队伍建设。全国律协和各地律协要把建设高素质律师队伍作为当前和今后一个时期律师工作紧迫的战略任务，集中精力、综合施策，按照政治过硬、业务过硬、责任过硬、纪律过硬、作风过硬的要求，努力建设一支信念坚定、执业为民、敢于担当、清正廉洁的律师队伍。要大力加强律师队伍思想政治素质建设，把拥护中国共产党的领导、拥护社会主义法治作为律师从业的基本要求，增强广大律师走中国特色社会主义法治道路的自觉性和坚定性。要加快培养全面推进依法治国需要的律师专业人才特别是涉外律师人才，优化律师人才结构，构建社会律师、公职律师、公司律师等优势互补、结构合理的律师队伍。要健全完善律师职业道德规范制度体系、教育培训机制、监督管理机制、扶持保障政策等长效机制，引导律师依法规范诚信执业。要巩固和扩大律师队伍党建工作成果，稳步提升律师党员数量和素质，发挥律师事务所党组织的政治核心作用，为律师事业发展提供坚强政治保证。要深入推进律师队伍诚信建设，完善律师诚信信息披露和监管机制，树立律师行业新风正气。要加强律师协会建设，充分发挥律师协会行业自律管理职能作用，为规范律师执业行为、推动律师事业健康发展作出积极贡献。

四、切实加强组织领导，把全会精神落实到律师工作的方方面面

认真学习贯彻全会精神和习近平总书记重要讲话精神，是当前和今后一个时期司法行政机关、律师协会组织的重大政治任务。各级司法行政机关、各地律师协会要在司法厅、局党委（党组）领导下，认真传达学习贯彻落实全会精神，把学习贯彻全会精神安排好、组织好，切实取得学习实效。要组织好学习传达，明确传达任务，制订学习计划，把全会精神传达到每一个律师事务所和每一名律师，把学习领会全会精神列为律师教育培训的必修课，原原本本学习全会精神，认认真真领会精神实质。要把学习贯彻全会精神与学习贯彻党的十八大、十八届三中全会精神和习近平总书记系列重要讲话精神紧密结合起来，以改革创新精神做好律师工作，焕发律师工作的生机和活力。要用全会精神指导律师工作发展，深入研究律师工作发展中的重要理论和实践问题，着力破解当前制约和障碍律师事业发展的突出矛盾，用中国特色社会主义法治建设的最新理论成果武装头脑，指导实践，推动发展，继续大力加强律师队伍的思想政治建设、业务建设、职业道德建设和党的建设、行风建设，进一步做好深入推进依法治国的思想准备、工作准备和人才保障准备。

随着四中全会精神的深入贯彻落实，全面推进依法治国必将进入一个新的历史时期。作为社会主义法治建设的重要组成部分，律师工作肩负着光荣的历史使命。让我们更加紧密地团结在以习近平同志为总书记的党中央周围，解放思想、改革创新、务实进取，为全面推进依法治国，建设社会主义法治国家，实现“两个一百年”奋斗目标和中华民族伟大复兴的“中国梦”作出新的更大的贡献。

发挥司法行政职能作用
夯实法治社会建设基础

赵光君*

党的十八届四中全会审议通过的《中共中央关于全面推进依法治国若干重大问题的决定》，是加快建设社会主义法治国家的纲领性文件。认真学习党的十八届四中全会精神，研究把握司法行政工作在推进依法治国、建设法治社会中的职能作用，我们深感使命光荣、责任重大。

法治是人类文明的重要成果，是社会治理的内在要求和基本准则。早在2006年4月，习近平同志担任浙江省委书记期间，省委就作出了建设法治浙江的重大决策，习近平同志就建设法治浙江、法治社会等多次发表重要讲话。党的十八大以来，习近平总书记站在党和国家事业发展全局的高度，明确提出要坚持依法治国、依法执政、依法行政共同推进，坚持法治国家、法治政府、法治社会一体建设。十八届四中全会对全面推进依法治国进行了系统部署，为建设法治中国进一步指明了方向。

认真学习领会四中全会决定和习近平总书记关于法治建设的一系列重要论述，我们深感亲切，备受鼓舞。我们认识到，法治社会是建设法治中国的重要组成内容。法律的权威源自人民的内心拥护和真诚信仰。弘扬社会主义法治精神，建设社会主义法治文化，增强全社会厉行法治的积极性和主动性，司法行政部门肩负基础性、先导性、保障性职责。司法行政部门既有行政管理、刑罚执行等刚性执法职能，又有法治宣传、法律服务、法律援助等社会

---

* 赵光君，浙江省司法厅党委书记、厅长，本文摘自《法制日报》2014年12月1日。

服务职能，还有人民调解等自治管理手段，与法治社会建设的要求高度契合。司法行政部门要充分发挥职能作用，全面部署，找准位置，主动有为，狠抓落实，积极推进法治社会建设。

一、切实增强全民法治观念

2006 年 7 月，时任浙江省委书记习近平同志在《浙江日报》发表《弘扬法治文化　建设“法治浙江”》署名文章，指出要通过普法活动，传播法治理念，培育法治精神，弘扬法治文化，树立法治权威。

近年来，浙江省司法行政部门学习贯彻落实习近平同志的重要指示精神，按照省委、省政府的决策部署，认真抓好法治宣传教育工作。我们坚持把领导干部作为法治宣传教育重点，建立起党委（党组）中心组学法、领导干部任前法律知识考试、重大决策前专题学法、年度述法等制度。2008 年，浙江省在全国首开先河，举行了省管领导干部集中闭卷统一法律知识考试，1149 名省管领导干部分批参加考试。坚持围绕中心、服务大局，部署开展了“三改一拆”“五水共治 · 法治同行”等专题法治宣传教育活动。坚持把增强针对性和时代性作为法治宣传教育的重点，善于运用网络、手机、数字传媒等新兴媒体开展普法教育，创办了普法手机报，打造了普法网群，形成了普法微博“集团军”，有效增强了法治宣传的吸引力、渗透力和感染力。

党的十八届四中全会强调要增强全民法治观念，阐明了法治信仰对于法治建设的重要作用。学习贯彻四中全会精神，司法行政部门要更加注重深入宣传好以宪法为核心的中国特色社会主义法律体系和法治实践成果，让法治在人民心中生根，在社会运行中生效。更加注重围绕党委、政府的决策部署开展法治宣传，持续发力，久久为功，以法治凝聚社会共识，推动工作。更加注重领导干部学法用法，带动全社会信仰法治，汇聚起建设法治社会的强大力量。更加注重法治宣传与法律服务相结合，把固化的法律条文变成温暖的法律服务，引导群众充分认识到法律既是保障权利的有力武器，也是必须遵守的行为规范。更加注重创新普法教育形式，加强新媒体新技术在普法中的运用。更加注重弘扬社会主义核心价值观，增强法治的道德底蕴，强化规则意识，倡导契约精神，弘扬公序良俗。更加注重法治文化建设，将法治文化与中华传统文化、浙江地域文化有机融合，润物无声，潜移默化，在全社会树立法治风尚。

二、提高社会治理法治水平

习近平同志在浙江工作期间多次强调，要积极探索和推进地方、行业和基层的依法治理实践，深入开展法治城市、法治县（市、区）创建活动。

1998 年，浙江省在全国率先开展“民主法治村”创建，其经验被司法部和民政部在全国推广。2003 年，习近平同志亲自倡导，浙江在全国率先实施省、市、县领导干部下访律师随同制度，全面推行政府法律顾问、公职律师、社会律师参与政府重大决策等工作。近年来，浙江省积极推进企业依法治理，普遍开展“诚信守法企业”创建活动，大力推行企业、商会法律顾问制度和公司律师试点工作，开展法律帮扶中小企业、知识产权巡回法律服务等一系列专项法律服务活动，以法治手段帮助企业提升抵御市场风险能力。

党的十八届四中全会指出，推进多层次多领域依法治理，提高社会治理法治化水平。学习贯彻四中全会精神，司法行政部门要进一步加强政府法律顾问工作，协助政府运用法治思维谋划社会治理，用法治方式破解社会治理难题，使法治成为社会治理的一种新常态。深化基层依法治理，依托“民主法治村（社区）”等创建载体，完善乡规民约、市民公约和行业规章等社会自治规则，保障各类基层组织自我调节、自我规范、依法自治。深化依法治企工作，完善诚信守法企业考评，拓展企业法律顾问覆盖面，促进企业依法生产经营。同时，进一步加强自身依法治理，全面深化依法治监（所），强化依法行政，推进法律服务业规范化建设，努力让人民群众从司法行政执法执业实践中感受到公平正义。

三、完善公共法律服务体系

2006年7月，习近平同志在浙江省委十一届十次全会上强调“依法逐步建立以权利公平、机会公平、规则公正、分配公平为主要内容的社会公平保障体系”。

浙江在构建公共法律服务体系方面较早进行了探索。2008年，围绕省政府“全面小康社会六大行动计划”，省司法厅制定规划，在全国率先将法律服务纳入公共服务均等化体系。2013年6月，省司法厅出台文件，整合律师、公证、法律援助、人民调解、法治宣传等法律服务资源，全面推进覆盖城乡居民的基本公共法律服务体系建设，其做法被吸纳写进了省委全会决定。目前，浙江省已形成了县（市、区）司法行政法律服务中心、乡镇（街道）公共法律服务站、村（社区）公共法律服务点、12348公共法律服务专线、公共法律服务网等不同层级的法律服务网点，公共法律服务平台已基本建成，其中司法行政法律服务中心在县级层面实现全覆盖，村（社区）法律顾问覆盖率达97.1%，有效满足了人民群众日益增长的法律服务需求。

党的十八届四中全会指出，推进覆盖城乡居民的公共法律服务体系建设，加强民生领域法律服务。学习贯彻四中全会精神，司法行政部门要坚持以服务民生、保障权益为根本出发点和落脚点，从法治建设大局出发，推动公共法律服务资源在城乡之间均衡布局、合理配置、科学组合，让法律服务更多地向农村拓展、向基层延伸。遵循公共服务的内在规律，科学界定公共法律服务产品项目，完善公共法律服务供给网络，建立公共法律服务业务标准，提高公共法律服务质量。强化政府在公共法律服务供给中的主导作用，推动公共法律服务经费列入财政预算，纳入政府公共服务体系，为公共法律服务体系建设提供有力保障。完善社会组织协同服务模式，引导律师协会、公证协会、人民调解协会等行业组织积极提供公益性法律服务。加强与工青妇等群团组织的联系，积极培育公共法律服务志愿者队伍，增强公共法律服务供给能力，畅通群众利益协调、权益保障法律渠道，让人民群众共享法治建设红利。

四、引导依法维权化解纠纷

2006 年 2 月，习近平同志在调研浙江司法行政工作时指出："确保让每一位群众遇到矛盾之时先去调解，调解不成也愿意打官司、懂得打官司、打得起官司、信得了打官司的最终结果。"

几年来，浙江各级司法行政机关认真贯彻落实总书记的重要指示精神，坚持和发展"枫桥经验"，不断健全完善传统人民调解组织，创造了"和事佬""老娘舅"等一批群众喜爱的品牌人民调解模式。针对社会矛盾纠纷的新特点新趋势，在全国首创行业性专业人民调解制度，推动人民调解工作向矛盾纠纷易发多发领域延伸。2008 年以来全省已经在医疗、交通、劳动、物业等 15 个行业领域建立专业人民调解组织 1062 个。同时，积极发挥法律援助、法律服务在依法维权和化解矛盾纠纷中的职能作用，在全国首创行业性法律援助工作站、律师参与信访值班、律师主持矛盾纠纷调解、律师参与刑事案件和解等工作机制，不断提高化解社会矛盾纠纷的专业化水平。

党的十八届四中全会强调"健全依法维权和化解纠纷机制"。学习贯彻四中全会精神，司法行政部门要充分发挥普法和依法治理的源头性作用，强化法律在维护群众权益、化解社会矛盾中的权威地位，引导群众理性表达诉求、依法维护权益。充分发挥人民调解的基础性作用，巩固发展传统人民调解工作，拓展规范行业性专业人民调解组织，完善人民调解与行政调解、司法调解联动工作体系，探索建立网上矛盾纠纷调解模式，构建多元化矛盾纠纷化解机制，使人民矛盾人民调，社会纠纷社会疏。充分发挥法律服务的专业性作用，把法律服务纳入党委政府主导的矛盾纠纷排查化解机制中，积极运用律师等法律服务工作者的法律专业优势，协助相关部门依法处置突发性、群体性事件和信访事项；引导律师尽责代理不服司法机关生效裁判、决定的申诉案件，将聘不起律师的申诉人纳入法律援助范围，保障合理合法诉求依照法律规定和程序得到合理合法的结果，依法维护好、解决好人民群众最关心最直接最现实的利益问题。

中华法律文化精神中的六个重要传统

武树臣[*]

中国共产党十八届四中全会作出的《中共中央关于全面推进依法治国若干重大问题的决定》（以下简称《决定》）系统地提出了社会主义法治国家建设的指导思想、宏观计划和一系列改革措施。可以相信，我国社会主义法治国家建设即将进入一个崭新的历史阶段。

一个国家或民族的法律文化成果，作为该国家或民族文化成果的一部分，与其母体水乳交融、不可分割。今天的中国是历史的中国的自然延续。在今日中国的特定环境下建设社会主义法治国家，堪称前无古人的伟大事业。几乎没有现成的模式可以模仿，只能更多地依靠实践的摸索和总结。改革自然需要大刀阔斧、勇敢创新，需要环视四海、取人所长，但同时也需要回首往事，重温自己的法律文化传统，从中汲取营养和智慧。

中国法律文化传统是中华民族经历数千年的实践而形成的，并在世界法律文化园地独树一帜。大体而言，中国法律文化传统是由大传统、小传统和新传统组成的。所谓大传统是古代的法律传统，它是在自然封闭的环境中形成的，体现了法律文化的民族性；所谓小传统是在近代的中西法律文化交错的环境中，经过域外法律文化与我国固有法律文化相互碰撞融合而形成的，它体现了法律文化的普遍性；所谓新传统是伴随着中国共产党的革命和建设实践活动形成的法律观念和经验，它体现着法律文化的现实性。这些传统都包含着丰富的优秀成果，值得我们重温和借鉴。四中全会决定指出“法治建设应汲取中华法律文化精华”。在中华法律文化成果当中，有哪些精神或传统

* 武树臣，山东大学人文社科一级教授，本文摘自《人民论坛·学术前沿》2014 年第 11 期。

值得我们汲取和借鉴呢？大致而言，有以下六个方面：

一、国家政体上“君臣共治”的“共和”传统

提到中国古代政体，人们会自然想到中央集权和君主专制。但是仔细分析一下就会发现，中国古代的政体既非民主政体，亦非寡头暴君政体，而是中国式“君臣共治”的“共和”政体。这一政体经历了殷商君权与神权的共和、西周春秋天子与诸侯的共和、秦至清末皇族与官僚群体的共和，还有朝廷特别是地方官府与民间俊秀（乡绅群体）的共和。中国古代的共和思想起源于先秦儒家。先秦儒家大都坚持维护贵族政体，主张限制君主独断专横的权力，要求各级贵族在天子诸侯面前有更多发言权。孔子认为，如果一位君主把“唯其言而莫予违”（君主说什么都没有人敢反对）当作君主之乐趣，那必然会“丧邦”。[①] 孟子甚至认为“贵戚之卿”的职责是“君有大过则谏，反复之而不听，则易位”。对像纣那样的暴君，人民可以起来推翻他“贼仁者，谓之贼，贼义者，谓之残，残贼之人，谓之一夫。闻诛一夫纣矣，未闻弑君也”。[②] 西汉以后，儒法合流，限制君权的思想仍然延续下来。董仲舒的天人合一、天谴灾异之说的深意，就在于制约君权，实现君臣共治。古代共和思想的巅峰之作是明清之际启蒙思想家黄宗羲的“学校议政”说。[③] 按照他的设计，皇帝和大臣定期到太学听取名儒们的意见，接受他们对时政得失的批评谏议，以图改进政治。这种设计或许可以称得上是中国式议会的雏形。如果中国社会从明清之际顺利走上发展商品经济的道路，那么，黄宗羲也许就会成为中国的卢梭。

其实，先秦法家也主张一种“法治”之下的“共和”。法家主张君道无为，臣道有为，如《管子·任法》“夫生法者君也，守法者臣也”；《慎子·民杂》：“君臣之道，臣事事而君无事”；《申子·大体》“君如身，臣如手”

---

① 《论语·子路》。

② 《孟子·万章下》《梁惠王下》。

③ （清）黄宗羲：《明夷待访录》，《学校》，中华书局 1981 年版。

“君设其本，臣操其末，君治其要，臣行其详，君操其柄，臣事其常”。能够把君主与群臣联系起来的桥梁就是“垂法而治”“缘法而治”的“法治”。法家虽然“尊君”，但同时也要求君主守法。如《管子·任法》：“君臣上下贵贱皆从法，此谓为大治”；《法法》：“令尊于君”；《任法》：“圣君任法而不任智，任数而不任说，任公而不任私”。《商君书·君臣》：“明主慎法制，言不中法者，不听也；行不中法者，不高也；事不中法者，不为也。”《定分》主张公布法律，让妇孺皆知，使“万民皆知所避就”“吏不敢以非法遇民”。统一多民族的秦朝建立之后，十分重视法律的作用，立法活动蔚为大观。如泰山刻石：“皇帝临位，作制明法，臣下修饬”，“治道运行，诸产得宜，皆有法式”，“事皆决于法”。[1] 历代朝廷都组建庞大的官僚机器，制定了完备的法律制度，驾驭着地域广阔的泱泱大国。毋庸讳言，由于皇帝享有至高无上、不受法律约束的权力。因此，历史上不乏不守法纪、无视祖训、不听谏言、倒行逆施的“昏君”“暴君”。但是“昏君”“暴君”之政不可能持久，反而充当了历史的反面教材。

但是，不论儒家还是法家，他们既没有直接论述“共和”政体的科学构建问题，也没有从制度设计入手来达到有效限制君权的目的。他们主张限制君权的良好愿望，最终成了一种祈祷，相信“五百年必有王者兴”[2]，希望圣明君主从天而降。当然，我们没有理由苛求于古人。但是，纵观中国古代史，可以看到，大凡共和精神贯彻得比较好的朝代或时期，社会就比较安定繁荣；大凡共和精神被破坏甚至走向寡头统治的时期，社会就停滞和纷乱。

从某种角度而言，中国共产党从革命战争时期就开始了创立共和国的伟大尝试。1931 年，中国共产党在江西瑞金成立中华苏维埃共和国，其政体就是共和，通过“苏维埃”（议会、会议）代表大会的形式来实现共产党与工农兵大众的共和。到了 20 世纪 40 年代，陕甘宁边区参政会和政府组织曾实行“三三制”（共产党员占三分之一，非党进步人士占三分之一，中间派开明士绅占三分之一），这可以说是共产党和人民实行共和共治的新探索。今天的

---

① 《史记·秦始皇本纪》。

② 《孟子·公孙丑下》。

中华人民共和国也是共和制。宪法确定了中国共产党的领导地位和人民的国家主人地位，以及人民代表大会制度作为国家的根本政治制度。可以说是共产党通过人民代表大会制度实现与人民共和共治。四中全会《决定》再次强调社会主义法治的本质特征就是“坚持党的领导，人民当家作主，依法治国的有机统一”。其中，共产党的领导是国家法治的政治基础和方向，人民当家作主是国家法治的价值所在，依法治国是实施法治的基本途径。在深入进行社会主义法治国家建设的今天，如何借鉴中国历史上的共和传统和智慧，如何进一步完善新时期社会主义国家政体上的共和制，具有举足轻重的意义。

二、国家社会治理上的贤哲政治传统

在社会主义法治建设的初级阶段，我们在重视法律作用的同时，应当更加重视人的作用，重视各级领导干部的政治道德素质，以期使依法治国和贤哲精神携手同行。合格可靠的法治队伍是推行法治建设的组织保障。四中全会决定强调“各级领导干部要对法律怀有敬畏之心，牢记法律红线不可逾越、法律底线不可触碰，带头遵守法律，带头依法办事”“把能不能遵守法律、依法办事作为考察干部的重要内容”。实际上考察领导干部的标准增加了“法治”内容：一是懂不懂宪法和法律，遵不遵守宪法和法律；二是懂不懂人民的各项权利，尊不尊重人民的各项权利；三是能不能在日常工作当中严格依法办事。

三、“法治”与“德治”相结合的吏治传统

在中国古代，为了保证国家政权对社会的有效统治，保障法律在时间和空间上的一致性，历代王朝都采取各种措施对官员群体的权力加以指导制约。这种指导和制约的总体特征是刚性制约与柔性制约相结合，亦即“法治”与“德治”相结合。

刚性制约指国法。即由国家正式制定颁布并靠国家强制力保障实施的法律制度，包括：（1）法律规章的事先指导。历朝法律对各级各类官员的职权

范围规定得十分详细，全面详细的规章制度是保证官员正确行使职权，预防官员权力滥用的有效屏障。(2) 评定黜陟的定期考核。经过自上而下的定期考核评定，实行奖优罚劣，优胜劣汰是制约官员权力的有效防线。(3) 随时究举的动态监督。监察制度是通过各种渠道发现并纠举官员违法犯罪行为，保障官员如实履行政令，依法履行职责的最后一道关隘。柔性制约指"官箴"。"官箴"是官吏施政行法具体经验的总结，实际上成为官吏业务职守和道德品行的培训教材。"官箴"除了"为吏须知"(涉及钱粮、农桑、市贾、国课、教化、刑狱、防御等各项职守)之外，还有大量道德条目即"居官格言"，其特点是平俗、具体、实用。如宋代吕本中《官箴》"当官之法，唯有三事：曰清，曰慎，曰勤"；梅挚《五瘴说》"仕有五瘴，避之犹未能也：急征暴敛，剥下以奉上，租赋之瘴也；深文以逞，良恶不白，刑狱之瘴也；昏晨醉宴，废弛王事，饮食之瘴也；侵牟民利，以实私储，货财之瘴也；盛陈姬妾，以娱声色，帷薄之瘴也"；元代张养浩《风宪忠告》"尽己之职为国为民而得罪，君子不以为辱而以为荣""荐举之体，则宜先小官，纠弹之体，则宜先贵官"；明代杨昱《牧鉴》：为官者"不惑有三：酒、色、财"，等等。这些道德教训实际上成了古代官员利国、利政、利民和保官、保节、保命的座右铭、护身符。

四中全会《决定》提出"坚持依法治国与以德治国相结合""全面推进依法治国，必须大力提高法治工作队伍思想政治素质、业务工作能力、职业道德水准"。实施依法治国，必须有一个具有合格政治、业务、道德素质的法治工作队伍。"以德治国"的本质是强调国家公务人员特别是法治队伍的素质，其中特别强调的是政治思想和道德品质。从某种角度而言，今天的"以德治国"和历史上"以德治吏"的吏治传统是相通的。

四、司法上忠于国家法律的"劲士"传统

"劲士"一词出自《荀子》。《荀子·儒效》："行法志坚，不以私欲乱所闻，如是，则可谓劲士矣。""劲士"又被法家称作"法术之士""端直之士""能法之士""智术之士""劲士"精神是与"大儒风范"并行的一种施政行

法的风格。其本质特征就是忠于国家和法律，既不畏强权又不谋私利，矢志不渝，不惜以身殉国殉法殉职的精神。“劲士”精神来源于古代史官（包括占卜之史和载言记事之史）信仰神祇、忠于史实“书法不隐”“以死奋笔”的“古之良史”① 的传统。“劲士”精神是伴随着超血缘的官僚国家和成文法的出现而产生的，是继“孝”观念之后产生的“忠”观念的产物。当一个超血缘的统一国家诞生之后，新式成文法取代了古老的礼。治理国家就需要一种新的精神，这就是“劲士”精神。正是靠着这种精神，国家法律才能够被实际推行，也才能保持它在时间和空间上的一致性。“劲士”精神的理想蓝图是实现“君臣上下贵贱皆从法”的“大治”。正因如此“劲士”群体常常处于危险的境地。“劲士”群体的敌人既不在战场，也不在乡村野外，而是与皇帝保持千丝万缕联系的权贵，他们有太多的既得利益需要保护。权贵们的既得利益常常与国家的政策和法律相对立。因此，历经数次变法的商鞅慨叹道“法之不行，自上犯之”②；《韩非子·孤愤》亦谓“智法之士与当途之人不可两存之仇也”。然而历代的变法都离不开“劲士”的冲锋陷阵甚至英勇捐躯。后世清官如包公、海瑞等都继承了“劲士”精神，他们敢于为民请命、不畏豪强、不徇私情、不贪财利，被人民长久歌颂和怀念。他们是心存理想、以身赴命的英雄人物。在深入开展社会主义法治国家建设的今天，在社会深刻转型利益多元的背景下，在充斥错综复杂人际关系的社会环境中，“劲士”精神特别值得我们重温和借鉴。

五、注重法律实践经验总结和研究的法学传统

在中国历史上，虽然罕见专门的法学家、法学流派和法学专著，但是，古代法学却是与当时的法律实践活动特别是社会改革同步发展的。在西周初期，关于“眚”（过失）“非眚”（故意）“终”（累犯）“非终”（偶犯）和“父子兄弟罪不相及”③ 的思想和刑事政策，不仅有效维系了新政权的稳定，

---

① 《左传·宣公二年》。

② 《史记·商君列传》。

③ 《尚书·康诰》。

还深化了古代的刑法理论。这种刑法思想当时在世界领域处于领先地位。春秋以降，伴随着成文法登上舞台，私家聚徒讲法之风兴起。其中，邓析就是最突出的一例。他不仅制定了“竹刑”，还教人们“法律之所谓”，指导当事人打官司。战国时的商鞅、墨子等都从研究成文法的“刑名”之学兼而研究逻辑的“形名”之学。汉代大儒董仲舒、马融、郑玄等，都通经而明法，在国家立法和司法实践中留下足迹。尔后，在圣贤之学的经学昌明弘扬之际，研究法律实践问题的律学亦不绝如缕。及至明清，官方和民间研究成文法典和案例的著述数量惊人。清末推行新政之际，由谙熟中国法律传统的沈家本担任“修律大臣”主持修律活动，实为民族之幸。注重实践的学风的另一产物，是法律艺术的发达。法律艺术包括立法艺术、司法艺术、法律文献编纂艺术、法律解释艺术、法医勘验艺术，等等。其中，宋代宋慈的《洗冤集录》是世界第一部法医学著作，曾经被翻译成多国文字。在法治国家建设的背景下，我们的法律工作者特别是法学教育研究者，应当深入关注法律实践中的新问题，理论联系实际，努力为国家法治建设培育人才，出谋划策。

六、法律样式上的“混合法”传统

法律样式指立法司法的宏观工作方式。由于历史文化的原因，中国古代的法律实践活动走着与西方国家完全不同的道路。中国古代的法律实践活动是在自然的或曰封闭环境中进行的，因此，其成果在一定程度上揭示了人类法律实践的规律性。因为越是民族的便越是世界的。一个世纪以前，就有学者宣布中华法系已经死亡。但经过仔细分析就会发现，死亡的只是古老的血缘差异精神。从法律样式的角度来看，中国古代法律既不同于英美判例法，也不同于欧洲成文法（制定法），而是成文法和判例制度相结合的“混合法”。

“混合法”的关键是判例制度。今天，建立中国式判例制度还有利于解决“司法不公”的问题。四中全会决定强调“公正是法治的生命线”“保证公正司法，提高司法公信力”“绝不允许办关系案、人情案、金钱案”。长期以来“司法不公”成为人民群众诟病司法的流行语言。在很多场合下“司法不公”

是“裁判不一”造成的。“裁判不一”又源于成文法条过于宽泛和笼统，赋予法官过大的自由裁量权，致使出现同案不同判的现象，往往造成当事人长期上访。如果借鉴古代的“混合法”样式，像历代法典如《唐律疏议》《大明律例》《大清律例》那样，在成文法条下面罗列一系列从原始案例加工抽象而成的例文（裁判要旨），这样一方面可以使法律条文的“网眼儿”变得越来越狭窄，对法官的自由裁量权是一种有效制约，同时也使人们预先知道什么样的案件必然会得出什么样的裁判，从而使法律成为确定的和可以预见的东西。这样，司法环境就会大为改观，司法公信力也会大为提升。“裁判一致”了，同案同判了，“司法公正”也就大体上实现了。

中国古代的“混合法”除了成文法与判例制度相结合这层意思之外，还包括另一层意思，就是法律规范与非法律规范相结合。所谓非法律规范即非经国家制定颁布的行为规范，比如家法族规、乡规民约、行业习惯等，这些行为规范是法律规范的补充，它们在国家法律鞭长莫及的领域发挥着实际的作用。四中全会决定指出“支持各类社会主体自我约束、自我管理，发挥市民公约、乡规民约、行业规章、团体章程等社会规范在社会治理中的积极作用”。这一精神与古代“混合法”传统是一致的。

我们对中华法律文化进行梳理，目的是通过选择和扬弃总结历史经验，为当代中国法治实践提供合理性的论证。“法治”在本质上不是理论的，而是实践的，不是个人的，而是民众的。而古老的法律文化传统早已植入人心。“我们是在历史的中国建设社会主义法治的，读懂中国法律文化传统和国情，是一门必修课；同时，我们又是在世界的中国建设社会主义法治的，借鉴域外优秀法律文化成果，是一门必选课。只有这样，我们才能有效推动法治国家建设进程，最终走上与人类法律实践活动同步发展的道路。”①

① 武树臣、武建敏：《中国古代法学实践风格的理论诠释》，《浙江大学学报（哲社版）》2013年第5期。

大力加强法治工作队伍建设

大力加强法治工作队伍建设

张文显*

一、加强法治工作队伍建设的重大意义

习近平总书记在党的十八届四中全会上指出："全面推进依法治国，建设一支德才兼备的高素质法治队伍至关重要。"笔者理解，其重要性体现为以下三个方面：

第一，加强法治工作队伍建设是社会主义法治急需的组织和人力保障。全面推进依法治国的总目标是建设中国特色社会主义法治体系，建设社会主义法治国家。社会主义法治体系包括完备的法律规范体系、高效的法治实施体系、严密的法治监督体系、有力的法治保障体系和完善的党内法规体系。其中，有力的法治保障体系包括政治保障、思想保障、组织保障和运行保障。坚持党的领导是社会主义法治的政治保障，保障社会主义法治的政治方向；贯彻中国特色社会主义法治理论是社会主义法治的思想保障，保障社会主义法治的科学发展；建立科学的法治建设指标体系和考核标准并有效实施是社会主义法治的运行保障，保障全面推进依法治国各项任务的细化和落实；建设宏大的法治工作队伍是社会主义法治的强有力的组织和人才保障，保障科学立法、严格执法、公正司法、监督守法、全民普法的实现。

第二，加强法治工作队伍建设是人才强法的根本举措。人才强法是人才

---

* 张文显，中国法学会会长，本文摘自《人民法院报》2014 年 11 月 19 日。

强国的重要组成部分。从四中全会《中共中央关于全面推进依法治国若干重大问题的决定》（以下简称《决定》）的逻辑结构来看，第二部分至第六部分分别论述和部署立法、执法、司法、守法、队伍建设，所以，全面推进依法治国从基本布局出发，就是要形成科学立法、严格执法、公正司法、全民守法、人才强法全面推进的良好局面。

第三，建设一支优秀的法治工作队伍，才能实现良法善治、法正民安。社会主义法治建设的主体是人民，人民是推进依法治国的根本动力和力量源泉。但同时也要看到，法治工作核心是依法治理国家和社会，处理公共事务，尊重和保障人权，维护社会公平正义，促进社会和谐稳定，保障经济长期持续发展，其基本内容是政治性、思想性、智慧性、专业性、技术性相当复杂的事务，需要高级专门人才。特别是进入新世纪之后，随着科学技术进步、社会转型和利益格局的巨变，新型案件、疑难案件、涉外案件、知识产权案件层出不穷，征地拆迁、土地承包纠纷、社会保险、教育医疗、消费者权益等涉及民生问题和群体性利益的案件逐年增加，与人格权、生存权、环境权、发展权等人权问题关联的诉讼也呈现攀升趋势。这就需要大批受过良好专业训练、具有救济权利、定分止争、制约公权实践理性和实践经验的法律专家。

二、法治工作队伍建设的主要任务

法治工作队伍，也就是法治队伍。过去，我们常说法律工作者、法律工作队伍，在全面推进依法治国、建设社会主义法治体系和法治国家的今天，我们要与时俱进地改称呼为法治工作者、法治队伍。法治队伍涵盖的范围比较广泛，举凡在党政军机关、司法机关、人民团体、社会各领域专职从事涉法工作和法治工作的人员，都可称为法治工作者，都隶属法治队伍。四中全会《决定》提出：全面落实依法治国，必须大力提高法治工作队伍思想政治素质、业务工作能力、职业道德水准，着力建设一支忠于党、忠于国家、忠于人民、忠于法律的社会主义法治工作队伍。

笔者认为，最核心的一支队伍是法治专门队伍。习近平总书记指出“我国专门的法治队伍主要包括在人大和政府从事立法的工作人员、在行政机关从事执法的工作人员、在司法机关从事司法工作的人员。全面推进依法治国，首先要把这支队伍建设好”。立法、执法、司法这三支队伍既有共性又有个性，都十分重要。立法是为国家定规矩、为社会定方圆的神圣工作。立法人员必须具有很高的思想政治素质，具备遵循规律、发展民主、加强协调、凝聚共识的能力。执法是把纸面上的法律变为现实生活中的法律的关键环节，执法人员必须忠于法律、捍卫法律、严格执法、敢于担当。司法是社会公平正义的最后一道防线，司法人员必须信仰法律、坚守法治、端稳天平、握牢法槌、铁面无私、秉公司法。要按照政治过硬、业务过硬、责任过硬、作风过硬的要求，教育和引导立法、执法、司法工作者牢固树立社会主义法治理念，恪守职业道德，坚持党的事业、人民利益、宪法法律至上，忠于党、忠于国家、忠于人民、忠于法律。要畅通立法、执法、司法部门干部和人才相互之间以及与其他部门之间具备条件的干部和人才交流渠道。推动法治专门队伍正规化、专业化、职业化，提高职业素质和专业水平。

法律服务队伍主要包括律师，也包括公证员、基层法律服务工作者、人民调解员以及法律服务志愿者等。律师队伍是依法治国的一支重要力量，要大力加强律师队伍思想政治建设，把拥护中国共产党领导、拥护社会主义法治作为律师从业的基本要求。这条要求不能放松，更不能放弃，绝不能在其中产生出以“法治”“维权”作为招牌反对四项基本原则的异己力量。要构建社会律师、公职律师、公司律师等优势互补、结构合理的律师队伍。建立激励法律服务人才跨区域流动机制，逐步解决基层和欠发达地区法律服务资源不足和高端人才匮乏问题。

一支通晓国际法律规则、善于处理涉外法律事务的涉外法治队伍也是必不可少的。《决定》的第七部分专门设立一节部署加强涉外法律工作，必须有一支更高素质的涉外法治人才队伍才能做好日益增多和复杂的涉外法律工作。必须承认，我们目前仍然缺乏，不是一般缺乏，而是十分缺乏这样的人才。

法学专家队伍对于探索和形成中国特色社会主义法学理论体系、法治理论体系和法治话语体系，用马克思主义法学思想占领法治意识形态阵地，至关重要。《决定》强调指出："中国特色社会主义道路、理论体系、制度是全面推进依法治国的根本遵循。必须从我国基本国情出发，同改革开放不断深化相适应，总结和运用党领导人民实行法治的成功经验，围绕社会主义法治建设重大理论和实践问题，推进法治理论创新，发展符合中国实际、具有中国特色、体现社会发展规律的社会主义法治理论，为依法治国提供理论指导和学理支撑。"[①] 这既指出了创新发展中国特色社会主义法治理论的极端重要性，也指出了建设马克思主义法学理论队伍的极端迫切性。为此《决定》要求要重点打造一支政治立场坚定、理论功底深厚、熟悉中国国情的高水平法学家和专家团队，建设高素质学术带头人、骨干教师、专兼职教师队伍。

三、创新法治人才培养机制

改革开放以来，我国法治人才培养工作取得了巨大成就。但是，与全面推进依法治国，建设法治体系、法治国家和法治中国而言，我们的法治人才培养机制还很不适应、很不符合。其中，最大的不足当属中国特色社会主义法治理论教育的薄弱。从客观上讲，我国社会主义法制建设起步较晚，我们的社会主义法治理论体系、法治话语体系也是最近逐步开始形成的，所以，西方法治理论一度在教材和教学中占据了主导地位；从主观上来讲，我们还没有牢固树立中国特色社会主义法治的道路自信和理论自信，对西方法治模式和法治理论可能产生的负面影响和危害认识不足。现在中央强调，坚持用马克思主义法学思想和中国特色社会主义法治理论来教书育人，作为整个法学教育的指导思想，这是有的放矢，非常重要的。为此《决定》提出要着力"创新法治人才培养机制""培养造就熟悉和坚持中国特色社会主义法治体系的法治人才及后备力量"[②]。主要措施包括：

第一，坚持立德树人、德育为先导向，坚持用马克思主义法学思想和中

① 《中共中央关于全面推进依法治国若干重大问题的决定》，人民出版社 2014 年版，第 7 页。
② 《中共中央关于全面推进依法治国若干重大问题的决定》，人民出版社 2014 年版，第 33 页。

国特色社会主义法治理论全方位占领高校、科研机构等法学教育和法学研究阵地，加强社会主义核心价值体系教育，完善中华优秀传统文化教育，形成培养社会主义法治人才的良好制度环境、理论环境、人文环境和舆论氛围。

第二，加强法学基础理论研究，形成完善的中国特色社会主义法学理论体系、学科体系、课程体系，从培养社会主义法治人才、治国理政、建设社会主义法治体系和法治国家的需要出发建构我们的法学理论体系、学科体系、课程体系。

第三，深入实施卓越法治人才培养计划（该计划原名称是“卓越法律人才培养计划”）。社会主义法治建设不仅需要一大批法律人才，更需要卓越的法律人才。提高法律人才培养质量已成为我国高等法学教育改革发展最核心最紧迫的任务，要把培养应用型、复合型法律职业人才作为实施卓越法律人才教育培养计划的重点，把培养涉外法律人才作为培养应用型、复合型法律职业人才的突破口，把培养西部基层法律人才作为培养应用型、复合型法律职业人才的基础工程。

第四，大力推进法学教育的国际交流与合作。我们是在全球化背景下推进法治中国建设，也必然是在全球化背景下推进中国法学教育改革。只有这样，才能培养出政治立场坚定、通晓国际法律规则、善于处理涉外法律事务的涉外法治人才队伍。要积极探索涉外法治人才培养多样化机制，包括完善与国外院校交流、双学位联合培养、国际组织实习等项目，加强对外交流合作，拓展法治人才国际化视野。

第五，深化高等法学教育体系和管理体制改革，充分发挥法学教育在法治建设中的基础性、先导性作用，为加快建设法治中国提供强有力的人才保证和智力支撑。为此，要全面启动法学教育体系和管理体制改革，建立由中央政法委统一领导，由教育部、司法部、人事部、最高人民法院、最高人民检察院、中国法学会共同参与的法学教育改革领导小组，在调查研究的基础上，雷厉风行地出台法学教育改革的相关意见，报中央批准后推行。

第六，切实抓好法学教师队伍建设。创新法治人才培养机制，培养大批德才兼备的法治人才，建设好教师队伍是关键。为此，我们要更加重视普通高等学校和职业培训机构教师队伍建设。首先，要按照比自然科学和其他人文学科更高的思想政治标准加强法学教师队伍的思想政治建设，要求法学教师必须忠于党、忠于国家、忠于人民、忠于宪法法律，必须以爱岗敬业、尽职尽责、尽善尽美的职业精神从事教书育人工作。其次，要健全政法部门和法学院校、法学研究机构人员双向交流机制，实施高校和法治工作部门人员互聘计划，重点打造一支高素质学术带头人、骨干教师、专兼职教师队伍，吸收更多有丰富实践经验和一定理论素养的专家型法官、检察官、律师上讲台、当导师。

对构建具有中国特色的法律职业共同体的思考

徐显明*

一

在我国的香港地区，每年一月前三周的某个周一下午，都有一个法律人参加的庄严仪式。终审法院首席法官率领所有法官及所有资深大律师共同检阅警察仪仗队。检阅者静立，警察们列队从检阅者眼前以礼步通过。仪式结束后，法官们、律师们齐入香港大会堂。大家着法袍、戴假发按终审法院法官、其他法官、资深大律师、律师及所邀嘉宾的顺序就座，然后由终审法院首席法官、律政司长、大律师公会主席、律师会会长发表演讲。这两场仪式合之，被称为“香港法律年度开启典礼”。典礼的意义在哪儿？在香港有如下共识：其一，是为了彰显法治精神，表明香港在追求法治昌明；其二，是为了彰显司法正义，给予以法官为代表的法律人特别的社会尊崇；其三，是为了彰显香港法律职业共同体的存在，表明法律人的团结与协作。这不是一场耗资无数而意义全无的形式典礼，而是一场有着实质内容的年度法治序曲。它对所有身临其境的人来说，所产生的心灵震动会使其终生难忘。人们无不由衷地对法治、对司法、对法官、对律师、对法律职业产生一种敬重。它已

---

* 徐显明，中央社会管理综合治理委员会办公室专职副主任，本文摘自《中国法律评论（季刊）》2014 年第 3 期。

成为香港法治文化的重要组成部分。香港法律年度典礼告诉我们：法律职业共同体不是虚无缥缈的概念，而是在它成熟时会通过一定的形式宣示出来的、受到社会尊崇的职业群体。

二

德国社会学家斐迪南·滕尼斯在其《共同体与社会》一书中认为：共同体是一种有机的、浑然天成的整体，是一种持久的精神与意志相统一的共同生活。人类迄今为止的共同体，较早的有血缘共同体、地缘共同体、宗教共同体等。而进入近代，政治共同体、经济共同体、文化共同体则相继出现。随着社会化大分工的精细化，职业共同体则成为社会协同的主要方式。法律职业共同体正是随着经济社会的历史性进步而在法治成为社会主要治理方式时才逐步形成的。法律共同体在一国内的生成需要若干时代条件。其一是该国的经济发展进入较发达的商品经济或市场经济阶段。市场经济本质上是法治经济，交换的广泛性与产权保护的重要性会催生以维护人的权利为职业的群体，也会将国家改造成为回应型国家。社会必须供养一批以化解矛盾和平息权利纠纷及缓和个人、企业与国家紧张关系且独立于政府之外的专以司法为职业的精英阶层。他们是国家的组成部分，但不是政府的组成部分。他们所从事的职业具有独立性。其二是政治的发展进入到民主化的阶段。人类社会已经历了神权政治、君权政治和民主政治三阶段，只有进入民主政治阶段的时候，政治与法治才会两分，才会出现法治政治。此时既需要隔一段时间就倡议变动的政治家，也需要为维持社会连续性而不变动的法律家。终生以法律为业的群体成为保持社会稳定并防止政治变动不居的压舱石，法律职业共同体才成为必要。其三是法治发展到相对成熟阶段。这是法律职业共同体形成的直接根据，尽管相对于经济与政治而言，它只是衍生出来的条件，但又是必需的。经济上的市场化与政治上的民主化必定要求社会上的法治化。法治化成熟的标志是良法体系完备，法律得到一体遵行，司法职权独立，权力制约有效，人权保障可靠，法律服务业发达，法学教育形成规模，法治信仰普遍建立，法治成为社会共同的生活方式。当这些法治条件都具备的时候，社会就迫切需要一个相对独立的规模庞大的群体专门从事法律职业。由此三个条件来判断，英国是世界上较早形成法律职业共同体的国家，其在14世纪学徒式法学教育体制确立之后即已具备法律职业共同体的雏形。美国则是在马歇尔确立司法审查制而使司法成为法治的中心之后，在18世纪形成了稳定的法律职业共同体。马克斯·韦伯在分析法律职业共同体形成的不同模式时，依据法学教育方式的不同，曾把英、美作为一个模式，而把大陆法系国家作为另一个模式；其分析令人信服的一点是，他抓住了形成法律职业共同体的源头。法治成熟的标志之一是法学教育的成熟，而法学教育成熟的标志是培养出优秀的法律职业共同体。政治民主与市场经济决定着法治。在民主未确立而使政治法律不分的地方，在法学还不能从政治学及公众知识体系中分离出来而成为独立学问的时候，法律尚不能形成独立的职业场域。行政官兼理司法就是必然的，法律职业共同体当然无从谈起。没有法律职业共同体，就没有成熟的法治。反之，法治的不成熟，也难有发达的法律职业共同体。二者实则是相辅相成的。但任何国家都不可能等到把法律职业共同体养成之后才去发展法治，同样，也不可能把法治发展到成熟阶段之后才去培育法律职业共同体。法治与法律职业共同体应是共生共伴、同长同成的关系。推动法治发展而忽略培育法律职业共同体的形成，只是推车行之一轮，举振飞之一翼，而终不可成。

三

法律职业共同体之共同，共在何处，同在何方？法官、检察官、律师、法学教授以及职业立法者、社会法律服务者等，其职业内容是各不相同的，职业活动甚至是对立的、冲突的，但为什么把他们称为共同体？其因在于他们职业活动的本质是一致的。有人把共同体的职业称为“同质化”的工作，意为职业形式不同而本质相同。也有如托克维尔等人认为的共同体之共同，是同在方法上。他们用相同的方法从业进而推动形成共同的职业。在我看来，其共同之处远不止于此。共同第一表现为教育背景相同，即均受过法学教育的训练，具有相同的知识结构，具有相同的运用法科知识的能力，具有相同的思维方式和相同的法律素质。他们会使用相同的法言法语，恪守共同的公正标准。他们之间在超越了常识之后仍在范畴、理论、思想和价值上是相通的。简言之，他们是知识共同体。第二，无论他们是法治实践中的何种角色，都把法律等同为正义，把司法的过程理解为实现公平正义的艺术，把实现公平正义作为共同的追求。他们之间的争执、对立，不是为了远离公正，而是为了向对方表明自己更接近公正。还原事实以及向对方提出异议甚至抗议，也都是为了求得公正。公正是他们的共同修养、共同境界。正是为了实现公正才将司法分成了若干链条，也正是公正又最终将断开的链条衔接起来。他们是公正链条上的独立的环，但任何一环都无法独立实现公正，只有用公正这根线再将他们串在一起，公正才有可能实现。于是他们便成了价值共同体。第三，他们对法治的崇高性有着共同的理解。从选择法学专业那天起，就准备献身法治。他们信仰法治，坚守法治，把维护法治作为毕生的事业。他们是法治的园丁，是法治的防波堤，是法治的卫士；法治因他们的努力而成为最稳定、最可靠、最重要的公共产品。他们成了法治事业的共同体。第四，这些人信奉法律至上，是处理法律与权力关系的高手。他们只服从事实，只服从法律。他们不畏权贵，不为利诱，具有独特的法治信仰与法治定力。他们最善于处理价值与利益的冲突。他们在良知上、操守上训练有素，在私利与公利及法律发生冲突时，他们会去私从公。他们不同于政治家、企业家及社会大众而显得独特的一点是，他们在大众心目中是正义的化身，是善的代表。他们是一群有着公共精神的道德共同体。第五，他们是社会的精英，他们在社会分层上处于上端。他们以职业的神圣性和终身性赢得政治地位，他们以职业的专业性和收入的稳定性而赢得经济地位，他们以事业的正义性和道德的表率性而赢得社会地位。他们会过着令人羡慕的体面生活；而只有体面且尊严的社会地位和生活才会吸引社会英才从事法律职业。他们中如果出现败类，他们有一种一损俱损的感觉。他们会用最严格的自律标准维护职业的品质和自尊。他们是利益共同体。第六，他们会因职业习惯和职业伦理而养成独特的生活方式。谨言慎行，慎独慎交，拒进风俗场所，谢绝时髦，不轻易鼓掌，持事保守，不尚创新，而在人权及社会正义上却又显得比任何人敏感。他们进入法庭时，会着特有服装，在他们的服饰上有公平、正义的标识，他们通过符号表达自己，他们被称为符号共同体，也被称作法治文化共同体。职业本质上的共同，职业方法上的共同；职业有分工，但只有各角色合成时职业的目的才能实现，终生以法治为业，加之如上这六个共同，使他们的角色可以互换，但社会其他职群却难以替代他们，所以他们才形成共同体。当然，他们也有其他职业共同体共同的特征，那就是他们是高度自治和高度自律的社会群体，而且自治与自律程度是所有职业共同体中最高的。

四

中国是世界上较早产生法律职业的国家之一。汉时设“律博士”职，其职责即是研修法律。晋时郑玄、马融终生从事律条解释，他们创建了中国特色的法学——律学。晋后的中国历代都有专门的法律注疏者，也有专门的法律司主者，如刑部、大理寺等，至明清官衙中甚至出现了师爷，民间出现了诉师。但他们却无法组成法律职业共同体。其因在于，他们只是一种附于其他主体的工具，他们缺乏职业共同体最本质的属性，即自治性与独立性。我们只能称中国古代在法律职业上“有职无体”。中国的司法独立，开先河的是清末改律于1906年改设的以沈家本为正卿的“大理院”，其是中国第一个专门审理案件的“法院”。行政权与司法权从此开始分离。这大概是清末变法对今天仍有影响的最大历史成果。作为变法条件和成果的“法政”类学校此时在中国已设有数十家。基于1905年科举制度被废而清政府治国仍需人才的考虑，法政类学校的举办只不过是科举制度的替代品。但不可否认的是，有法学教育必然培养法学专才。它无意中为中国法律职业共同体的形成奠定了基础。自辛亥革命至1949年，中国已建立起初步的旧式法律职业共同体。新中国成立之后，我们在废除国民党六法全书的基础上，经过1952年的司法改革，开始建立新中国的法律职业共同体。在历经曲折与发展之后，特别是改革开放以来，随着建设中国特色社会主义法治国家目标的确立，为全面推进依法治国，我们迫切需要培育与法治中国建设目标相适应的具有中国特色的法律职业共同体。这个共同体在范围上应包括职业的立法者、职业的执法者、职业的司法者、职业律师、职业的法学教育与研究工作者。要使这五支队伍都进入具有鲜明中国特色的法律职业共同体之中。

建设好这个共同体，需要确立“法治一体化”的理念与制度，如下七个方面应一体设计并使之制度化。

其一，一体化的法学教育。解决目前中国法学教育重学科轻职业，重学术轻应用，重知识轻训练，重理论轻案例的四个倾向，要解决法学教育起点偏低而法律职业要求较高之间存在的矛盾，把学科型法学教育变革为职业型法学教育，把教学型法学教育转变为训练型法学教育，把知识型法学教育改造为能力型法学教育。如果不能改变法学教育的起点，则应考虑拉长法学教育的终点。现行的以高中为起点、以知识为内容，既缺乏法律职业技能训练，又缺乏法律职业伦理训练的法学教育，是难以培养出卓越法律人才的，必须对法学教育进行全面改革。法学教育是法律职业共同体的摇篮，是法治队伍建设的源头。法治的质量如果取决于法律职业共同体的质量，那么，法学教育的质量直接决定着法治的质量。要把法学教育作为培育法律职业共同体与全面推进依法治国的基础工程对待。

其二，一体化的法律职业资格考试。上述五类从业者，都需参加国家统一的职业资格考试。把现在的国家统一司法考试提升为国家法律职业资格考试。准入制度是共同体形成的标准。要重新设计入门高度，包括接受正规法学教育，拥有与职业要求相对应的基本法学学位等。改革考试内容。一个人的政治素质与道德水准，是无法通过考试测试出来的。信仰与德行，遵循的不是知识的路径，应改革现行的以知识为主的考试模式。

其三，一体化的职业培训。对法律职业资格考试通过者实行统一的培训，使其形成相同的政治素质、业务能力和职业道德水准，形成共同的职业立场、职业精神、职业态度、职业责任。在一体化培训基础上，再实行职业分流培训，使将来从事不同法律岗位工作的人接受与其岗位相适应的训练。把“统分结合”作为一体化职业培训的基本模式。

其四，一体化的价值追求。法治若无共同价值，则如人无灵魂。如果立法的价值选择与执法、司法的价值选择各不相同，则法律的实施就会背离法的精神。而如果司法中，在同一个法庭上，法官、检察官、律师各有各的价值追求，则司法中的共同价值就会被撕裂。由此，法律职业共同体应确立共同的价值追求。人民法院、人民检察院及律师协会应确立共同的价值选择。各行其是、标新立异都是背离司法规律表现的，也会使法律职业共同体无法形成。法治与司法要同时保护若干价值，但价值与价值常常是冲突的。法律职业共同体存在的意义就在于消除价值冲突的同时共守最核心、最基本的价值。与政府的效率选择、秩序选择、公益选择不同，司法至上的价值是公正，任何其他价值都不应冲击核心价值，否则，司法就难守底线。有无共同价值，是法律职业共同体形成与否的精神标准。

其五，一体化的职业伦理要求。这对于法官、检察官、律师而言，尤为重要。三者要以相同的伦理底线共约，不能以律师在司法流水线上处于末端而降低律师的职业道德水准。如果允许三类职业有三类道德水准，其结果一定是低水准的道德把高水准的道德拉低，最后使高的向低的看齐。只有三者水准相同时，三者的道德才能共守共进。职业伦理的养成，遵循的是训练的路径，而不是仅靠宣誓或背诵禁条来实现。法官、检察官、律师只有在各自的职业活动中不断进行义务冲突的选择训练，才能最终形成职业道德。训练的目的是养成稳定的选择于己不利、但又必须履行的义务的稳定心理和选择习惯。当选择对自己不利的义务优先履行成为一种自觉的时候，其职业道德就养成了。依此原理，法官、检察官、律师、立法者、法学教授应有统一的职业操守，而不是各有一套；应进行相同的训练，而不是我行我素。有无共同的操守，是法律职业共同体形成与否的内在标准。

其六，一体化的人事制度。这应体现于有别于公务员的录用、考核及职务保障上，还应体现于将法官、检察官、律师、法学教授职务互换的无障碍体制上，即建立畅通的职业互通渠道，建立人事旋转门。律师是未来的法官；法官是超越了当事人立场的律师；法学教授是站在讲台上的律师，也是正走向法庭的法官。

其七，一体化的奖惩制度。应建立统一的对法律职业资格的守护制度。设立统一执纪主体，对获得职业资格的所有人按统一尺度进行评价和奖惩。监督司法，不是监督法官、检察官、律师的思维和判断，也不是监督司法流程，而应是监督司法者的不伦理、失操守及妨害司法公正和滥用司法权的行为。只要出现与职业要求不合的行为，就应视为司法不公、司法腐败，就应予以惩戒。通过限制资格、剥夺资格、终身禁锢等手段，维护职业共同体的权利、荣誉与尊严。六、七两项之有无，是法律职业共同体形成与否的制度标准。

以上之“七一体”，可谓之“法律职业共同体一元化”，也可简称为“法治一元化”。它们是法律职业共同体形成和发展的制度性保障，也是法治走向成熟的制度性条件。

创新法治人才培养机制
全面推进依法治国

黄　进*

党的十八届四中全会《中共中央关于全面推进依法治国若干重大问题的决定》（以下简称《决定》）关于加强法治工作队伍建设的决策部署对法学教育与法治人才培养工作提出了新的要求。所以，创新法学人才培养机制，培养造就一批熟悉和坚持中国特色社会主义法治体系的法治人才及后备力量是法学教育肩负的重要的历史使命。

一、全面推进依法治国对法治人才培养提出的新要求

法治工作队伍是中国特色社会主义法治体系与社会主义法治国家重要的建设者，是实现全面推进依法治国总目标的强有力的人才保障。因此《决定》要求建设高素质法治专门队伍，加强法律服务队伍建设，打造一支政治立场坚定、理论功底深厚、熟悉中国国情的高水平法学家和专家团队，建设高素质学术带头人、骨干教师、专兼职教师队伍。《决定》所讲的法治工作队伍主要由法治专门队伍（包括立法队伍、行政执法队伍、司法队伍）、法律服务队伍（包括律师、公证员、基层法律服务工作者、仲裁员、人民调解员等）以及法学教育与研究队伍等三支队伍组成。法治工作队伍的理想信念、职业伦

* 黄进，中国政法大学校长、中国法学会副会长，本文摘自《中国高校社会科学》2014 年第 6 期。

理、专业知识与业务能力决定了立法、执法、司法、法律服务、法学教育与研究等各项工作质量与水平。全面推进依法治国，加强法治工作队伍建设，对于法治人才培养提出了全新的要求。

1. 法治工作队伍的理想信念要求

按照《决定》要求，高素质的法治工作队伍首先必须有坚定的理想信念，立法队伍、行政执法队伍、司法队伍、法律服务队伍、法学教育与研究队伍，都必须认同并自觉践行社会主义核心价值观和社会主义法治理念，坚持党的事业、人民利益、宪法法律至上。这就要求在法治人才培养过程中，必须把理想信念教育放在首位，高举中国特色社会主义旗帜，用马克思主义法学思想和中国特色社会主义法治理论全方位占领高校、科研机构法学教育和法学研究阵地。将社会主义核心价值观和中国特色社会主义法治理论融入、贯穿法治人才培养的各个环节之中，为法治人才的培养提供坚实的理想信念保障。

2. 法治工作队伍的职业要求

《决定》对法治专门队伍提出了“正规化、专业化、职业化”要求，要求提高职业素养和专业水平。对律师队伍提出了提高业务素质，完善执业保障机制的要求，同时要求加强律师事务所管理，发挥律师协会自律作用，规范律师执业行为，监督律师严格遵守职业道德和职业操守，强化准入、退出管理，严格执行违法违规执业惩戒制度。对法学教师队伍则提出了“政治立场坚定、理论功底深厚、熟悉中国国情”的要求。而且《决定》还要求完善法律职业准入制度，健全国家统一法律职业资格考试制度，建立法律职业人员统一职前培训制度。

法治专门队伍的“正规化、专业化、职业化”是法治工作对于从业人员的基本要求，是由法律职业的基本特点以及法治工作在国家和社会生活中承担的重要职能与所处的重要地位决定的。推进法治专门队伍的“正规化、专业化、职业化”，提高法治专门队伍的职业素养和专业水平，要求在法治人才的培养过程中实现法学教育与法律职业之间的深度衔接：一方面，接受专业法学教育应当成为法律职业的准入门槛。只有系统的专业法学教育，方能保证法治专门队伍在理想信念、职业伦理、专业知识、思维方式与职业技能方面达到要求。另一方面，法律职业人才应当成为法学教育的培养目标。要将法学教育定位于法律职业教育，在法治人才培养过程中将法律职业伦理教育、法律职业技能教育与法学理论知识教育相结合，面向全面推进依法治国的现实需求实际设计人才培养方案，培养法律职业人才。同时，要实现高校与法治实务部门的协同育人，将法治实务部门丰富的法治实践教学的资源纳入法治人才培养过程中，强化法治实践教学，保障高素质法律职业人才培养目标的实现。

3. 法治工作队伍的综合素质要求

《决定》提出“全面推进依法治国，必须大力提高法治工作队伍思想政治素质、业务工作能力、职业道德水准”①。这实际上是对法治工作队伍的综合素质从三个方面提出了明确要求。可堪大用、能负重任的高素质的法治人才，必须兼具较高的思想政治素质、较强的业务工作能力与较高的职业道德水平。适应法治工作队伍建设对于法治人才综合素质的要求，就必须在法治人才培养中坚持立德树人、德育为先导向，在开展法学专业教育的同时，进一步强化通识教育，拓宽学生的知识视野，锤炼学生的公共品质，培养学生的人文情怀，养成学生的科学理性，着力培养信念执着、品德优良、知识丰富、本领过硬、智慧不凡、身心健康、人格健全，具有坚定的社会责任感的法治事业栋梁之材。

二、如何创新法治人才培养机制

法学教育在加强法治工作队伍建设工作中发挥着基础性、先导性的作用。适应全面推进依法治国对法治人才培养提出的新要求，法学教育必须实现两个关键性的转变：一是实现从以追求规模扩张为特征的外延式粗放发展向以追求质量提升为核心的内涵式精细发展转变；二是实现从法学专业教育向建

① 《中共中央关于全面推进依法治国若干重大问题的决定》，人民出版社2014年版，第30页。

立在法学专业教育和通识教育结合基础上的法律职业教育的转变。实现上述两个转变的重要抓手就是创新法治人才培养机制。法学教育改革要以建设中国特色社会主义法治体系与社会主义法治国家的现实需求为导向，将法学教育的各个环节与要素进行优化整合，深入推动法学教育的综合改革，实现法治人才培养质量的持续提升。

1. 优化法学师资队伍

法学师资队伍是法治人才培养工作中最为宝贵的资源。建设一支“有理想信念、有道德情操、有扎实知识、有仁爱之心”，而且政治立场坚定、理论功底深厚、熟悉中国国情的高水平法学师资队伍是实现法治人才培养质量提升的重要保障。优化法学师资队伍，一是要坚定法学师资队伍的理想信念，让法学专业的教师成为马克思主义法学思想和中国特色社会主义法治理论的坚定信仰者、积极传播者和模范践行者，保证法学教育综合改革旗帜、道路与方向的正确性。二是要优化法学师资队伍的结构，要根据中国特色社会主义法学理论体系、学科体系、课程体系的建设需求，从学科建设的龙头地位和教学工作的中心地位出发，培育高层次人才队伍和学术创新团队，推动法学理论研究的发展与法治人才培养机制的创新。加强培育建设法学基础理论、法律职业伦理与实践教学、国际法学等教学科研队伍。三是要鼓励支持法治实务部门有较高理论水平和丰富实践经验的专家到高校任教，鼓励支持高校教师到法治实务部门挂职，实现高校与法治实务部门的人员的双向交流机制，实现法治实践与法学教育之间协同发展，提升法学师资队伍的素质与水平。

2. 优化法治人才培养模式

法治人才培养模式的优化要与法治工作队伍建设的现实需求充分对接，在法律职业教育的总体目标与统一规格基础上，实现法治人才培养模式的类型化。要以“卓越法律人才教育培养计划”三个类型的人才培养基地为依托，以法治工作队伍建设需求为导向，夯实基础、强化重点、突出特色。其中应用型、复合型法律职业人才培养模式要进一步强化实践教学，重点突出与法治实务部门在联合培养人才过程中的常态化、规范化的体制机制建设。西部基层法律人才培养模式要切实符合中西部区域经济社会发展情况与中西部基层法治工作的特点和要求。涉外法律人才培养模式要适应世界多极化、经济全球化深入发展与中国和平崛起对于涉外法治人才的需要，借鉴国际先进理念和经验，充分利用国内、国际优质法学教育资源，着力为国家培养通晓国际法律规则、善于处理涉外法律事务的涉外法治人才。

3. 优化法学课程体系

创新法治人才培养机制，要逐步建立与高素质法治人才培养目标相适应的，具有“鲜明的中国特色、完整的知识结构、适度的学分要求、丰富的选择空间”的法学课程体系。第一，法学课程体系要与中国特色社会主义法学理论体系、学科体系相衔接，反映中国特色社会主义法学理论的最新研究成果，推动中国特色社会主义法治理论进教材进课堂进头脑。第二，要遵循教育教学的基本规律，压缩必修课程的学分要求，形成精炼的核心必修课程体系，保证法学专业知识结构的完整性，强化法学基础知识、基本理论的教育。第三，形成丰富的选修课程模块（课程组）供学生选择性修读，为法治人才的成长成才创造自主学习与个性发展的空间。专业选修课程应当与专业必修课程形成逻辑上的拓展与延续关系，重点开发建设一批实务技能选修课程模块（课程组）供学生修读。

4. 优化法学教材编写和选用

在法治人才培养中应当切实加强法学教材建设工作。按照《决定》的要求，首先是组织编写国家统一的法律类专业核心教材，为法治人才培养提供能够贯彻马克思主义法学思想和中国特色社会主义法治理论的优质教材。其次是各高校应当全面采用优质法学教材，使马克思主义法学思想和中国特色社会主义法治理论全方位占领法学教育阵地。在此基础上，鼓励各高校根据自身的人才培养实际，编写适合法治人才培养需要的多样化教材，形成既有思想共识，又有百花齐放、百家争鸣的局面。

5. 优化法治实践教学

全面推进依法治国，要求法治人才具有较强的法治实施能力。法学专业毕业生应当具备基本的法律职业技能和较强的实践能力，进一步优化法治实践教学成为法治人才培养的关键。第一，需要进一步提高实践教学学分比例，提高法治人才培养中的实践教学要求。第二，需要加强实践教学过程控制，切实提高实践教学的效果。第三，需要探索采用新的实践教学方式，更大范围地采用模拟法庭、模拟仲裁、模拟ADR、法律诊所等实践教学方式，惠及更多的学生。第四，需要创新实践教学模式，重点是将法治实务部门的优质实践教学资源引入到高校中，通过建立协同育人的长效机制，打破学校与社会的体制壁垒，加强校企、校府、校地、校所合作，引入政府部门、法院、检察院、律师事务所、企业等实务部门力量参与法治人才培养，真正实现法治人才培养中同步实践教学。

6. 优化法学教育方法

全面推进依法治国，要求法治人才能够主动适应时代要求，法治人才培养过程应当更加注重优化教育教学方法。首先要更新教育教学观念，更加注重落实学生主体地位，更加重视学生学习，更加注重教学为学习服务，充分调动学生学习的积极性和主动性。其次要充分利用现代信息技术，探索并推广利用现代信息技术的多样化教学模式和教学方法。优化教育教学方法还要推进小班教学，鼓励教师采用启发式、探究式、讨论式、参与式、交互式教学方法，尤其重视推广案例教学法，强调学生参与体验，培养学生自主学习能力、实践能力和创新能力。

7. 通过加强中国特色社会主义法学理论研究推进法治人才培养创新

全面推进依法治国，要求法治人才必须掌握扎实的中国特色社会主义法治理论、法学理论，要求法治人才培养更加注重中国特色社会主义法治理论、法学理论研究和教学。法学教育和法学研究工作者应当立足中国实际，扎根中国法治实践，放眼世界，借鉴继承人类一切法治文明成果，沉下心来深入研究，逐步形成具有中国特色、中国气派、中国风格的中国特色社会主义法学理论，为法治人才培养提供理论与学术的滋养，在法学学科专业建设、课程体系建设、教材建设、教学方法改革、实践教学改革等方面作出应有的贡献。

加强律师队伍建设　为依法治国作贡献

桑　云*

认真学习贯彻落实党的十八届四中全会精神，是当前和今后一个时期律师工作的首要政治任务，新疆各级律协和全区广大律师要认真学习好、贯彻好、落实好四中全会精神，通过学习，增强广大律师走中国特色社会主义法治道路的自觉性和坚定性，在全面推进依法治国进程中作出应有贡献。

一、认真学习、深刻领会四中全会精神

党的十八届四中全会是在全面深化改革、全面建成小康社会的重要历史时刻召开的一次具有里程碑意义的会议。习近平总书记在会上的重要讲话，提出了法治建设的一系列新思想、新论断、新要求。在全会通过的《中共中央关于全面推进依法治国若干重大问题的决定》中，强调了进一步加强以律师为主体的法律服务队伍建设的战略任务和重大举措，为我国律师事业发展指明了方向。新疆各级律师协会和全体律师要认真学习，进一步增强全面推进律师队伍正规化、专业化、职业化建设的使命感、责任感，坚定在党的领导下建设法治中国的信心和决心，努力开创新疆律师事业发展的新局面。

二、始终坚持律师工作的正确方向

党的十八届四中全会决定强调“加强律师队伍思想政治建设，把拥护中

* 桑云，新疆律师协会会长，本文摘自《中国律师》2014 年第 11 期。

国共产党领导、拥护社会主义法治作为律师从业的基本要求，增强广大律师走中国特色社会主义法治道路的自觉性和坚定性”。认真学习贯彻全会精神，就是要正确认识、深刻领会、准确把握我国律师的本质属性和政治定位，始终坚持高举中国特色社会主义伟大旗帜，始终坚持律师是中国特色社会主义法治工作者的本质属性和政治定位，确保律师工作始终坚持正确的政治方向。要坚持用中国特色社会主义法治理论武装律师，进一步加强宪法教育，引导广大律师牢固树立宪法意识，维护宪法和法律尊严，坚持走中国特色社会主义法治道路，坚持和完善中国特色社会主义律师制度。要始终坚持以马克思列宁主义、毛泽东思想、邓小平理论“三个代表”重要思想、科学发展观为指导，深入贯彻习近平总书记系列重要讲话精神，坚持以人为本，把依法维护国家利益、社会公共利益和人民群众合法权益作为律师工作的根本出发点和落脚点，进一步拓展律师服务领域，增强服务能力，不断提高律师工作服务维护稳定和长治久安总目标的能力和水平。要研究制定新疆律师业新的发展规划，统筹推进中心城市、少数民族聚居地区和南疆地区律师事业的发展，及时解决影响和制约律师工作改革发展的突出问题，努力实现律师工作自身又好又快发展，在全面推进依法治国进程中发挥律师的职能作用。

三、深入推进律师制度建设和律师行业发展

党的十八届四中全会提出，完善执业保障机制、规范律师执业行为，监督律师严格遵守职业道德和职业操守，强化准入、退出管理，严格执行违法违规执业惩戒制度。律师工作要高举社会主义法治旗帜，深入推进律师制度建设和新疆律师行业发展。

（一）进一步完善律师执业权利保障机制

保障律师执业权利是充分发挥律师职能作用的重要前提，是完善律师制度、实现法治和维护社会公平正义不可或缺的重要内容。要全面贯彻落实党的十八届三中、四中全会精神，确保律师执业权利，保障各项政策措施得到真正落实。一是固化现有律师执业保障成果；二是改进维护律师执业权益工作；

三是深化与法、检、公等有关机关和司法人员、执法人员的职业交流，建设常态化的职业交流机制；四是推动固化全区律师行业财税政策措施，落实和扩大对购买律师法律服务，切实为律师执业发展创造良好的外部环境。

（二）进一步完善律师违法违规执业惩戒制度

做好律师行业惩戒工作是推进依法治国、维护司法公正的客观要求，对于保障律师依法执业和律师事业健康发展具有十分重要的意义。一是提高对加强律师违规违纪执业行为惩戒工作的认识，统一思想，形成共识。二是进一步强化律师执业监管指导，完善“两结合”管理体制，发挥司法行政管理和行业自理管理的合力作用，加强与纪检监察、公安、司法、审计等部门的协作配合，畅通投诉渠道，扩大社会监督，建立健全律师执业考评机制。三是严肃查处律师执业违法违规行为，加强惩戒委员会建设，完善查处工作规范，提高投诉查处工作效率，依法严格做好惩戒工作，纠正查处工作失之于宽、失之于软的问题，做到“应查必查、应处必处”，认真落实惩戒信息通报公示制度措施，发挥惩戒效用。四是加强律师职业化、专业化建设，不断提升律师执业规范化水平。

（三）大力加强律师职业道德建设

加强律师职业道德建设是加强和完善律师制度建设的重要环节，关系到律师事业和律师队伍的兴衰成败。要坚持以“严格依法、恪守诚信、勤勉尽责、维护正义”为总要求，认真研究新形势下律师职业道德建设的特点和规律，努力改革和创新，坚持自律和他律相结合、治标与治本相结合，不断提高律师职业道德水准。一是突出加强律师执业规范的系统学习宣传，坚持执行律师职业道德与执业纪律教育必修课制度，保证执业纪律教育学习的常态化，切实增强和牢固律师职业道德意识。二是完善律师执业规范体系、指导体系和评价体系，建立律师事务所分类管理、分类指导机制，坚持实行律师诚信执业制度措施，强化律师执业指导和考核评价。三是完善律师诚信建设体系，健全律师诚信档案，进一步加强新疆律师诚信执业系统和诚信信息公开平台建设，充分发挥好行风监督员作用，坚持定期开展执业警示教育，研究建立律师协会领导班子和律师事务所合伙人发挥执业示范引领作用的机制，构建优秀律师事务所、优秀律师、年度十大经典案例等评先推优激励引导机制，营造和树立诚信行风。四是完善实习管理，从源头做好职业道德教育，增加品行、职业道德、职业素养等内容的考核比重，确保品行良好的实习人员进入律师队伍。五是坚持不懈推进律师文化建设，培育形成以社会主义核心价值体系、社会主义法治体系为指引的律师职业核心价值观，努力建设一支政治坚定、法律精通、维护正义、恪守诚信的律师队伍。

新疆律协和各地律师协会要在自治区司法厅党委和各级司法行政机关党委（党组）领导下，把学习贯彻全会精神摆上重要议事日程，作为当前和今后一个时期的重要政治任务，切实加强组织领导，结合律协、律所和律师队伍实际，明确责任，强化措施，把全会精神传达到基层，传达到每一个单位和每一名律师，扎扎实实把全会的各项部署落到实处。

各级律协、各律师事务所要充分利用网站、微博、微信等媒体形式，通过召开座谈会、举办学习培训班、撰写理论调研文章和学习体会等多种形式，不断创新学习形式和载体，努力取得实效。

中国法学教育改革与行业需求

季卫东*

引言：法律专业知识的社会价值正在发生变化

在过去很长一段时期内，中国缺乏真正意义上的高层次法律职业教育和技能训练，这是因为缺乏相应的社会需求。以“权大于法”“人情高于国法”的观念和现实为背景，最终决定诉讼结果的并非“合法正义”，而是领导批条、熟人说情以及政策、形势等等。当事人以及代理律师之间竞争的重点也不在法律知识、证据、推理以及说服力，而在于舆论、关系网以及当局的政治判断。身处这样的环境之中，法学教育当然难有高下之分，甚至并非不可或缺。但是，当建设法治国家从口号逐渐变成实践时，对制度、规范、程序方面真知灼见的渴望就会随之显现。尤其是企业“走出去”战略的推行，骤然增加了防范海外法律风险、应对国际诉讼业务的必要性，使法学教育的水准、涉外型和综合应用型人才培养的质量成为政府主管部门以及各类厂商都关注的一个焦点问题。另外，作为负责任的大国参与全球治理，也亟须造就一批精通、善于应用并能制定国际游戏规则的法律精英。何况互联网上的慕课平台、世界著名大学的中国校园以及来自境外的招生广告也在警示我们：高等教育已经进入全球竞争时代。

当社会开始认真对待法律专业知识和技能时，法学教育理应进入真正的“黄金时代”。但是，由于过去盲目追求数量扩张、缺乏合理的顶层设计，就

---

* 季卫东，上海交通大学法学院院长，本文摘自《学习与探索》2014 年第 9 期。

在法学教育应该也可能出现大发展局面之际，却似乎正面临一场“饱和危机”：法科毕业生就业率持续走低甚至沦落到文科末位，司法系统正在大幅度缩编，地方律师事务所不得不面对生存困境。概括起来说，法学教育界存在两大压力：国际竞争的压力与就业竞争的压力。前者要求中国的法科院校走专精化路线，着力于提高教学质量；后者则要求各院校拓展教学范围、促进学科交叉，让学生具有更宽的知识面以适应不同工作岗位的要求。以此为背景，教育部正在推动新一轮中国法学教育改革，包括涉外型、应用型和复合型在内的多元化卓越法律人才教育培养计划也应运而生。

一、法学教育改革的基本方向和主要内容

迄今为止，对中国法学本科生与法律专业硕士生的培养目标和课程内容还没有作出十分清晰的界定，导致高层次法律职业教育体系实际上并未成型。一般而言，各法科院校在授业上主要采取“满堂灌”的讲义形式，偏重背诵条文、标准答案以应试，缺乏专业素养和技能的严格训练。科目设置以及教学方法等比较因循守旧，与法律实务和社会需求脱节，与国际标准相比更是相去甚远。在法学院剧增的过程中，重数量、轻质量的风气很浓厚，导致低成本扩大再生产的同一化模式普及。

由此可见，新一轮法学教育改革首先必须通过比较大胆的改革举措消肿，回归到适当规模，进而明确法学教育的目标和方法。在这个基础上，要促进从同一化模式向差异化模式的转变。所谓差异化模式，就是在确保知识技能的教育质量和标准规格的前提下鼓励创新，根据对法律人才多种多样的需求进行各具特色的分类培养，把通识与专才这两个侧面密切结合起来。基于这一认识，对今后发展的方向不妨进行如下设定。

1. 通过正义论、法律职业道德、基础法学等教育科目以及社会公益活动加强职业认同感和基本素质的熏陶，特别是注重法律思维能力和反思—批判理性的培养。因为法律理念虽然抽象、难以捉摸，但对于解释共同体的形成、卓越人物的塑造、洞察力和综合判断力的提升都具有重要意义。

2. 通过改进课程设置、教材、参考资料等一系列配套措施，建立合理的法学基础知识体系，除了16门核心课程之外，还要增设学科交叉课程（特别是法律相邻学科的课程）、综合应用课程以及知识前沿课程。目前中国法学院校开设的选修课数量较少、范围较窄，不能充分适应经济和社会迅速发展的需求。

3. 采取判例教学法、对话教育法、谈判教学法、诊所教学法、模拟教学法、解决个案作坊教学法等加强职业技能的培训。聘请经验和学识都很出色的“实务教授”到法科院校从事体系化教学和研究工作，增加实务技能训练课程的比率。鼓励实体法教师和程序法教师、专职教师和实务部门兼职教师共同开设“统一战线”课程，以增强学生打破既定的学科壁垒、纵横自如地运用各种知识和经验解决实际问题的能力。

4. 为了拓展学生的国际视野和思想选择范围，有必要重视国际法、比较法、国别法的课程，增设双语教学或全外语教学课程，加强与外国相关机构的交流以及教学和研究合作，提供更多的留学、访学以及海外研修的机会，适当聘任外籍教师。

二、高层次法律职业教育的质量、成本以及学费标准问题

这样强调质量、增加选项的改革举措势必增加教育的成本，为此需要适当提高学费，或者允许法科院校根据市场规律比较自由地设定学费标准。但是，现行教学模式以追求数量、压低成本为特征，而主管部门出于社会稳定的考虑也一直严格控制高等学校的收费标准。于是出现这样一个怪圈：在现行体制下推动以提高质量、增加选项为目标的法学教育改革是得不偿失的，于是大家只能继续维持同一化模式；如果增加学费，但课程设置和教学方法乃至大学的体制机制没有明显改进，学生和家长势必会心怀不满；然而，如果没有比较多的经费投入，教学改进也就无法起步，外国的教育机构会在争夺优质生源方面占据有利位置。

应该承认，最近十余年来高等教育受到前所未有的重视，大学特别是重

点大学的影响力越来越大，政府投入经费的规模也越来越大。高额的投资当然也要求相应的回报，因而对高校进行成本计算、绩效检查以及问责的必要性也随之日益加强。这正是考核、评估、排名榜以及指标管理大行其道的原因或者社会背景。为此，1993 年颁布的《中国教育改革和发展纲要》规定“建立各级各类教育的质量标准和评估指标体系，各地教育部门要把检查评估学校教育质量作为一项经常性的任务”。教育部 2002 年制定《普通高等学校本科教学工作水平评估方案（试行）》，确立了新的考核指标体系。十年之后，教育部下达《关于全面提高高等教育质量的若干意见》，着手进一步完善人才培养质量指标体系。

在中国的教育界，绝大多数资源的分配由政府一锤定音。为了使计划和预算方案更加言之成理、持之有据，中央和地方的行政主管部门必然倾向于把各种任务指标和结果鉴定作为相关经费这块蛋糕切割给予的依据。既然大学的考核、评估是与资金投入的额度直接挂钩的，那么各高校就一定会积极迎合这样的考评。于是，行政主导下的教育发展也就有了抓手。在这个意义上，考评倒是有利于提高管理绩效的。没有这样的数量化指标管理，就很难有如此迅速的大学扩张和跨越式进步。但反过来看，与预算分配挂钩的考评则会进一步推动大学的行政化，并不断扩张主管部门的权力。因为排名既是诱因，也是一种隐性权力，更是调整高教界行为趋势的指挥棒。显而易见，这里存在“高校对学术自由、教育特色的追求”与“有目的、有计划的政府重点投资政策”之间的紧张关系。如果政府对大学干预太多、问责太强，最终将会损伤乃至扼杀大学的自主性和活力。

大学去行政化的结果必然是让市场在教育资源分配上发挥更大的作用，因此学费以及竞争性经费将逐步成为高等学校的主要收入来源。高等教育尤其是高层次的职业教育在本质上与义务教育完全不同，其收费标准的决定基本上应该取决于市场供求关系，既包括就读市场，也包括就业市场。为了保障教育机会的公平分配，当然要防止学费过高乃至乱收费的偏颇。但是，如果人为地把学费压得过低，既不利于教育质量的提高，也不利于教育立国政策的落实。现在很多家长宁愿花费极其昂贵的学费也要把子女送到外国法学院留学，造成这种现象的原因当然非常复杂，但在一定程度上也不妨理解为对国内法学教育现状乃至整体制度安排默默地表达不满。

三、应该怎样适当分配实务技能训练的职责

中国法学教育本来受欧陆模式影响，大学与业界在高层次职业人才培养方面存在明确的分工：法科院校侧重本科阶段的体系化知识和思维方法的教育（研究生阶段教育的主要目的是培养学者），法官学院、检察官学院以及律师事务所实习制度侧重实务技能的训练。20 世纪 90 年代以来，受英美模式的影响，各法科院校纷纷设置类似法律博士（Juris Doctor，简称 JD）的法律硕士专攻方向，但课程设置和教学方法与既有的本科教育没有严格的区分，实务技能的训练主要是毕业后在法院、检察院以及律师事务所的见习期间完成的。在这个意义上，实务技能训练的职责和成本并不是由法科院校来承担的。

近年来的法学教育改革越来越强调实务技能训练，并对法科院校开设实务类课程的比率提出了不少于 15% 的要求，这样的发展方向从整体上来看是完全正确的。只是有必要指出一个潜在的问题，就是实务技能训练费用的转嫁。在激烈竞争的经济社会环境中，律师事务所越来越缺乏对新进人员从事实务技能训练的积极性，而各级法官学院和检察官学院也没有发挥类似法国和日本的司法研修所那样的应有功能，于是这项职责不得不由法科院校来承担。如果这种观察是符合实际情况的，那就难免产生一种疑问，即在既定制度条件不改变的状况下，高校的法学教育机构能不孚众望吗？

与英美模式的情况不同，欧陆模式下大多数教师接受的主要是法解释学教育，缺乏实务经验，未必能做好技能训练工作。研究和教学考核指标的沉重负担，也使得很多教师不愿意或者不可能把充分的精力用于实务技能训练。与实务部门加强交流合作当然也是解决问题的一个方法，但如果没有比较长期的、固定化的人事安排，不能由实务教授成建制地开设技能课程、进行体系化的训练，也未必能达到预期目的。让德才兼备的法官、检察官、律师到法学院担任专职实务教授或者挂职任教一段时期，需要具备一些有吸引力、

有安心感的制度条件。在人事上、财政预算上不作出妥善的安排，加强实务技能训练就很容易流于空谈。

四、上海交通大学的“三三制”法科特班实验

从2009年起，上海交大凯原法学院开始探索法学教育改革之路，并根据行业需求推出了人才培养模式的创新举措“三三制（3+3）”法科特班。法科特班是针对培养卓越法律人才的需求而进行的专精化本硕贯通培养，即选择优秀生源从法学本科四年级开始，提前进入硕士研究生阶段的法律职业课程学习，接受较为长期的、体系化、专精化的职业教育。具体做法是从修满三年的法学专业本科生中选拔一定数量的优秀生源，从本科四年级开始提前进入硕士研究生阶段的学习，以本硕贯通培养的方式让学生接受高层次法律职业教育，以包括本科阶段合计六年的连续时间获得法律硕士学位。法科特班的基本定位是主要面向司法和涉外法务方向的高层次法律职业教育，特别强调三个方面能力的培养：第一，国际视野以及法律分析和判断能力的培养；第二，作为法律高端职业从业者的实务技能的训练；第三，作为法律秩序担纲者的职业自觉性和精神的陶冶。

“三三制”法科特班设计的基本思路是：因为中国法学教育整体规模已经很大，但毕业生中只有极小一部分从事律师、检察官、法官等职业，多数是到企业、政府部门等就业，所以本科阶段的人才培养目标不能特定在法律职业素养和技能上，不妨适当模糊处理，与此相应课程的内容方法也需要多样化。而真正的高层次法律职业教育应该放到研究生阶段进行，按照少而精的标准大幅度压缩规模、提高质量。相比较而言，诉讼律师、检察官、法官更需要专精化培养，可以放进“法本—法硕”的制度通道；立法者、行政官员、非政府组织领导人、商务律师、政府顾问律师、企业管理层、公司法务总监、国际纠纷解决机构的高层职员等更需要复合化培养，可以纳入“非法本—法硕”的既有范畴。

按照“三三制”办学方案，法学本科教育应该更加侧重基础法律课程以

及其他社会科学知识的吸收，要求学生掌握信息处理技术和多种外语，并通过人文教养与专业知识的交融来培养作为守法公民的基本素质以及解决涉法问题的能力，特别是表达、沟通以及进行妥当判断的能力。在研究生阶段进行的高层次法律职业教育，其目标是培养富于正义感、责任感以及专精的学识，具有国际眼光、善于进行创造性思考的卓越法律人才。着重培养的法律职业能力包括对复杂的事实关系进行整理、发现事实的重要性和关联性的能力，根据事实关系正确调查收集法律、判例、规则的能力，为了满足客户的需求而正确地把法律适用于事实的能力，碰到伦理问题和棘手问题能够妥善处理的能力，以书面或口头形式对事实和意见进行适当表达的能力，在有限的时间里有效完成工作的能力，等等。相对于目前体制内较为便捷的法本法硕“4+2”模式，“3+3”模式的法科特班避免了法学专业本科生第四年的粗放式实习等的时间浪费，使高层次法律职业教育在时间上更好地得到衔接，在内容上更精深、更充实，并能有充分余裕来为半年的体系化实务训练以及海外名校留学（例如中国法硕与美国 LLM 双学位项目）或研修提供更合理的制度安排。

结语：作为教育指挥棒的司法考试制度的改革

法学教育改革必须与司法考试制度改革相结合才能产生预期的效果。应该承认，统一的全国司法考试制度在 2002 年确立后，对职业法律人共同体的形成贡献良多。但是，近年来法学教育改革提出了更高的要求，特别是体系化专业知识的学习和实务技能的训练方面的新内容，有待司法考试制度来加以确认、巩固以及发展。法律服务市场的国际化和全球化也迫使司法考试在选题范围和准考资格等方面有所调整。甚至不妨在条件成熟时把司法考试向外籍人士开放，以加强中国法学教育对外籍学生的吸引力，伸张制度的软实力，并对法学教育质量的进一步提高形成外部压力。

目前，司法考试参加者中非法学专业考生的比率和通过率都非常大，这种状况是不正常的。这至少证明存在三个问题：（1）对已经接受法学专业教育者与非法学专业应考者在报名资格上没有任何区别，不利于促进法科院校的发展；（2）一考定终身，法律职业的准入条件是点状的，教育和培养的过程显得无关紧要，不利于法科院校改进课程设置、提高教学质量的努力；（3）出题机构与法学教育机构存在脱节现象，导致体系化专业知识传授和法律思维方式培训的成绩无法通过司法考试来进行检验，或多或少助长了死记硬背条文和标准答案的偏向。

为了解决上述问题，应该改革司法考试出题的机构和方式，提高其学术权威性。有必要让司法考试采取口试和笔试、短答和论文以及实务操作等不同形式，分成若干阶段进行，以便把具有真才实学和全面素养的人才甄别出来。应该让非法学专业应考者经过第一次考试的筛选后再进入第二次考试，而已经接受体系化教育和训练的法学专业学生则不必参加第一次考试而直接进入后续的遴选程序。司法考试合格者，只有在接受一定时期的实务技能训练之后才能获得任职或执业的资格。总之，司法考试制度改革的具体举措必须以确保法学教育制度改革的成果为宗旨，这两者的联动关系当然最终取决于职业法律人共同体发展的需求。

加强和改进党对全面推进依法治国的领导

宪法、党章及相互关系

——全面推进依法治国必须明确的一个重大理论问题

曲青山*

党的十八届四中全会审议通过了《中共中央关于全面推进依法治国若干重大问题的决定》（以下简称《决定》），对新形势下全面推进依法治国作出全面部署。《决定》展示的一个突出亮点是提出形成完善的党内法规体系，将其纳入中国特色社会主义法治体系建设之中，作为依法治国总目标的重要内容之一。这是一个重大的理论创新，为中国特色社会主义法学增添了新内容。如何正确认识和把握这一理论创新的科学内涵？一个重要问题，就是必须说清楚、说明白国家法律法规与党内法规制度的关系，进而说清楚、说明白宪法与党章的关系。只有从历史的渊源和理论的逻辑关系上阐述清楚这个问题，我们才能更深刻、更准确、更全面地认识、理解和把握十八届四中全会《决定》的精神实质和重大的历史意义、现实意义。

一、宪法以国家根本大法的形式确定了中国共产党的领导地位

宪法是我们国家的根本大法。它是我国最高国家权力机关——全国人民代表大会通过法定程序制定和颁布的。宪法一经正式颁布，就成为国家的意志，具有至高无上的权威，拥有最高法律效力，任何组织和个人必须无条件

---

* 曲青山，中央纪委委员、中央党史研究室主任，本文摘自《中国纪检监察报》2014 年 11 月 11 日。

地遵守和服从，任何违宪的言行都是不允许的。以宪法为根本和基础繁衍、派生出国家的其他法律法规，宪法与国家其他法律法规的关系是母子关系、源流关系，为法律法规的提出和制定提供依据、确定原则、划定范围。

回顾历史，我们党的制宪实践可以追溯到20世纪30年代初。早在1931年11月中华苏维埃共和国成立的时候，第一次苏维埃全国代表大会就通过和颁布了《中华苏维埃共和国宪法大纲》，这是我们党领导制定的最早的一部人民宪法。1949年9月新中国成立前夕，由中国人民政治协商会议第一届全体会议讨论和通过了《中国人民政治协商会议共同纲领》，作为新中国的人民大宪章，在一个时期发挥了临时宪法的作用。1954年9月，第一届全国人民代表大会第一次会议审议通过的《中华人民共和国宪法》，是中国共产党在全国执政以后，领导人民制定的第一部完整意义上的人民宪法。此后，全国人民代表大会又通过了1975年、1978年、1982年三部宪法。现行宪法是1982年12月第五届全国人民代表大会第五次会议通过的《中华人民共和国宪法》，后又经1988年、1993年、1999年、2004年四次修订。一般来讲，宪法最主要的功能是确认和规定一个国家的政权性质、政权组织形式、政党制度、国家结构形式等，即主要解决国体和政体问题。我国宪法的一个突出优点和特点是，在宪法中设立了序言，将中国共产党带领全国各族人民在革命建设改革的历史过程中所取得的奋斗成果写入宪法，以法律的形式加以确认，并规定了国家的根本制度和根本任务。我国宪法还确定了中国共产党在中国的领导地位。

在中国，宪法是在中国共产党的领导下，通过立法机构按照立法程序制定的，它与西方资本主义国家的宪法有着本质区别，与其他社会主义国家宪法在形式和内容上也有显著不同。它是中国人民的宪法，是中华民族的宪法，是中国特色社会主义的宪法。因此，它在国家和社会事务中具有至高无上的权威性。依法治国，首先是依宪治国；依法执政，关键是依宪执政。

二、党章以党的总章程的形式规定了党必须在宪法和法律的范围内活动

党章是我们党的根本大法和总章程。它是党的最高领导机关——党的全国代表大会审议通过的。党章是中国共产党的纲领和旗帜。恩格斯曾经指出：“一个新的纲领毕竟总是一面公开树立起来的旗帜，而外界就根据它来判断这个党。”① 我们党的党章规定了党的性质、宗旨、指导思想、奋斗目标，确定了党的最低纲领、最高纲领，提出了党的理论路线方针政策和重要政治主张，规定了党的重要制度和体制机制等。承认和接受党章是每个入党申请人必备的前提条件，严格遵守和贯彻党章是对每个党员的基本要求。以党章为根本和基础繁衍派生出党内其他的法规和制度，党章与党内其他法规和制度的关系也是母子关系、源流关系。党章为党内其他法规和制度的制定提供指导思想和理论依据。

我们党的党内法规制度，除党章外，还有准则、条例、规定、办法、细则等。1921 年 7 月，我们党成立时还没有提出和制定自己的党章，而是在党的一大上审议通过了第一个纲领，带有党章的性质。我们党制定和颁布的第一部党章，即第一部《中国共产党章程》，是 1922 年 7 月党的二大通过的。二大以后，我们党的每一次全国代表大会（五大除外），基本上都要根据形势和任务的发展变化，及时提出修订党章。其中，二大至四大称《中国共产党章程》，六大、七大称《中国共产党党章》，八大以后又称《中国共产党章程》。最新的党章是 2012 年 11 月党的十八大修订通过的。

党的二大到六大的党章没有总纲部分，七大以后在党章的前面增设了总纲的内容。总纲部分就是一部高度凝练萃取的简明党史，它将我们党在革命建设改革历史过程中所取得的思想理论成果、基本经验以及优良传统和作风总结出来，在党章中加以明确。改革开放以来，十二大以后的党章明确规定

① 《马克思恩格斯选集》第三卷，人民出版社 2012 年版，第 350 页。

了党与宪法和法律的关系。现行党章指出：“党必须在宪法和法律的范围内活动。党必须保证国家的立法、司法、行政机关，经济、文化组织和人民团体积极主动地、独立负责地、协调一致地工作。”党章对党员来说是至高无上的，这个规定要求广大党员特别是“关键的少数”的领导干部，要以上率下，率先垂范，不以言代法，不以权压法，不徇私枉法，而要带头学法、尊法、用法、守法。党要带领人民科学立法、严格执法、公正司法、带头守法。否则，党将不党，国将不国，社会就会出现混乱，党就会走向衰落。

三、我们党的性质、宗旨和我国的国体、政体决定了宪法与党章思想理论的一致性、本质属性的同一性

公民或法人违反宪法、法律法规是由司法部门来惩处和约束的。党的组织和党员违反党章及党内法规制度是由党的纪律检查机关来约束和处置的。宪法、法律法规与党章、党内法规制度都具有强制性和约束力。但是，主体对象和范围不同，宪法及法律法规实施和覆盖的对象、范围是全体公民和整个社会。现行宪法规定：“一切国家机关和武装力量、各政党和各社会团体、各企业事业组织都必须遵守宪法和法律。”“任何组织和个人都不得有超越宪法和法律的特权。”党章及党内法规制度实施和覆盖对象、范围则是全党。党是人民的一部分，党员是人民中的一分子。所以，对各级党组织和全体党员来讲，他们是党章、宪法的双重实施对象。作为党组织和党员，要遵守党章及党内法规制度；作为公民和法人，要遵守宪法及法律法规。中国共产党是中国工人阶级的政党，它的先锋队性质和先进性要求决定了，党章、党内法规制度的强制性和约束力要比宪法、法律法规的强制性和约束力更严，要求和标准更高。对党员来说，有些违反党章、党内法规制度的言行并不一定都违反宪法、法律法规。但只要违反了宪法和法律法规，它也一定违反了党章及党内法规制度。对涉嫌违纪违法的党员，首先要追究党内纪律责任，对违法的问题还要移送司法机关，追究其法律责任。

党章及党内法规制度，是我们党在民主集中制原则的基础上，按照一定

的组织程序制定出来的。宪法及法律法规则是在党的领导下，立法机构按照一定的法定程序制定出来的。从宪法、党章的起草、讨论、酝酿、征求意见、修改完善、审议批准等一整套程序来看，都要坚持走群众路线，坚持民主集中制，集中全党和全国人民的智慧；都要坚持党的领导、人民（党员）主体地位、法律（纪律）面前人人平等、从中国实际出发等原则。中华人民共和国的国体是人民民主专政即无产阶级专政，政体是人民代表大会制度。中国共产党的性质是工人阶级的政党，宗旨是全心全意为人民服务。党除了代表最广大人民的根本利益外，没有自己的特殊利益和私利。由于这样一个决定性的因素和根本性的原因，党章是不能取代宪法的，国家法律法规是不能代替党内法规制度的。各有各的地位，各有各的功能，各有各的作用，各有各的意义。但是，党章与宪法、党内法规制度与国家法律法规相互之间是不冲突的、不矛盾的，从思想理论上来说是一致的，从本质属性上来说是同一的，从规定内容上来说则是相互衔接和共融的。这就是党的十八届四中全会《决定》将形成完善的党内法规体系纳入中国特色社会主义法治体系建设的重要依据和原因。

实际上，从党的历史来看，尤其是从新中国的历史来看，中国共产党从来就是与社会主义分不开的，自然而然也就与社会主义制度和社会主义法治体系分不开。同时，党与国家和人民不可分离。从党与国家和人民的命运看，从党章和党内法规制度与宪法和法律法规的实施历史看，二者从来就是一荣俱荣、一损俱损的。在“文化大革命”中，国家法制遭到破坏，1975 年《宪法》将具有严重缺点和错误的东西写入文本，宪法事实上被弃置了，党的民主集中制也破坏了；而党章中一些好的东西也被修改了，九大修订的党章中，党的群众观点、群众路线不提了，党员的权利也被取消了。新形势下，党要执政，就要依据宪法治国理政；党要管党，就要依据党章从严治党。只有这样，党才能有资格、有能力治好国、理好政，才能真正获得广大人民群众的衷心拥护和支持，我们党才能巩固执政基础，完成执政使命。

由此来看，全面推进依法治国意义极其重大，它不仅是为全面建成小康社会和全面深化改革提供法治保障，更涉及中国共产党的长期执政和国家、民族的长治久安。以上所述的显著特点就是社会主义法治的中国特色。中国的历史、文化、传统、国情和实际，决定了我们必须尊重历史和人民的选择，坚定不移走中国特色社会主义法治道路，建设中国特色社会主义法治体系，建设社会主义法治国家。我们长期以来法治实践的基本经验集中到一点，就是必须坚持中国共产党的领导、人民当家作主、依法治国的有机统一。这是我们在全面推进依法治国中必须牢牢把握的一个最根本、最关键的问题，也是我国社会主义民主政治和中国特色社会主义法治与西方资本主义国家的一个最本质的区别。

党的领导是中国特色社会主义法治最根本的保证

袁曙宏*

党的十八届四中全会通过的《中共中央关于全面推进依法治国若干重大问题的决定》（以下简称《决定》）明确指出“党的领导是中国特色社会主义最本质的特征，是社会主义法治最根本的保证”。这个重大论断是对新中国成立65年特别是改革开放36年以来法治建设基本经验的高度概括，是对我国社会主义法治本质的深刻揭示，抓住了中国特色社会主义法治的核心和关键，对我们党在新的历史条件下全面推进依法治国具有重大指导意义。

纵观新中国成立后特别是改革开放以来我国法治建设的发展历程，最主要的成就就是形成了中国特色社会主义法治理论和中国特色社会主义法律体系，形成了坚持依法治国、依法执政、依法行政共同推进，坚持法治国家、法治政府、法治社会一体建设的政治共识、行动自觉和工作布局，逐步解决了中国要不要搞法治、搞什么样的法治、怎样搞法治这三个重大理论和实践问题，开辟和发展了一条中国特色社会主义法治道路；最根本的经验就是始终坚持党在社会主义法治建设中总揽全局、协调各方的领导核心地位，牢牢把握党的领导、人民当家作主、依法治国有机统一的正确方向，切实做到党领导人民制定宪法和法律、党领导人民执行宪法和法律、党必须在宪法和法律范围内活动，把党的领导贯彻到依法治国全过程和各方面。

---

* 袁曙宏，国务院法制办副主任，本文摘自《人民日报》2014年11月4日。

一

要不要搞法治？这是关系我们党治国执政方式抉择的重大问题。新中国成立后，为了巩固新生的革命政权，保障社会主义革命和建设，我们党领导人民迅速创建社会主义法制，努力构建以“五四”宪法为统帅的社会主义法律体系基本框架，开辟了中国法治建设的新纪元。但是，1957 年以后，随着“以阶级斗争为纲”在党和国家政治生活中占据主导地位，党内民主、法治思想逐渐淡薄，专断、人治倾向开始抬头，“造反”意识日趋盛行，直至最终发生了“文化大革命”，导致整个国家和社会陷入了无法无天状态。1978 年 12 月，邓小平同志深刻总结这一段历史教训，明确指出：“为了保障人民民主，必须加强法制。必须使民主制度化、法律化，使这种制度和法律不因领导人的改变而改变，不因领导人的看法和注意力的改变而改变。”“有法可依，有法必依，执法必严，违法必究”，成为这一时期社会主义法制建设的重要指针。

随着改革开放深入发展，我们党开启了从高度集中的计划经济体制向充满活力的社会主义市场经济体制的历史性转变。市场经济本质上是法治经济。没有法治的规范和保障，就不可能有发达和成熟的市场经济。1997 年，党的十五大顺应时代和实践发展的需要，首次提出“依法治国是党领导人民治理国家的基本方略”；1999 年“依法治国，建设社会主义法治国家”正式载入宪法。党的十六届四中全会明确提出“依法执政是新的历史条件下党执政的一个基本方式”。党的十八大进一步强调“法治是治国理政的基本方式”，要求到 2020 年“依法治国基本方略全面落实，法治政府基本建成”。

党的十八大以来，以习近平同志为总书记的党中央从实现中华民族伟大复兴的中国梦和维护党和国家长治久安的战略全局出发，高度重视全面推进依法治国，把改革和法治作为全面建成小康社会的两个轮子，把全面推进依法治国作为推进国家治理体系和治理能力现代化的主要内容和重要依托。党的十八届四中全会更是在党的历史上第一次专题研究依法治国的重大问题，第一次专门作出关于全面推进依法治国的重大决定，确定了全面推进依法治国的总目标，描绘了建设法治中国的总蓝图，作出了加强社会主义法治建设的新部署，发出了建设中国特色社会主义法治体系的动员令。《决定》是我们党团结带领全国各族人民在新的历史起点上全面推进依法治国、加快建设社会主义法治国家的奋斗宣言和行动纲领，是一篇充满着马克思主义光辉的历史性文献，在我国法治史上具有里程碑意义。

新中国成立以来的法治发展历程告诉我们，党和法治的关系始终是我国法治建设的核心问题。这一问题处理得好，则法治兴；处理得不好，则法治衰。坚持党的领导是全面推进依法治国第一位的要求，是社会主义法治的根本所在、命脉所在。正是在中国共产党领导下，我们经过长期理论和实践探索，总结正反两方面历史经验，才在中国这样一个有十几亿人口的多民族大国形成了依靠法治治国理政的政治共识和行动自觉。依法治国和依法执政的提出，既集中体现了我们党从领导人民夺取政权到领导人民执掌政权的历史选择，也集中反映了从封闭条件下实行计划经济到在改革开放条件下发展社会主义市场经济的时代要求，在世界社会主义发展史上第一次解决了共产党治国理政的基本方略和基本方式问题，具有重大而深远的历史意义。

二

搞什么样的法治？这是关系我国法治性质的根本问题。法治作为存在于特定经济基础之上的上层建筑，其性质根本上决定于经济基础的性质，决定于国家政治制度和经济制度的性质。脱离一国政治制度和经济制度的法治是不存在的，也是不可能成功的。

近代以来，不少仁人志士为了救亡图存，纷纷主张变法图强。各派政治力量也粉墨登场，主张实行所谓“君主立宪法治”“议会民主法治”“五权宪法法治”等，但都从喧嚣开始，以失败告终。只有 1949 年新中国成立和社会主义制度的建立，才为在中国实行社会主义法治奠定了根本的政治和经济基础。

历史事实充分证明，只有社会主义才能救中国，只有社会主义法治才能治理中国，只有在中国共产党领导下才能建立中国特色社会主义法治。我国法治的社会主义性质，最鲜明地体现在以宪法为核心的中国特色社会主义法律体系之中，它既奠定了中国特色社会主义的法治根基，也确认了中国共产党的领导核心地位，集中反映了党的主张、人民意愿和国家意志的高度统一。

应当看到，党的领导与社会主义法治是完全一致的，社会主义法治必须坚持党的领导，党的领导必须依靠社会主义法治。我们全面推进依法治国，决不能虚化、弱化甚至动摇、否定党的领导，而是为了进一步巩固党的执政地位、改善党的执政方式、提高党的执政能力，保证党和国家长治久安。坚持党的领导是中国特色社会主义法治之魂，也是与西方国家资本主义法治最本质的区别。一些人鼓吹和宣扬“西方宪政”“三权分立”“司法独立”，其要害就是削弱和否定党对中国特色社会主义法治的领导。对此，我们必须保持高度的政治清醒和战略定力，从理论上主动澄清和驳斥把党与法、党的政策与法律、党的领导与依法治国割裂开来甚至对立起来的错误观点，始终坚持党对依法治国的领导不动摇。

三

怎样搞法治？这是关系我国法治实现道路的重大问题。法治既是人类社会的共同文明成果，代表着人类数千年来在国家和社会治理方式上的理性思考和选择，又是一个国家在特定经济、政治、文化和历史传统条件下依据法治一般理念所创建的现代治国模式，体现着该国人民建设制度文明的创造精神。我们不能设想，一个现代文明国家能实行法治以外的其他治国模式；同样不能设想，世界上 100 多个国情千差万别的主权国家只能走一条完全一样的法治道路。

综观世界各国法治进程，大凡法治搞得比较成功的国家，无一不是较好坚持了法治一般理念与本国特定国情的创造性结合，并以此为基础探索本国的法治道路。而凡是违背国情、盲目照搬西方国家宪政模式和法治道路的国家，则无不遭到挫折和失败。

我国是一个幅员辽阔、人口众多、历史悠久、国情复杂的大国，实现法治不仅更加必要和迫切，而且更加需要立足国情总结自己的法治经验，适应自己的法治需求，创新自己的法治举措，彰显自己的法治特色。马克思曾深刻指出："人们自己创造自己的历史，但是他们并不是随心所欲地创造，并不是在他们自己选定的条件下创造，而是在直接碰到的、既定的、从过去承继下来的条件下创造。"① 习近平同志强调："世界上没有放之四海而皆准的具体发展模式，也没有一成不变的发展道路。历史条件的多样性，决定了各国选择发展道路的多样性。"

中国人民正在创造自己辉煌的法治史，但这一创造一刻也不能脱离中华民族5000年的文明史、170多年的近代史和60多年的新中国发展史，一刻也不能脱离我国的社会主义政治制度和经济制度，一刻也不能脱离我国立法、执法、司法、守法、普法以及法学教育与研究的丰富成果和实践，一刻也不能脱离我们党推进依法治国、依法执政、依法行政的法治历程。我们需要积极借鉴世界各国法治的有益经验和成果，但决不能搞"全盘西化""全面移植""照抄照搬"。

经过新中国成立60多年特别是改革开放30多年来的不懈努力，我们党已经领导人民确定了建设中国特色社会主义法治体系、建设社会主义法治国家的总目标，得出了实现这一总目标必须坚定不移走中国特色社会主义法治道路的正确结论。中国特色社会主义法治道路的核心要义就是坚持党的领导，坚持中国特色社会主义制度，贯彻中国特色社会主义法治理论。这三个方面规定和确保了中国特色社会主义法治体系的制度属性和前进方向。我国法治发展的成就和实践已经证明，中国特色社会主义法治道路是一条代价最小、速度最快、成功系数最大的法治道路，也必将是一条理性之路、智慧之路、创新之路。

① 《马克思恩格斯选集》第一卷，人民出版社2012年版，第669页。

四

总之，历史和现实都表明，正是在中国共产党领导下，才从理论和实践上解决了中国必须搞法治、必须搞社会主义法治、必须走中国特色社会主义法治道路这三个最重大的法治命题，统一了全党和全国人民的思想，从根本上明确了中国法治建设的性质、方向、目标和路径，在短短几十年的时间内取得了西方国家数百年才可能取得的法治建设重大成就。

“时来天地皆同力”。当前，全面推进依法治国势已成、时已至，亟须继往开来、乘势而上。我们一定要在党的十八届四中全会精神指引下，充分发挥党依法执政对依法治国的核心和关键作用，坚持党领导立法、保证执法、支持司法、带头守法，把依法治国基本方略同依法执政基本方式统一起来，把党总揽全局、协调各方同人大、政府、政协、审判机关、检察机关依法依章程履行职能、开展工作统一起来，把党领导人民制定和实施宪法法律同党坚持在宪法法律范围内活动统一起来，善于使党的主张通过法定程序成为国家意志，善于使党组织推荐的人选通过法定程序成为国家政权机关的领导人员，善于通过国家政权机关实施党对国家和社会的领导，善于运用民主集中制原则维护中央权威、维护全党全国团结统一，确保党的领导真正贯彻到依法治国全方位和全过程。

要健全党领导依法治国的制度和工作机制，加强党对全面推进依法治国的统一领导、统一部署、统筹协调，落实党政主要责任人履行推进法治建设第一责任人职责，切实做到以法治的理念、法治的体制、法治的程序和法治的方式保证党领导人民有效治理国家，加快推进国家治理体系和治理能力现代化。

时代赋予了中国共产党人创造不同于西方的社会主义制度文明的历史重任，我们党必将完成这一极其重大而又义不容辞的光荣使命。

坚持党的领导，推进和完善司法体制改革

陈建华*

党的十八届四中全会（以下简称四中全会）提出，全面推进依法治国的总目标是，建设中国特色社会主义法治体系，建设中国社会主义法治国家。在司法领域具体要求是要保证公正司法，提高司法的公信力。司法是维护社会公平正义的最后一道防线。如果司法这道防线不公，社会公正就会受到普遍的质疑，社会和谐稳定就难以保证。因此，在建设司法公正、保证司法独立行使职权方面，四中全会明确提出，要完善确保依法独立公正行使审判权和检察权的制度。为确保审判机关和检察机关独立行使职权，中央全面深化改革领导小组第三次会议审议通过了《关于司法体制改革试点若干问题的框架意见》《上海市司法改革试点工作方案》和《关于设立知识产权法院的方案》。此次改革选定上海、广东、吉林、湖北、海南、青海6个省市先行试点，为全面推进司法体制改革积累经验。改革试点的主要内容是完善司法人员分类管理，完善司法责任制，健全司法人员职业保障，推动省以下地方法院、检察院人财物统一管理。这标志着司法体制改革实践全面启动。

但是，有的学者却认为，法院、检察院只有“去政治化”才能保证独立行使职权，实现司法的公平与正义。司法机关独立行使职权与法院、检察院所谓的“去政治化”的根本区别就在于是否坚持党对司法工作的领导。坚持司法机关独立行使职权，是指在中国共产党的领导下，司法机关以法律为准绳，排除案外因素的影响，在司法活动中不受其他机关和个人的影响。因此，法院、检察院独立行使职权并不是要脱离党的领导，把党的领导排斥在司法

---

* 陈建华，西南政法大学行政法学院博士，本文摘自《红旗文稿》2014年第21期。

机关和司法工作之外，而恰恰相反，只有坚持党的领导，加强和改进党对司法工作的领导，才能保证司法体制改革的顺利推进，保证司法机关独立行使职权，促进社会公平正义，全面推进依法治国。

一、坚持党的领导是司法体制改革的前提

现代政治在一定程度上是政党政治。执政党在国家民主政治建设上起着重大作用，甚至可以说，一个国家民主政治建设的成败，很大程度上取决于执政党选择怎样的民主政治发展道路。中国共产党作为中华人民共和国的缔造者和执政党，对于中国特色社会主义民主政治建设，特别是我国社会主义法治建设起着更为直接的关键性作用。把坚持党的领导、人民当家作主、依法治国统一起来是我国社会主义法治建设的基本经验。我国宪法以根本法的形式反映了党带领人民进行革命、建设、改革取得的成果，建立了历史和人民选择中形成的中国共产党的领导地位。对这一点，我们要理直气壮地讲、大张旗鼓地讲。坚持党的领导在任何时候都是我们不能动摇的根本政治原则。

中国共产党的领导地位有着历史渊源和现实基础，这是历史发展的选择，更是中国人民的抉择。一是来自于新民主主义革命时期党领导人民推翻三座大山，人民的选择和拥戴是党的领导地位形成的历史必然性；二是来自于中国共产党的先进性，以及由党的这种先进性所蕴涵的党的纲领、性质、宗旨、任务指导人民所采取的成功的革命行动。党的先进性适应了人民的要求，反映了人民的愿望，代表了人民的根本利益；三是来自于社会主义建设时期人民通过选举各级人大代表所体现出来的广泛民主性及其民意基础；四是来自于我国宪法和法律对党的合宪性的确认。《中华人民共和国宪法》明确坚持中国共产党对建设中国特色社会主义事业领导的基本政治原则，用宪法这一根本大法的形式确立了中国共产党的领导地位。

发展社会主义民主政治要坚持党的领导、人民当家作主和依法治国有机统一。党的十八届三中全会通过的《中共中央关于全面深化改革若干重大问题的决定》明确提出，紧紧围绕坚持党的领导、人民当家作主、依法治国有

机统一深化政治体制改革，明确了深化政治体制改革的指导原则和方针。四中全会提出了全面推进依法治国的总目标是：建设中国特色社会主义法治体系，建设社会主义法治国家。实现这个总目标的前提就是中国共产党的领导。司法体制改革是政治体制改革的重要内容，是建设中国特色社会主义法治体系的重要环节和组成部分，所以，司法体制改革也必须旗帜鲜明地坚持党的领导，这一点不能有半点含糊。

《中华人民共和国宪法》第 126 条和第 131 条这两条宪法条文确立了司法机关独立行使职权，不受任何机关和个人干涉的基本原则。但依法独立公正行使审判权和检察权，绝对不是排斥党的领导，而恰恰是以适应司法专业特点的方式来维护和坚持党的领导地位，实施党对司法工作的领导。我国的宪法和法律是执政党领导人民制定的，我们的司法机关是依据宪法和法律设置并在执政党的政治领导和人大民主监督下行使职权的。因此，司法机关严格执行宪法和法律，就要维护执政党的领导权威。

从改革开放的实践看，我国司法制度的发展也离不开中国共产党的领导。我国司法制度作为政治制度的有机组成部分，其建立、发展与改革同样离不开中国共产党的领导。坚持依法治国、建设社会主义法治国家，是党领导人民治理国家的基本方略。历史经验证明，新中国成立以来特别是改革开放 36 年来，正是在中国共产党的领导下，经过各方面坚持不懈的共同努力，我国的法治建设才取得了巨大的成就。特别是党的十八届四中全会以全面推进依法治国为主题，专门研究了全面推进依法治国若干重大问题，更体现了党全面推进依法治国的决心。

二、党的领导是司法体制改革的最根本的保证

中国共产党作为执政党在国家生活中发挥领导作用，是中国特色社会主义最本质的特征。党领导人民建设社会主义司法制度，也领导人民坚持和完善社会主义司法制度。改革社会主义司法制度，坚持司法体制改革的社会主义方向，离不开党的领导。

司法体制改革属于政治体制改革的重要部分。我国目前正处在转型期，社会矛盾更趋复杂，加之有些制度尚未成熟，这就决定了我国的司法体制改革将是一项长期而艰巨的社会工程，是一个需要在理论上不断探索、在实践上不断突破的艰巨任务。因此，对于司法的体制性改革，必须经周密论证，使制度设计既要注意总体上符合社会各界和人民群众的期望，也要使改革的力度与经济和社会的承受能力相符合。对于一个有着13亿人口的发展中国家，任何一项改革都不会一帆风顺，也不可能一蹴而就，司法体制改革更是如此，必须在党的领导下实施。

司法体制改革归根到底是制度创新。改革归根到底是制度创新，不仅涉及资源的重新配置，更涉及利益格局的重新调整。作为国家治理体系中的重要部分的司法体制是维护社会公平正义的最后一道防线，司法体制的改革和完善，关系到经济社会发展的各个领域、各个层面、各种利益，可谓牵一发而动全身。所以，进行司法体制改革，更需要党的强有力领导。因为党的领导不仅是司法体制改革的整体性、协调性、统一性的保证，更是做好司法改革顶层设计、注意司法制度与其他社会制度相配套、确保司法体制改革积极稳妥推进的保证。

司法体制改革是全面推进依法治国的重要环节。中国特色社会主义法律体系已经形成，全面推进依法治国面临的重要问题是完善社会主义法律体系和法律正确实施问题。司法机关是执行法律的重要主体，法律能否公平公正地得到执行，牵涉到依法治国的治国方略能否有效推进，关系到依法治国能否全面推进。从更重要的意义上说，法治是推进国家治理体系和治理能力现代化的重要组成部分。保证宪法和法律统一、正确、严格实施，就成为全面落实依法治国基本方略的关键。因此，只有在党的坚强统一领导下深化司法体制改革，才能确保司法机关依法独立公正行使司法权，才能切实维护国家法制的统一、尊严、权威，保证依法治国的全面推进。

司法体制改革要坚持社会主义方向。党的领导是中国特色社会主义最本质的特征，是社会主义法治最根本的保证。把党的领导贯彻到依法治国全过程和各方面，是我国社会主义法治建设的一条基本经验。一个国家实行民主法治不是一个自发的过程。在中国这样一个多民族、人口众多、发展不平衡而又相对缺乏民主法治传统的国家，离开了中国共产党坚强有力的政治领导，是很难把全国人民的力量和意志凝聚起来的。因此，全面推进依法治国和各项制度，发展社会主义民主，必须坚持发挥党总揽全局、协调各方的领导核心作用，特别是发挥党在司法体制改革中的领导地位，才能提高科学执政、民主执政、依法执政水平，才能坚持我国民主发展的社会主义方向，才能保障司法体制改革顺利进行。

三、加强和改进党的领导是司法体制改革的重要内容

党的十八届四中全会提出，必须加强和改进党对法治工作的领导，把党的领导贯彻到全面推进依法治国全过程。因此，加强和改进党对司法工作的领导，提高党领导司法工作的能力和水平，是司法体制改革的重要内容。

首先，加强和改进党对司法工作的领导，前提是加强和改进党领导人民制定宪法和法律的体制和工作机制。在我国，宪法和法律都是党领导人民制定的，体现了党和人民的意志和利益。因此，加强和改进党对司法工作的领导，一方面，要求司法机关要独立行使职权，即在司法活动中以法律为准绳，依照党领导人民制定的宪法和法律办案。因为实现“良法善治”是全面推进依法治国的重要任务，也是加强和改进党对司法工作的领导的重要内容。另一方面，还要求党必须在宪法和法律范围内活动，不得随意干涉个案的审理，对于属于司法领域的具体事务应当由司法机关处理。党领导人民制定宪法和法律的同时，要带头遵守宪法和法律，党自身必须在宪法和法律范围内活动，真正做到党领导立法、保证执法、带头守法。

其次，党对司法的领导是思想领导、政治领导、组织领导。党委政法委要明确职能定位，善于用法治思维和法治方式领导政法工作。一方面，保证司法机关依法独立公正行使职权是党的明确主张，各级党组织和领导干部要带头尊重和维护宪法法律的权威，带头排除各种干扰，协调好各方面关系，切实增强法治观念，支持人民法院、人民检察院依法独立公正行使审判权和

检察权，维护司法的统一和权威；另一方面，政法委员会是党领导政法工作的组织形式，必须长期坚持。《中国共产党党章》规定，党的领导主要是政治、思想和组织的领导。党对司法工作的领导也应是政治、思想和组织上的领导，主要是领导和监督司法机关是否正确贯彻党的路线、方针和政策，教育司法工作人员严格执法，向国家权力机关推荐司法机关领导、法官、检察官，并组织在司法机关中的党员发挥模范作用等方式，而不是由党委审批具体案件，包揽司法机关的具体业务工作。否则，就会以党代法、以言代法、以政策代替法律，这样不仅损害法律的权威，而且会削弱党对司法机关的领导。

最后，改善党对司法的领导，要确保司法机关能够独立行使职权。任何党政机关和领导干部都不得让司法机关做违反法定职责、有碍司法公正的事情，任何司法机关都不得执行党政机关和领导干部违法干预司法活动的要求，对干预司法机关办案的，给予党纪政纪处分；造成冤假错案或者其他后果的，依法追究刑事责任。党对司法工作的领导，只能通过党的组织系统，在宪法和法律规定的范围内，由司法机关内部的党组织采取宣传、贯彻党的方针、政策，并组织在司法机关中的党员发挥模范作用等方式，保证司法机关正确执行法律。要明确党对司法工作的保障职能，确保司法机关能够独立行使职权。要把党要管党、从严治党落到实处，促进党员、干部带头遵守国家法律法规，不得滥用职权，干涉司法。

党的领导是全面推进依法治国、加快建设社会主义法治国家最根本的保证。在司法体制改革中，要从我国的现实条件出发，从中国的具体国情出发，坚持党对司法工作的领导，加强和改进党对司法工作的领导，确保司法机关独立行使职权，实现司法公正、提升司法公信力，维护社会公平正义。